ethikos 11

Arbeitsbuch
für den Ethikunterricht
in der Oberstufe

Erarbeitet von
Stefan Applis, Bernhard Emer, Alexander Geist,
Helmut Krauß und Wolfgang Weinkauf
unter Beratung von Rolf Roew

Oldenbourg Schulbuchverlag, München

Bedeutung der Symbole:

 – Basiswissen

 – Methode

 – Hinweis auf Themen, die wahlweise bearbeitet werden können

 – Hinweise und Tipps

 – Linktipps

 – Literaturempfehlungen

 – Filmempfehlungen

 – Anregungen für Projekte, auch für W-Seminare

Redaktion: Annabella Beyer   Redaktion: Annabella Beyer
Bildredaktion: Helene Schopohl
Illustration: Dorothee Mahnkopf, Berlin; Detlef Seidensticker, München
Umschlagkonzept: Mendell & Oberer, München
Umschlaggestaltung: Christiane Gerstung, München
Umschlagfoto: akg-images / E. Lessing; Umschlagrückseite: Brdgemanart.com
Layout und technische Umsetzung: Christiane Gerstung, München

www.cornelsen.de

Die Webseiten Dritter, deren Internetadressen in diesem Lehrwerk angegeben sind,
wurden vor Drucklegung sorgfältig geprüft. Der Verlag übernimmt keine Gewähr für
die Aktualität und den Inhalt dieser Seiten oder solcher, die mit ihnen verlinkt sind.

1. Auflage, 8. Druck 2020

Alle Drucke dieser Auflage sind inhaltlich unverändert
und können im Unterricht nebeneinander verwendet werden.

© 2009 Oldenbourg Schulbuchverlag GmbH, München
© 2017 Cornelsen Verlag GmbH, Berlin

Druck: Mohn Media Mohndruck, Gütersloh

ISBN 978-3-637-00705-5

PEFC zertifiziert
Dieses Produkt stammt aus nachhaltig
bewirtschafteten Wäldern und kontrollierten
Quellen.

PEFC
PEFC/04-31-1033

www.pefc.de

Liebe Schülerin, lieber Schüler,

vor Ihnen liegt Ihr neues Arbeitsbuch für das Fach Ethik in der Oberstufe: **„ethikos 11".**

Wie es aufgebaut ist, zeigt Ihnen dieser Überblick:

In einem **ersten Kapitel** erarbeiten Sie sich wichtige **Grundkenntnisse:** **„Moral, Handlung, Werte und Normen: Grundlagen der Ethik"** (S. 9–24)

Die weiteren Kapitel behandeln jeweils ein übergreifendes **Thema**, z. B.: **„Von der Antike bis zur Gegenwart: Grundpositionen philosophischer Ethik"** (S. 25–86) und beginnen mit einer **Auftaktseite:** Kapitelüberschrift und Bild signalisieren Ihnen, worum es geht.

Die **Inhalte** der Kapitel sind in der Regel **verpflichtend** und bereiten Sie auf das **Abitur** vor.

Einige Lehrplanthemen bieten mehrere Unterthemen an, aus denen in der Regel **ein Thema auszuwählen** ist, z. B. „Über den Wert der Rhetorik: Platons ‚Gorgias'", S. 30–34 oder „Wenn nicht die Philosophen in den Staaten Könige werden ...' – Platons ‚Politeia'", S. 34–39.

Das für das Abitur grundlegende **Basiswissen** wird übersichtlich in Kästen zusammengefasst.

Außerdem werden wichtige **Methoden zur Erschließung ethischer Texte bzw. Themen** trainiert und in Kästen präsentiert (z. B. Textausschnitte markieren, Fragen und Beispiele formulieren, S. 56).

Biografische Angaben zu den Autoren der Quellentexte bzw. zu wichtigen Personen stehen jeweils neben den Texten in der Randspalte (z. B. S. 40).

Darüber hinaus werden **zusätzliche Inhalte** in Form von weiterführenden Aufgaben und Teilkapiteln angeboten, die an der blauen Unterlegung zu erkennen sind. Diese – **optional** zu bearbeitenden – Materialien **ergänzen** und **vertiefen** die verpflichtenden Inhalte.

Am Ende des Buches können Sie im **„ethikos-Lexikon",** das alle wichtigen Begriffe und Methoden enthält (S. 219–235), sowie im **Personen-** und **Sachregister** (S. 236–239) **nachschlagen.**

Theorie und Praxis des Handelns
Moral, Handlung, Werte und Normen: Grundlagen der Ethik

Von der Antike bis zur Gegenwart: Grundpositionen der philosophischen Ethik

„Die Kluft zwischen Kraft des Vorherwissens und Macht des Tuns …“ –
Angewandte Ethik 87

Freiheit und Determination
Motive und Gründe für menschliches Handeln – Psychologie und Soziologie **127**

Menschliches Verhalten aus Sicht der Naturwissenschaften –
Biologie und Physik **157**

Methodentraining

Moral, Handlung, Werte und Normen:
Grundlagen der Ethik

1. Calvin, Hobbes und das Recht des Stärkeren oder: Was versteht man unter Ethik und Moral?

1   Was ist eigentlich „Moral"? Prüfen Sie Ihr Vorverständnis: Vervollständigen Sie auf einem Zettel den Satz „Moral ist …" und vergleichen Sie Ihre Definitionsversuche.

Calvin and Hobbes

Worterklärungen
„distraction": Zerstreuung, Ablenkung
„The Ends justify the means": Der Zweck heiligt die Mittel.
„Might makes right": wörtl. Macht schafft Recht, etwa: Es gilt das Recht des Stärkeren.
„dolt": Tölpel

2 Klären Sie, wer die Figuren „Calvin" und „Hobbes" im vorliegenden Comic sind.
3 Geben Sie Calvins Haltung in Bild 5 in eigenen Worten wieder.
4 Inwiefern zeigt Hobbes, dass Calvins Ansichten über Moral nicht verallgemeinerbar sind?
5 Warum ist die im Comic geäußerte Ansicht, der Zweck heilige die Mittel (vgl. Bild 4 und Bild 8), problematisch?
6 Formulieren Sie mithilfe des Basiswissens in eigenen Worten den Unterschied zwischen „Moral" und „Ethik".

Basis

Die Begriffe „moralisch" und „ethisch" werden manchmal synonym gebraucht, Sie sollten sie jedoch differenziert verwenden:

Moral

Moral ist ein „gelebtes Regelwerk sittlicher Verhaltensweisen, auf Konventionen und Wertvorstellungen beruhend". (Peter Köck)

Moral (von lat. *mores*: Sitten, Charakter) tritt uns in Normen, Idealen und Wertvorstellungen entgegen. Die Individuen einer Gesellschaft haben Moral meist verinnerlicht. Moralische Überzeugungen und Forderungen sind nämlich oft mit starken moralischen Emotionen wie Schuldgefühlen, einem Gerechtigkeitsgefühl, Empörung und moralischer Hochachtung verbunden.

Ethik

Die Ethik **als philosophische Disziplin** (von griech. *ethos*: gewohnter Ort des Lebens, Sitte, Charakter) versteht sich als Wissenschaft vom moralischen Handeln und versucht auf methodischem Weg, allgemeingültige Aussagen über das gute und gerechte Handeln zu treffen. Ethik reflektiert über moralische Urteile und untersucht die Geltungsgründe moralischer Normen. „Warum soll ich gut handeln?", „Wann kann eine Handlung als moralisch gut gelten?" sind Fragen, die sich die Ethik stellt.

„Die Ethik will erklären, wie man sich verhalten soll, damit das Leben besser funktioniert."
Rainer Erlinger („Lügen haben rote Ohren. Gewissensfragen für große und kleine Menschen"), SZ-Journalist und Autor

7 Diskutieren Sie, ob und inwiefern Ethik und Moral tatsächlich für ein funktionierendes Zusammenleben hilfreich sein können, und finden Sie Beispiele, die Ihre Meinung illustrieren.
8 Halten Sie eine Unterscheidung von Ethik und Moral für sinnvoll?

2. Denken, handeln und unterlassen oder: Was ist eine Handlung?

1 *Überlegen Sie unter Einbezug des Basiswissens, ob die drei dargestellten Vorgänge „Handlungen" sind, und begründen Sie Ihre Meinung.*

2 *Kann jede Handlung Gegenstand eines moralischen Urteils sein? Diskutieren Sie.*

3 *Klären Sie am Beispiel in Bild 1, was eine Handlung zu einer guten, schlechten oder indifferenten Handlung macht.*

4 *Erläutern Sie, warum auch „Unterlassen" eine „Handlung" ist.*

Handlung

Unter Handlungen versteht man von Personen wissentlich und willentlich hervorgerufene Ereignisse. Nicht alle von Personen ausgehenden Vorgänge sind Handlungen, wie die Beispiele Frieren, Verdauen oder Niesen zeigen. Willentliche Unterlassungen müssen ebenfalls als Handlungen gelten.

3. Schlagzeilen – Wann ist ein Urteil ein moralisches Urteil?

1 *Welche der abgebildeten Situationen auf der nächsten Seite fordert moralische Urteile heraus, welche eher nicht? Erläutern Sie, worin sich die Situationen, die moralische Urteile herausfordern, von den anderen unterscheiden.*

2 *Wie beurteilen Sie selbst die dargestellten Sachverhalte? Diskutieren Sie.*

3 *Untersuchen Sie die Äußerungen der Personen genau: Wie bringen diese zum Ausdruck, dass sie etwas (moralisch) missbilligen oder billigen?*

4 *Suchen Sie in Tageszeitungen weitere Überschriften, die moralische Themen berühren, und fertigen Sie eine Collage an. Erläutern Sie, inwiefern die jeweilige Frage eine ethisch-moralische Frage ist.*

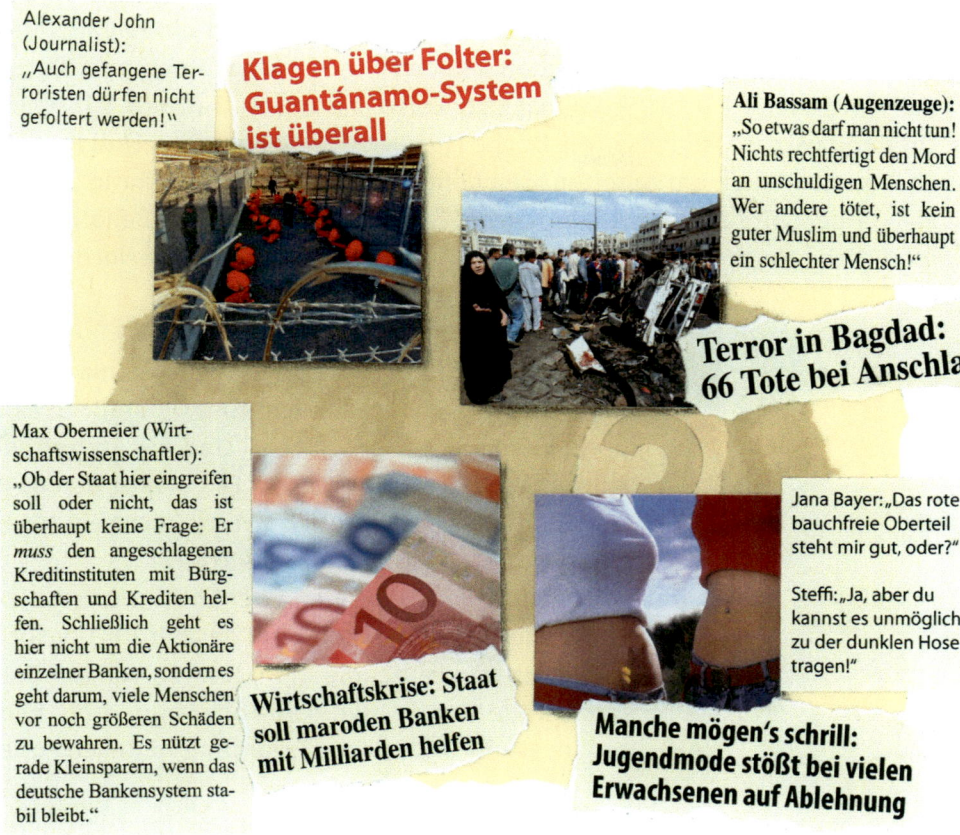

Alexander John (Journalist): „Auch gefangene Terroristen dürfen nicht gefoltert werden!"

Klagen über Folter: Guantánamo-System ist überall

Ali Bassam (Augenzeuge): „So etwas darf man nicht tun! Nichts rechtfertigt den Mord an unschuldigen Menschen. Wer andere tötet, ist kein guter Muslim und überhaupt ein schlechter Mensch!"

Terror in Bagdad: 66 Tote bei Anschlag

Max Obermeier (Wirtschaftswissenschaftler): „Ob der Staat hier eingreifen soll oder nicht, das ist überhaupt keine Frage: Er *muss* den angeschlagenen Kreditinstituten mit Bürgschaften und Krediten helfen. Schließlich geht es hier nicht um die Aktionäre einzelner Banken, sondern es geht darum, viele Menschen vor noch größeren Schäden zu bewahren. Es nützt gerade Kleinsparern, wenn das deutsche Bankensystem stabil bleibt."

Wirtschaftskrise: Staat soll maroden Banken mit Milliarden helfen

Jana Bayer: „Das rote bauchfreie Oberteil steht mir gut, oder?"

Steffi: „Ja, aber du kannst es unmöglich zu der dunklen Hose tragen!"

Manche mögen's schrill: Jugendmode stößt bei vielen Erwachsenen auf Ablehnung

Warum der Rechtsstaat selbst ein bisschen Folter nicht ertragen kann

Der Frankfurter Polizeivizepräsident Wolfgang Daschner ließ dem Entführer eines Elfjährigen Gewalt androhen und steht dafür ab Donnerstag vor Gericht *von Gudrun Bayer*

Diese Frage bringt den Rechtsstaat Deutschland an seine Grenzen: Darf der Staat foltern, um zu retten? Seit Monaten kursieren die ver-schiedensten Äußerungen dazu; von Rechts-
5 *gelehrten, von Verfassungsrichtern, von Ermittlern, von Politikern. Daher ist das, was von dem am Donnerstag beginnenden Prozess gegen den früheren Frankfurter Polizeivizepräsidenten Wolfgang Daschner erwartet wird,*
10 *schier unmöglich: eine grundsätzliche Antwort auf diese heikle Frage.*

FRANKFURT / NÜRNBERG – Ein kleiner Junge in der Hand eines eiskalten Entführers. Halb verdurstet in einem unbekannten Versteck; einem
15 Container am Hafen vielleicht oder einem Erdloch im Wald. Der Entführer ist geschnappt, verrät das Versteck aber nicht. Eine Szene wie aus einem „Tatort". Wohl jeder Zuschauer lobt innerlich den Polizisten, wenn der nun die
20 Gesetze ein wenig beiseite schiebt. Wenn er dem schweigsamen Entführer droht, ihn nicht schlafen zu lassen, bis er das Versteck preisgibt. Oder ihn mit Schlägern in eine Zelle zu stecken, die ihn auseinander nehmen. Oder ihm die
25 Handgelenke zu verbiegen, bis es unerträglich schmerzt.

Foltern, um Leben zu retten? Am 1. Oktober 2002 hat der Frankfurter Polizeivizepräsident Wolfgang Daschner einen 50-jährigen Haupt-
30 kommissar angewiesen, mit Markus Gäfgen

genau das zu tun. Dass der Entführer da den elfjährigen Jakob von Metzler schon getötet hatte, wussten sie nicht. Schon nach der Folter-Drohung verriet Gäfgen, wo die Leiche lag.

35 Ist Foltern erlaubt, um zu retten? Seit dem Fall Gäfgen wird die Antwort auf diese Frage öffentlich gesucht.

„Nicht einmal als Ultima Ratio"
Klaus Hubmann, Nürnbergs Leitender Ober-
40 staatsanwalt, hat sie für sich schon lange gefunden: „Null Prozent Folter, nicht einmal als Ultima Ratio", also als letzte Möglichkeit, ist für den Behördenleiter zulässig. [...]
Nürnberger Nachrichten vom 16.11.2004

Dilemma → S. 77

Die Klasse 11b diskutiert über das Dilemma des Polizeivizepräsidenten:
Julia: So etwas darf man nicht tun. Da brauche ich gar nicht lange zu überlegen: Foltern ist schlecht! Und die Androhung von Folter auch!
Achim: Ach ja? Aber in diesem Fall kannst du das doch so nicht behaup-ten. Hier hätte das Foltern doch vielleicht ein Menschenleben gerettet.
5 Dem Entführungsopfer hilft die Folter!
Michael: Aber was ist, wenn der Entführer trotz Folter nichts sagt oder wenn wie im vorliegenden Fall das Entführungsopfer gar nicht mehr lebt? Frag doch mal Leute, die in Diktaturen von der Polizei gefoltert wurden! Der Gefolterte oder der, dem Folter angedroht wird, würde ganz sicher
10 sagen: „Aufgrund meiner Erfahrung halte ich Foltern für schlecht!"

Dilemma-Diskussion → S. 77 f.

5 *Hat sich Polizeivizepräsident Daschner Ihrer Meinung nach richtig verhalten? Tauschen Sie Ihre Argumente aus.*

6 *Achim und Michael fällen Urteile zu dem vorliegenden Fall. Diese Urteile sind in gewisser Weise problematisch. Erklären Sie mithilfe des Basiswissens mit welchem „Defizit" diese Urteile behaftet sind und welchen Geltungsanspruch ein moralisches Urteil (im Gegensatz zu den Aussagen von Michael und Achim) hat.*

7 *Erläutern Sie die Problematik dieses Geltungsanspruchs von moralischen Urteilen anhand von praktischen Beispielen.*

Basis

Urteile

„Im Mittelpunkt der Moral stehen **Urteile**, durch die ein menschliches Handeln positiv oder negativ bewertet, gebilligt oder missbilligt wird. Neben **Urteilen über Handlungen** gehören zur Moral auch **Urteile über moralische Verpflichtungen**, moralische **Urteile über Personen, Motive, Absichten** und **Verhaltensdispositionen**, moralische Emotionen, morali-sche Ideale und Utopien und bestimmte normative Menschenbilder." (Dieter Birnbacher) Eine Eigenart moralischer Urteile ist es, dass sie **Allgemeingültigkeit** fordern. Man hat in diesem Zusammenhang von einem „universellen Geltungsanspruch" (Birnbacher) moralischer Urteile gesprochen. Dies bedeutet, dass diese Urteile überall und immer, unabhängig von historischen oder sozialen Bedingungen gelten. Der Satz „Foltern ist schlecht" gilt beispielsweise nicht nur im einundzwanzigsten Jahrhundert oder nur in Deutschland oder nur für demokratische Staaten, sondern eben universell.

4. „Wert-voll" oder nicht: Werte, Wertewandel und Wertekonflikte

Es gibt Dinge, die für Menschen wichtig sind, die für sie „wertvoll" sind. „Wertvoll" in diesem Sinne bedeutet nicht unbedingt, dass ein Gegenstand besonders teuer ist, sondern, dass er für einen bestimmten Menschen einen gewissen „Wert" besitzt. Wenn etwas für Menschen zum „Wert" wird, dann beeinflusst es ihr Denken und Handeln. Dabei können sehr unterschiedliche Dinge als „Wert" bezeichnet werden, abstrakte und sehr konkrete: „Geld" kann genauso ein Wert sein wie „Freiheit".

1 *Welche Werte sind Ihnen persönlich wichtig? Sammeln Sie zunächst verschiedene Werte und stellen Sie dann eine Hierarchie mit den fünf für Sie wichtigsten Werten auf. Vergleichen Sie Ihre Wertehierarchien. Informieren Sie sich zunächst mithilfe des Basiswissens über den Begriff der Werte.*

Basis

Werte

Werte sind bewusste und unbewusste Orientierungsstandards, von denen sich Individuen und Gruppen bei ihrer Handlungswahl leiten lassen. Die Werte in einer Gesellschaft ändern sich im Laufe der Zeit (**„Wertewandel"**). Wenn sich verschiedene Werte widersprechen, kann es zu einem **„Wertekonflikt"** kommen.

2 *Unterbreiten Sie die Frage Ihren Eltern und ggf. Ihren Großeltern. Inwiefern unterscheiden sich ihre Wertehierarchien von Ihrer eigenen?*

3 *Erklären Sie, warum verschiedene Generationen möglicherweise andere Werte für wichtig halten.*

4 *Interpretieren Sie die Karikatur. Erklären Sie, inwiefern man in Bezug auf das Thema „Umwelt" in Deutschland von einem Wertewandel sprechen kann. Nutzen Sie dazu den Methodenkasten auf der nächsten Seite.*

15

Karikaturen interpretieren

Karikaturen stellen eine Person, eine Sache oder ein Geschehen in komisch-übertreibender Weise dar und geben so die Charakterzüge und Haltungen der Person oder auch Haltungen bestimmter gesellschaftlicher Gruppen oder gar der Mehrheit der Gesellschaft der Lächerlichkeit preis und fordern eine kritische Stellungnahme heraus. Oft kommentieren sie aktuelle Ereignisse. Karikaturen erschließen Sie in drei Schritten:

Beschreibung →	Interpretation →	eigene Meinung
– Was bzw. welche Personen stellt der Zeichner dar? – Wie sind die einzelnen Dinge/Personen gezeichnet? – Welche Beziehung besteht zwischen Text und Bild?	– Auf welches Thema/welche aktuellen Ereignisse bezieht sich die Karikatur? – Welche Zusatzinformationen/Hintergründe benötigen Sie, um das Thema zu verstehen? – Inwiefern sind Handlungen/Haltungen/Überzeugungen der handelnden Personen widersprüchlich? – Wie lautet die „Gesamtaussage"?	– Ist die vom Karikaturisten vertretene Meinung begründet? – Wie stehen Sie zu der in der Karikatur geäußerten Kritik?

Forderung zum Duell
Kuppelparagraf
Prügelstrafe
Konsumgesellschaft
Kirchenaustritt
Entsolidarisierung
Jugendwahn
Schuluniform

5 *Finden Sie Beispiele für Wertewandel. Die Stichworte in der Randspalte helfen Ihnen dabei. Informieren Sie sich z.B. im Internet über Begriffe, die Sie nicht kennen.*

6 *Wenn sich widersprechende Werte gegenüberstehen, kann es zu Wertekonflikten kommen. Welche Werte haben den Mann in der Karikatur wohl bei seiner Entscheidung, Hausmann zu werden, geleitet?*
   Mit welchen anderen Werten könnten sie in Konflikt kommen?

7 *Finden Sie Beispiele für Situationen, in denen es bei Entscheidungen zu Wertekonflikten kam.*

5. „Muss", „kann" und „soll": moralische und andere Normen

Notwendigkeitsausdrücke und Wertausdrücke

Urteile → S. 14

Werte drücken sich in moralischen und anderen Urteilen aus. Für Urteile verwenden wir die **Notwendigkeitsausdrücke** (Ausdrücke, die eine Not-wendigkeit, eine Verpflichtung ausdrücken) **„muss", „kann nicht"** und **„soll"** und die **Wertausdrücke** (Ausdrücke, die Dinge be-werten) **„gut"**
5 **und „schlecht"**, aber nicht alle Urteile, in denen diese Wörter vorkom-men, sind moralische Urteile. Während wir bei Naturgesetzen von „theo-retischer Notwendigkeit" sprechen, die sich auf beobachtbare Regel-mäßigkeiten gründet (z. B. muss ein Apfel, der sich vom Zweig löst, unter den Bedingungen der Schwerkraft zu Boden fallen), liegt eine **„praktische**
10 **Notwendigkeit"** dann vor, wenn wir etwas tun sollen, uns aber frei ent-scheiden können, ob wir es tun, z. B. bezeichnet der Satz „Du musst ihm helfen!" kein Naturgesetz, sondern eine moralische Verpflichtung, der man nachkommen kann oder nicht.

„Normen"

(Aussagen der praktischen Notwendigkeit, die sprachlich durch „muss", „kann nicht", „soll" ausgedrückt werden)

Vernunftregeln

→ „Wenn du nicht nass werden willst, **musst** du einen Regen-schirm aufspannen."
(= „Es ist vernünftig, jetzt einen Regenschirm aufzuspannen, wenn du ...")

Spielregeln

→ „Im eigenen Strafraum darf der Torhüter den Ball mit Armen und Beinen spielen."

soziale Regeln

legale Regeln

„Auf dieser Straße **darf** man nicht schneller als 60 fahren."

Konventionen

„Bei einem Vor-stellungsgespräch **sollte** man gut gekleidet sein."

moralische Regeln

„Man **darf** niemanden demütigen!"

Bei den Aussagen der praktischen Notwendigkeit (Normen) kann man
15 fragen: „Worauf bezieht sich diese Notwendigkeitsaussage?" oder anders ausgedrückt: „Relativ wozu besteht diese Notwendigkeit?" Im Beispiel mit dem Regenschirm (siehe Schaubild oben) besteht die Notwendigkeit relativ zum Ziel, nicht nass zu werden. Für jemanden, der gerne die Regentropfen auf der Haut spürt, hätte der „Muss-Satz" nämlich keine
20 Geltung. Außerdem gehört zu einer praktischen Notwendigkeit auch eine „Sanktion": Ich würde in Bezug auf mein Ziel, trocken zu bleiben, „unver-nünftig handeln" und nass werden.

1 *Erklären Sie den Begriff „Norm", indem Sie Synonyme dafür finden.*
2 *Erläutern Sie in eigenen Worten den Unterschied zwischen Vernunft-regeln, Spielregeln und sozialen Regeln.*

3 *Worauf bezieht sich eine Notwendigkeit? Vervollständigen Sie die folgende Tabelle.*

Art der Norm	Beispiel einer Normübertretung	ausformulierte Norm	Bezugspunkt („Worauf bezieht sich eine Notwendigkeit?")	Grad der Verbindlichkeit / Sanktion
...	...	„Du **musst** den Regenschirm aufspannen, wenn du nicht nass werden willst!"	z. B. ein zu erreichendes Ziel	...
Spielregel	...	...	Spielregel	...
...	Jemand druckt Banknoten und bezahlt mit ihnen.	...	...	Sanktion: Strafe, hohe Verbindlichkeit
Konvention	...	...	Vereinbarung in der Gesellschaft	...
...	Ein Schüler zieht einen anderen Schüler an den Haaren und prügelt ohne Grund auf ihn ein.	„Du **darfst** andere Menschen **nicht** verletzen!"	...	...

4 *Finden Sie zu den verschiedenen Arten von Normen weitere Beispiele und ergänzen Sie damit Ihre Tabelle (Aufgabe 3).*

5 *Legale Normen und moralische Regeln müssen nicht deckungsgleich sein. Finden Sie Beispiele, in denen Handlungen legal, moralisch aber zu verwerfen sind.*

Basis

Norm

Der Begriff „Norm" ist vieldeutig. Es lassen sich jedoch zwei Grundbedeutungen feststellen:

– Ausgehend vom lateinischen Wortsinn (*norma*: Regel, Muster, Maßstab, Vorschrift, leitender Grundsatz) ist die Norm **eine Art Durchschnittswert** der gemeinsamen Beschaffenheit einer Klasse von Gegenständen, im Blick auf den der einzelne Gegenstand als „normal" oder „anormal" bezeichnet wird.

– Außerdem bezeichnet man **Aussagen der praktischen Notwendigkeit**, die sprachlich zum Beispiel durch „muss", „kann nicht" und „soll" ausgedrückt werden, als Normen. Man unterscheidet **Vernunftregeln**, **Spielregeln** und **soziale Regeln**. Zu den sozialen Regeln zählen **legale Regeln**, **Konventionen** und **moralische Regeln**.

6. Was heißt denn schon „gut"? – Die Wertausdrücke „gut" und „schlecht"

Vorlesungen über Ethik *Ernst Tugendhat*

Neben den Notwendigkeitsausdrücken „muss", „kann", und „soll" gibt es auch Wertausdrücke wie „gut" und „schlecht", die moralische Urteile implizieren. Der Philosoph Ernst Tugendhat erklärt im folgenden Text (analog zu den Notwendigkeitsausdrücken) eine ganz bestimmte Verwendung der Wertausdrücke „gut" und „schlecht":

E. Tugendhat → S. 20

[…] Diese Wörter […] werden ebenfalls meist relativ verwendet. Z.B.: Etwas ist gut für einen bestimmten Zweck, oder es ist gut oder schlecht für jemanden (für sein Wohlergehen), oder es ist ein gutes so-und-so, z.B. ein gutes Auto, eine gute Uhr, ein guter Sänger. Aber es gibt auch eine Verwendung,
5 in der das Wort „gut" grammatisch absolut verwendet wird, als bloßes Prädikat und ohne Ergänzung. Z.B. „jemanden zu demütigen, ist schlecht"; wir meinen damit nicht, es sei schlecht für das Opfer der Demütigung, und auch nicht, es sei schlecht z.B. für die Gesellschaft, sondern: Es ist schlecht einfachhin, […].
10 Damit wäre […] ein gut handhabbares und offenbar sprachlich tief verwurzeltes Kriterium für „moralische Urteile" angegeben. Alle Aussagen, in denen explizit oder implizit das praktische Müssen oder ein Wertausdruck („gut" oder „schlecht") grammatisch absolut vorkommen, drücken moralische Urteile in diesem Sinn aus […].

1 *Erklären Sie den Unterschied zwischen „relativer" und „absoluter" Verwendung des Wortes „gut".*

2 *Sammeln Sie Wendungen, in denen das Wort „gut" vorkommt.*

3 *Ordnen Sie Ihre Beispiele den Kategorien in der folgenden Tabelle zu.*

Wertausdrücke „gut" und „schlecht"

a. **objektiv verwendet** (d.h., etwas wird nicht nur von einer Person vorgezogen, sondern es gibt objektive Gründe, etwas vorzuziehen)				b. **subjektiv verwendet**
als Ausdruck einer Vernunftregel: „Es ist gut, etwas zu tun." = „Es ist vernünftig, etwas zu tun."	**instrumentelle Vorzüglichkeit** Ein Gegenstand ist für etwas tauglich, er erfüllt seine Funktion („ein gutes Auto").	**technische Vorzüglichkeit[1]** eine menschliche Vorzüglichkeit, die durch einen Wettbewerb festgestellt wird („eine gute Geigerin", „ein guter Fußballspieler")	**moralische Vorzüglichkeit** („ein guter Mensch")	„Es gefällt mir gut." „Es schmeckt mir gut." „Gehen wir ins Kino?" – „Gut!"

1 Die „technische Vorzüglichkeit" bezeichnet Technik im Sinne von „über eine Kompetenz verfügen", also im Sinne eines Könnens, einer Fähigkeit.

4 *Jeder Mensch bildet im Laufe seines Lebens eine Reihe von Fähigkeiten aus, die ihm wichtig sind und über die er sich definiert. Nennen Sie solche Fähigkeiten, die Ihnen ganz besonders wichtig sind. Zum Beispiel: „Ich möchte überzeugend argumentieren können!"*

5 *Mit welchen Gefühlen reagieren Sie, wenn Sie in diesen Fähigkeiten „versagen", wenn Sie darin „schlecht" sind?*

Vorlesungen über Ethik *Ernst Tugendhat*

[…] Erweist man sich […] als schlecht in einer Fähigkeit, die einem wichtig ist, ist die Reaktion Scham. […] [Sie] ist das Gefühl des Selbstwertverlustes in den Augen der (möglichen) anderen. Besonders scharf empfinden wir Scham, wenn andere wirklich anwesend sind und wenn wir sie als kompe-
5 tent ansehen, z. B. ein Violinspieler, wenn er im Konzert schlecht spielt. Aber auch wenn er alleine übt, wird er sich, wenn er schlecht spielt, schä-men – angesichts der Augen bzw. Ohren eines *möglichen* Publikums.

   Im Unterschied nun zu diesen speziellen Fähigkeiten, die wir im Allge-meinen nur rudimentär ausbilden müssen, und gut nur, wenn wir unser
10 Selbstwertgefühl mit ihnen verbinden, gibt es *eine* Fähigkeit, die für die Sozialisation zentral ist, und das ist die Fähigkeit, ein sozial umgängliches, ein kooperatives Wesen zu sein, oder in einer primitiven Gesellschaft, den Standards der Mitgliedschaft dieser Gesellschaft zu entsprechen, und ich möchte nun behaupten, dass die moralischen Normen einer Gesell-
15 schaft eben jene sind, die diese Standards festlegen, das heißt die definie-ren, was es heißt, ein gutes kooperatives Wesen zu sein. In Urteilen, in denen wir über Menschen und ihre Handlungen sagen, sie seien gut oder schlecht, beurteilen wir die Menschen nicht hinsichtlich spezieller Fähig-keiten, sondern im Hinblick auf diese zentrale Fähigkeit. […]
20   So gut sich die moralische Scham in das umfassendere Phänomen der Scham angesichts auch anderen Versagens (oder vermeintlichen Versagens) fügt, so deutlich ist die moralische Scham doch von der sonstigen Scham unterschieden. Das wird besonders sichtbar, wenn wir uns fragen, wie die emotionale Reaktion des *Gegenübers* in beiden Fällen aussieht. Im gewöhn-
25 lichen Fall ist das Publikum entweder emotional unbeteiligt oder, wenn es doch eine Emotion empfindet, besteht diese im Sichlustigmachen über den Betreffenden. Wenn hingegen die Person moralisch versagt, ist das Gegenüber nie emotional neutral, und sie belustigt sich auch nicht, sondern sie reagiert empört und tadelnd.
30   […] Dass alle das moralische Verhalten wechselseitig voneinander for-dern, heißt, dass jeder so sein *muss*, als Mitglied der Gesellschaft, unabhän-gig davon, ob er so sein will. Das grammatisch absolute „Muss" ist also in genau diesem Sinn auch sachlich ein unbedingtes „Muss"; „in genau diesem Sinn", das heißt: Es ist nicht abhängig davon, ob man so sein will. Natürlich
35 kann das nicht heißen, dass dieser Sinn an und für sich unbedingt ist, son-

Der deutsche Philosoph **Ernst Tugendhat** wurde 1930 in Brünn geboren. Seine Familie emigrierte 1938 in die Schweiz, 1941 nach Venezuela. Er studierte klassische Philologie an der Stanford University und Philosophie in Freiburg. Ab 1966 war er ordent-licher Professor für Philosophie in Heidel-berg, von 1980 bis 1992 lehrte er Philosophie an der FU Berlin. Tugendhat hat sich intensiv mit sprachanalytischer Philo-sophie befasst. Eines seiner Hauptwerke sind seine „Vorlesungen über Ethik" (1993).

dern auch diese wechselseitige Forderung und das entsprechende „Müssen"
ist – wie alles Müssen – überhaupt nur zu verstehen auf der Basis einer
Sanktion, die eintritt, wenn ihr zuwidergehandelt wird. Worin diese Sanktion besteht, ist jetzt klar geworden: in der *Scham* des Betreffenden und
40 der korrelativen Empörung der anderen (und durch diese Korrelation ist die
moralische Scham *von* der sonstigen Scham begrifflich unterschieden).

Damit ist jetzt auch geklärt, was ich mit der *inneren Sanktion* gemeint
hatte. Für die bestimmte Sanktion der Empörung ist nur empfindlich,
wer sie in der Scham internalisiert hat. Man kann das auch die Ausbildung
45 des Gewissens nennen.

So wie ich den Zusammenhang sehe, besteht die Ausbildung des Gewissens darin, dass das Individuum sich seinerseits als Mitglied der Gemeinschaft verstehen will. [...]

6 *Auf welche besondere „Fähigkeit" beziehen sich nach Tugendhat „gut"*
und „schlecht" im moralischen Sinne?

7 *Mit welcher Sanktion ist ein moralisches „Müssen" verbunden?*

8 *Erläutern Sie, was im Text unter „Gewissen" (Zeile 45) verstanden wird.*

9 *Diskutieren Sie, welche Rolle Erziehung bei der Entwicklung von*
moralischem Bewusstsein spielt.

7. Kann man aus dem, wie etwas ist, ableiten, wie etwas sein soll? –
Der naturalistische Fehlschluss

Sind Männer das stärkere Geschlecht?

In einer 11. Jahrgangsstufe wird über Geschlechterrollen diskutiert.
Max ist sich seiner Sache sicher und formuliert selbstbewusst:

„Die Sache ist doch klar: Im Laufe der Evolution haben sich die Männer
zum stärkeren Geschlecht entwickelt: Männer sind von ihrem Körper-
5 bau her im Allgemeinen kräftiger als Frauen. Deshalb sollten Männer im
gesellschaftlichen Leben eine beherrschende Rolle spielen."

Ein wütender Proteststurm bricht los, die Klasse ist nicht einverstanden. Franziska setzt zu einer Erwiderung an ...

1 *Max macht beschreibende „Seinsaussagen" (Aussagen über Tatsachen,*
über etwas, was der Fall ist) und vorschreibende „Sollensaussagen"
(Aussagen über etwas, was der Fall sein sollte). Ordnen Sie Max' Aus-
sagen der jeweiligen Gruppe zu.

2 *Inwiefern ist die Aussage, Männer seien „das starke Geschlecht",*
inhaltlich zu kritisieren?

3 *Erläutern Sie mithilfe des folgenden Basiswissens, inwiefern Max'*
Argumentation nicht logisch ist.

Basis

Der naturalistische Fehlschluss

Die Frage, wie sich Sollensaussagen begründen ließen, ist keine neue Fragestellung. David Hume hat bemerkt, dass Ethiker mitunter unversehens von Ist-Sätzen zu Sollenssätzen übergehen. Diese Ableitung einer moralischen Forderung aus einer Tatsachenfeststellung, der **„Sein-Sollen-Fehlschluss"**, ist nach Hume unzulässig. Natürlich gibt es auch Philosophen, die behaupten, man könne allein, wenn man die Welt betrachtet, bereits feststellen, was moralisch geboten ist. Die Vertreter dieser Position glauben, dass das Sollen sich im Sein selbst zeige, wenn man es unvoreingenommen und unverkürzt vernehme: „Weil im Sein das Sollen liegt, nimmt die Vernunft mit dem Sein das Sollen wahr. Geltung gründet in der vernünftigen Einsicht in das mit dem Sein selbst gegebene Sollen." Gegen eine solche „Evidenz" des Moralischen in der Welt hat man eingewendet, deren Verfechter säßen einem **naturalistischen Fehlschluss** auf.

Man spricht im Anschluss an den britischen Moralphilosophen **George E. Moore** (1873–1958) von einem **„naturalistischen Fehlschluss"**, wenn in einer Argumentation **normative Aussagen aus rein beschreibenden Aussagen logisch abgeleitet** werden. Das bedeutet, dass das moralisch Gute nicht durch empirische Begriffe definiert werden kann. Aus einem „Sein" kann kein „Sollen" folgen.

D. Hume → S. 193

4 *Erklären Sie, warum man moralische Urteile nicht empirisch beweisen kann.*

5 *Erläutern Sie den Begriff „naturalistischer Fehlschluss" an einem Beispiel.*

6 *Sammeln Sie (eventuell über einen längeren Zeitraum) weitere Beispiele für naturalistische Fehlschlüsse im Alltag und in den Medien.*

Der praktische Syllogismus

Jedes moralische Urteil braucht eine eigenständige moralische Begründung. Wie können wir also sinnvoll ethisch argumentieren? Eine Lösung bietet der **„praktische Syllogismus"**: Aus zwei Prämissen (Voraussetzungen), deren Wahrheit bzw. Richtigkeit nicht zur Debatte steht, wird eine
5 Schlussfolgerung abgeleitet. Eine der beiden Prämissen muss dabei bereits eine Sollensaussage sein. Der Obersatz dient als moralische Begründung des moralischen Urteils im Schlusssatz:
– allgemeiner Obersatz („Du sollst Notleidenden helfen!")
– besonderer / individueller Untersatz („Hier ist jemand in Not!")
10 → Schlusssatz (Konklusion) („Du sollst ihm helfen!")

7 *Finden Sie praktische Syllogismen zu ethischen Problemen.*

8. Beschreiben, hinterfragen, begründen – deskriptive Ethik, normative Ethik und Metaethik

Karikaturen interpretieren
→ S. 16

1 Beschreiben Sie die Karikatur von Gerhard Mester. Gehen Sie auch auf Einzelheiten ein.

2 Deuten Sie die Karikatur: Welches Problem wird angesprochen?

3 Informieren Sie sich über die Menschenrechtssituation in China und recherchieren Sie, wie die Organisation „Amnesty international" (www.amnesty.de) versucht, die Situation zu verändern.

4 Informieren Sie sich im nachfolgenden Basiswissen über die Bedeutung der Begriffe „deskriptive Ethik", „normative Ethik" und „Metaethik" und formulieren Sie den Unterschied in eigenen Worten.

Deskriptive Ethik, normative Ethik und Metaethik

In der Ethik werden drei verschiedene Formen ethischer Fragestellungen unterschieden:

– Die **deskriptive Ethik** beschreibt die vielfältigen Phänomene von Moral und Sitte in verschiedenen Gruppen, Institutionen und Kulturen.

– Die **normative Ethik** hingegen versucht, moralische Aussagen (auch die der jeweils herrschenden Moral) kritisch zu prüfen und sie zu begründen.

– Die **Metaethik** analysiert kritisch die sprachlichen Formen und Elemente moralischer Aussagen und entwickelt Methoden zu ihrer Rechtfertigung und Anwendung.

5 Ordnen Sie die folgenden Beispiele den Formen der Ethik zu.

(A) In einer Zeitung wird über den Einsatz der Bundeswehr im Inneren zur Bekämpfung von Terrorismus bzw. über den Abschuss von Flugzeugen, die von Terroristen entführt wurden, debattiert. Die zentrale Frage ist, ob man im Notfall Menschenleben opfern darf, um andere Menschenleben zu retten.

(B) Ein Philosoph versucht, den moralischen Gebrauch des Wortes „gut" vom außermoralischen Gebrauch abzugrenzen.

(C) Soziologen untersuchen, welche Werte eine bestimmte Schicht hat, und befragen dazu 12.000 Personen.

6 Wie würde Ihrer Meinung nach die deskriptive Ethik und wie die normative Ethik an das Thema „Menschenrechte" herangehen?

E. Tugendhat: „Vorlesungen über Ethik" → S. 19, 20 f.

7 Zu welcher Form der Ethik zählen Sie die sprachphilosophische Abhandlung nach Tugendhat? Begründen Sie Ihre Meinung.

9. Prinzipien- oder Folgenethik? – Ethische Herangehensweisen

Ein Fallbeispiel

Anna hat in einem Supermarkt eingekauft. Der Kassierer hat ihr zwanzig Euro zu viel zurückgegeben. Einen Moment lang denkt sie: „Glück muss man haben", aber dann gibt sie das Geld doch dem Kassierer zurück.

1 *Wie würden Sie in Annas Situation handeln? Begründen Sie Ihre Meinung.*

2 *Anna hätte auch folgende Überlegung anstellen können: „Zwanzig Euro weniger, das schädigt doch so eine große Supermarktkette nicht, ich aber kann das Geld gerade jetzt sehr gut gebrauchen!" Klären Sie mithilfe der Skizze, ob Anna in diesem Fall eher deontologisch oder teleologisch argumentiert hätte.*

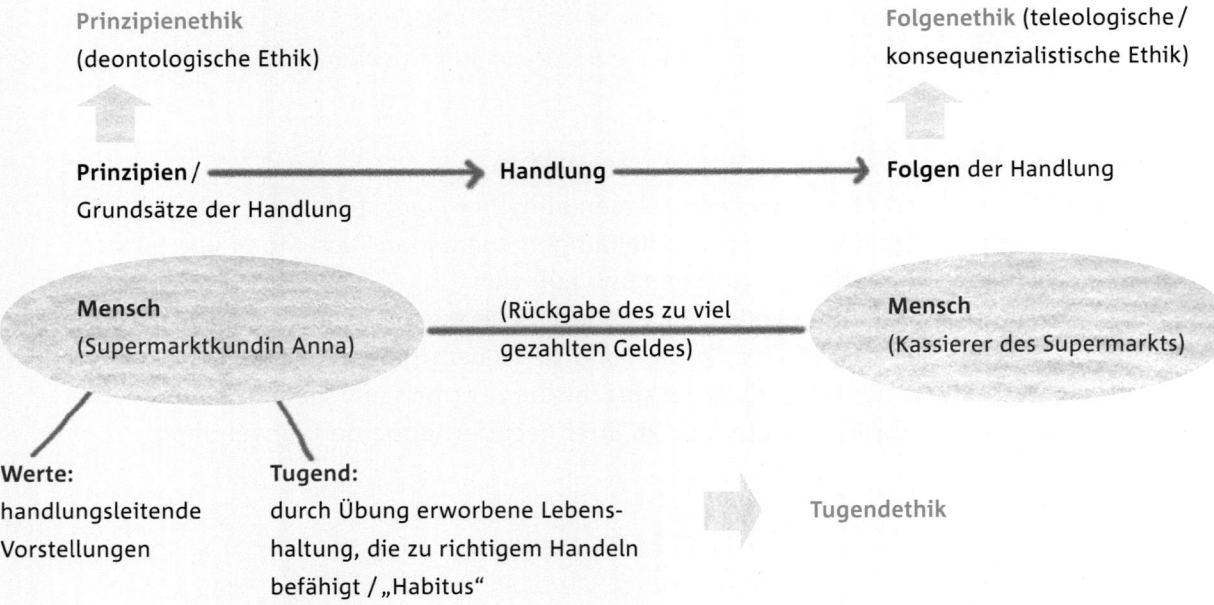

Ethische Herangehensweisen

- In einer **deontologischen Ethik** (oder Prinzipienethik; von griech. *to déon*: das Erforderliche, die Pflicht) gilt eine Handlung als sittlich richtig, wenn sie **Prinzipien** folgt, die in sich gut sind. Die Handlung an sich wird bewertet, nicht die Handlungsfolgen.
- Die **konsequenzialistische Ethik** (auch „teleologische" Ethik oder „Folgenethik") hingegen beurteilt die moralische Richtigkeit und Falschheit von Handlungen ausschließlich aufgrund der (abzusehenden oder abgesehenen) **Handlungsfolgen**.
- Die **Tugendethik** fragt, welche Haltung und Disposition ein Handelnder haben muss, damit er gut handelt.

Von der Antike bis zur Gegenwart:
Grundpositionen der philosophischen Ethik

1. Die Suche nach dem richtigen Weg – Platons Lehre vom guten Leben

1.1 Der bedeutendste Schüler des Sokrates – das Platon-Bild in der Geschichte

Platon im Gespräch mit
seinen Schülern

Platons Biografie

Platon (427–347 v. Chr.) entstammte einer athenischen Aristokraten-familie. Er wurde der bedeutendste Schüler des Sokrates, dessen philo-
5 sophische Gedanken er nieder-schrieb und wohl auch weiterentwi-ckelte. Als sein Lehrer 399 v. Chr. – vorwiegend aus politischen Grün-den – zum Tode verurteilt wurde,
10 verließ er Athen und unternahm Bildungsreisen nach Italien, Sizilien und Ägypten.

387 v. Chr. kehrte er nach Athen zurück und gründete dort die so-
15 genannte „Akademie", eine Art Uni-versität, die er bis zu seinem Tod leitete. Sein größter Schüler wurde Aristoteles.

367 v. Chr. ging Platon nach
20 Sizilien, in der Hoffnung, mithilfe des neuen Herrschers von Syrakus, Dionysos II, seine politischen Theorien in die Praxis umzusetzen. Sein Versuch scheiterte. Platon hat eine große Zahl von Texten geschrieben. Dabei wählte er zumeist als philosophische Darstellungsweise den Dialog. Besonders berühmt wurden: „Phaidon"
25 (u. a. die Schilderung vom Tode des Sokrates), „Menon" („Über die Tu-gend und ihre Lehrbarkeit"), „Symposion" („Über die Liebe"), „Gorgias" („Über die Beredsamkeit"), „Politeia" („Der Staat") und „Nomoi" („Die Gesetze").

„Vergleiche die sichtbare Welt (der Gefesselten) mit der Wohnung im Gefängnis, das Feuer mit der Macht der Sonne."
(Platon)

1 Zur Wiederholung: Aktivieren Sie Ihre Kenntnisse über Platon aus der 10. Jahrgangsstufe („Höhlengleichnis"). Nutzen Sie dazu den neben-stehenden Hinweis Platons.

2 Analysieren Sie das Bild „Platon im Gespräch mit seinen Schülern". Erarbeiten Sie dabei, welche Rolle der Philosoph in dieser Darstellung übernimmt.

Karlheinz Hülser: Platon für Anfänger. Der Staat: Eine Lese-Einfüh-rung. München 1995.

1.2 „Hebammenkunst": die dialogische Philosophie Platons

Der philosophisch-ethische Diskurs bei Platon
Auf dem philosophischen Weg zum Menschen

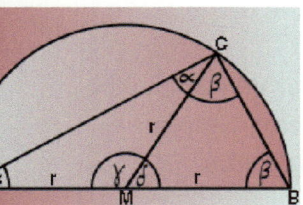

Skizze zum Beweis des Thales-Satzes

Roset: „Anaximander" (Werk 398 / 03) – **Anaximander** (geb. um 610 v. Chr., gest. nach 546 v. Chr.) erkannte das Weltall als das Unendliche, das *Apeiron*, wie er es nannte. Er war der Erste, der sich die Erde schwebend vorstellte, in der Form eines Zylinders. Die Sterne, glaubte er, entstehen durch ein Feuer, das durch die Lufthüllen dringt.

Im 6. Jahrhundert begannen im griechischen Kulturkreis erste Versuche, rational-überprüfbare Aussagen über den Kosmos, seinen Ursprung und seine Gesetzmäßigkeiten zu machen. Die sogenannten „Vorsokratiker"

5 wie etwa Thales von Milet (624–546 v. Chr.), Anaximander und Anaximenes (585–526 v. Chr.) entwickelten Theorien, die gekennzeichnet waren von dem Versuch, Totalität und Urprinzip der Welt zu erfassen.

Die mit der Zeit wachsende Zahl der Welterklärungsmodelle führte im 5. Jh. zu einer **Relativierung** ihres Gültigkeitsanspruches. Daraus erwuchs

10 unter anderem die **Sophistik**, eine relativistische Auffassung, die die Wahrheit als absolutes Kriterium verneinte, Aussagen deshalb nicht mehr an ihr maß, sondern an ihrer Leistung für die Lebenspraxis. Nicht mehr die Wahrheit, sondern der einzelne Mensch und seine Interessen wurden zum Maß aller Dinge gesetzt (vgl. den Homo-mensura-Satz des Sophisten

15 Protagoras). Dies führte zu einer Relativierung der Werte und damit zwangsläufig zu einer Änderung von Begriffsinhalten. Am Beispiel des Begriffs der Areté lässt sich dies zeigen: Ursprünglich bedeutete *Areté* so viel wie *Tugend* und damit *Tapferkeit, Frömmigkeit* usw. Die Areté der Sophisten hingegen bezog sich auf die erworbene, für Geld erlernbare

20 Fähigkeit, andere erfolgreich zu beeinflussen. Dass in diesem Zusammenhang die Rhetorik zur Kunst entwickelt wurde, überrascht kaum.

Der sokratische Dialog

In dieses Vakuum ethischer Grundsatzreflexion stößt Sokrates, der Lehrer Platons, mithilfe seiner **Dialogtechnik**: Er tritt gegen die Oberflächlichkeit

25 des Meinens an, entlarvt konventionelles Wissen als **Scheinwissen** und stellt an den Anfang des Denkens das Bewusstsein des Nichtwissens als produktive Kraft: „Ich weiß, dass ich nicht weiß."

Die **Gesprächsstrategie** des Sokrates ist recht raffiniert und entspricht durchaus der rhetorischen Geschicklichkeit der Sophisten, seiner Gegner:

30 Er begibt sich in **die Rolle des Nichtwissenden**, mitunter des Begriffsstutzigen, des Vergesslichen. Er fragt, ohne selbst direkt Stellung zu beziehen, hartnäckig immer weiter und verunsichert seine Gesprächspartner mit seiner **Ironie** (von *eironeia*: Anschein von Unwissenheit). In Platons „Staat" klagt Thrasymachos: „Beim Herakles, da haben wir ja

35 die berühmte Ironie des Sokrates! Ich wusste es schon und sagte es den Leuten voraus; du wirst nicht antworten wollen, sondern ironisch werden und alles eher tun als auf eine Frage antworten."

Die Fragen des Sokrates haben starken Lenkungscharakter, sind oft suggestiv und lassen den Gesprächspartnern wenig Wahl. Häufiger als

40 ihnen recht ist, müssen sie seinen Überlegungen, Bedenken, Zweifeln

Sokrates (469 – 399 v. Chr.)

zustimmen und schließlich zugeben, dass sie doch nicht wissen, was sie zu wissen glaubten. Jetzt sind sie ratlos, sie befinden sich im Zustand der **Aporie**. *Aporia* leitet sich ab von *aporein*, was so viel heißt wie: *ohne Hilfe oder Mittel sein, zweifeln, ungewiss sein, nicht wissen, was man*
45 *tun soll, wohin man sich wenden soll.*

Je nach Dialog lässt Sokrates sie in diesem Zustand, der immerhin eine Überwindung des alten Scheinwissens bedeutet, oder seine Gesprächspartner finden mit seiner Hilfe den (philosophischen) Weg zum wirklichen Wissen, zur **Wahrheit**.

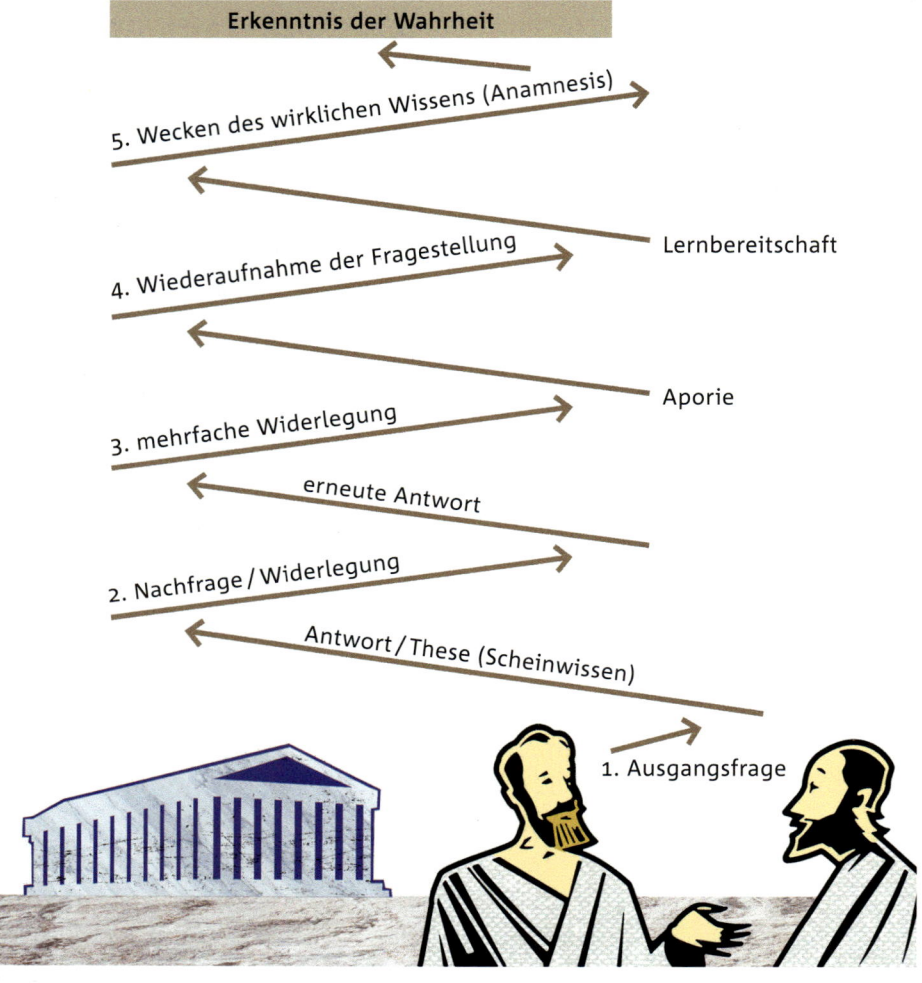

50 **Die ethische Perspektive Platons**
Die Frage stellt sich, warum für Sokrates dieses im Dialog erarbeitete Wissen so wichtig ist. „**Wissen**" bedeutet für ihn etwas anderes als für uns. Wir haben im Wesentlichen einen informatorischen Begriff von Wissen: Man weiß etwas, wenn man sich informiert hat. Sokrates (bzw.
55 Platon) hingegen geht von einem ethischen Wissensbegriff aus, von der Identität von Wissen und Moral. Er ist der Auffassung, dass derjenige,

der einen klaren Begriff und damit ein klares Wissen der Tugenden, z. B. der Gerechtigkeit, des Guten, des Schönen, der Tapferkeit, hat, entsprechend diesem Wissen handelt. Mit anderen Worten: Wissen bedeutet
60 für Sokrates Einsicht in das rechte Tun und schließlich dieses Tun selbst. Um dahin zu kommen, ist eine sorgfältige **Reflexion der sittlichen Begriffe** notwendig. Dies unternimmt Sokrates in all seinen Dialogen, die neben der dramatisch-rhetorischen Funktion auch Ausdruck einer zentralen philosophischen Überzeugung Platons sind.

65 Für Platon (Sokrates) ist Wissen **„Wiedererinnerung"**. Die menschliche Seele lebt, bevor sie in einen Körper eingeht, in einer Art Präexistenz. Dort, in dem Reich der Ideen, der Wesenheiten, gewinnt sie alles Wissen, sei es über mathematische Probleme, sei es über das Wesen der Tugenden. Durch die leibliche Geburt vergisst nun die Seele ihr Wissen. Aber
70 durch richtiges Fragen erinnert sich der Mensch bzw. seine Seele wieder. Es ist also überflüssig, den Menschen Wissen und Erkenntnis einzupflanzen, denn das ganze Wissen ruht schon von Anbeginn in ihrer Seele. Die Menschen gehen sozusagen mit diesem Wissen schwanger. Es bedarf nur noch einer geschickten Hebamme, um den jeweiligen Dialogpartner
75 von diesem Wissen zu entbinden. Als eine solche Hebamme versteht sich Sokrates. Durch seine suggestiven Fragen erzwingt er die richtigen Antworten, er bringt das Wissenskind gewissermaßen auf die Welt. Sokrates selbst nannte seine Fragetechnik **„Mäeutik"**, „Hebammenkunst".

Die philosophiegeschichtliche Stellung Platons ergibt sich u. a. durch:
80 − den Perspektivenwechsel von der kosmozentrischen Betrachtung zur anthropozentrischen Reflexion (der Mensch wird jetzt zum philosophischen Betrachtungsobjekt),
− das Verfahren des sokratischen Dialogs und
− die Entwicklung des platonischen Idealismus
85 (vgl. das „Höhlengleichnis").

1 Skizzieren Sie kurz den philosophiegeschichtlichen Weg bis zu Platon.
2 Geben Sie die Dialogtechnik in eigenen Worten wieder.
3 Arbeiten Sie vergleichend den Unterschied zwischen dem platonischen und Ihrem Ironie-Begriff heraus.
4 Legen Sie ein kleines Philosophie-Lexikon mit den wichtigsten Begriffen der Philosophie Platons an und nehmen Sie dazu das folgende Basiswissen zu Hilfe.

 Ergänzen Sie Ihr kleines Philosophie-Lexikon im Laufe der Arbeit durch weitere Begriffe bzw. ethische Grundpositionen und nutzen Sie es zum Nachschlagen.

Basis

Der philosophisch-ethische Diskurs bei Platon

Die sogenannten **„Vorsokratiker"** dachten im Wesentlichen über den Ursprung und die Zusammensetzung der Welt nach (kosmozentrische Philosophie). Platon hingegen richtete – beeinflusst von seinem Lehrer Sokrates – seine Aufmerksamkeit auf den Menschen (anthropozentrische Philosophie). Er untersuchte, wie der Mensch als Einzelperson und in der Gesellschaft zu einem gelungenen Leben kommen könnte.

In seinen Dialogen lässt er Sokrates meist ein ethisches Thema abhandeln. Dabei übernimmt Sokrates die Rolle des Nichtwissenden und unermüdlich Fragenden und führt so seine Gesprächspartner zu der irritierenden Erkenntnis, dass ihr Wissen in Wirklichkeit nur ein Scheinwissen ist. Der Verlust des bislang als sicher Angenommenen führt sie zu Ratlosigkeit und Zweifel (Aporie). Damit können sie aber auch offen werden für das wahre Wissen.

Die sokratisch-platonische Philosophie geht davon aus, dass die Seele bereits alles Wissen enthält, dieses Wissen aber durch den Eintritt in einen menschlichen Körper vergessen hat. Deshalb muss Sokrates dafür sorgen, dass sich die Seele wieder erinnert. Dabei versteht sich Sokrates gewissermaßen als Geburtshelfer, der das wahre Wissen, die Wahrheit, mithilfe seiner geschickten Gesprächsstrategie ans Tageslicht (Mäeutik, „Hebammentechnik") holt.

Wahl

1.3 Über den Wert der Rhetorik: Platons „Gorgias"

Einführung: Platons „Gorgias"

In dem Dialog „Gorgias" inszeniert Platon eine Auseinandersetzung zwischen dem **Philosophen Sokrates** auf der einen und dem berühmten **Rhetoriklehrer Gorgias** (480–
5 380 v. Chr.) mit zwei seiner Anhänger (Polos und Kallikles) auf der anderen Seite. In dem emotionalen und zum Teil sogar aggressiv geführten Gespräch stoßen zwei auch heute noch aktuelle Lebenskonzepte aufeinander,
10 das der Macht ohne moralische Kontrolle und das des sittlich richtigen Handelns. Deshalb wird der „Gorgias" auch als der modernste Dialog unter den Texten Platons bezeichnet.

Platon hat seinen Text dreigeteilt: Zunächst
15 steht das Gespräch zwischen Sokrates und Gorgias im Mittelpunkt. Sokrates fordert den Spezialisten Gorgias auf zu erläutern, was die Rhetorik sei und welche Bedeutung sie habe. Gorgias betont ihre moralische Bedeutung. Sie sei das größte Gut für den Men-
20 schen, da sie ihn befähige, über andere zu

herrschen. Sokrates gibt sich begriffsstutzig und veranlasst Gorgias dadurch, die Funktion der Rhetorik deutlicher zu machen:

25 **Sokrates:** Was meinst du damit?
Gorgias: Wenn man durch Worte zu überreden imstande ist, sowohl vor Gericht die Richter als in der Ratsversammlung die Ratsmänner und in der Gemeinde die Bürger und so in jeder
30 anderen Versammlung, die eine Staatsversammlung ist. Denn hast du dies in deiner Gewalt, so wird der Arzt dein Knecht sein, der Meister der Leibesübungen auch, und von diesem Geschäftsmann wird sich zeigen, dass
35 er nicht für sich erwirbt, sondern für einen anderen, für dich, der du verstehst, zu sprechen und die Massen zu überreden.
(Platon: „Gorgias")

Wie auch in anderen Dialogen, gibt sich
40 Sokrates mit den angebotenen Erklärungen

nicht zufrieden, sondern drängt Gorgias durch Nachfragen, Hinweise auf Widersprüche, Präzisionsforderungen, Differenzierungen und Beispiele immer mehr in
45 die Defensive, bis dieser sich schließlich zurückzieht und den Kampf seinen „Jüngern" überlässt. Im Mittelteil des Dialogs setzt sich Sokrates zunächst mit Polos auseinander und

qualifiziert die Rhetorik als Schmeichelei ab.
50 Außerdem sei sie am ehesten mit der Kochkunst zu vergleichen, die über das Angenehme hinaus keinerlei Wert habe. Auch seine These, es sei besser, Unrecht zu erleiden als Unrecht zu tun, da ein solches unsittliches
55 Handeln die Seele schädige, kann Polos nicht widerlegen.

Gorgias oder über die Beredsamkeit *Platon*

Sokrates: [...] was von beiden, Polos, scheint dir schlimmer zu sein, das Unrechttun oder das Unrechtleiden?

Polos: Mir wenigstens das Unrechtleiden.

Sokrates: Wie aber nun, was von beiden [ist] hässlicher, das Unrechttun
5 oder das Unrechtleiden? Antworte.

Polos: Das Unrechttun.

[...]

Sokrates: Und wenn von zwei hässlichen Dingen das eine hässlicher ist, so wird es dies sein, weil es an Unlust oder Übel das andere übertrifft. Oder
10 ist das nicht notwendig?

Polos: Ja.

Sokrates: Wohlan denn, was wurde eben über das Unrechttun und Unrechtleiden gesagt? Sagtest du nicht, das Unrechtleiden wäre zwar übel, das Unrechttun aber hässlicher?

15 **Polos:** Das sagte ich.

Sokrates: Wenn also das Unrechttun hässlicher ist als das Unrechtleiden, so ist es entweder mit mehr Unlust verbunden und würde wegen eines Übermaßes von Unlust hässlicher sein, oder durch Übel, oder durch beides.

[...]

20 **Polos:** Wie sollte es nicht.

[...]

Sokrates: Wenn nun das Übel beim Unrechttun überwiegt, so wäre ja das Unrechttun übler als das Unrechtleiden?

Polos: Offenbar.

25 **Sokrates:** Nicht wahr, von den meisten und auch von dir war uns vorhin zugegeben worden, das Unrechttun sei hässlicher als das Unrechtleiden?

Polos: Ja.

Sokrates: Nun hat es sich doch als übler gezeigt.

Polos: Es scheint so.

30 **Sokrates:** Würdest du also das Üblere sowohl als [das] Hässlichere dem Geringeren vorziehen? [...]

Polos: Ich würde es also nicht vorziehen, o Sokrates.

Sokrates: Etwa irgend sonst jemand?

Polos: Nein, dünkt mich, nach dieser Untersuchung wenigstens.

35 **Sokrates:** Recht also hatte ich, dass weder ich noch du, noch sonst ein Mensch lieber würde Unrecht tun wollen als Unrecht leiden; denn es ist übler.

Polos: Es scheint so. [...]

1 Formulieren Sie kurz die Auffassung des Polos zu Beginn des Textes und die Zielsetzung seines Gesprächspartners Sokrates.

2 Zeichnen Sie den Argumentationsgang des Sokrates nach und zeigen Sie, wie er Polos zur Zustimmung bewegt.

Einführung: Platons „Gorgias" (Fortsetzung)

Polos kann der Argumentation des Sokrates nicht widerstehen, deshalb überlässt er dem
60 Rhetoriker und Politiker Kallikles das Feld. Dieser greift Sokrates massiv an und verspottet ihn wegen seiner philosophischen Interessen, die eines erwachsenen Mannes unwürdig seien. Dann behauptet er in
65 einer langen Ansprache, dass dem Stärkeren von Natur aus mehr Rechte zustünden als dem Schwächeren (vgl. folgenden Textauszug).

Diese für die Sophisten jener Zeit typische Einstellung ist mit der Lebenssicht des
70 Sokrates unvereinbar. Deshalb kommt es zwischen den beiden Kontrahenten auch zu keiner Einigung, im Gegenteil, das Gespräch droht zu scheitern. Schließlich fordern Kalli-
75 kles und Gorgias Sokrates auf, seine Darstellung allein fortzuführen (dritter Teil). Sokrates nimmt die Herausforderung an und plädiert in einem langen, monologartigen Vortrag für einen Lebensweg der sittlichen Überzeugun-
80 gen, nicht der Rhetorik: „Dies ist die beste Lebensweise, in der Übung der Gerechtigkeit und jeder andern Tugend zu leben und zu sterben." Damit stellt Platon seinen Protagonisten als endgültig Überlegenen dar. Man
85 könnte sagen, die Philosophie habe über die Rhetorik gesiegt, was sicherlich auch im Darstellungsinteresse Platons lag.

3 Beschreiben Sie den Aufbau des Gorgias-Dialogs in eigenen Worten.

4 Arbeiten Sie die Funktion der Rhetorik aus der Sicht des Gorgias heraus und nehmen Sie kritisch Stellung.

5 Nicht zuletzt durch den Einfluss der Dialoge Platons wurde bis auf den heutigen Tag die Rhetorik oft als moralisch zweifelhaftes Verfahren angesehen. Diskutieren Sie diese Auffassung in zwei Gruppen von Befürwortern und Gegnern der Rhetorik.

Gorgias oder über die Beredsamkeit *Platon*

Kallikles: [...] Allein ich denke, dass die, welche die Gesetze geben, die Schwachen und der große Haufe sind. In Rücksicht auf sich selbst also und das, was ihnen nützt, geben sie die Gesetze, sprechen sie Lob und Tadel aus. Sie wollen die kräftigeren Menschen, welche mehr haben könnten, in
5 Furcht halten, damit sie nicht mehr haben mögen als sie selbst und sagen

deshalb, es sei hässlich und ungerecht, für sich immer auf mehr auszugehen, und das ist nun das Unrechttun, wenn man mehr zu haben sucht als
die anderen. Denn sie selbst, meine ich, sind ganz zufrieden, wenn sie nur
Gleiches erhalten, da sie die Schwächeren sind.

10 Daher wird nun gesetzlich dieses unrecht und hässlich genannt, das
Streben, mehr zu haben als die meisten, und man nennt es Unrechttun. Die
Natur selbst aber, denke ich, würde wohl zeigen, dass es gerecht ist, dass
der Stärkere mehr habe als der Schwächere, und der Tüchtigere mehr als
der Untüchtige. Auch offenbart sie dieses vielfältig, dass es so ist, sowohl an
15 den übrigen Geschöpfen als auch an ganzen Staaten und Geschlechtern
der Menschen, dass als Recht erkannt ist, dass der Stärkere über den Schwächeren herrsche und mehr habe. [...]

Sokrates: Wiederhole mir aber noch einmal von Anfang [...], dass es sich mit
dem Gerechten verhalte, dass der Natur gemäß der Stärkere gewaltsam an
20 sich reißt, was dem Schwächeren gehört, und der Bessere über den Schlech-
teren herrsche, und der Edlere mehr habe als der Gemeinere; war es etwas
anderes, worin das Gerechte, wie du sagst, besteht, oder habe ich es richtig
wiedergegeben?

Kallikles: Ja, das sagte ich damals und sage es auch jetzt noch.

25 **Sokrates:** Nennst du denselben besser und stärker? [...] Oder kann man
besser sein, aber schwächer und ohnmächtiger, und mehr wert, aber doch
schlechter? Oder ob besser und mehr wert einerlei besagen soll? Dies nur
bestimme mir genau, ob das verschieden ist oder einerlei, mehr wert,
besser und stärker.

30 **Kallikles:** So sage ich dir denn ganz bestimmt, dass es einerlei ist. [...]

Thesen zusammenfassen
→ S. 72

Grafik zur Dialogtechnik
→ S. 28

6 *Fassen Sie die Aussagen des Kallikles thesenartig zusammen.*
7 *Setzen Sie den Aufbau des Gesprächs grafisch um. Orientieren Sie*
sich dazu an der Grafik zum Grundmuster des sokratischen Dialogs und
am Basiswissen.

Basis

Platons „Gorgias"

In dem Dialog **„Gorgias"** geht es um die Frage, ob man eher mithilfe der Rhetorik als
Instrument des Machtgewinns oder der Philosophie als Weg zur wahren Erkenntnis und
sittlichem Handeln ein gelungenes Leben führen kann. Die Partei der Rhetoriker (Gorgias,
Polos und Kallikles) vertritt die Auffassung, dass die Rhetorik das höchste aller Güter
sei, denn ihre Anwendung befähige den Menschen, über andere zu herrschen. Wer aber
diese Fähigkeit habe, der habe auch (so Kallikles) mehr Rechte als andere Menschen.

Sokrates hingegen vertritt ein geradezu entgegengesetztes Lebenskonzept: Für ihn ist
die Rhetorik als Instrument des Machterwerbs bedeutungslos. Ihm geht es nicht um
Macht, sondern um das Streben nach Gerechtigkeit als Inbegriff des Sittlichen. Nur der
tugendhafte Mensch führt ein gutes Leben.

8 Beschreiben Sie das Menschenbild, das hinter diesen Aussagen steht.

9 Überprüfen Sie, inwieweit Kallikles mit seiner Darstellung einen naturalistischen Fehlschluss begeht.

naturalistischer Fehlschluss
→ S. 21 f.

10 Bewerten Sie begründend die Ansichten des Kallikles. Gehen Sie dabei auf die Fragen des Sokrates am Ende des Textes ein.

11 Erörtern Sie:

a) Welche Ihnen bekannten Ideologien haben Ähnlichkeit mit den Auffassungen des Kallikles?

b) Wie müsste ein ethisches System auf der Basis dieses Menschenbildes aussehen?

12 Erarbeiten Sie, wie der folgende Aphorismus der Autorin zu verstehen ist.

> „Das Recht des Stärkeren ist das stärkste Unrecht."
> *Marie von Ebner-Eschenbach*

Marie von Ebner-Eschenbach (1830–1916), Schriftstellerin

13 Diskutieren Sie, ob Sie sich für dieses Urteil öffentlich einsetzen würden.

Wahl

1.4 „Wenn nicht die Philosophen in den Staaten Könige werden …" – Platons „Politeia"

Politeia (viertes Buch) *Platon*

„Der Staat" („Politeia") wird zu Platons wichtigsten Werken und zu den bedeutendsten der Philosophiegeschichte überhaupt gezählt. Der griechische Philosoph entfaltet hier – in Dialogform – seine Vorstellungen vom gerechten Staat und seiner inneren Ordnung.

Im vierten Buch der „Politeia" entwickelt Platon in einem Dialog mit seinem älteren Bruder Glaukon den Aufbau der Seele. Am Beispiel des Durstes zeigt er, dass es unterschiedliche Kräfte im Menschen gibt: Die eine Kraft zielt auf die Befriedigung dieses Wunsches, während eine zweite, die Überlegung oder Vernunft, eventuell zu bedenken gibt, dass es besser ist, auf das Trinken zu verzichten. Der dritte Seelenteil, „der mutvolle Seelenteil", setzt diese Überlegung kämpferisch durch:

> [...] „Die Seele des Dürstenden will im Augenblick des Durstes nur trinken, danach verlangt sie und drängt dorthin."
> „Klar!"
> „Wenn aber etwas sie trotz ihrem Durst zurückhält, dann ist etwas in ihr,
> 5 das sich unterscheidet von dem Durst, der sie tierhaft zum Trinken treibt
> [...]
> „Ganz richtig!"
> „Es gibt doch auch Dürstende, die nicht trinken wollen?"
> „Ja, viele und häufig!"

10 „Wie soll man darüber urteilen?", fragte ich. „Doch so: In ihrer Seele ist etwas, das zu trinken befiehlt, und ein anderes, das es verbietet, und das ist stärker als das Befehlende, nicht?"

„Ich glaube, ja!"

„Stammt nicht diese verbietende Macht, wenn sie auftritt, aus der Überle-
15 gung, während jene Antriebe und Lockungen durch die Leidenschaften und Krankheiten entstehen?"

„Es scheint!"

[...]

„Er [der mutvolle Seelenteil] hebt bei einem Zwist der Seele die Waffen zum
20 Schutz der Vernunft!"

„Allerdings!"

„Ist er nun von der Vernunft zu trennen oder nur ein Teil von ihr, sodass wir nur zwei Teile, nicht drei in der Seele haben, den vernünftigen und den begehrenden? Oder ist es wie im Staat? Wie diesen drei Teile bilden, der
25 Erwerbs-, der Helfer- und der Ratsherrenstand, so gibt es auch in der Seele das Mutvolle als dritten Teil, seinem Wesen nach Helfer der Vernunft, wenn er nicht durch schlechte Erziehung verdorben ist."

„Unbedingt gibt es einen dritten Teil!" [...]

1 *Erläutern Sie, welche Funktion das Beispiel mit dem Dürstenden für die Argumentation Platons hat. Gehen Sie – zur Illustration – von ähnlichen Beispielen aus.*

2 *Beschreiben Sie anhand des Textes, welche Aufgabe dieser dritte Seelenteil hat und inwiefern er „durch schlechte Erziehung" verdorben werden kann.*

Hintergrundwissen zur Philosophie Platons

Das Verhältnis dieser drei naturgegebenen Seelenkräfte fasst Platon in ein Bild: Die Vernunft muss wie ein Wagenlenker die „Pferde" Mut und Begierde bändigen und lenken. Mit
5 diesem Bild wird der Gedanke von der Überlegenheit und Priorität des Geistigen vor dem Körperlichen in die abendländische Geistesgeschichte getragen.

Damit jedoch die Seelenkräfte ihre Aufgabe
10 erfüllen können, müssen sie gewissermaßen versittlicht werden. Deshalb ordnet Platon ihnen entsprechende Tugenden zu: Die Vernunft bedarf zu ihrer Lenkungsfunktion der Weisheit und der ungebändigte Mut
15 der Standhaftigkeit oder Tapferkeit, um seine Energie der Herrschaft der Vernunft unterzuordnen. Die Begierde (das Triebhafte) muss ihre Maßlosigkeit einschränken, damit sie in den Grenzen bleibt, die die Vernunft ihr zu-
20 weist. Dies geschieht durch die Tugend der Mäßigung.

Den drei Tugenden ist eine besondere Tugend übergeordnet, die Gerechtigkeit. Sie sorgt für die Harmonie, die Ausgewogen-
25 heit, zwischen den drei Einzeltugenden und kann so als oberster sittlicher Wert angesehen werden.

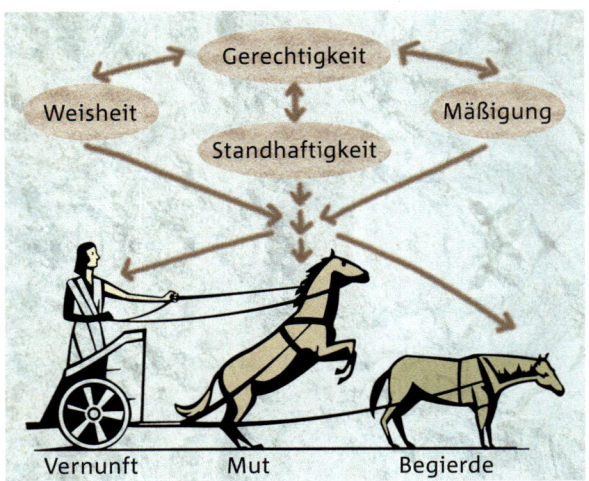

Vernunft   Mut   Begierde

Diese vier Tugenden – Weisheit, Tapferkeit, Gerechtigkeit, Mäßigung – wurden später
30 „Kardinaltugenden" genannt als zentrale sittliche Werte der christlichen Sittenlehre und der philosophischen Ethik.

Darstellung der platonischen Kardinaltugenden am Papstgrab des Papstes Clemens II. im Bamberger Dom

Nach Platon kann der Mensch nicht für sich allein bestehen, er bedarf, schon aus
35 Gründen der Arbeitsteilung, der Gemeinschaft, des Staates. Damit aber dieser Staat den Menschen entspricht, muss er völlig analog zu den drei Seelenkräften organisiert sein und als oberstes Ziel die Gerechtigkeit
40 haben. Deshalb werden die Menschen, je nach ihren Fähigkeiten, einem von drei Ständen zugeordnet:

Dem unteren, begehrenden Seelenteil entspricht der „Nährstand", in dem Bauern,
45 Handwerker und Kaufleute gewissermaßen die materielle Grundversorgung der Gesellschaft sichern. Nur in diesem Stand sind Privateigentum und Familie erlaubt. Die Kinder erhalten eine musisch-gymnastische
50 Grundausbildung. Wer von ihnen besonders begabt ist, wird durch den Staat für höhere Aufgaben ausgebildet und kann gesellschaftlich aufsteigen.

Der Stand der Wächter/-innen oder Hüter/
55 -innen repräsentiert die Willensenergie des Menschen. Er sichert den Bestand des Staates nach innen wie nach außen. Allerdings dürfen die Wächter nicht von ihren Aufgaben abgelenkt werden, deshalb sind ihnen Privateigen-
60 tum und Familie nicht erlaubt. Nach dem 30. Lebensjahr werden die Fähigsten unter ihnen ausgesucht und erhalten eine zusätzliche philosophische Ausbildung. Die Besten dieser Gruppe steigen nach zwanzigjährigem
65 Studium in die Klasse der Philosophen oder Regierenden auf.

Die Philosophen verfügen als Einzige über das wahre Wissen und machen aufgrund ihrer Einsicht keine Fehler. Unaufhörlich streben
70 sie nach dem Wesen des Gerechten und leiten durch ihre Gesetze die Bürger zum Guten. Platon ist der Auffassung, dass nur die Philosophen geeignet sind, einen Staat gerecht zu leiten. Deutlich wird das durch die berühm-
75 -ten Worte, die Platon seinen Lehrer Sokrates sagen lässt: „Wenn nicht die Philosophen in den Staaten Könige werden oder die Könige, wie sie heute heißen, und Herrscher echte und gute Philosophen und wenn nicht in eine
80 Hand zusammenfallen politische Macht und Philosophie, gibt es […] kein Ende des Unheils für die Staaten, ja, nicht einmal im ganzen Menschengeschlecht."

Gerechtigkeit ist für Platon die zentrale
85 Tugend und die Bedingung für das Glück des einzelnen Bürgers. Allerdings verwirklicht

sie sich nur dann, wenn jeder Seelenteil und jeder gesellschaftliche Stand das tut, was ihm zukommt. So betont Sokrates im 7. Buch
90 der „Politeia", dass „das Gesetz sich nicht darum sorgt, ob ein einzelner Stand sich im Staat besonders wohlfühlt; sondern es will diesen Zustand im ganzen Staat verwirklichen."

Sir Karl Raimund Popper
(1902–1994), österreichisch-britischer Philosoph
I. Kant → S. 52 ff.

3 Stellen Sie das analoge Verhältnis von Seelen- und Staatsaufbau in einem Schaubild dar.
4 Vergleichen Sie den Staatsaufbau Platons mit der politischen Gliederung der Bundesrepublik.
5 Welche Rolle spielen Ihrer Ansicht nach heute die sogenannten „Kardinaltugenden"?
6 Manche der Aussagen Platons wirken modern und überlegenswert, andere ethisch inakzeptabel. Stellen Sie beide Komplexe gegenüber und begründen Sie Ihre Zuordnung.
7 Platons Vorstellung von den Philosophenkönigen ist umstritten. Kant sieht sie als nicht wünschenswert an, Karl Popper kritisiert totalitäre Tendenzen in Platons Vorstellung vom Staat und seiner Führung. Diskutieren Sie Für und Wider einer Staatslenkung durch Philosophen.

Politeia (zweites Buch) *Platon*

In seiner „Politeia" fordert Platon, dass vor allem bei der Erziehung der begabteren Kinder alles verhindert werden soll, was sie vom staatlich gewünschten Weg abbringt. So zeigt sich Platon z. B. besorgt, dass man den Kindern Geschichten erzählt, die sie in falscher Weise beeinflussen könnten. Deshalb will er bestimmte Mythen von den Kindern fernhalten, die die Götter in einem zweifelhaften Licht erscheinen lassen. Nur die Erzählungen, die er als nützlich für die systemgetreue Erziehung ansieht, dürfen ihnen nahegebracht werden. So belehrt Sokrates Adeimantos, einen Bruder Platons:

Müssen Kinder vor den Werken großer Schriftsteller geschützt werden?
[...] „Nun ist, wie du weißt, der Anfang bei jedem Werk das wichtigste, zumal für ein junges und zartes Ding. Denn zu dieser Zeit formt und prägt es sich am meisten zu dem Wesen, das man dem Einzelnen aufzudrücken
5 wünscht."
„Unzweifelhaft!"
„Dann können wir aber nicht unbesorgt zulassen, dass die Kinder die erstbesten Märchen, von den erstbesten Dichtern geformt, hören und in ihren Seelen Ansichten aufnehmen, die weithin jenen widersprechen,
10 die sie als Erwachsene nach unserer Ansicht haben sollten."
„Das dürfen wir nicht."
„Fürs Erste müssen wir die Märchendichter bewachen; ihre guten Schöpfungen lassen wir zu, ihre schlechten scheiden wir aus. Die ausgewählten lassen wir dann den Kindern von Ammen und Müttern erzählen und so

15 ihre Seelen durch die Erzählungen mehr formen als die Körper durch ihre Hände. Die gegenwärtig erzählten Märchen sind zumeist auszuscheiden."

„Welche etwa?"

„An den größeren erkennen wir zugleich die kleineren; denn beide müssen nach derselben Art sein und dieselbe Wirkung haben; glaubst du
20 nicht?"

„Ja, aber ich weiß nur nicht, welche du unter den größeren verstehst."

„Wie sie uns Hesiod und Homer erzählten", sagte ich da, „und die andern Dichter. Denn diese erzählten und erzählen den Menschen Geschichten, die sie erdichteten."

25 „Welche meinst du und was tadelst du an ihnen?"

„Was man von Anfang an und aufs Schärfste tadeln muss, zumal wenn die Erzählung nicht schön erdichtet ist."

„Und was ist das?"

„Wenn einer in seiner Erzählung die Götter und Heroen in ihrem Wesen
30 schlecht darstellt, wie ein Maler, dem sein Bild nicht dem Original ähnlich gelingt."

„Das kann man mit Recht tadeln", gab er zu. „Doch was und welcher Art ist das nun?"

„Zunächst, die bedeutendste Dichtung über die bedeutendsten Dinge
35 hat ihr Dichter nicht gut erdichtet: die Taten des Uranos, wie sie Hesiod darstellt, und dann wieder die Rache des Kronos an ihm. Die Taten des Kronos aber und sein Schicksal durch seinen Sohn dürfte man, selbst wenn sie wahr wären, nicht leichthin in dieser Form unvernünftigen und jungen Wesen erzählen, sondern sollte sie lieber verschweigen." [...]

40 „Das sind allerdings üble Erzählungen."

„Die man in unserem Staat nicht erzählen darf, mein Adeimantos! Schon gar nicht dürfen wir vor den Ohren eines jungen Menschen sagen, er mache nichts besonders Auffälliges, wenn er schwerstes Unrecht begehe oder gar seinen Vater, der ihn beleidigt, aufs Schwerste züchtige: Er tue ja nur, was
45 die ersten und größten der Götter getan!"

„Nein, bei Zeus, auch mir scheinen das keine brauchbaren Erzählungen zu sein!"

„Ebenso wenig wie die Erzählungen von den Kriegen, Anschlägen und Kämpfen der Götter untereinander!", fuhr ich fort. „Sie sind ja überdies gar
50 nicht wahr! [...] Götterkämpfe, wie sie Homer gedichtet hat, sind in unserem Staate nicht zuzulassen, ob sie nun nur sinnbildlich gemeint sind oder wörtlich. Denn der junge Mensch kann nicht beurteilen, was Sinnbild ist und was nicht, sondern was er in diesem Alter als Glaube erfasst, das pflegt unauslöschbar und unverändert zu bleiben. Deshalb muss aller Wert darauf
55 gelegt werden, dass in den Erzählungen, die sie als erste hören, Zucht und Anstand aufs Beste gewahrt werden." [...]

8 Fassen Sie die wesentlichen Aussagen des Textes zusammen und formulieren Sie die zentrale These Platons.

9 Erarbeiten Sie, welche Rückschlüsse die Vorstellungen Platons auf das politische System seiner „Politeia" ermöglichen.

10 Inwiefern sehen Sie Gemeinsamkeiten zu modernen Staaten (auch aus der Zeitgeschichte), in denen ebenfalls die Kunst unter staatlicher Kontrolle steht?

11 Platon rechtfertigt seine Forderung, bestimmte Bücher zu verbieten, mit der Notwendigkeit, Kinder und Jugendliche zu schützen.

Diskutieren Sie, inwieweit diese Begründung hinreichend ist. Berücksichtigen Sie dabei auch das Jugendschutzgesetz, nach dem das Anbieten, Weitergeben, Überlassen, Vorführen und Zugänglichmachen von Medien (dazu gehören auch Texte), die als jugendgefährdend eingestuft wurden, verboten ist.

Beim Thema „Jugendschutz" (Aufgabe 11) bietet sich eine fächerübergreifende Zusammenarbeit mit Deutsch, Geschichte, Sozialkunde oder Kunst an.

Lernplakate erstellen
→ S. 110

12 Erstellen Sie ein Lernplakat zu Platons „Politeia". Das Basiswissen gibt Ihnen Hilfestellung.

Basis

Platons „Politeia"

In dem Dialog **„Politeia"** („Der Staat") beschreibt Platon, wie der Mensch durch die Gerechtigkeit zu einem guten Leben gelangen kann. Nach seiner Auffassung ist die menschliche Seele durch das Triebhafte, den Mut und den Verstand hierarchisch gegliedert. Diesem natürlichen Aufbau entspricht auch sein „Staat" mit dem Stand der Bauern und Bürger, der Wächter und schließlich der Philosophen als Herrscher. Gerechtigkeit ist dann verwirklicht, wenn jeder Stand das ihm Gemäße tut: Die Philosophen müssen weise, die Wächter tapfer und die Bauern und Bürger besonnen sein, wie es auch dem Seelenaufbau entspricht.

2. Die Suche nach dem sittlichen Entscheidungspunkt: Tugend und Mitte bei Aristoteles

2.1 Vollkommenheit – das Telos des Menschen

Raffael: „Die Schule von Athen", 1508–11. Ausschnitt: Mittelgruppe mit Platon und Aristoteles, vorn Heraklit und Diogenes

Aristoteles (384–322 v. Chr.) gilt neben Platon, dessen Schüler er war, als der einflussreichste Philosoph der Antike. Seine Wirkung – etwa in der Logik und der Ethik – reicht bis in die Gegenwart. Anders als die Ideenlehre seines Lehrers ist die Philosophie des Aristoteles stärker auf die empirisch fassbare Realität bezogen, wie die Gestik der beiden Denker im Bildausschnitt zeigt.

Die Suche nach dem vollkommenen Menschen

Die moderne Vorstellung, der Mensch könne durch sich allein, also ohne andere Menschen, zu seiner sittlichen Vollendung gelangen, war Aristoteles fremd. Nach seiner Auffassung haben alle Menschen Anteil am Logos (je nach Zusammenhang übersetzbar mit *Göttlichkeit, Vernunft,*
5 *Sprache*). Dadurch ist er mit den anderen Menschen verbunden. Allerdings entwickelt Aristoteles daraus noch nicht, wie wenig später die Philosophie der Stoiker, die kosmopolitische Vorstellung von der Gleichheit aller Menschen. Er ist noch in der Vorstellung der griechischen Polis, die für ihn die ideale Staatsform darstellt, gefangen. Nur in dieser
10 politischen Gemeinschaft kann der Mensch sich als *Zoon politikon*, als ein auf Gemeinschaft hin angelegtes Wesen, verwirklichen. Diese Vorstellungen bezieht Aristoteles nur auf die Träger politischer Rechte. Frauen und Sklaven sind nach Aristoteles zu einem voll entwickelten Menschsein nicht fähig.

15 Der vollkommene Mensch, wie ihn Aristoteles vor Augen hat, ist aber nicht nur ein soziales und politisches Wesen. Über die praktisch verwertbare Erkenntnis hinaus kann er noch auf die Ebene der zweckfreien geistigen Anschauung, der *theoria*, gelangen.

In einer solchen betrachtenden, kontemplativen Lebensweise befindet
20 er sich im Zustand der vollkommenen Weisheit. Der Weg dazu ist die Liebe zur Weisheit, die Philosophie. Jedoch ist ein solcher lust- und glückserfüllter Zustand, in dem der Mensch das Göttliche auch in sich selbst wahrnimmt, nicht für jeden möglich. Zum Beispiel müssen geeignete politische und materielle Bedingungen gegeben sein, die ein
25 solches Leben in mußevoller Betrachtung erlauben.

Das Menschenbild des Aristoteles war geprägt von der teleologischen Vorstellung, dass die gesamte Natur gesetzmäßig auf das Ziel ihrer eigenen Vollendung hin organisiert ist und von diesem Zweck gelenkt wird. Jedes Seiende strebt kraft seines naturgegebenen, ihm innewoh-
30 nenden Ziels *(telos)* zu seiner wesensmäßigen Verwirklichung. So liegt der Zweck, man könnte auch sagen das Wesen, eines Messers darin, etwas zu schneiden, das Telos des Menschen darin, nach dem höchsten Gut, seiner Vollkommenheit und damit seiner Glückseligkeit *(eudaimonia)*, zu streben.

35 Der „Ort" dieser zielgerichteten Energie ist die Seele, die er in seiner „Seelenlehre" beschreibt und aus der er die Grundlagen seiner Ethik entwickelt.

1 *Klären Sie die Ihnen unbekannten Begriffe.*
2 *Beschreiben Sie mithilfe des Textes das Menschenbild des Aristoteles.*
3 *Erarbeiten Sie anschließend die wesentlichen Unterschiede zum modernen Menschenbild, wie es Ihnen z. B. aus dem Grundrechtskatalog des Grundgesetzes bekannt ist, und stellen Sie diese beiden Auffassungen in einem Schaubild gegenüber.*
4 *Setzen Sie sich mit der Theorie des Aristoteles auseinander, dem Mensch sei von Natur ein Ziel eingegeben, auf das sein inneres Streben gerichtet ist. Bedenken Sie dabei, was dies für Ihre persönliche Lebensplanung bedeuten würde.*

Die Nikomachische Ethik (erstes Buch) *Aristoteles*
Über die Seele

[...] Als menschliche Tugend bezeichnen wir nun nicht die des Körpers, sondern die der Seele. Und die Glückseligkeit nennen wir die Tätigkeit der Seele. Wenn sich dies so verhält, dann muss offenbar der Staatsmann
5 einigermaßen über die Seele Bescheid wissen, ebenso wie der, der die Augen heilen will oder den ganzen Körper, und zwar jener um so mehr, je ehrwürdiger und besser die Politik ist als die Medizin. Die Gebildeten unter den Ärzten bemühen sich jedenfalls sehr um die Kenntnis der Seele. So muss also auch der Politiker nach der Seele fragen, und zwar im Hin-
10 blick auf jene Probleme und soweit es für sie notwendig ist. Denn näher darauf einzutreten, macht wohl mehr Mühe, als es zum Gegenstand gehört.

Über die Seele wird einiges ausreichend in den publizierten Schriften gesagt. Dies können wir hier benutzen. So wurde gesagt, dass der eine Teil von ihr vernunftlos sei, der andere vernunftbegabt. Ob nun dies so vonein-
15 ander getrennt ist wie die Teile des Körpers und überhaupt alles Teilbare, oder ob es Dinge sind, die dem Begriff nach zwei sind, ihrer Natur nach aber unlösbar miteinander verbunden wie in der Kugel das Hohle und das Gewölbte, das tut hier nichts zur Sache. Vom Vernunftlosen ist das eine von den Pflanzen an allgemein verbreitet, nämlich dasjenige, was die Ursache
20 der Ernährung und des Wachstums ist. Eine derartige seelische Fähigkeit wird man in allen Wesen annehmen, die sich ernähren, sogar schon in den Embrya, und dann auch in den erwachsenen Wesen. Denn es ist doch das Wahrscheinlichste, dass es sich um dieselbe Fähigkeit handelt.

[...] Aber genug davon. Von der ernährenden Seele sei weiter nichts mehr
25 gesagt, da sie ihrer Natur nach mit der menschlichen Tugend nichts zu schaffen hat. Es scheint aber auch noch ein anderes Stück der Seele vernunftlos zu sein und dennoch irgendwie an der Vernunft teilzuhaben. Denn beim Beherrschten wie beim Unbeherrschten loben wir die Vernunft und den vernünftigen Teil der Seele. Denn er ermahnt mit Recht und zum Bes-
30 ten. Es findet sich aber bei den Menschen von Natur noch anderes, etwas Vernunftwidriges und was gegen die Vernunft kämpft und ihr widerstrebt.

Genauso wie gelähmte Körperteile, wenn man sie nach rechts bewegen will, nach links ausschlagen, so ist es bei der Seele. Die Strebungen der Unbeherrschten gehen gerade verkehrt. Allerdings sehen wir beim Körper die
35 verkehrten Bewegungen, bei der Seele dagegen nicht. Dennoch muss man wohl annehmen, dass es auch in der Seele etwas Vernunftwidriges gibt, das der Vernunft entgegengesetzt ist und ihr widerstrebt. In welcher Weise es von ihr verschieden ist, macht hier nichts aus. Es scheint aber auch dies an der Vernunft teilzuhaben, wie wir gesagt haben. Denn im beherrschten
40 Menschen gehorcht es ja der Vernunft. Und vielleicht noch folgsamer ist es beim Maßvollen und Tapferen. Dort stimmt nämlich alles mit der Vernunft überein.

Auch das Unvernünftige scheint von doppelter Art zu sein. Denn das Pflanzliche hat mit der Vernunft überhaupt nichts zu tun, das Begehrende
45 und allgemein das Strebende hat einen gewissen Anteil an ihr, sofern es ihr gehorcht und fügsam ist. So sagen wir ja auch, dass wir ein Verhältnis zum Vater und zu den Freunden haben, und meinen das Wort anders als in der Mathematik. Dass aber der Unvernünftige in gewisser Weise dem Vernünftigen gehorcht, zeigt auch die Zurechtweisung und jede Form von
50 Tadel und Ermahnung.

Wenn man aber behaupten will, dass auch dies Vernunft besitzt, so ist denn eben auch das Vernünftige von zweierlei Art, das eine wesentlich und in sich selbst, das andere gewissermaßen als ein dem Vater Gehorsames. Auch die Tugend wird nun aufgrund dieser Unterscheidung aufge-
55 teilt. Denn die einen Tugenden nennen wir verstandesmäßige, die anderen ethische: verstandesmäßige sind etwa die Weisheit, Auffassungsgabe und Klugheit, ethische die Großzügigkeit und Besonnenheit. Denn wenn wir über den Charakter reden, so sagen wir nicht, dass einer weise oder von guter Auffassungsgabe, sondern dass er friedfertig oder besonnen sei. Wir
60 loben aber auch den Weisen wegen seines Verhaltens. Und die lobenswerten Verhaltensweisen nennen wir Tugenden.

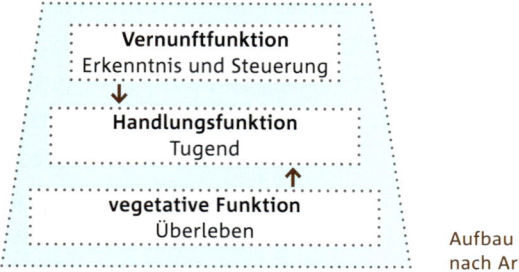

Aufbau der Seele
nach Aristoteles

5 *Fassen Sie die wesentlichen Aussagen des Aristoteles zum Aufbau der Seele zusammen. Nehmen Sie dabei die Grafik zu Hilfe.*

6 *Vergleichen Sie den aristotelischen Entwurf mit dem Seelenaufbau Platons. Beziehen Sie die Bedeutung des jeweils mittleren Teils ein.*

7 *Erörtern Sie, ob und inwieweit die aristotelische Beschreibung der menschlichen Seele noch zeitgemäß ist.*

Aufbau der Seele bei Platon
→ S. 35 ff.

2.2 „Das höchste Gut erreicht der Mensch nur durch Handlungen ...“ – Tugendethik

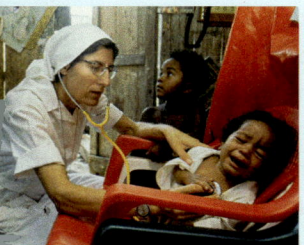

1 Betrachten Sie die Bilder und besprechen Sie:
   – Welche Tätigkeiten werden wohl zu welchem „Zweck“ bzw. aus
   welcher Motivation heraus durchgeführt?
   – Wie beurteilen Sie den Glücksfaktor der dargestellten Tätigkeiten?
   Begründen Sie Ihre Meinung.

Handlungstheorie (nach Aristoteles)

Aristoteles ist der Auffassung, dass alles, was der Mensch bewusst und
absichtlich tut, geschieht, weil er etwas für sich Gutes erreichen will.
Dieses Ziel ist der zentrale Antrieb für den tätigen Menschen. Das kann
sich z.B. auf Reichtum, Vergnügen, Karriere, Gesundheit, gesellschaft-
5 liche Anerkennung, sportliche Leistung oder anderes beziehen. Aber
solche Ziele sind in der Regel Mittel zum Zweck, haben also instrumen-
tellen Charakter: Der Mensch strebt nach diesen Gütern, um ein anderes,
höheres Gut zu erreichen, das Glück. Aber dafür sind solche äußeren
Güter allein nicht geeignet. Das höchste Gut erreicht der Mensch nur
10 durch Handlungen, die nicht auf äußere Ziele gerichtet sind, vielmehr die
ihr Ziel und ihren Zweck *(telos)* in sich selbst tragen. Sie sind also nicht
„gut“ im Sinne von „geeignet“ für etwas, sondern an sich gut. Glück
entsteht also nicht durch Orientierung an äußerlichen Gütern, sondern
durch ein Handeln, das an sittlichen Werten ausgerichtet ist.

15 Bei Handlungen, die ihren Zweck in sich selbst tragen, also nicht Mittel
zu einem anderen Zweck sind, wie etwa die Techniken zur Herstellung
eines Gegenstandes, ist das anders. Die dem Menschen eigentümliche
Leistung besteht in der Tätigkeit seiner Seelenteile, so weit sie selbst vernünftig sind oder wenigstens auf die Stimme der Vernunft hören. Durch
20 diese Fähigkeit seiner Seele kann der Mensch sich selbst durch entsprechende Handlungen zur Vollkommenheit bringen und so zu einem „geglückten“, gelungenen Leben in der Gemeinschaft gelangen. Dies ist sein
Telos, sein ihm von Natur her eingegebenes Ziel. Aufgrund dieser Fähigkeit ergibt sich für ihn auch die sittliche Verpflichtung, dieses Ziel zu ver-
25 wirklichen. Er kann dies nicht „lernen“ wie ein Lehrling z.B. das Herstellen eines Sattels bei einem Meister. Er muss – kraft seiner Freiheit – seinen
eigenen Weg finden. Dazu braucht er Erfahrung.

Der junge Mensch ist nach Ansicht des Aristoteles nicht reif für ein gelungenes Leben, weil er noch von seinen Neigungen abhängig ist. Aber
30 letztlich macht es keinen Unterschied, „ob man an Jahren jung ist oder an
Charakter unreif. Denn der Mangel hängt nicht von der Zeit ab, sondern
davon, dass sie von den Leidenschaften geleitet werden und so ihren
jeweiligen Zielen folgen.“ (Aristoteles)

„Was heißt denn schon ‚gut‘?
– Die Wertausdrücke ‚gut‘
und ‚schlecht‘“ → S. 19 ff.

35 Lässt der Mensch jedoch seine Handlungen nicht von seinen jeweiligen Neigungen (Affekten) bestimmen, sondern von seiner Vernunft, wird er den richtigen Weg zu seiner sittlichen Vollkommenheit finden.

Jedes Handeln, das den Anspruch erhebt, im moralischen Sinn „gut" zu sein, muss sich begründen lassen. Die Einsicht in die Prinzipien vernünftigen Handelns und die Fähigkeit, diese Prinzipien auf bestimmte Situati-
40 onen in angemessener Weise anzuwenden, heißt bei Aristoteles *Phronesis*. Der Begriff lässt sich etwa übersetzen mit *(Lebens)Klugheit, Einsicht, Besinnung, Lernfähigkeit* oder *praktische Vernünftigkeit*. Phronesis bezeichnet kein wissenschaftlich-abstraktes Analysevermögen, das durchaus für die Lebenspraxis folgenlos bleiben kann, sondern ein Verhalten, das
45 geprägt ist von der Einsicht, wie man sittlich richtig handelt. Auf der Basis seiner Einsicht muss der Mensch zu einer Entscheidung gelangen, die dann zum sittlich richtigen Handeln führt.

Entscheidet er sich schließlich, gemäß der ihm innewohnenden, praxisbezogenen Vernunft zu handeln, und gewöhnt (*ethos* als *Gewöhnung*) er
50 sich an ein solches selbstbestimmtes Handeln, dann ist er auf dem Wege zu einem sittlich guten und damit auch glücklichen Menschen.

2 *Erläutern Sie den Handlungsbegriff des Aristoteles. Berücksichtigen Sie dabei Funktion und Ziel des menschlichen Handelns.*

Handlung → S. 12

3 *Vergleichen Sie diesen Handlungsbegriff mit der Definition von Handlung, die Sie im Grundlagenkapitel kennengelernt haben.*

4 *Arbeiten Sie heraus, welche Rolle Aristoteles den materiellen Gütern für ein gelungenes Leben (Glück) zuweist. Erörtern Sie, inwieweit sie aus unserer heutigen Sicht Bedingung für das Glück sind bzw. den Weg zum Glück behindern können.*

5 *Beschreiben Sie, welche Möglichkeiten – nach Aristoteles – der junge Mensch beim Aufbau eines gelungenen Lebens hat. Inwieweit halten Sie seine Vorstellung für zutreffend?*

Die Nikomachische Ethik (zweites Buch) *Aristoteles*

In der „Nikomachischen Ethik" (das Werk ist wohl seinem Sohn Nikomachos gewidmet) beschreibt Aristoteles, wie der Mensch die ethischen Tugenden erwirbt.

*Das Verhalten, das der Mensch zum Erreichen eines Ziels entwickeln und einüben muss, nennt er **Areté**. Dieser Begriff kann im Deutschen allgemein mit „Tüchtigkeit", „Vortrefflichkeit", aber auch mit „Tugend" oder „Sittlichkeit" übersetzt werden. Gemeint ist damit jede positive Qualität, die auf ihrer Ebene nicht mehr überboten werden kann. So besitzen der tüchtige Handwerker und erfolgreiche Sportler Areté. Durch sie erwirbt der Mensch soziale Anerkennung und Lob.*

Mithilfe der ethischen Tugenden strebt der Mensch nach dem obersten Gut. Damit ist nicht das Gute im Sinne eines geglückten Arbeitsprozesses wie die Herstellung eines

gut schneidenden Messers oder die gute Beherrschung eines Musikinstrumentes ge-
meint. Denn das sind nur Ziele für einen Messerschmied oder einen Musiker, nicht aber
für das Menschsein des Menschen. Es geht aber auch nicht um Güter wie Lust, Ehre
oder Reichtum, sie sind nur Mittel zu anderen Zwecken, sondern um das Endziel, das
vollkommene Ziel menschlichen Strebens, das Gut, „wonach alles strebt" (Aristoteles),
das „um seiner selbst willen" erstrebt wird, die Glückseligkeit.

Über die Tugend

Die Tugend ist also von doppelter Art, verstandesmäßig und ethisch. Die
verstandesmäßige Tugend entsteht und wächst zum größeren Teil durch
Belehrung; darum bedarf sie der Erfahrung und der Zeit. Die ethische da-
5 gegen ergibt sich aus der Gewohnheit; daher hat sie auch, mit einer nur ge-
ringen Veränderung, ihren Namen erhalten.

Hieraus ergibt sich auch, dass keine der ethischen Tugenden uns von
Natur gegeben wird. Denn kein natürlicher Gegenstand kann andere Gewohnheiten annehmen: Der Stein, der von Natur fällt, wird sich niemals
10 gewöhnen, nach oben zu steigen, auch wenn man es tausendmal übte, ihn
nach oben zu werfen; ebenso geht auch nicht das Feuer nach unten, und
auch sonst lässt sich kein Wesen anders gewöhnen, als es von Natur ist. Die
Tugenden entstehen in uns also weder von Natur noch gegen die Natur.

Wir sind vielmehr von
15 Natur dazu gebildet, sie
aufzunehmen, aber vollen-
det werden sie durch die
Gewöhnung.

Ferner bringen wir bei
20 allem, was uns von Natur
zukommt, zunächst die
entsprechenden Fähigkei-
ten mit und entwickeln
erst später die Tätigkei-
25 ten, wie dies an den Sinnes-
wahrnehmungen deutlich
ist: Denn wir haben die
Wahrnehmungen nicht dadurch erworben, dass wir viel gesehen und viel
gehört haben, sondern weil wir die Wahrnehmungen zuerst besaßen,
30 haben wir sie dann betätigt und sie uns nicht erst durch die Betätigung an-
geeignet. Die Tugenden dagegen erwerben wir, indem wir sie zuvor ausüben, wie dies auch für die sonstigen Fertigkeiten gilt. Denn was wir durch
Lernen zu tun fähig werden sollen, das lernen wir eben, indem wir es tun:
Durch Bauen werden wir Baumeister und durch Kitharaspielen Kitharisten.
35 Ebenso werden wir gerecht, indem wir gerecht handeln, besonnen durch
besonnenes, tapfer durch tapferes Handeln.

Allegorie der sittlichen
Trefflichkeit

Ein Beweis ist auch, was in den Staatsgemeinschaften geschieht. Denn die Gesetzgeber machen die Bürger durch Gewöhnung tugendhaft, und dies ist die Absicht jedes Gesetzgebers; wer dies nicht geschickt anstellt, der
40 macht einen Fehler, und gerade darin unterscheidet sich eine gute von einer schlechten Verfassung.

Ferner vollziehen sich Entstehen und Vergehen jeder Tugend aus denselben Gründen und auf denselben Wegen ebenso wie die Fertigkeiten. Denn durch das Kitharaspielen entstehen die guten wie die schlechten
45 Kitharisten, ebenso auch die Baumeister und alle Übrigen. Denn wenn sie gut bauen, werden sie gute Baumeister, wenn schlecht, dann schlechte. Wenn es sich nämlich nicht so verhielte, dann bedürfte man gar keiner Lehrer, sondern alle würden von Natur gut oder schlecht. So verhält es sich also auch bei den Tugenden. Denn indem wir im Geschäftsverkehr den
50 Menschen gegenüber handeln, werden wir, die einen gerecht, die andern ungerecht; handelnd in Gefahren und uns an Furcht oder Mut gewöhnend, werden wir tapfer oder feige. Ebenso steht es auch mit Begierde und Zorn. Die einen werden besonnen und milde, die anderen zügellos und jähzornig, die einen, weil sie sich in solchen Lagen derart verhalten, die andern, weil
55 umgekehrt. Und mit einem Worte: Die Eigenschaften entstehen aus den entsprechenden Tätigkeiten. Darum muss man die Tätigkeiten in bestimmter Weise formen. Denn von deren Besonderheiten hängen dann die Eigenschaften ab. Es kommt also nicht wenig darauf an, ob man gleich von Jugend auf an dies oder jenes gewöhnt wird; es kommt viel darauf an, ja
60 sogar alles.

6 Stellen Sie die Merkmale der verstandesmäßigen (dianoetischen) und ethischen Tugenden zusammen.

7 Erarbeiten Sie, welche Bedeutung Natur und praktische Einübung nach Aristoteles bei der Entwicklung der sittlichen Haltung spielen.

8 Diskutieren sie, welche vortrefflichen Leistungen („aretai") heute in der Gesellschaft besondere Anerkennung finden.

9 Wissenschaftlich-künstlerische und philosophische Betätigungen sind nach Aristoteles entscheidend, um sich als Mensch selbst verwirklichen und das wahre Glück finden zu können. Erörtern Sie diese These kritisch.

10 Erschließen Sie aus der These des Aristoteles (letzter Satz des Textes) die ethische Bedeutung von Erziehung. Schätzen Sie ein, ob diese Auffassung des Philosophen noch aktuell ist.

 Friedo Ricken: Philosophie der Antike. Stuttgart 2007.

2.3 Die Mesotes-Lehre: Die Mitte ist nicht die Mitte

Die Mesotes-Lehre nach Aristoteles

Aristoteles ist Realist und weiß, dass die Menschen durchaus von starken Bedürfnissen, Neigungen, Affekten, Leidenschaften bestimmt werden können, wie etwa Feigheit,
5 Geiz, Lust, Verschwendungssucht usw. Er versteht sie als extreme Verhaltensweisen, die in letzter Konsequenz gemeinschaftsgefährdend sind. In seiner ethischen Theorie, die unter dem Namen **„Mesotes-Lehre"** bekannt
10 wurde und bis zum heutigen Tage diskutiert wird, zeigt er, wie der Mensch mit seinen Kräften gemeinschaftsorientiert und für die persönliche sittliche Entwicklung förderlich umgehen kann. Dabei versteht er die Tugen-
15 den als Grundhaltungen, durch die der Mensch auf die Bestrebungen seiner natürlichen, unkontrollierten Affekte und Leidenschaften angemessen reagiert.

In seiner Lehre beschreibt Aristoteles ein
20 Kontinuum mit einer durch die Vernunft bestimmbaren Mitte. Links und rechts von dieser Mitte befinden sich extreme affektive Verhaltensweisen, die entweder von einem Übermaß oder einem Mangel gekennzeichnet sind
25 (wie etwa Verschwendungssucht und Geiz oder Tollkühnheit und Feigheit). Diese Affektpaarungen stehen in einem Gegensatzverhältnis zueinander, haben aber jeweils einen gemeinsamen Bezugspunkt. Bei Verschwen-
30 dungssucht und Geiz ist es das Verhältnis zum Geld. Der „Tollkühne" wiederum hat ein zu geringes Maß an Furcht, der „Feige" ein zu großes. Beide gefährden damit sich und andere. Deshalb gilt es, die richtige Mitte
35 (*mesotes* = Mitte, Maß) zwischen dem Zuviel und dem Zuwenig zu finden. Die jeweilige Mitte nennt Aristoteles „Tugend".

Der Begriff „Mitte" ist ausschließlich auf die Lebenspraxis und Alltagstauglichkeit
40 bezogen, wie der folgende Hinweis des Philosophen zeigt: „Übermäßige Ausübung von

Sport vernichtet die Kraft und ebenso zu wenig Sport. Ebenso zerstören ein Zuviel oder Zuwenig an Speise und Trank die Gesundheit,
45 das Angemessene dagegen schafft die Gesundheit, mehrt sie und erhält sie." (Aristoteles)

Die Mesotes-Lehre des Aristoteles ist oft missverstanden worden. Man stellte sich ge-
50 gensätzliche Affekte als die beiden Endpunkte einer Strecke vor und die zu suchende Mitte als einen berechenbaren Punkt auf dieser Linie. Demzufolge würde z. B. der Tollkühne etwas mehr und der Feige etwas weniger
55 Angst benötigen, bis sich beide in der Mitte der zu denkenden Linie treffen. Aber die Extreme (hier also Tollkühnheit und Feigheit) sind keine Fixpunkte einer Strecke. Sie lassen sich als Verhaltensweisen nicht quantifizieren.
60 Dementsprechend kann auch die Mitte nicht arithmetisch bestimmt werden. Es handelt sich vielmehr um die Mitte, die jeder für sich mithilfe seiner praktischen Vernunft finden muss. Sie kann durchaus – je nach Charakter
65 oder Situation – etwas mehr zu dem einen oder anderen Extrem neigen.

1 *Aristoteles nennt extreme Verhaltensweisen, bei denen es keine Mitte gibt (z. B. Mord, Ehebruch, Diebstahl). Zeigen Sie, wieso das so ist, und suchen Sie weitere Beispiele.*

2 *Versuchen Sie, bei einem Beispiel (etwa Geiz und Verschwendungssucht oder Schmeichelei und Streitsucht) die Mitte begrifflich zu bestimmen. Erarbeiten Sie dabei, inwieweit sich diese Mitte aus einer Verringerung bzw. Verstärkung von Affekten erreichen lässt.*

3 *Diskutieren Sie anhand aktueller Beispiele, ob die Hinweise des Aristoteles zu Sport und Ernährung noch aktuell sind. Erörtern Sie, ob man Doping mithilfe der Mesotes-Lehre ethisch beurteilen könnte.*

Die Nikomachische Ethik (zweites Buch) *Aristoteles*
Über die Mitte

Die Tugend ist also eine Haltung, die sich aus einer Entscheidung ergibt. Sie liegt in der Mitte und zwar in Bezug auf die eigene Person. Die genannte Entscheidung wird bestimmt durch Vernunft, das heißt, wie ein verstän-
5 diger Mensch sie bestimmen würde. Die Mitte liegt aber zwischen zwei sittlich verfehlten Haltungen (Übeln / Lastern), die auf Übermaß bzw. Mangel beruhen. Während die Laster in den Affekten und Handlungen hinter dem sittlich Notwendigen zurückbleiben oder darüber hinausgehen, besteht die Tugend darin, die Mitte zu finden und sich für sie zu entscheiden.
10 Darum ist die Tugend hinsichtlich ihres Wesens und der begrifflichen Bestimmung ihres Wesens die Mitte, hinsichtlich ihrer Vollkommenheit und ihrem Wert aber ist sie das Äußerste. [...]

Bei Furcht und Mut bildet die Tapferkeit die Mitte. Für das Übermaß in Richtung auf die Furchtlosigkeit gibt es keine eigene Bezeichnung – das
15 ist öfter der Fall. Ein Verhalten, das von übermäßigem Mut bestimmt ist, wird als tollkühn bezeichnet. Das Übermaß an Furcht, verbunden mit dem Mangel an Mut, nennt man Feigheit. Bei Lust und Unlust (Schmerz), allerdings nicht jedes Mal und weniger bei der Unlust, heißt die Mitte Besonnenheit, das Übermaß Zügellosigkeit. Menschen, die bezüglich der Lust
20 einen Mangel empfinden, gibt es kaum. Deshalb gibt es auch für sie keine eigene Bezeichnung. Man mag sie empfindungslos nennen.

Dort, wo es um das Geben und Nehmen von Geld geht, ist die Mitte die Großzügigkeit. Übermaß und Mangel werden als Verschwendung bzw. Geiz bezeichnet. Übermaß und Mangel verhalten sich jeweils auf entgegen-
25 gesetzte Weise: Der Verschwender ist übermäßig im Ausgeben und nimmt zu wenig, der Geizige ist übermäßig im Nehmen und gibt zu wenig. [...]

Da es nun drei Verhaltensdispositionen gibt, zwei sittlich falsche aus Übermaß oder aus Mangel und eine sittlich richtige, die der Mitte, so verhalten sich in gewisser Hinsicht alle zu allen gegensätzlich. Denn die
30 Extreme stehen zueinander wie auch zur Mitte im Gegensatz und ebenso verhält sich die Mitte gegensätzlich zu den Extremen. Wie nämlich Gleiches

im Verhältnis zum Geringeren größer ist, im Verhältnis zum Größeren aber geringer, so haben auch die mittleren Haltungen gegenüber den mangelhaften (geringeren) ein Übermaß, und gegenüber den übermäßigen weisen
35 sie einen Mangel in den Affekten und Handlungen auf. So erscheint der Tapfere gegenüber dem Feigen als tollkühn, dem Tollkühnen gegenüber aber als feige. [...]

Dass also die ethische Tugend eine mittlere Position bedeutet und auf welche Weise sie das ist, und ebenso dass sie die Mitte zwischen zwei sitt-
40 lichen Übeln, des Übermaßes und des Mangels, ist, und dass sie so beschaffen ist, weil sie die Fähigkeit bezeichnet, in den Affekten und Handlungen die Mitte zu treffen, dies ist nun hinreichend dargelegt.

4 *Die Extrempositionen, die Aristoteles nennt, wirken zum Teil heute veraltet. Finden Sie zeitgemäße Verhaltensweisen, die durch eine Mäßigung im Sinne der Mitte moralisch überzeugender und sozial verträglicher wären. Denken Sie dabei an typische Verhaltensweisen in der Freizeit, an das Konsumverhalten oder an das Thema „Sexualität und Partnerschaft".*

Fleiß, Verschwiegenheit, Geduld, Standhaftigkeit, Durchhaltefähigkeit, Gelassenheit, Gleichgültigkeit, Bescheidenheit, Risikobereitschaft, Treue, Zurückhaltung, Desinteresse, Toleranz, Friedfertigkeit, Freundschaft, Fairness, Engagement, Solidarität, Aggressivität

5 *Versuchen Sie, die in der Randspalte genannten Verhaltensweisen als Extreme (Defizite), Mitte (Mesotes) und Extreme (Übermaß) in eine dreispaltige Tabelle einzuordnen. Diskutieren Sie anschließend Ihre Zuordnungen.*

6 *Diskutieren Sie ein Thema (z. B. Einwanderungs-, Energie- oder Sozialpolitik) unter dem Aspekt, ob und wie dort eine Mitte zu erreichen ist.*

Basis

Tugendethik und Mesotes-Lehre des Aristoteles

Basis für die Ethik des Aristoteles ist sein teleologisches Weltbild, d.h., die gesamte Natur ist auf das Ziel ihrer eigenen Vollendung hin angelegt. Alles und jeder strebt danach, sich diesem Ziel gemäß zu verwirklichen. Als Zoon politikon, d.h. als ein von Natur aus auf Gemeinschaft hin angelegtes Wesen, kann der Mensch sich nur in der Gesellschaft (der Polis) selbst verwirklichen. Um aber vollkommen und somit glücklich zu werden, muss er mithilfe der Philosophie den Weg zur absoluten Weisheit suchen.

Ähnlich wie Platon entwickelt Aristoteles seine Tugendlehre aus einem dreistufigen Seelenmodell: Die unterste Stufe ist das vegetative Vermögen. Es sichert die physische Existenz des Menschen. Die Sinnenseele enthält das Wahrnehmungsvermögen, die Gefühle und Triebe. Die Geist- oder Vernunftseele ist die oberste Ebene und umfasst die Fähigkeiten zum Denken, Urteilen und geistigen Erkennen.

Die Ethik vermittelt, wie der Mensch die Areté (Vortrefflichkeit, Tugend) erwerben kann. Dazu unterscheidet Aristoteles die verstandesmäßigen (dianoetischen) Fähigkeiten (z. B. Wissen, Einsicht, Klugheit, Weisheit) und die praktischen ethischen Tugenden (z. B. Mäßigung, Tapferkeit, Gerechtigkeit). Diese ethischen Tugenden erwirbt der Mensch, wenn er mithilfe seiner Vernunft die Mitte (vgl. *Mesotes* als *Maß, Mitte*) findet.

2.4 Zum Verlust der Mitte heute – die Gefahr des Extremismus

Mitte und Extremismus *Eberhard Tiefensee*

Die Frage nach der Mitte ist in der Diskussion der Gegenwart ausgesprochen aktuell. Das Plädoyer des Aristoteles für die Mitte und seine damit verbundene Forderung, maßlose Extrempositionen zu überwinden, wurden in vielen kulturellen Bereichen, vor allem der Neuzeit, zu einem beherrschenden Modell. Im gleichen Maß, wie nach dem Zweiten Weltkrieg der „Verlust der Mitte" (Hans Sedlmayr, 1948; im gleichen Jahr veröffentlichte Georg Orwell seine Utopie „1984") beklagt wurde, postulierten gesellschaftliche Kräfte, vor allem in der Politik, für sich diese Mitte („Partei der Mitte").

Ist aber, wie oftmals behauptet, die Mitte verloren gegangen, und stellt, wie Aristoteles betont, diese Mitte den Entscheidungsort für die Tugenden dar, dann überrascht es nicht, dass in den letzten Jahren immer wieder vom Verlust der Werte gesprochen wurde. Die Diskussion über die möglichen Folgen der Globalisierung, die wachsende kulturelle Vielfalt innerhalb der Gesellschaft und der Kampf gegen extremistische Tendenzen bis hin zum Terrorismus werden noch lange die Frage nach der Mitte offenhalten.

Eberhard Tiefensee (geb. 1952) ist Professor für Philosophie an der katholisch-theologischen Fakultät der Universität Erfurt.

Extremismen sind Bestrebungen, die nicht von ungefähr kommen, sondern wie alle Handlungen aus Grundhaltungen erwachsen, die im Laufe der Lebensgeschichte erworben und ausgeprägt werden. Machen solche Grundhaltungen lebenstüchtig, bezeichnet man sie gemeinhin als Tugenden,
5 die man gern in ganzen Katalogen zusammenfasst: Tapferkeit, Mäßigkeit, Wahrheitsliebe, Freundlichkeit. Von Interesse ist hier nicht die einzelne Tat, denn da auch ein blindes Huhn zuweilen ein Korn findet, kann die einzelne gute Tat durchaus aus einer Untugend kommen, wenn zum Beispiel jemand aus Großspurigkeit einem Freund hilft. Tugend ist nicht die Tat,
10 sondern die Grundhaltung, welche das Leben auf Dauer bestimmt. [...]

Aus der Position der Mitte betrachtet, ist den Extremen gemeinsam, dass sie Untugenden, d.h. auf Dauer lebensuntauglich sind. Sie besitzen also bestimmte Charakteristika, die bei aller Gegensätzlichkeit der Position doch gleichermaßen verheerend wirken. Ist z.B. Tapferkeit im Kampf eine
15 Tugend, dann bilden sowohl die Feigen wie die Tollkühnen ein Risiko, bei dem man sich nun streiten kann, welches das größere für den Ausgang einer Unternehmung ist, die z.B. Zivilcourage erforderlich macht.

Im politischen Bereich erscheint die Mitte immer als die pragmatische Haltung gegenüber der prinzipiellen, welche die Extremisten einnehmen.
20 Das Denken der Mitte ist das Denken in Möglichkeiten und Machbarkeiten – anders als die extreme Kompromisslosigkeit[1]. Damit ist die Mitte die zwar lebenstauglichere, aber unattraktivere Position; sie scheint „von jedem etwas" zu haben und keine eigenständige Größe zu bilden. [...] Aristoteles selbst betont: Zwar ist „die Tugend nach ihrer Substanz und ihrem Wesens-
25 begriff Mitte; insofern sie aber das Beste ist und alles gut ausführt, ist sie

1 Vgl. B. Guggenberger/ K. Hansen, Jenseits von Mittelmaß und Anmaßung. Für die Wiedergewinnung einer achtbaren Mitte, in: dies. (Hg.), Mitte 9–28. 14 ff.

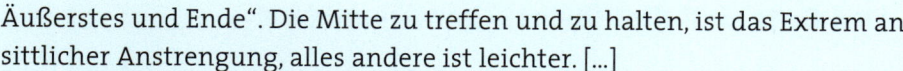
Äußerstes und Ende". Die Mitte zu treffen und zu halten, ist das Extrem an sittlicher Anstrengung, alles andere ist leichter. [...]

Damit Mitte nicht Mittelmäßigkeit wird, muss sie aktiv sein. Es braucht heute eine in jeder Hinsicht „aktive Mitte", die Extremismen mehr als nur
30 ihre auf Mehrheit gegründete Massenträgheit entgegensetzt[2]. Die Mitte ist – wie wohl deutlich wurde – etwas so schwer zu Erringendes und zu Erhaltendes, dass dazu nicht nur der Streit um die Mitte erforderlich ist – dankenswerter Weise wird es dazu an Extremismen nie mangeln –, sondern auch ein weit schwieriger in Gang zu bringender Streit in der Mitte[3].

35 Der hier erhobene Anspruch zielt auf eine nachhaltige Politik angesichts der bedrohlichen Herausforderungen durch die verschiedenen Extremismen. Eine solche wird als kraftlos und für den, welcher die Macht suchen muss, nicht umsetzbar erscheinen. Es braucht also neben großer Lebensweisheit einen langen Atem, der nur aus der Gewissheit kommen kann,
40 dass nicht alles von uns und von der kurzen Spanne unseres politischen oder biologischen Lebens abhängt. Ich mache kein Hehl daraus, dass ich auf Dauer eine Extremisierung der Gesellschaft befürchte, wenn das religiöse Moment immer mehr schwindet. Das schwierige Geschäft einer Politik in unübersichtlicher Zeit kann letztlich nur leisten, wer eine Mitte jenseits von
45 Zeit und Geschichte erhofft und auf der oft störenden Suche nach dieser Mitte bleibt. Jeder Extremismus ist zunächst eine Herausforderung zum Kampf, aber gerade, um hier nicht dem extremistischen kurzatmigen Aktionismus zu erliegen, ist jeder Extremismus auch eine Herausforderung zur kontemplativen Selbstvergewisserung: Wo ist eigentlich *meine* Mitte? Aus
50 welcher Mitte und auf welche Mitte hin lebe *ich*?

1 Erarbeiten Sie die Merkmale des Extremismus.
2 Klären Sie, welchen Zusammenhang Tiefensee zwischen dem Bedeutungsverlust der Religion und der Gefahr einer „Extremisierung der Gesellschaft" sieht.
3 Bilden Sie zwei Gruppen (3 bis 5 Schüler) und debattieren Sie diese These kontrovers. Eine Beobachtergruppe soll anschließend die wesentlichen Aussagen zusammenfassen und – begründend – die jeweilige Position bewerten.
4 Worin besteht der Unterschied zwischen einer an Aristoteles orientierten „Mitte" und „Mittelmäßigkeit"? Finden Sie Beispiele aus dem Alltag. (Zur Anregung: Was bedeutet Mitte bzw. Mittelmäßigkeit bei der Gestaltung von Beziehungen, von Freizeit oder beim Lernen?)

2 Vgl. V. Klemperer, LTI. Notizbuch eines Philologen (Reclam-Bibliothek; 278), Leipzig 171998.11.

3 Vgl. R. Görner, Anspruch und Würde der Mitte. Zu einer geistigen Standortfrage, in: B. Guggenberger / K. Hansen (Hg.), Die Mitte. Vermessungen in Politik und Kultur, Opladen 1993, 38–54. Anspruch 43.

Frei sein, frei bleiben!
In guter Verfassung
Demokratie gegen Extremismus

„Frei sein, frei bleiben! In guter Verfassung – Demokratie gegen Extremismus" ist der Titel einer virtuellen Ausstellung des Landesamtes für Verfassungsschutz (LfV) Sachsen, die in Zusammenarbeit mit der Sächsischen Landeszentrale für politische Bildung und dem Bundesamt für den Zivildienst/Zivildienstschule Schleife entworfen wurde.

3. Das Gute und die Pflicht – Immanuel Kant

3.1 „Der bestirnte Himmel über mir und das moralische Gesetz in mir" – der Mensch als Bürger zweier Welten

Leben und Wirken Kants

„Zwei Dinge erfüllen das Gemüt mit immer neuer und zunehmender Bewunderung und Ehrfurcht, je öfter und anhaltender sich das Nachdenken damit beschäftigt: Der bestirnte Himmel über mir, und das moralische Gesetz in mir."
Immanuel Kant

Immanuel Kant
(1724–1804)

Kant wurde am 22.4.1724 in Königsberg (heute Kaliningrad) geboren, wo er zur Schule ging, die Universität besuchte, zuerst als Hauslehrer, dann als Privatdozent arbeitete und erst nach langen Jahren, im Alter von 46, eine Professur erhielt. Er verbrachte fast sein ganzes Leben in Königsberg,
5 dem Reisen war er abgeneigt. Geografie unterrichtete er trotzdem und Reisebeschreibungen bildeten seine bevorzugte Abendlektüre. Er war sogar der Erste, der die physische Geografie als Universitätsfach einführte. Seine unterrichtlichen Verpflichtungen an der Universität umfassten zudem noch die Fächer Mathematik, Physik, Naturrecht, Mechanik, Mine-
10 ralogie und endlich: Philosophie, die Disziplin, in der er Weltberühmtheit erlangte. Kant steht im Rufe, ein Pedant gewesen zu sein, wenn auch ein liebenswerter. Es gibt eine Vielzahl von Aufzeichnungen von Zeitgenossen, die teils amüsiert, teils bewundernd darüber berichten, wie streng der „Weise aus Königsberg" seinen Tagesablauf gestaltete.
15 Er stand jeden Tag um fünf Uhr früh auf, sein Diener Lampe hatte strikte Anweisung, seinem Dienstherren darin nicht nachzugeben. Sein Frühstück bestand nur aus zwei Tassen Tee und einer Pfeife Tabak. Kant hatte eine große Neigung zum Kaffee, er liebte dessen Duft, doch da er ihn für schädlich hielt, verweigerte er sich völlig dessen Genuss. Nach
20 dem Aufstehen folgte das erste Arbeiten im Studierzimmer. Von sieben bis neun Uhr hielt Kant Vorlesung, wohl nie langweilig, wenn man zeitgenössischen Berichten glauben darf, sondern abwechslungsreich und voll von sprühendem Witz. Bis 12.45 Uhr war seine Hauptarbeitszeit, während der er teils Vorlesung hielt, teils an seinen Büchern arbeitete.
25 Nichts versetzte Kant so sehr in Aufregung wie Störungen seiner Ruhe. Einem Nachbarn wollte er einmal einen Hahn abkaufen, weil das Tier sich erdreistete zu krähen. Der Nachbar weigerte sich, Kant musste die Wohnung wechseln. Die neue lag neben dem Stadtgefängnis. Nun war es damals üblich, dass die Strafgefangenen zum Zwecke ihrer moralischen
30 Besserung geistliche Lieder singen mussten. Kant beschwerte sich beim Gefängnisdirektor mit der Begründung, dass eine solche Praxis eher die Heuchelei in der Gesellschaft verbreite als die Moral.
Um 13.00 Uhr bat Kant zu Tisch. Es kam eine größere Zahl an Gästen, man speiste und unterhielt sich, Kant wird als begnadeter und geist-
35 reicher Gesprächspartner beschrieben. In jüngeren Jahren besuchte er auch ausgiebig die wichtigsten Salons der Stadt. Anschließend ging er spazieren, im Alter, als er sich ganz auf sein Werk konzentrierte und stark zurückzog, stets allein, und besuchte immer denselben Freund,

wo er eine weitere Gesprächsrunde antraf, in der er die Zeit bis sieben
40 Uhr verbrachte. Kant ging zurück – immer auf demselben Weg – ein
Biograf berichtet, die Königsberger Bürger hätten die Uhr nach ihm gestellt. Kant führte ein an äußeren Ereignissen armes, aber geistig pro-
duktives Leben eines bürgerlichen Gelehrten, der als einer der Ersten damit auch seinen Lebensunterhalt bestritt.

Emil Doerstling:
„Kant und seine Tisch-
genossen", um 1900

45 **Worum geht es Kant in seinem Philosophieren?**
Er richtet sein Interesse auf das, was jenseits der Welt der Erfahrung liegt,
dies ist die philosophische Disziplin der **Metaphysik**.

Gibt es in einer Welt naturwissenschaftlicher Gesetzmäßigkeiten, einer
Welt, in der alles von etwas anderem abzuhängen scheint, Freiheit?
50 Gibt es etwas im Menschen, das über das irdische Bedingtsein hinaus-
reicht? Gibt es eine unsterbliche Seele? Gibt es etwas, auf dem alles,
Welt und Mensch, letztlich gründet, gibt es Gott?

Kant entdeckt schließlich, dass gesicherte Antworten auf diese Fragen
nicht möglich sind. Die Vernunft verwickelt sich in Widersprüche. Man
55 kann ebenso viele Gründe für wie gegen die Freiheit, für wie gegen die
Unsterblichkeit der Seele des Menschen, für wie gegen die Existenz
Gottes finden. Dies bezeichnet Kant als den „Abgrund der menschlichen
Vernunft", dass der Mensch gerade da, wo es um die für ihn wichtigsten
Fragen geht, zu keinen gesicherten Erkenntnissen gelangen kann.
60 Nach Kant hat die **Philosophie** die Aufgabe, **vier Fragen** zu beantworten: 1. Was können wir wissen? 2. Was sollen wir tun? 3. Was dürfen
wir hoffen? Und als Zusammenfassung der ersten drei Fragen: 4. Was ist
der Mensch?

Zur ersten Frage stellt Kant fest, dass wir in der Welt nicht die Dinge
65 an sich erkennen können, sondern nur deren Abbildungen im menschlichen Geiste, d. h., das, was wir als Realität bezeichnen, ist abhängig von
den Leistungsmöglichkeiten unserer fünf Sinne, unseres Gehirns und
unseres Nervenapparates. Wir sind also in der empirischen Welt, der Welt
der Erfahrung, verhaftet und können nichts darin entdecken, was nicht
70 immer schon durch unseren Erkenntnisapparat vorgegeben ist.

Die Antwort auf die zweite Frage, die nach der Rechtfertigung moralischer Regeln und Gesetze, suchte man vor Kant in der Natur, im moralischen Gefühl gegenüber dem Menschen oder im Streben nach Glück, d. h. in der Welt der Erfahrung oder in Gott, also jenseits der Erfahrung. Beide
75 Zugänge lehnt Kant ab: In der Welt der Erfahrung, so legt er dar, könne man leider niemals Aussagen über Regeln finden, die immer und überall gelten sollen, da die Welt der Erfahrung vielgestaltig ist und insofern beliebig viele Möglichkeiten zu leben in ihr zu finden sind. Gott wiederum könne man mit den Möglichkeiten des menschlichen Erkenntnisapparates
80 nicht erfahren. Ist die Frage nach dem absolut Guten also sinnlos? Kant erklärt, dass die Frage leicht zu beantworten ist, wenn man erst erkannt hat, dass die Regeln nicht irgendwo auffindbar sein können, sondern dass der **Mensch** nicht anders kann, als sich diese selbst zu geben, und dazu auch befähigt ist.

85 Denn er ist in der besonderen Situation, dass er zwar ein in Raum und Zeit von Naturgesetzen bewegtes Objekt ist, gleichzeitig aber durch seinen Verstand an der unabhängig von der Erfahrung bestehenden intelligiblen[1] Welt Anteil hat, ihm also das Verständnis allgemeingültiger Gesetzmäßigkeiten zugänglich ist. Kant bezeichnet den Menschen des-
90 halb als **Bürger zweier Welten**. Als empirisches Wesen ist er abhängig von Naturgesetzen, als sittlich-moralisches Wesen einzig dem praktischen Gebrauch der Vernunft, d. h. der Freiheit des Willens, verpflichtet. Kant stellt folgende Forderung für jede Ethik auf:

„Jedermann muss eingestehen, dass ein Gesetz, wenn es moralisch, d. i. als
95 Grund einer Verbindlichkeit, gelten soll, absolute Notwendigkeit bei sich führen müsse; [...] dass mithin der Grund der Verbindlichkeit nicht in [...] den Umständen der Welt gesucht werden müsse, sondern a priori lediglich in den Begriffen der reinen Vernunft, und dass jede andere Vorschrift, die sich auf [...] empirische Gründe stützt, zwar eine praktische Regel, niemals
100 aber ein moralisches Gesetz heißen kann."

Zentrum von „Kants Welt" und geistiges Zentrum Europas: Königsberg in Ostpreußen – Kupferstich von Johann Georg Ringlin (um 1740)

1 Diskutieren Sie die Bedeutung der von Kant aufgestellten vier Fragen für das Selbstverständnis des Menschen.

2 Erklären Sie, weshalb Kant feststellt, dass ein Gesetz, das moralisch gelten soll, absolute Notwendigkeit bei sich führen muss.

Allgemeingültigkeit von moralischen Urteilen → S. 14

3 Weshalb kann man in der Welt der Erfahrung nach Kant keine Aussagen über moralische Gesetze finden?

4 Erklären Sie, inwiefern Charlie Brown mit seinem Satz, der Regen falle auf die Gerechten und die Ungerechten, Kants Unterscheidung von empirischer und intelligibler Welt zum Ausdruck bringt.

5 Wenn Sie Lust am Knobeln haben: Warum würde Kant das Urteil von Charlies Freund zurückweisen?

3.2 „Der gute Wille": Was kann allein für moralisch gut befunden werden?

Kants Philosophie

In der antiken Philosophie ging man von einem teleologischen Weltbild aus, d. h., die gesamte Natur ist auf das Ziel ihrer eigenen Vollendung hin angelegt. Jeder Mensch strebt danach, sich diesem Ziel gemäß zu verwirklichen. Die Ethik gab nun vor, welche Haltungen oder Eigenschaften
5 (**Tugenden**) durch Lebenserfahrung zu erlangen seien, die über das Vermeiden von Extremen (**Mesotes-Lehre**) zum Guten und damit zum Glück führen. Aristoteles war der Ansicht, dass man den Menschen mit seinen Stärken und Schwächen kennen müsse, um Ethik zu betreiben.

Mesotes-Lehre → S. 49

Kant lehnt dieses Vorgehen ab, weil er meint, dass man in der Erfah-
10 rung keine Haltung oder Eigenschaft finden könne, die an sich gut sei. Entsprechend lässt er allein zu, dass der Wille, der zu einer Handlung führt, als gut gelten kann. Da Kants Sprache nicht einfach zu verstehen ist und man erst ein wenig Übung im Umgang mit seiner Gedankenführung erlangen muss, sollen im Folgenden die wichtigen Schritte seiner Argu-
15 mentation zur Begründung des sittlich guten Handelns genau erschlossen werden. In der Überschrift macht Kant uns bereits Mut, uns auf seinen Gedankengang einzulassen: Wenn er von der „gemeinen sittlichen Vernunfterkenntnis" spricht, bringt er damit zum Ausdruck, dass jeder Mensch, weil er über Vernunft verfügt, bereits davon weiß; so könne
20 jeder auch die philosophischen Gedankengänge verstehen.

Weshalb sind bestimmte Eigenschaften des Menschen nicht von sich aus als gut zu bezeichnen?

Verstand kann auch genutzt werden, um anderen zu schaden, z. B. durch den Betrüger oder den Mörder.

Witz im Sinne von Einfallsreichtum kann verwendet werden, um andere bloßzustellen. Sind diese Eigenschaften bei einem Einbrecher oder bei einem Polizisten gut?

Kann das, wonach Menschen aufgrund ihrer natürlichen Bedürfnisse streben, schlecht sein?

Missbrauch von Macht!

Wer selbstzufrieden ist, steht in Gefahr, sich nicht mehr weiterzuentwickeln und zu verharren.

Übergang von der gemeinen sittlichen Vernunfterkenntnis zur philosophischen *Immanuel Kant*

Es ist überall nichts in der Welt, ja überhaupt auch außer derselben zu denken möglich, was ohne Einschränkung für gut könnte gehalten werden, als allein ein guter Wille. Verstand, Witz, Urteils-
5 kraft, und wie die Talente des Geistes sonst heißen mögen, oder Mut, Entschlossenheit, Beharrlichkeit im Vorsatze, als Eigenschaften des Temperaments, sind ohne Zweifel in mancher Absicht gut und wünschenswert; aber sie können auch
10 äußerst böse und schädlich werden, wenn der Wille, der von diesen Naturgaben Gebrauch machen soll und dessen eigentümliche Beschaffenheit darum Charakter heißt, nicht gut ist. Mit den Glücksgaben ist es eben so bewandt. Macht,
15 Reichtum, Ehre, selbst Gesundheit und das ganze Wohlbefinden und Zufriedenheit mit seinem Zustande unter dem Namen der Glückseligkeit, machen Mut und hierdurch öfters auch Übermut, wo nicht ein guter Wille da ist, der den Einfluss
20 derselben aufs Gemüt, und hiermit auch das ganze Prinzip zu handeln, berichtige und allgemeinzweckmäßig mache; [...]

1 *Charakterisieren Sie Kants Sprachstil. Beurteilen Sie dessen Verständlichkeit.*
2 *Welche Begriffe hätten Sie noch markiert?*
3 *Klären Sie gemeinsam diese Begriffe.*

Kants Philosophie (Fortsetzung)

Ein Mensch hat verschiedene Eigenschaften, Talente und Haltungen. Wir können uns leicht vorstellen, dass auch bei auf den ersten Blick so positiven Eigenschaften oder Haltungen wie Mäßigung, Liebe oder Selbstbe-

herrschung negative Beispiele denkbar sind. **Nur der Wille, der die Hand-**
25 **lungen dieses Menschen bestimmt, kann also an sich gut sein.** Haben
wir diesen Gedankengang Kants nachvollzogen, stellt sich nun natürlich
die Frage: **Wann ist ein** sogenannter **guter Wille tatsächlich gut?** Kant
gibt darauf die folgende Antwort:

Übergang von der gemeinen sittlichen Vernunfterkenntnis zur
philosophischen (Fortsetzung) *Immanuel Kant*

Wie kann ein Wille, der Gutes bewirkt, nicht gut sein?	Der gute Wille ist nicht durch das, was er bewirkt oder ausrichtet, nicht durch seine Tauglichkeit
	25 zur Erreichung irgendeines vorgesetzten Zweckes, sondern allein durch das Wollen, d. i. an sich,
Satzumkehrung: Wird ein guter Wille, der Schlechtes bewirkt, dadurch auch schlecht?	gut, und, für sich selbst betrachtet, ohne Vergleich weit höher zu schätzen als alles, was durch ihn
Neigungen zur moralischen Pflicht: Liebe zum Menschen, Mitleid und Mitgefühl mit einem anderen	zugunsten irgend einer Neigung ja, wenn man 30 will, der Summe aller Neigungen, nur immer zustande gebracht werden könnte.

3.3 „Handeln aus Pflicht" und „pflichtgemäßes Handeln": der echte moralische Wert von Handlungen

Kants Philosophie (Fortsetzung)
Verwenden wir heute alltagssprachlich den Begriff „Pflicht", verbinden
30 wir damit meist einen bestimmten Inhalt, z. B. Hausaufgaben machen, die
Spülmaschine einräumen, den Müll hinaustragen zu müssen usw. Jeder
hat so seine Pflichten, die ihm oft zu viel sind. In der Moralphilosophie
Kants versteht man unter der Pflicht hingegen die sittliche Einsicht in das,
was zu tun ist.

Übergang von der gemeinen sittlichen Vernunfterkenntnis zur
philosophischen (Fortsetzung) *Immanuel Kant*

Betrügen eines anderen, Töten eines Menschen; Lügen, um einen Vorteil zu gewinnen	[...] Ich übergehe hier alle Handlungen, die schon als pflichtwidrig erkannt werden, ob sie gleich in dieser oder jener Absicht nützlich sein mögen; 35 denn bei denen ist gar nicht einmal die Frage, ob sie aus Pflicht geschehen sein mögen, da sie dieser

Nachts an einer roten Ampel stehen bleiben,
obwohl weder Fußgänger noch andere
Fahrzeuge in der Nähe sind, aus Angst vor
Strafe;
d. h. andere Neigung ist das Vermeiden
von Strafe.

Beispiel des klugen Kaufmanns
Ein Kaufmann verhält sich ehrlich gegenüber
seinen Kunden, seine Preise sind fair, er
will niemanden, egal, ob erfahren oder uner-
fahren, sympathisch oder unsympathisch,
über den Tisch ziehen.

Handeln aus Pflicht
hat einen sittlichen Beweggrund:
Er denkt, man muss ehrlich sein, d. h.,
er handelt so, weil eine moralische Ver-
pflichtung dazu besteht.

pflichtgemäßes Handeln
Er denkt an seinen langfristigen Vorteil:
Wenn er einmal kurzfristig betrügt, um mehr
Geld einzunehmen, könnte sich das herum-
sprechen. Sein Handeln entspricht nur dem
äußeren Anschein nach einem Handeln aus
Pflicht.

sogar widerstreiten. Ich setze auch die Handlungen beiseite, die wirklich pflichtmäßig sind, zu
denen aber Menschen unmittelbar keine Neigung
40 haben, sie aber dennoch ausüben, weil sie durch
eine andere Neigung dazu getrieben werden.
Denn da lässt sich leicht unterscheiden, ob die
pflichtmäßige Handlung aus Pflicht oder aus
selbstsüchtiger Absicht geschehen sei. Weit
45 schwerer ist dieser Unterschied zu bemerken, wo
die Handlung pflichtmäßig ist und das Subjekt
noch überdem unmittelbare Neigung zu ihr hat.
Z. B. es ist allerdings pflichtmäßig, dass der
Krämer seinen unerfahrenen Käufer nicht über-
50 teure, und, wo viel Verkehr ist, tut dieses auch
der kluge Kaufmann nicht, sondern hält einen
festgesetzten allgemeinen Preis für jedermann,
sodass ein Kind ebenso gut bei ihm kauft, als
jeder anderer. Man wird also ehrlich bedient;
55 allein das ist lange nicht genug, um deswegen
zu glauben, der Kaufmann habe aus Pflicht und
Grundsätzen der Ehrlichkeit so verfahren; sein
Vorteil erforderte es; dass er aber überdem
noch eine unmittelbare Neigung zu den Käufern
60 haben sollte, um gleichsam aus Liebe keinem
vor dem andern im Preise den Vorzug zu geben,
lässt sich hier nicht annehmen. Also war die
Handlung weder aus Pflicht, noch aus unmittel-
barer Neigung, sondern bloß in eigennütziger
65 Absicht geschehen. [...]

In eigene Worte umformulieren und strukturieren
Für die Texterschließung ist es oft hilfreich, Textpassagen wie z. B. Kants Krämer-Beispiel
und Begriffe wie z. B. „Handeln aus Pflicht" und „pflichtgemäßes Handeln" in eigene
Worte umzuformulieren.

Kants Philosophie (Fortsetzung)

35 Es gibt letztlich drei Möglichkeiten, die sittlich oder moralisch gebotene Pflicht zu erfüllen. Zum ersten kann sie erfüllt werden aus Selbstinteresse, weil man nämlich eine Strafe vermeiden oder einen positiven Nebeneffekt erreichen will, z. B. das Lob eines Beobachters. Man verspürt also keine Neigung zur sittlichen Handlung. Zum zweiten kann man mit einer

40 Neigung zur sittlichen Pflicht handeln, beispielsweise aus Sympathie für einen Hilfsbedürftigen. Zum dritten kann die Handlung ohne alle Neigung, nur aus moralischer Pflicht geschehen.

Nach Kant kann nicht die **Neigung eines Menschen**, die zu einer Handlung führt, zu deren moralischen Beurteilung herangezogen werden,

45 da sie subjektiv ist. Dies führt Kant zu folgender Aussage, die schon von vielen seiner Zeitgenossen als sehr befremdlich empfunden worden war:

Übergang von der gemeinen sittlichen Vernunfterkenntnis zur philosophischen (Fortsetzung) *Immanuel Kant*

[...] Gesetzt also, das Gemüt jenes Menschenfreundes wäre vom eigenen Gram umwölkt, der alle Teilnehmung an anderer Schicksal auslöscht, [...] und nun, da keine Neigung ihn mehr dazu anreizt, risse er sich doch aus dieser tödlichen Unempfindlichkeit heraus und täte die Handlung ohne alle

70 Neigung, lediglich aus Pflicht, alsdann hat sie allererst ihren echten moralischen Wert. [...]

1 Finden Sie weitere konkrete Beispiele für pflichtgemäßes Handeln (mögliche Aspekte: Freundlichkeit aus Selbstliebe, Unterstützung anderer aus dem Bedürfnis heraus, gebraucht zu werden).

2 Finden Sie Beispiele für Handeln aus Pflicht bei An- und Abwesenheit von Neigung.

3 Diskutieren Sie Kants Ansicht, erst die Abwesenheit von Neigung verleihe einer pflichtgemäßen Handlung ihren echten moralischen Wert.

3.4 Handlungsnotwendigkeiten in der Welt – Imperative

Imperative sind Regeln, die ein Sollen vorschreiben, das heißt, das Befolgen einer Handlungsanweisung wird als objektiv notwendig angesehen. Es wurde bereits geklärt, dass sich solche Notwendigkeitsaussagen auf Bedingungen beziehen; bei Nichtbefolgen droht stets eine Sanktion. In der folgenden Übersicht werden Beispiele für Handlungsanweisungen noch einmal angeführt und um die Bezeichnungen, die Kant für die verschiedenen Arten von Imperativen verwendet, ergänzt.

Notwendigkeitsaussagen
→ S. 17

Arten von Imperativen

Imperative	Bedingung	Kant
A Du musst jetzt gehen, wenn du den letzten Bus erreichen möchtest.	Erreichen eines Zieles	hypothetischer Imperativ
B Wenn du beweglich bleiben möchtest, solltest du mehr Sport treiben.	Erhalten des Wohlergehens	hypothetischer Imperativ
C Man darf Menschen nicht missbrauchen.	keine	kategorischer Imperativ
D Du sollst dein Versprechen nicht brechen.	keine	kategorischer Imperativ

Kants These lautet nun:

Wenn sich eine ausnahmslose Regel finden ließe, durch deren Anwendung man zu Sätzen wie C und D gelangt, könnte man diese **als moralisches Gesetz** bezeichnen. Sie könnte dann ein **kategorischer Imperativ** heißen. Alle daraus abgeleiteten Imperative wären ebenfalls kategorisch gültig. Ein **hypothetischer Imperativ** (relativer Gültigkeitsanspruch) hingegen ist nur unter Voraussetzung bestimmter Absichten gültig (z. B. wer reich werden will, muss mehr Geld einnehmen als ausgeben; wer gesund bleiben oder werden möchte, sollte unter bestimmten Bedingungen bestimmte Diätvorschriften einhalten).

1 *Erklären Sie, was Kant mit den Formulierungen „kategorisch" und „hypothetisch" zum Ausdruck bringen möchte.*
2 *Finden Sie für die Arten der Imperative andere Beispiele. Bestimmen Sie, ob diese relativen oder absoluten Gültigkeitsanspruch haben, und benennen Sie deren Bedingungen.*
3 *Worin besteht bei Nichtbefolgen einer Handlungsanweisung, die als kategorisch bezeichnet wird, die Sanktion?*

Der kategorische Imperativ

 Basis

Kants Pflichtethik (deontologische Ethik)

Zusammenfassend kann man festhalten: Handle ich gut gegenüber einem anderen, möglicherweise, weil ich ihm zugeneigt bin, d. h. ihn mag oder ihn sympathisch finde, und stellt sich dabei ein gutes Gefühl bei mir ein, so mag das geschehen. Das gute Gefühl darf aber bei der Beurteilung des moralischen Wertes der Handlung keine Rolle spielen. Und schon gar nicht darf es eine notwendige Voraussetzung zum guten Handeln bilden, denn dann wäre moralisches Handeln eine Angelegenheit subjektiven Empfindens. Entscheidend ist, dass **die Handlung aus Pflicht (griech. *deon*)** geschieht, und zwar aus Pflicht gegenüber dem „Sittengesetz", das Kant als **kategorischen Imperativ** einführt.

Kants Begriff der Maxime
In diesem Zusammenhang ist der Begriff der Maxime von Bedeutung: Unter **Maxime** versteht Kant eine subjektive Lebensregel, die sich ein Mensch mit der Absicht setzt, nicht nur einmal danach zu handeln.

Die erste Formel des kategorischen Imperativs

Erste Formel
„Handle nur nach derjenigen Maxime, durch die du zugleich wollen kannst, dass sie ein allgemeines Gesetz werde."

1 *Erklären Sie, weshalb Kant den Begriff „Formel" für seinen Vorschlag eines moralischen Gesetzes verwendet.*
2 *Unterscheiden Sie genau die Begriffe „Regel" und „Gesetz".*
3 *Finden Sie Beispiele für persönliche Maximen, an denen Menschen ihr Handeln ausrichten.*
4 *Versuchen Sie im Anschluss an die Lektüre der folgenden vier Denkschritte, eigene Beispiele „einzusetzen".*

Anwendung des kategorischen Imperativs auf ein Beispiel aus dem Alltag
Ich möchte an einem langen Einkaufssamstag mit den öffentlichen Verkehrsmitteln in die Innenstadt fahren. Es sind viele Menschen unterwegs, die Wahrscheinlichkeit, kontrolliert zu werden, ist verschwindend gering. Ich beschließe also, den Fahrpreis zu sparen, um mir davon ein Eis zu
5 kaufen. Die Verkehrsgesellschaft, denke ich, verdient ohnehin genug Geld an den Kunden mit Monatskarten. Um herauszufinden, ob die oben gewählte Handlung als moralisch gut beurteilt werden kann, muss man sie nun in den folgenden, immer gleich verlaufenden, vier Denkschritten in die erste Formel des kategorischen Imperativs „einsetzen".

Denkschritte zur Überprüfung einer beabsichtigten Handlung durch Anwendung des kategorischen Imperativs

Das Vorgehen in vier Denkschritten folgt dem Vorschlag von: Rolf Ludwig: Kant für Anfänger. Der kategorische Imperativ. München 1999.

10 ### 1. Schritt: Frage, ob die Handlung aus subjektiver Sicht gewollt werden kann
Kann ich wollen, die öffentlichen Verkehrsmittel zu benutzen, um auf diese Weise Geld zu sparen und damit auf Kosten anderer zu fahren? – Ja, das kann ich.

15 ### 2. Schritt: Formulierung einer Maxime (= subjektives Handlungsprinzip)
Immer wenn ich Geld sparen möchte, werde ich die öffentlichen Verkehrsmittel benutzen, ohne den Fahrpreis zu entrichten, und damit auf Kosten anderer fahren.

3. Schritt: Verallgemeinerung der Maxime zu einem Gesetz (= ausnahmslose Regel)

20 In unserer Gesellschaft soll es ein Gesetz geben, nach dem jeder, der Geld sparen möchte, um es für irgendetwas anderes auszugeben, die öffentlichen Verkehrsmittel benutzen darf, ohne dafür den Fahrpreis zu zahlen, und damit auf Kosten anderer fahren darf.

4. Schritt: Prüfung durch die Vernunft

25 Ich würde wollen, dass andere auch auf meine Kosten fahren, d. h., es besteht ein Widerspruch zu meiner Maxime, Geld zu sparen.

Es folgt daraus, dass die beabsichtigte Handlung irrational und damit zu verwerfen ist. Auf der Basis der vorangegangenen Überlegung ist
30 sie damit auch eine unmoralische Handlung, weil sie gegen die Logik des Sittengesetzes verstößt.

Kants „Pflichteneinteilung"

Um die Anwendung des kategorischen Imperativs zu erläutern, zählt Kant eine Reihe von Pflichten auf, die er in **Pflichten gegenüber uns selbst und gegenüber anderen** Menschen einteilt. Ein Widerstreit zwischen Pflichten ist nach Kant weitgehend ausgeschlossen, weil **negative Pflich-**
5 **ten** (= Verbote) einen Vorrang vor **positiven Pflichten** (= Aufforderungen) haben. Allerdings darf man die Haltungen zu diesen Pflichten bei Kant nicht als Tugenden verstehen; für Kant gibt es nur eine Tugend im Sinne des Willens, dem Sittengesetz zu folgen, man kann sie als **Tugendpflicht** bezeichnen.

Kants Beispiele	Pflichten gegen sich	Pflichten gegen andere
vollkommene Pflichten Beispiele, bei denen die Verallgemeinerung der Maxime widerspruchsfrei weder gewollt noch gedacht werden kann.	Selbstmordbeispiel (siehe folgenden Textauszug) Darf ich mein Leben beenden, wenn es mir mehr Übel als Annehmlichkeiten bringt?	Versprechenbeispiel (siehe folgenden Textauszug) Darf ich ein Versprechen geben, auch wenn ich weiß, dass ich es nicht werde halten können?
unvollkommene Pflichten Beispiele, bei denen die Verallgemeinerung der Maxime zwar widerspruchsfrei gedacht, nicht aber gewollt werden kann.	Talentebeispiel Darf ich Talente, die mir gegeben sind, verkümmern lassen?	Hilfe-in-der-Not-Beispiel Darf ich Menschen, denen es weniger gut geht als mir, die nötige Hilfe verweigern?

Grundlegung zur Metaphysik der Sitten *Immanuel Kant*
Zwei von Kants vier Beispielen: 1) Selbstmord und 2) Versprechen

Selbstmord

1) Einer, der durch eine Reihe von Übeln, die bis zur Hoffnungslosigkeit
angewachsen ist, einen Überdruss am Leben empfindet, ist noch so weit im
Besitz seiner Vernunft, dass er sich selbst fragen kann, ob es auch nicht
5 etwa der Pflicht gegen sich selbst zuwider sei, sich das Leben zu nehmen.
Nun versucht er: Ob die Maxime seiner Handlung wohl ein allgemeines
Naturgesetz werden könne. Seine Maxime aber ist: Ich mache es mir aus
Selbstliebe zum Prinzip, wenn das Leben bei seiner längern Frist mehr Übel
droht, als es Annehmlichkeit verspricht, es mir abzukürzen. Es fragt sich
10 nur noch, ob dieses Prinzip der Selbstliebe ein allgemeines Naturgesetz werden könne. Da sieht man aber bald, dass eine Natur, deren Gesetz es wäre,
durch dieselbe Empfindung, deren Bestimmung es ist, zur Beförderung des
Lebens anzutreiben, das Leben selbst zu zerstören, ihr selbst widersprechen
und also nicht als Natur bestehen würde, mithin jene Maxime unmöglich
15 als allgemeines Naturgesetz stattfinden könne und folglich dem obersten
Prinzip aller Pflicht gänzlich widerstreite.

Versprechen

2) Ein anderer sieht sich durch Not gedrungen, Geld zu borgen. Er weiß
wohl, dass er nicht wird bezahlen können, sieht aber auch, dass ihm nichts
20 geliehen werden wird, wenn er nicht festiglich verspricht, es zu einer bestimmten Zeit zu bezahlen. Er hat Lust, ein solches Versprechen zu tun;
noch aber hat er so viel Gewissen, sich zu fragen: Ist es nicht unerlaubt und
pflichtwidrig, sich auf solche Art aus Not zu helfen? Gesetzt, er beschlösse
es doch, so würde seine Maxime der Handlung so lauten: Wenn ich mich in
25 Geldnot zu sein glaube, so will ich Geld borgen, und versprechen, es zu
bezahlen, ob ich gleich weiß, es werde niemals geschehen. Nun ist dieses
Prinzip der Selbstliebe oder der eigenen Zuträglichkeit mit meinem ganzen
künftigen Wohlbefinden vielleicht wohl zu vereinigen, allein jetzt ist die
Frage: Ob es recht sei? Ich verwandle also die Zumutung der Selbstliebe in
30 ein allgemeines Gesetz und richte die Frage so ein: Wie es dann stehen
würde, wenn meine Maxime ein allgemeines Gesetz würde. Da sehe ich
nun sogleich, dass sie niemals als allgemeines Naturgesetz gelten und mit
sich selbst zusammenstimmen könne, sondern sich notwendig widersprechen müsse. Denn die Allgemeinheit eines Gesetzes, dass jeder, nachdem
35 er in Not zu sein glaubt, versprechen könne, was ihm einfällt, mit dem Vor-
satz, es nicht zu halten, würde das Versprechen und den Zweck, den man
damit haben mag, selbst unmöglich machen, indem niemand glauben würde, dass ihm was versprochen sei, sondern über alle solche Äußerung als
eitles Vorgeben lachen würde.

5 *Geben Sie Kants Argumentationsgang über die besprochenen vier Denkschritte hinweg wieder.*

6 *Klären Sie genau: Wo liegt jeweils der Widerspruch, der zur Ablehnung der Handlung führt?*

 Basis

Kants kategorischer Imperativ

Kant hat den kategorischen Imperativ in zwei weiteren Sätzen ergänzt, die sich direkt aus der ersten Formel ableiten und diese konkretisieren. Man hat diese Sätze als die zweite und dritte Formel des kategorischen Imperativs bezeichnet.

In der zweiten Formel verwendet Kant den Begriff des „Zweckes" in Bezug auf den Menschen, wie er ihn an einer vorangehenden Stelle bestimmt: **„Nun sage ich: Der Mensch und überhaupt jedes vernünftige Wesen existiert als Zweck an sich selbst."** Was soll das heißen? Er meint, dass sich Menschen von Sachen darin unterscheiden, dass jene relativ für etwas einen Wert darstellten, Menschen hingegen einen absoluten Wert hätten und somit ihr eigener Zweck seien.

Die zweite Formel des kategorischen Imperativs

Zweite Formel

„Handle so, dass du die Menschheit, sowohl in deiner Person als in der Person eines jeden anderen, jederzeit zugleich als Zweck, niemals bloß als Mittel brauchst."

Die dritte Formel des kategorischen Imperativs

Dritte Formel

„[E]in jedes vernünftige Wesen [muss] so handeln, als ob es durch seine Maximen jederzeit ein gesetzgebendes Glied im allgemeinen Reich der Zwecke wäre."

Zum Zusammenhang zwischen den drei Formeln des kategorischen Imperativs *Ernst Tugendhat*

Im folgenden Text werden die Zusammenhänge zwischen den drei Formeln des kategorischen Imperativs von dem Philosophen Ernst Tugendhat erläutert:

E. Tugendhat → S. 20

[...] Wenden wir uns jetzt der zweiten Formel des kategorischen Imperativs in ihrem besonderen Wortlaut zu! Warum sagt Kant, wir müssen so handeln, dass wir den anderen [...] „jederzeit *zugleich* als Zweck, niemals *bloß* als Mittel brauchen? Wird hier nicht zu viel zugestanden, indem doch

5 impliziert wird, dass wir den anderen durchaus auch als Mittel behandeln dürfen, wenn wir ihn nur zugleich als Zweck berücksichtigen? Ich meine jedoch, dass Kant hier eine meisterhafte Formulierung gelungen ist. Jemanden überhaupt nicht als Mittel zu gebrauchen, wäre eine absurde Forderung. Wenn ich z. B. einen Vertrag mit einem anderen abschließe oder ihm

10 etwas abkaufe, gebrauche ich ihn als Mittel für meine Zwecke, und warum
sollte das verboten sein? [...] Ich darf jemanden als Mittel für meine Zwecke
gebrauchen, wenn er seinerseits in die Handlung einstimmen kann, also
z.B. wenn der Vertrag fair ist [...]: Wir verhalten uns gegenüber einem Menschen als Zweck an sich genau dann, wenn wir Rücksicht auf seine Zwecke
15 nehmen [...].

[Kant] führt [in der dritten Formel] den Begriff eines „Reichs der Zwecke"
ein, worunter er das „Ideal" einer „systematischen Verknüpfung" aller vernünftigen Wesen versteht [...]. Inwiefern damit ein neuer Aspekt gewonnen
wird, wird deutlich, wenn man auf die Erläuterung achtet, die Kant gibt,
20 indem er sagt, der so verstandene kategorische Imperativ gebiete, „seine
Maxime jederzeit aus dem Gesichtspunkte seiner selbst, zugleich aber auch
jedes anderen vernünftigen als gesetzgebenden Wesens ... nehmen zu
müssen." [...]

Man kann sagen, dass das einfach eine Reformulierung der I. Formel ist,
25 nun aber so, dass die Frage, wie ich wollen kann, dass alle handeln, ersetzt
wird durch die Frage, wie ein Beliebiger wollen kann, dass alle handeln.

*7 Erklären Sie in eigenen Worten die Zusammenhänge zwischen den
drei Formeln, wie Tugendhat sie versteht.*

8 Weshalb hält Tugendhat die zweite Formel für „meisterhaft formuliert"?

*9 Was ist mit dem Ideal einer systematischen Verknüpfung aller
vernünftigen Wesen gemeint?*

- Otfried Höffe: Immanuel Kant. München 1983.
- Herrmann Schmitz: Was wollte Kant? Bonn 1989.
- Günter Schulte: Immanuel Kant. Frankfurt 1994.

*10 Die Arbeit mit philosophischen Lexika stellt eine Möglichkeit dar, im
Unterricht besprochene Kenntnisse zu überprüfen und zu vertiefen.*

*Benutzen Sie hierzu das folgende „Kleine Kant-Lexikon", in dem wich-
tige Begriffe der Kant'schen Ethik ausschnittsweise dargestellt sind.*

*11 Klären Sie neue, Ihnen klärungswürdig erscheinende Begriffe, die in
den Definitionen vorkommen.*

„Moral, Handlung, Werte
und Normen: Grundlagen der
Ethik" → S. 9 ff.

*12 Stellen Sie die Begriffe heraus, die bereits im Grundlagenkapitel
verwendet wurden, und wiederholen Sie Bedeutung und Anwendung
der Begriffe.*

*Verwenden Sie das „Kleine Kant-Lexikon" wieder im Zusammenhang
der Besprechung von Kants Freiheitsbegriff.*

„Freiheit als Willensfreiheit –
Immanuel Kant" → S. 195 ff.

Kleines Kant-Lexikon (Auszug aus einem Philosophielexikon)

Gesetz, 1. Anordnung für das menschl. Verhalten in der Gemeinschaft (Sitten-G., Rechts-G.); es ist eine Vorschrift darüber, wie etwas sein oder geschehen soll; 2. im naturwissenschaftl. Sinn ein Satz, der
5 irgendeinen allgemeinen Sachverhalt ausdrückt; [....] Der Mensch unterliegt als Glied des Naturgeschehens selbst dem Naturgesetz, an dem er nichts ändern kann. [...]

Imperativ (lat.), Gebot. Befehl. Gesetz; seit Kants „Kritik
10 der praktischen Vernunft" Bez. für eine allgemeingültige sittliche Vorschrift im Gegensatz zum persönlich-praktischen Grundsatz (Maxime); eine Regel, die ein Sollen (objektive Nötigung der Handlung) ausdrückt. Der hypothetische I. gilt nur unter gewissen Bedingun-
15 gen; der kategorische I. drückt ein unbedingtes, unausweichliches Sollen aus, er legt die Form und das Prinzip fest, aus der das Handeln folgt. Der kategorische I. oder I. der Sittlichkeit wird von Kant u. a. folgendermaßen formuliert: „Handle so, dass die Maxime deines Willens
20 jederzeit zugleich als Prinzip einer allgemeinen Gesetzgebung gelten könne." [...]

intelligible Welt, das Reich des Intelligiblen, der Inbegriff der reinen Gedankendinge, der Ideen, der Ideale usw., die die geistige Wirklichkeit ausmachen. Die
25 Kritik des reinen Verstandes „erlaubt es nicht, sich ein neues Feld von Gegenständen außer denen, die ihm als Erscheinungen vorkommen können, zu schaffen [...]"; wohl aber sei es der praktischen Vernunft erlaubt, sich eine i. (moralische) Welt zu schaffen und diese [...] ist –
30 wie alles Ideale – Willensgrund alles sittlichen Handelns [...].

Neigung, die angeborene oder erworbene Disposition, die ein bestimmtes Fühlen oder Begehren begünstigt bzw. leicht auftreten lässt; Kant versteht unter N.
35 bloß „die [...] habituelle sinnliche Begierde"; er stellt ihr scharf die Pflicht entgegen. Schiller sieht das Ideal in der Harmonie von N. und Pflicht. – N. in starkem Grade heißt Hang, Sucht.

Maxime (aus lat. *proposito maxima*, „höchster Grund-
40 satz"), allgemeine Lebensregel, subjektives Prinzip des Wollens, Denkspruch. Berühmt sind Goethes „Maximen und Reflexionen" [...].

Pflicht (verbindliche Pflege, für etwas sorgen), die als inneres Erlebnis auftretende Nötigung, den von den
45 ethischen Werten ausgehenden Forderungen [...] zu entsprechen und das eigene Dasein diesen Forderungen gemäß zu gestalten. [...] Jede klassische P.lehre betrachtete die Realisierung der P. hauptsächlich von der Wunschvorstellung aus, dass es in der Natur des
50 Menschen „so sein möge", fragte jedoch nicht auch nach den psychologischen, sozialen u. a. Bedingungen der Möglichkeit zu deren praktischen Realisierung.

Vernunft [...] ist neben der sinnlichen Wahrnehmung der andere der beiden Stämme unserer Erkenntnis. Sie
55 ist das Vermögen der (systemat.) Prinzipien; als solches erzeugt sie die drei transzendentalen Ideen Seele, Welt, Gott, ist das Vermögen, nach Grundsätzen entweder zu urteilen (theoretische V.) oder zu handeln (praktische V.). [...]

60 **Wille** im Gegensatz zu Trieb und Drang der geistige Akt, durch den ein (als solcher erkannter) Wert, eine beabsichtigte Handlung, bejaht oder erstrebt wird. Der W. kann sich nur auf (subjektiv) Wertvolles richten (das Böse zu wollen, vermag nur der „Satan"); er ist da-
65 her abhängig von der individuellen Wertrangordnung (Ethik). Das W.nsmotiv, also der Wert oder der wertvolle Sachverhalt, tritt im Rahmen einer Situation in Erscheinung; jedes Willensmotiv erzeugt Gegenmotive (Hemmung), von deren Stärke es abhängt, ob der W.
70 eine Handlung im Gefolge hat. Der W. ist als geistiger Akt, stets freier W., d. h., er hat die Möglichkeit, unter mehreren Motiven zu wählen, sogar eines, das im Gegensatz zu seinen vitalen Bedürfnissen steht. Vermöge dieses W.ns ist der Mensch das einzige Wesen, das aus
75 freien Stücken gegen seine eigenen Interessen handeln, sogar sich selbst vernichten kann (Selbstmord). [...]

4. Das „Nützliche" als Maßstab des Handelns: Utilitarismus

4.1 Nutzen und Glück: Grundlagen des Utilitarismus

Formen und Grundmerkmale des Utilitarismus

Der Utilitarismus stellt die ethische Konzeption dar, die dem Agieren im Alltag am nächsten kommt und zugleich auf gesellschaftlich-politischer Ebene praktisch bestimmend ist. Der Begriff leitet sich aus dem Lateinischen ab; *utilitas* bedeutet *Nutzen, Vorteil, Brauchbarkeit*. Utilita-
5 risten beurteilen die Richtigkeit einer Handlung nach der Nützlichkeit ihrer Folgen, vertreten also eine **Folgenethik** bzw. einen teleologischen Ansatz. Das Handeln nach dem Nützlichkeitsprinzip beschreibt ein Normfindungs- und Entscheidungsverfahren, das in der Praxis sehr verschiedene Auslegungen erfährt; hinter dem Begriff „Utilitarismus" ver-
10 birgt sich also eine große Bandbreite konkreter Modelle.

Der chinesische Philosoph Mozi (ca. 490–381 v. Chr.) hat als Erster utilitaristische Prinzipien entwickelt. In Europa kann man Epikur (ca. 341–270 v. Chr.) als frühen Vertreter einordnen. Später, in der Neuzeit, vertraten Thomas Hobbes (1588–1679), Francis Hutcheson (1694–1746) und
15 David Hume (1711–1776) utilitaristisches Gedankengut, bevor Jeremy Bentham (1748–1832) und John Stuart Mill (1806–1873) den Utilitarismus systematisch begründeten. Man erkennt schon an den Namen, dass der moderne Utilitarismus primär im angelsächsischen Raum entwickelt wurde.
20 Dem Utilitarismus liegen folgende Prinzipien zugrunde:
- das **Utilitätsprinzip**: Maßstab für das richtige Handeln ist das „Nützliche".
- das **Konsequenzprinzip**: Handlungen werden nicht aus sich selbst beurteilt, sondern von ihren Folgen her. Utilitaristen gehen nämlich
25 davon aus, dass das entscheidende Merkmal einer Handlung ist, dass sie Folgen für die von der Handlung Betroffenen hat.
- das **hedonistische Prinzip**: Handlungen sind gut, die „Lust" und „Glück" verursachen, erhalten oder vergrößern, sie sind böse / schlecht, wenn sie Leid hervorrufen und das Wohlergehen vermindern.
30 Allerdings kann nach dem hedonistischen Kalkül Leid ertragen werden, wenn es langfristig zu Lust / Glück führt, bzw. Lust / Glück verworfen werden, wenn es langfristig zu Leid führt.
- das **universalistische** oder **Sozialprinzip**: Bei ihm gilt der Grundsatz, dass für die größtmögliche Zahl von Menschen der größte Nutzen
35 (in anderen Worten auch: das größtmögliche Glück) erreicht werden soll. Eine typische und paradigmatische Definition des sozial Nützlichen liefert der englische Philosoph Jeremy Bentham:

Folgenethik → S. 24

D. Hume → S. 193
J. Bentham → S. 70
J. St. Mill → S. 71

> „Unter dem Prinzip der Nützlichkeit ist jenes Prinzip zu verstehen, das
> schlechthin jede Handlung in dem Maß billigt oder missbilligt, wie ihr
> 40 die Tendenz innezuwohnen scheint, das Glück der Gruppe, deren Interesse
> infrage steht, zu vermehren oder zu vermindern oder – das Gleiche mit
> anderen Worten gesagt – dieses Glück zu befördern oder zu verhindern.
> Ich sagte: schlechthin jede Handlung, also nicht nur jede Handlung einer
> Privatperson, sondern auch jede Maßnahme der Regierung.“

45 Unterschiede zwischen verschiedenen Spielarten des Utilitarismus
ergeben sich je nach dem Verständnis von Nutzen und Glück.
  – Eine Differenzierung ergibt sich daraus, ob es inhaltlich bedeutungslos
    ist, worin das Glück besteht bzw. wodurch Lust empfunden wird, ob
    also nur die Quantität von Lust zählt oder ob auch die Qualität betont
50   wird. Dementsprechend wird manchmal auch zwischen einem **hedo-
    nistischen Utilitarismus im engeren Sinne** (z. B. von Bentham) und
    einem **ideellen Utilitarismus** (z. B. von Mill) unterschieden.
  – Eine neuere Form des Utilitarismus heißt **Präferenzutilitarismus**,
    der von dem umstrittenen australischen Philosophen Singer entwickelt

P. Singer → S. 108

55   wurde. Da ein Begriff wie „Glück“ so schwer handhabbar ist, wurde er
    ersetzt durch das Konzept der Präferenzen. Unter einer Präferenz ver-
    steht man das Interesse einer Person, und zwar nicht nur die geäußer-
    ten Wünsche, sondern auch das, was man als „eigentliche“ Interessen
    vermuten kann. Bei der Handlungsentscheidung geht es darum, die
60   Interessen aller Betroffenen festzustellen und den Grad der Überein-
    stimmung zwischen der Präferenz einer Person und den Auswirkungen
    einer Handlung zu bestimmen.
Eine zweite Differenzierung bezieht sich auf die Frage nach der Allgemeingültigkeit utilitaristischer Entscheidungen.
65 – Beim **Handlungsutilitarismus** trifft man in jeder konkreten Situation
    eine Entscheidung auf der Basis utilitaristischer Prinzipien. Der
    Gedanke dabei ist, dass jede Situation hinsichtlich ihrer Folgen letzt-
    lich einzigartig ist, man also jedes Mal die Folgen abzuwägen hat.
  – Da dieses Verfahren in der Praxis schnell zu einer Überforderung füh-
70   ren kann, wurde der **Regelutilitarismus** entwickelt. Er geht davon
    aus, dass viele Situationen einander auch hinsichtlich der Folgen sehr
    ähnlich sind, sodass man getrost auf utilitaristischer Basis Regeln
    entwerfen bzw. aus der Common-sense-Moral (übliche Moral in bür-
    gerlichen Gesellschaften) übernehmen kann, die sich in der Praxis
75   bewährt haben. Der Regelutilitarismus nähert sich somit ethischen
    Richtungen an, die mit moralischen Grundprinzipien arbeiten.

*1 Erstellen Sie eine Mindmap, die die Grundmerkmale und Formen des
Utilitarismus übersichtlich darlegt (also nicht die Geschichte). Als Hilfe
finden Sie eine unvollständige Skizze.*

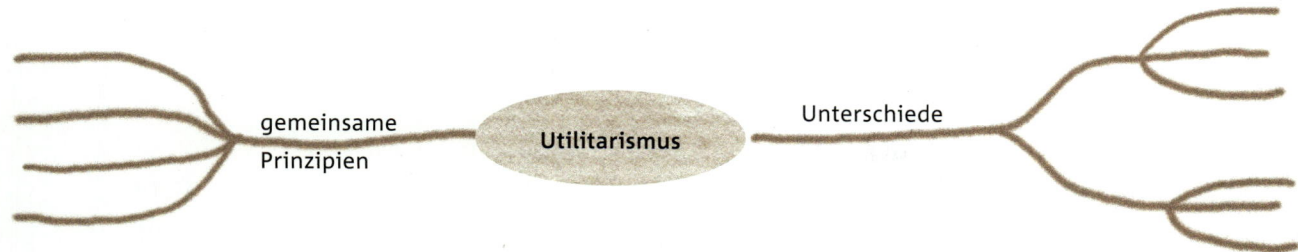

Eine Mindmap erstellen

Eine Mindmap ist eine Methode zur grafischen Darstellung der Zusammenhänge zwischen Begriffen bzw. der Struktur komplexerer Sachverhalte. In der Mitte steht ein Zentralbegriff, von dem Hauptäste abgehen, die sich wiederum in Nebenäste aufgliedern können. Auf jedem Ast stehen nur möglichst wenige Wörter.

2 *Welche Probleme können Sie bei der praktischen Anwendung utilitaristischer Prinzipien bereits jetzt erkennen? Achten Sie beispielsweise auf die Definierbarkeit zentraler Begriffe.*

3 *Untersuchen Sie aktuelle politische und wirtschaftliche Probleme dahingehend, ob hier utilitaristisch argumentiert wird. Beispielsweise könnten Sie die Nachrichten auf der ersten Seite von Tageszeitungen diesbezüglich analysieren.*

4 *Diskutieren Sie, ob der Utilitarist Bentham mit folgender Aussage über die Rolle von Glück und Leid recht hat.*

„Die Natur hat die Menschheit unter die Herrschaft zweier souveräner Gebieter – *Leid* und *Freude* – gestellt. Es ist an ihnen allein aufzuzeigen, was wir tun sollen, wie auch zu bestimmen, was wir tun werden. Sowohl der Maßstab für richtig und falsch als auch die Kette der Ursachen und
5 Wirkungen sind an ihrem Thron festgemacht. Sie beherrschen uns in allem, was wir tun, was wir sagen, was wir denken: Jegliche Anstrengung, die wir auf uns nehmen können, um unser Joch von uns zu schütteln, wird lediglich dazu dienen, es zu beweisen und zu bestätigen. Jemand mag zwar mit Worten vorgeben, ihre Herrschaft zu leugnen,
10 aber in Wirklichkeit wird er ihnen ständig unterworfen bleiben."

5 *Formulieren Sie mithilfe Ihrer bisherigen Arbeitsergebnisse das Basiswissen zu den Grundgedanken des Utilitarismus sowie zum Handlungs- und Regelutilitarismus.*

4.2 „Besser ein unzufriedener Mensch als ein zufriedengestelltes Schwein" –
Wege zur Bestimmung von Glück, Lust und Leid

Der quantitative Ansatz nach Bentham

Ein wesentlicher Bestandteil des utilitaristischen Verfahrens ist die Methode, das Ausmaß von Lust bzw. Leid einer Handlung zu bestimmen. Jeremy Bentham versuchte, „das größtmögliche Glück für die größtmögliche Zahl von Menschen" auf einem quantitativ-mathematischen

5 Wege zu bestimmen. In sein Modell einer Glücks- bzw. Leidbilanz gehen verschiedene Faktoren ein: die Intensität einer mit einer Handlung verbundenen Freude bzw. eines Leids, ihre Dauer, ihre Gewissheit / Ungewissheit, ihre Nähe / Ferne, die Wahrscheinlichkeit, dass auf eine Freude wiederum eine Freude folgt (bzw. auf ein Leid ein Leid), und die Wahr-

10 scheinlichkeit, dass nicht Empfindungen entgegengesetzter Art folgen. Um für eine größere Anzahl von Menschen den Wert einer Freude bzw. eines Leides zu errechnen, muss man zusätzlich zu den genannten Aspekten noch die Zahl der Betroffenen berücksichtigen. Außerdem fließen in die Gleichung nicht nur direkte, sondern auch indirekte Folgen ein.

15 Bentham war selbst klar, dass das Verfahren nicht vor jedem (moralischen) Urteil durchgeführt werden kann, aber man sollte es im Blick behalten; je mehr man sich annähert, umso exakter, meinte Bentham, sei die Glücksbestimmung möglich.

Jeremy Bentham
(1748 –1832), englischer Philosoph und Volkswirtschaftler

1   Welche Probleme ergeben sich bei der Anwendung des Verfahrens von Bentham?
2   Bentham wurde für diesen rein quantitativen Ansatz stark kritisiert. Welche Vorzüge jedoch hat dieses Verfahren?

Besser ein unzufriedener Mensch als ein zufriedengestelltes Schwein *John Stuart Mill*

Bentham sagte einmal: „Quantity of pleasure being equal, pushpin is as good as poetry." *(„Wenn Kegeln und Poesie gleich lustvoll sind, sind sie auch gleich gut.") Diesen rein* *quantitativen Ansatz Benthams überwand eine Generation später John Stuart Mill und* *entwickelte einen qualitativen Ansatz, in dem er unter anderem deutlich zwischen* *Glück (happiness) und Lust (pleasure) unterschied.*

[…] Es wäre unsinnig anzunehmen, dass der Wert einer Freude ausschließlich von der Quantität abhängen sollte, wo doch in der Wertbestimmung aller anderen Dinge neben der Quantität auch die Qualität Berücksichtigung findet. [...]

Wie alle Dinge muss auch eine Freude qualitativ wie quantitativ beurteilt werden.

5   [V]on zwei Freuden ist diejenige die wünschenswertere, die von allen oder nahezu allen, die beide erfahren haben, ungeachtet des Gefühls, eine

John Stuart Mill
(1806–1873), englischer Philosoph, Volkswirtschaftler und zeitweise auch Politiker

von beiden aus moralischen Gründen vorziehen zu müssen, entschieden bevorzugt wird. [...]

Nur wenige Menschen würden darein einwilligen, sich in eines der
10 niederen Tiere verwandeln zu lassen, wenn man ihnen verspräche, dass sie die Befriedigung des Tiers im vollen Umfange auskosten dürften. Kein intelligenter Mensch möchte ein Narr, kein gebildeter Mensch ein Dummkopf, keiner, der feinfühlig und gewissenhaft ist, selbstsüchtig und niederträchtig sein – auch wenn sie überzeugt wären, dass der Narr, der Dumm-
15 kopf oder der Schurke mit seinem Schicksal zufriedener ist als sie mit dem ihren. [...]

Ein höher begabtes Wesen verlangt mehr zu seinem Glück, ist wohl auch größeren Leidens fähig und ihm sicherlich in höherem Maße ausgesetzt als ein niedrigeres Wesen; aber trotz dieser Gefährdungen wird es niemals
20 in jene Daseinsweise absinken wollen, die es als niedriger empfindet. Wir mögen dieses Widerstreben erklären, wie wir wollen [...]. Aber am zutreffendsten wird es als ein Gefühl der Würde beschrieben, das allen Menschen in der einen oder anderen Weise und im ungefähren Verhältnis zu ihren höheren Anlagen zu eigen ist und das für die, bei denen es besonders stark
25 ausgeprägt ist, einen so entscheidenden Teil ihres Glücks ausmacht, dass sie nichts, was mit ihm unvereinbar ist, länger als nur einen Augenblick lang zu begehren imstande sind. Wer meint, dass diese Bevorzugung des Höheren ein Opfer an Glück bedeutet – dass das höhere Wesen unter den gleichen Umständen nicht glücklicher sein könne als das niedrigere –, ver-
30 mengt die zwei durchaus verschiedenen Begriffe des *Glücks* (happiness) und der *Zufriedenheit* (content). Es ist unbestreitbar, dass ein Wesen mit geringerer Fähigkeit zum Genuss die besten Aussichten hat, voll zufriedengestellt zu werden; während ein Wesen von höheren Fähigkeiten stets das Gefühl haben wird, dass alles Glück, das es von der Welt, so wie sie be-
35 schaffen ist, erwarten kann, unvollkommen ist. Aber wenn diese Unvollkommenheiten überhaupt nur erträglich sind, kann es lernen, mit ihnen zu leben, statt die anderen zu beneiden, denen diese Unvollkommenheiten nur deshalb nicht bewusst sind, weil sie sich von den Vollkommenheiten keine Vorstellung machen können, mit denen diese verglichen werden.
40 Es ist besser, ein unzufriedener Mensch zu sein als ein zufriedengestelltes Schwein; besser ein unzufriedener Sokrates als ein zufriedener Narr. Und wenn der Narr oder das Schwein anderer Ansicht sind, dann deshalb, weil sie nur die eine Seite der Angelegenheit kennen. Die andere Partei hingegen kennt beide Seiten. [...]

3 Fassen Sie die wesentlichen Grundgedanken Mills thesenartig zusammen. Als Beispiel wurde die erste These am Rand (S. 70) formuliert. Welche Textstelle bringt Mills Ansichten auf den Punkt? Nutzen Sie dazu den folgenden Methodenkasten.

Thesen zusammenfassen

Die thesenartige Zusammenfassung eines Textes verlangt, dass Sie die wesentlichen Behauptungen eines Textes knapp zusammenfassen. Manche Texte verschlingen Gedankengänge ineinander oder wiederholen Aussagen – all das wird bei der thesenartigen Zusammenfassung gestrichen. Im Unterschied zu einer strukturierten Textzusammenfassung müssen Sie bei der thesenartigen auch die argumentativen Zusammenhänge nicht unbedingt darstellen.

4 *Begründen Sie, worin die Qualität des Glücks in folgenden Gegenständen besteht, in denen ein gebildeter Mensch laut Mill sein Glück finden kann: „in den Dingen der Natur, den Werken der Kunst, den Gebilden der Poesie, den Ereignissen der Geschichte".*

5 *Worin bestehen Ihrer Ansicht nach die zentralen Glücksgüter eines Menschen (A) in Ihrer Lebenssituation, (B) in der Lebenssituation eines Hartz-IV-Empfängers oder (C) eines in einem Slum eines unterentwickelten Landes lebenden Menschen?*

naturalistischer Fehlschluss
→ S. 22

6 *Ein Vorwurf gegen die klassischen Utilitaristen lautet, sie würden bei der Begründung ihres Konzepts einem naturalistischen Fehlschluss erliegen. Überprüfen Sie diese Aussage auf der Basis der Ausführungen von Bentham und Mill.*

4.3 Dilemmata – Fallbeispiele zum Utilitarismus

Utilitarismus im Alltag

Schach oder Umzug

Auch im Alltag steht man, wenn man es sich genau überlegt, vor moralischen Entscheidungen. In diesen Situationen geht es dabei nicht nur um die Folgen für den Handelnden, sondern auch um weitreichende Konsequenzen. Ein paar Beispiele:

5 – A hat B versprochen, mit ihm an einem Samstagnachmittag Schach zu spielen. Am Samstagmorgen bittet C seinen Freund A, ihm am Nachmittag bei seinem Umzug zu helfen. A kann B nicht mehr erreichen, um die Schachpartie abzusagen. Wie soll A handeln?

– A teilt B mit, dass er sicher weiß, dass C seine Freundin D mit einer
10   anderen Frau betrogen hat. B ist mit D seit Langem eng befreundet. Soll B D informieren?

1 *Diskutieren Sie die Beispiele auf utilitaristischer Basis und versuchen Sie, eine entsprechend begründete Entscheidung zu treffen.*

Billig- oder Transfair-Kaffee?

Bei manchen Entscheidungen sind auch Konsequenzen zu bedenken, die das unmittelbare Umfeld eines Handelnden übersteigen. Beispiele:

Sie müssen sich beim Kauf von Kaffee zwischen einem Billigprodukt und einem teureren aus „Fairem Handel" entscheiden.

5 Sie beziehen eine Wohnung und müssen sich entscheiden, welchen Stromanbieter Sie wählen: den mit günstigen Preisen, der aber z. B. auch Atomstrom und Strom aus nicht umweltverträglicher Produktion vertreibt, oder den Anbieter von Ökostrom.

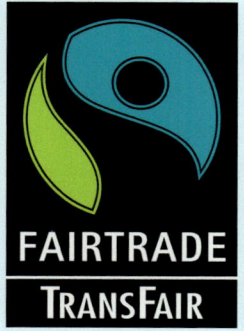

2   Informieren Sie sich über sachliche Hintergründe (z. B. über „Fairen Handel").

3   Diskutieren Sie auch diese Beispiele auf utilitaristischer Basis und versuchen Sie, eine entsprechend begründete Entscheidung zu treffen.

Organhandel: Kann unmoralisch sein, was allen Beteiligten nutzt?

Ist Organhandel unmoralisch?

Dass Organraub moralisch wie juristisch verwerflich ist, ist unbestritten. Anders verhält es sich mit dem Problem des Organhandels, wenn der Lebendspender mit der Maßnahme einverstanden ist und dafür auch bezahlt wird. So gibt es z. B. seit Jahren einen entsprechenden florieren-
5 den Markt in Indien. Das moralische Empfinden vieler Menschen sträubt sich gegen derartige Handlungen, aber kann unmoralisch sein, was allen Beteiligten nutzt, zumal dann, wenn sie freiwillig agieren? Vorausgesetzt wird natürlich, dass der Spender am Leben bleibt.

1   Analysieren Sie das Problem auf utilitaristischer Basis und unter Berücksichtigung der Informationen aus dem folgenden Zeitungsartikel.

2   Informieren Sie sich über das aktuelle deutsche Organtransplantationsrecht.

„Ich habe ihn mit Geld gelockt" *Rainer Jung*

Seine Nierenkrankheit trieb Rolf Weber zur Verzweiflung. In Deutschland fand er kein Spenderorgan – deshalb flog er nach Indien

Natürlich hat der Mann nichts Monströses
5 an sich [...]. Im Gegenteil: Rolf Weber ist ein freundlicher Mensch, zart und kultiviert, kurzes Haar, eine runde Metallbrille vor zwinkernden Augen. Abendland und Orient scheinen im Hause des Ethnologen eine

10 Synthese eingegangen zu sein. [...] Und Rolf Webers Niere kommt aus Bombay.

Organhandel, das ist ein Alptraum – für die Gesunden. Weil das Angebot an Spenderorganen in den Industrieländern längst nicht den
15 Bedarf deckt, floriert seit Jahren das Geschäft mit den Innereien der Dritten Welt. [...]

Das Millionenheer der potenziellen Organverkäufer ist gut sortiert, billig und willig.

Denn auch wenn die 1.500 bis 3.000 Mark[1],
die auf dem Subkontinent durchschnittlich
an den sogenannten freiwilligen Spender
einer Niere gezahlt werden, lächerlich gering
erscheinen, übersteigen sie doch häufig das
Jahreseinkommen ganzer Familien.

[...] Ende der achtziger Jahre verschlechterte
sich [Webers] Gesundheitszustand [...], Weber
musste erstmals an die Dialysemaschine.
„Natürlich ist das ein fantastisches technisches
Gerät", sagt er heute, „aber als Patient hängt
man vor allem dreimal in der Woche an vielen
Schläuchen und baut ab. Am Ende hat man zu
nichts mehr Lust. Du überlebst, aber das Leben
macht keinen Spaß mehr."

Das Gefühl des Ausgeliefertseins nahm mit
jedem Monat zu, Weber beobachtete einen
schleichenden Verfall seiner geistigen und
sprachlichen Fähigkeiten. Schließlich musste
der Ethnologe seine Vorlesungstätigkeit aufge-
ben. Zu Hause dehnte sich jeder Tag zu einer
kleinen Unendlichkeit. „Ich habe herumgeses-
sen und gewartet, dass das Telefon endlich
klingelt. In der Ecke stand die gepackte Tasche,
damit ich sofort in die Klinik fahren kann,
wenn es eine Niere für mich gibt. Die Nachricht
kam aber nie. [...]." Einmal dachte Rolf Weber
sogar an Selbstmord, und nur ein Zufall hielt
ihn davon ab. Dann wieder das endlose Warten
und Hoffen. Zwiespältige Hoffnung darauf,
dass das große Los endlich fällt in der Lotterie
des Weiterlebens. Denn den Hauptgewinn
kann nur ein Toter ins Spiel bringen. [...]

Vom rein medizinischen Standpunkt aus
hätte er noch viel länger mit der Dialyse leben
können, „aber mein Lebensgefühl ist mir
kaputtgegangen, es ging einfach nicht mehr."
[...] Dann kam der für Rolf Weber erlösende
Brief: „Der Aufenthalt dauert drei Wochen oder
mehr", schrieb der vorsichtige Transplanteur
nur. Kostenpunkt: 16.000 Dollar, damals etwa

1 D-Mark: Währung in Deutschland, die im Jahr 2002 durch den
Euro ersetzt wurde; 1 Euro entspricht ca. 1,96 DM.

27.000 Mark. „Da habe ich mich erst mal hinge-
setzt und überlegt: Darf ich das tun?"

Man nimmt Rolf Weber ab, dass er es sich
nicht leichtgemacht hat. „[...] Das Schnöde
dabei ist natürlich, dass ich der Mann aus dem
Westen bin, mit Geld in der Tasche, und der
andere hat nichts. Aber schließlich ist die innere Stimme am stärksten, die brüllt: ‚Mach das,
die Chance kommt nicht wieder!' Ich habe
mich selbst an die erste Position in meiner
Welt gestellt [...]."

„Die Klinik in Bombay erwies sich als sauber
und gut ausgerüstet – zumindest in der Aus-
länderklasse." Aber auch die anderen Bereiche
seien für indische Verhältnisse in Ordnung gewesen. [...]

In Rolf Webers Welt war der 27-jährige Rajesh
aus Nepal aber für einige Tage einer der wichtigsten Menschen überhaupt, obwohl er sich
„natürlich auch über Rajesh erhoben" habe,
wie er nachdenklich feststellt, „sonst hätte ich
das gar nicht machen können". Einige Tage vor
der Verpflanzung lernte der Deutsche „seinen
Spender" auf eigenen Wunsch kennen.

Rajesh war in den Handel mit seinem Körper
ursprünglich als Blutspender eingestiegen,
irgendwann hatte er sich dann bei den Trans-
plantationsärzten als „freiwilliger" Anbieter einer Niere registrieren lassen. Mit dem Geld
wollte er die Mitgift für seine Schwester bezahlen und sich einen eigenen Karren kaufen.

Rolf Weber war, so erinnert er sich, durch die
Begegnung mit Rajesh zugleich beruhigt und
verunsichert: Auf der einen Seite war der junge
Mann gesund und mit den Ärzten bekannt [...].
Zum andern „ist es natürlich doppelt schwer,
wenn einem ein – obendrein sympathischer –
Mensch aus Fleisch und Blut gegenübersteht.
Aber schließlich denkt man nur noch: ‚Hoffent-
lich geht alles gut.'"

Die Operation verlief bei beiden Männern
ohne Komplikationen. Rajesh erhielt für seine
Niere 3.000 Dollar von den Ärzten und weitere
2.000 von Weber direkt. Angesichts der zyni-

105 schen Mechanismen von Angebot und Nachfrage ein außergewöhnlich guter Preis, auch wenn der Deutsche selber sagt, dass er auch für wesentlich mehr Geld kein Stück von seinem Körper verkaufen würde.

110 [...] Zu Rajesh hat der Ethnologe derzeit keinen direkten Kontakt. Dass das Risiko des Nepalesen, mit nur einer Niere selber schwer zu erkranken, gewachsen ist, weiß auch Rolf

Weber. „Ich habe ihm versprochen, dass ich ihm helfe, wenn er gesundheitliche Probleme 115 bekommt, die mit der Organspende zusammenhängen."

Steckt hinter dieser Zusicherung nicht auch eine ganze Portion Selbstberuhigung? [...] „Aber Rajesh hat meine Adresse, und ich stehe zu 120 meinem Wort." [...]

Das Sonntagsblatt vom 3.11.1995

3   Berücksichtigen Sie bei Ihrer utilitaristischen Analyse nun noch folgende Informationen und gelangen Sie dann zu einer Entscheidung, ob der Organhandel aus utilitaristischer Sicht moralisch vertretbar ist.

Ergebnisse einer Studie (2002)

Befragte: 305 indische Frauen und Männer

1.   Die Organverkäufer wurden trotz der erhaltenen Summe nicht dazu in die Lage versetzt, sich aus ihrer finanziellen Misere langfristig zu befreien.

5 2.   Im Gegenteil: Bei allen Befragten hatte sich die wirtschaftliche Lage nach der Nephrektomie[1] verschlechtert.

3.   Verschuldete Personen wurden durch die Gläubiger mit dem Verweis auf die Möglichkeit eines Organverkaufs noch stärker unter Druck gesetzt.

10 4.   Fast 80 % der befragten indischen Organverkäufer würden nach der Nephrektomie anderen Menschen in ähnlichen Situationen von einem solchen Eingriff abraten.

5.   Die gesundheitlichen Konsequenzen werden in der Regel von den Betroffenen nicht richtig eingeschätzt.

15 6.   Fast 90 % der indischen Spender berichteten, dass die unilaterale[2] Nephrektomie zu einer zumeist erheblichen akuten und langfristigen Verschlechterung ihres gesundheitlichen Zustands nach der Organentnahme führte.

7.   Die Mehrzahl der Spender waren Frauen (71 %), von denen einige 20 explizit aussagten, von ihren Ehemännern zu dem Eingriff gezwungen worden zu sein.

1 Nephrektomie: Entfernung einer Niere

2 unilateral: einseitig

Kants Pflichtethik → S. 60 f.

4   Überprüfen Sie, welche Einstellung Kant zum Thema „Organhandel" einnehmen würde.

Ehe von Homosexuellen: Kann unmoralisch sein, was niemandem schadet?

Rechte und Pflichten in der Homo-Ehe (2001)

Seit 2001 können homosexuelle Paare ihre Beziehung ähnlich einer Ehe (aber nicht identisch mit diesem Rechtskonstrukt!) juristisch gestalten.

Berlin – Homosexuelle Paare können seit heute ihre Partnerschaft amtlich eintragen lassen. Mit dem Gesetz will die rot-grüne Bundesregierung zum Abbau der Diskriminierung homosexueller Menschen beitragen. [...] Die Kernpunkte des Gesetzes:

5 1. Die eingetragene Partnerschaft wird vor einer Behörde begründet, die von den Ländern bestimmt wird [...]
   2. Das Paar kann wie im Eherecht einen gemeinsamen Namen bestimmen.
   3. Die Lebenspartner haben gegenseitige Unterhaltspflichten und -rechte.
   4. Sie haben außerdem das „kleine Sorgerecht" und können mitentschei-
10   den in Angelegenheiten des täglichen Lebens eines Kindes, das einer der Partner in die Partnerschaft einbringt. Homosexuelle Paare können jedoch keine Kinder adoptieren.
   5. Der überlebende Lebenspartner ist erbberechtigt und kann den Mietver-
      trag übernehmen.
15 6. Vor Gericht haben Lebenspartner Zeugnisverweigerungsrechte.
   7. Sie können sich gegenseitig in die Kranken- und Pflegeversicherung einbeziehen.
   8. Ausländische Lebenspartner können nachziehen und eingebürgert werden.
20 9. Für die Aufhebung der Lebenspartnerschaft ist das Familiengericht zuständig. Bei einer Trennung bestehen Unterhaltsrechte. [...]

1 *Überprüfen Sie die aktuelle Rechtslage auf diesem Gebiet.*
2 *Untersuchen Sie aufgrund des Artikels die Vorteile, die homosexuelle Paare von der gesetzlichen Neuregelung haben.*
3 *Gibt es aus utilitaristischer Sicht Interessen anderer, die durch das Gesetz beeinträchtigt werden, bzw. Nachteile für andere? Informieren Sie sich ggf. über das Internet oder bei der katholischen Kirche.*

Das Dilemma des Notfall-Arztes: Wen rettet er, wen lässt er sterben?

Wie soll sich der Arzt verhalten?

Die folgende Situation mag extrem sein, sie kann aber durchaus passieren und zwingt Ärzte bzw. alle an Lebensrettungsaktionen beteiligten Menschen zu einer Entscheidung.

Stellen Sie sich vor, Sie seien Notfallarzt im Krankenhaus. Nach einem
5 Unfall werden fünf Opfer eingeliefert. Alle befinden sich in Lebensgefahr,
aber einer ist in einem besonders schlechten Zustand; es handelt sich
um einen berühmten Arzt, der ein einzigartiger Herz-Operateur ist und
der, wenn er überlebt, weiterhin Menschen helfen kann. Falls Sie alle
Möglichkeiten aufwenden, können Sie diese eine Person retten, müssten
10 dafür alle anderen aber sterben lassen. Umgekehrt können Sie die vier
anderen retten, müssten dafür aber den Herzspezialisten ignorieren.

*1 Informieren Sie sich im folgenden Hinweis über die Merkmale eines
Dilemmas und wenden Sie im Kurs das im nachstehenden Methodenkasten beschriebene Verfahren zur Diskussion von Dilemmata auf
die Frage an, wie sich der Arzt verhalten soll.*

Dilemma

Bei dem Beispiel handelt es sich um ein Dilemma: Dilemmata sind
Konfliktsituationen, bei denen es mindestens auf den ersten Blick,
vielleicht sogar überhaupt keine befriedigende Lösung gibt. Im
moralischen Bereich handelt es sich um einen ernsten Konflikt
möglichst gleichrangiger Werte („tragischer Konflikt") bzw. Interessen. Sie verlangen eine tief greifende Analyse im Hinblick auf Zahl
und Interessen der direkt und indirekt Betroffenen, mögliche
physische, psychische und sonstige Konsequenzen sowie tangierte
Werte, wobei die Situation häufig sehr komplex ist und die Verletzung eines Wertes oder Interesses nicht vermieden werden kann,
ohne andere Werte und Interessen zu verletzen; in der Realität wird
der Entscheider daher oft „tragische Schuld" auf sich laden müssen.

Eine Dilemma-Diskussion führen

Die Diskussion eines Dilemmas kann folgendermaßen gestaltet werden:
– **Präsentation des Dilemmas**, Klärung von ggf. auftretenden sachlichen Fragen
– **Treffen einer ersten spontanen Entscheidung**, Dokumentation durch Klebepunkte auf
einem Plakat; Plakat soll neben den beiden Alternativen auch eine Kategorie „augen-
blicklich unentschieden" vorsehen (erhöht Anonymität, reduziert psychischen Druck)
– **Analysephase:** Sammlung von Argumenten (bei kleinen Kursen im Plenum, bei großen
in Kleingruppen, die nach dem Zufallsprinzip gebildet werden, um die Gefahr von
Einseitigkeiten zu verringern); Orientierungspunkt sind die in der Definition erwähnten
Analyseaspekte; Sammlung und Erörterung möglicher Einwände und Gegenargumente;
Versuch der Hierarchisierung der Argumente; Dokumentation der Ergebnisse (z. B. auf
Plakaten) und – im Falle von Kleingruppenarbeit – Präsentation
– **Treffen einer zweiten Entscheidung** (wiederum Dokumentation durch Klebepunkte)
– **Auswertung der Erfahrungen** während der Diskussion

– **Grundsätze:** Es darf kein Zwang zu einer Entscheidung oder Sichtweise ausgeübt werden. Der Lehrer hält sich zurück, darf aber ergebnisoffen Aspekte einbringen.

2 Überprüfen Sie nach der Diskussion, welche der Argumente utilitaristisch waren und welche nicht.

3 Anregung: Laden Sie einen Notfallmediziner aus dem nächstgelegenen Krankenhaus ein und erörtern Sie mit ihm die Problematik.

4 Bietet eines der anderen bislang behandelten ethischen Konzepte eine Lösung für diese Dilemmasituation?

der philosophisch-ethische Diskurs bei Platon → S. 30
Tugendethik und Mesotes-Lehre des Aristoteles → S. 49
Kants Pflichtethik → S. 60 f.

4.4 Kann das Nützlichkeitsprinzip Maßstab des Handelns sein? – Kritik am Utilitarismus

Auch wenn der Utilitarismus viele Anhänger hat, wird in der philosophischen Diskussion doch von zahlreichen Seiten Kritik an ihm geübt.

1 Stellen Sie auf der Basis der beiden folgenden Texte tabellarisch die wesentlichen Kritikpunkte am Utilitarismus dar.

2 Prüfen Sie, inwiefern diese Kritikpunkte zutreffen oder nicht. Berücksichtigen Sie dabei auch die Ausführungen im letzten Text.

A. Weimer: „Bedingungen für einen ethisch vertretbaren Utilitarismus" → S. 79

3 Überlegen Sie, ob andere Ihnen bekannte ethische Konzepte eine Lösung der Probleme darstellen, die beim Utilitarismus bestehen.

Kritische Einwände gegen den Utilitarismus I *Günther Patzig*
[...] Insbesondere in Deutschland ist der Utilitarismus als eine platte Nützlichkeitsethik [...] mehr abgelehnt als ernstlich widerlegt worden. Die üblichen [...] Argumente halten aber näherer Prüfung nicht stand:
5 So hat man sich von dem bloßen Namen [...] zu der falschen Meinung inspirieren lassen, der Utilitarismus kenne keine Ziele und Zwecke, denn nützlich könnten ja immer nur Mittel zu einem Zwecke sein. Man spricht deshalb von einem „Wertnihilismus" (N. Hartmann). [...]
Ein [...] Einwand betrifft die Unmöglichkeit der sicheren Voraussicht des Erfolges unserer Handlungen. Wenn aber der sittliche Wert unserer Hand-
10 lungen in ihren Konsequenzen für das Glück der Menschheit liegen soll, so würde jedem eine solche Voraussicht zugemutet, zu der er als Mensch nicht fähig sei. [...]
Mit Nachdruck wird oft [...] behauptet, das Glück verschiedener Individuen sei nicht vergleichbar, und daher könne „das größte Glück aller beteilig-
15 ten Personen" keinen Maßstab für unser Verhalten abgeben. [...]
Der wohl häufigste Einwand gegen den Utilitarismus ist der, es handle sich hier um eine bloße *Erfolgsethik*; der sittlichen Würde des Menschen

„Das Gute und die Pflicht – Immanuel Kant" → S. 52 ff.

könne aber nur eine *Gesinnungsethik* gerecht werden. Man beruft sich dabei gern auf *Kant*, der unwiderleglich soll dargetan haben, warum nur
20 eine Gesinnungsethik den Namen einer Ethik sinnvoll führen könne. [...]

Kritische Einwände gegen den Utilitarismus II
(Aus einem Schülerlexikon Philosophie)

[...] Eine Handlung hat in der Regel nicht nur positive oder negative Folgen, und oft sind die Folgen so verschiedenartig, dass sie nicht miteinander verglichen werden können, auch wenn es im Alltag oft so scheint; z.B. lässt sich die Frage, ob man teureres, aber umweltfreundliches Putzmittel ver-
5 wenden soll, nicht dadurch entscheiden, dass man die positiven Folgen (Schutz der Umwelt) und die negativen Folgen (finanzielle Belastung) gegeneinander aufrechnet, da diese Folgen nicht miteinander vergleichbar sind, sondern in die Entscheidung das persönliche Werturteil, welche Konsequenzen einem wichtiger sind, eingeht. Im Utilitarismus müssen
10 zwei Handlungen, die im gleichen Maß zum allgemeinen Wohl beitragen, als gleichwertig angesehen werden, auch wenn die eine eine bestimmte Gruppe benachteiligt. Es wäre also vom utilitaristischen Standpunkt aus durchaus legitim, die allgemeine Arbeitslosigkeit durch ein generelles Arbeitsverbot für verheiratete Frauen zu bekämpfen, anstatt nach anderen,
15 gerechteren Maßnahmen zu suchen. Mit einer utilitaristischen Ethik lässt sich nicht nur die Diskriminierung von Minderheiten, sondern sogar deren Eliminierung rechtfertigen, wenn dieses dem allgemeinen Wohl dienen würde. Es gibt also weder ein Gerechtigkeitsprinzip noch einen Minderheitenschutz noch einen generellen Schutz der Menschenwürde. Zwei weitere
20 Kritikpunkte am Utilitarismus bestehen darin, dass das Nützlichkeitsprinzip nicht begründet wird und dass es sich nur auf das Verhalten der Menschen zueinander und nicht des Menschen zu sich selbst bezieht.

Bedingungen für einen ethisch vertretbaren Utilitarismus *Alois Weimer*

Trotz aller Einwände [...] ist es sinnvoll, Handlungen mit Hinweis auf mögliche Folgen [...] zu rechtfertigen. [...] Allerdings müssen Bedingungen erfüllt und Einschränkungen gemacht werden: (1) Es muss zwischen qualitativ höherrangigen und niedrigeren Lüsten und Freuden unterschieden
5 werden. Leid und Schmerz haben Daseinsberechtigung (sie können z.B. lebenserhaltende Funktion haben). (2) Das Glück des Individuums (der Minderheit) darf nicht dem Glück der Mehrheit geopfert werden; kein Mensch darf als Mittel zum Zweck benutzt/missbraucht werden, auch dann nicht, wenn das Glück vieler auf dem Spiel steht. (3) Die
10 Möglichkeit, dass der Mensch die Realität und die Folgen seines Tuns falsch einschätzt oder überhaupt nicht durchschaut, muss bei allen Handlungsstrategien mitbedacht werden.

5. Auf dem Weg zur Übereinstimmung: Diskursethik

Von der Schwierigkeit, sich zu einigen, oder: Warum Gespräche nicht immer gelingen

Das Kaugummi-Gespräch

Lehrer: Sag mal Anna, meinst du nicht, dass dauerndes Kaugummikauen ungesund ist?

Anna: Nein, es soll sogar sehr gesund für die Zähne sein.

Lehrer: Ja, vor allem der Zucker darin!

5 **Anna:** Der enthält gar keinen Zucker.

Lehrer: Na ja, nach einer halben Stunde Kauen merkt man natürlich nichts mehr davon.

Anna: Ich kaue aber erst seit zwanzig Minuten …

Spielen oder arbeiten

Personen: Kevin, zwölf, und sein Bruder Markus, 17, der sich auf eine Schulaufgabe vorbereitet

Kevin: Mir ist langweilig.
Können wir nicht was spielen?

Markus: *schweigt*

Kevin: Sag doch mal was! Was ist?

5 **Markus:** Man sollte niemals
Leute stören, die gerade arbeiten.

Kevin: Was machst du denn
gerade?

Markus: Das siehst du doch.

10 Ich lerne.

Kevin: Ich will aber was spielen.

Markus: Dann spiel doch.
Allein spielen macht schlau.

Kevin: Du bist doof.

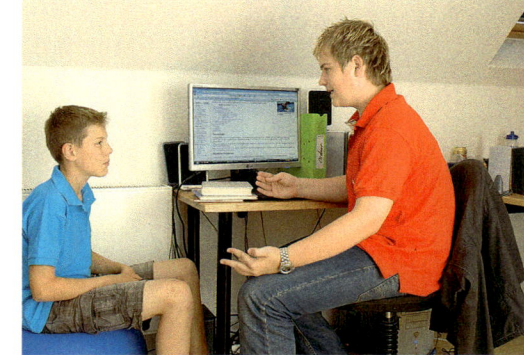

kommunikative Situation, Intention beider Gesprächspartner, Beziehungsverhältnis

1 *Beschreiben Sie kurz beide Gespräche und erarbeiten Sie Gemeinsamkeiten und Unterschiede. Beachten Sie dabei die in der Randspalte genannten Aspekte.*

2 *Analysieren Sie, warum die Gespräche – zumindest aus der Sicht eines Gesprächspartners – scheitern.*

3 *Diskutieren Sie anschließend, durch welche Verhaltensänderungen die Erfolgsaussichten größer werden könnten.*

4 *Wählen Sie aus Ihrer aktuellen Deutsch- oder Fremdsprachen-Lektüre ein Gespräch aus und analysieren Sie es nach den genannten Aspekten.*

Die Entwicklung der Diskurstheorie

Gespräche über umstrittene Normen – der Ansatz von Jürgen Habermas
Wir leben heute in einer offenen Gesellschaft, in der viele Gruppen
miteinander konkurrieren (Religionsgemeinschaften, Interessenverbände,
Parteien, Medien) und damit auch versuchen, ihre Wertvorstellungen
durchzusetzen. Lediglich das Grundgesetz hat mit den Grundrechten eine

Normen → S. 17 f.

5 Wertebasis geschaffen, die man als normativen Minimalkonsens ansehen kann. Eine übergreifende Autorität, die sittliche Normen für alle
Bereiche der Gesellschaft formuliert und durchsetzt wie etwa die Kirche
oder eine weltliche Herrschaft, gibt es heute nicht mehr. Die wachsende
Komplexität der Gesellschaft und ihre zunehmende Differenzierung
10 führen dazu, dass in der Gesellschaft immer mehr Normen umstritten
sind. Gespräche über moralische Verhaltensweisen, Vorhaben oder Urteile gehören inzwischen zu unserem privaten Alltag. Ebenso lassen sie
sich täglich in der politischen Auseinandersetzung und in den Massenmedien finden.
15   Mitunter versuchen wir in solchen Gesprächen über die rein spontane
und vielleicht unreflektierte Äußerung hinaus – vor allem bei unterschiedlichen Sichtweisen –, die eigene Position argumentativ abzusichern
und Begründungen der Gesprächspartner für ihre Haltung einzufordern.
Damit gehen wir unausgesprochen davon aus, dass **Argumentation**
20 **zur Klärung umstrittener Normen oder Handlungen sinnvoll und eine
Übereinstimmung grundsätzlich möglich ist.** Denn sonst wären unsere
argumentativen Bemühungen unsinnig. Jedoch scheitern solche Aktivitäten manchmal daran, dass die **Bedingungen und die Regeln für ein
Gespräch**, das von allen Beteiligten als erfolgreich angesehen wird, nicht
25 reflektiert und angewandt werden.
    Deshalb fordert Jürgen Habermas, über umstrittene Themen einen
Diskurs zu führen. Unter diesem Begriff versteht man „eine methodisch
strukturierte Abhandlung zu einem eingegrenzten Thema". Die **Diskurstheorie** untersucht die **Bedingungen solcher kommunikativen Aktionen**.
30 Dabei geht sie davon aus, „dass Sätze mit Wahrheitsanspruch nur dann
als wahrheitsgültig anerkannt werden können, wenn sie von Teilnehmern
an einem rationalen Diskurs wechselseitig bestätigt werden". (Regenbogen / Meyer) Das bedeutet: Nicht eine übergeordnete Autorität entscheidet, was wahr ist oder nicht, sondern das gilt, was übereinstimmend
35 von den mündigen und vernunftorientierten Beteiligten des Diskurses als
wahr herausgefunden wurde. Die von der Diskurstheorie abgeleitete
Diskursethik versucht, **die notwendigen Bedingungen und Regeln des
Diskurses herauszuarbeiten und verpflichtend zu machen.**

 Detlev Horster: Jürgen Habermas zur Einführung. Hamburg 2006.

Jürgen Habermas

Jürgen Habermas

40 Der Soziologe und Philosoph Jürgen Habermas (geb. 1929) studierte u. a. Philosophie, Geschichte und Psychologie. 1961 wurde er Professor für Philosophie in Heidelberg, 1964 übernahm er einen Lehrstuhl für Philosophie und Soziologie in Frankfurt am Main. Von 1971 bis 1981 war er neben Carl Friedrich von Weizsäcker Direktor des Starnberger Max-
45 Planck-Instituts für die Erforschung der Lebensbedingungen der wissenschaftlich-technischen Welt.

Bekannt wurde Habermas einer breiteren Öffentlichkeit in den sechziger Jahren durch seine Schriften „Der Strukturwandel der Öffentlichkeit" (1962) und „Erkenntnis und Interesse" (1968). 1981 veröffentlichte er sein
50 Hauptwerk „Theorie des kommunikativen Handelns".

Neben Karl Otto Apel gilt Habermas als der wichtigste deutsche Vertreter der Diskurstheorie und der daraus entwickelten Diskursethik.

1999 erhielt Habermas den Theodor-Heuss-Preis, 2001 den Friedenspreis des Deutschen Buchhandels.

1 *Fassen Sie die im Text beschriebenen Merkmale der offenen Gesellschaft zusammen und zeigen Sie, welche Auswirkungen diese Erscheinungen auf den moralischen Konsens haben.*

2 *Beschreiben Sie aus Ihrem Erfahrungsbereich, über welche Normen bzw. Regeln häufiger diskutiert wird.*

3 *Welchen Vorteil sieht Habermas in seinem Vorschlag, zur Klärung unterschiedlicher Wertpositionen von einem Konzept auszugehen, dass die Bedingungen und Regeln für einen fairen Diskurs formuliert?*

4 *Stellen Sie mithilfe der Massenmedien Materialien zu einem umstrittenen öffentlichen Thema zusammen (mögliche Bereiche: Familienpolitik, innere Sicherheit, Umwelt). Zeigen Sie, auf welchen Wertvorstellungen oder auch Eigeninteressen die jeweiligen Positionen beruhen. Beziehen Sie schließlich selbst Stellung und begründen Sie in einer Diskussion Ihre Haltung.*

Prinzipien und Regeln des ethischen Diskurses: Gleichberechtigung und Fairness beim Gespräch

Was heißt Diskursethik? *Jürgen Habermas*

In seiner Diskursethik setzt sich Habermas ausführlich mit der Ethik Kants und besonders dem kategorischen Imperativ auseinander. Dieser Imperativ hat universellen und – in gewisser Hinsicht – monologischen Charakter. Das besagt einmal: Nach dem Imperativ handelt jeder Mensch (auf der Welt) moralisch richtig, wenn er diese unbedingte Forderung erfüllt. Darüber hinaus ist mit dem „Du" des Imperativs der einzelne rationale und mündige Mensch angesprochen. Er entscheidet für sich, ob es wünschenswert ist, dass sein persönlicher Handlungsgrundsatz („Maxime") verallgemeinerungsfähig ist, das heißt, für alle verpflichtenden Gesetzescharakter annehmen könnte.

„Der kategorische Imperativ"
→ S. 60 ff.

[...] Die klassischen Ethiken hatten sich auf *alle* Fragen des „guten Lebens" bezogen; Kants Ethik bezieht sich nur noch auf Probleme richtigen oder gerechten Handelns. [...] Obwohl Kant die Imperativform wählt („Handle nur nach derjenigen Maxime, durch die du zugleich wollen kannst, dass

5 sie ein allgemeines Gesetz werde!"), übernimmt der kategorische Imperativ die Rolle eines Rechtfertigungsprinzips, welches verallgemeinerungsfähige Handlungsnormen als gültig auszeichnet: Was im moralischen Sinne gerechtfertigt ist, müssen alle vernünftigen Wesen wollen können. In dieser Hinsicht sprechen wir von einer *formalistischen Ethik.*

10 In der Diskursethik tritt an die Stelle des kategorischen Imperativs das Verfahren der moralischen Argumentation. Sie stellt den Grundsatz „D" auf:
– dass nur diejenigen Normen Geltung beanspruchen dürfen, die die Zustimmung aller Betroffenen als Teilnehmer eines praktischen Diskurses finden könnten.

15 Zugleich wird der kategorische Imperativ zu einem Universalisierungsgrundsatz „U" herabgestuft, der in praktischen Diskursen die Rolle einer Argumentationsregel übernimmt:
– Bei gültigen Normen müssen Ergebnisse und Nebenfolgen, die sich voraussichtlich aus einer allgemeinen Befolgung für die Befriedigung

20 der Interessen eines jeden ergeben, von allen zwanglos akzeptiert werden können. [...]
Den Standpunkt, von dem aus moralische Fragen *unparteilich* beurteilt werden können, nennen wir den „moralischen Gesichtspunkt" (moral point of view). Formalistische Ethiken geben eine Regel an, die er-

25 klärt, wie man etwas unter dem moralischen Gesichtspunkt betrachtet. [...] In Argumentationen müssen die Teilnehmer davon ausgehen, dass im Prinzip alle Betroffenen als Freie und Gleiche an einer kooperativen Wahrheitssuche teilnehmen, bei der einzig der Zwang des besseren Arguments zum Zuge kommen darf. [...]

1 *Geben Sie die Ausführungen von Habermas in eigenen Worten wieder.*
2 *Überprüfen Sie am Beispiel eines privaten oder öffentlichen Gesprächs, inwieweit die im Text genannten Regeln eingehalten werden.*
3 *Habermas bezieht sich noch auf andere Diskursregeln wie z. B.:*
    – *„Kein Sprecher darf sich widersprechen."*
    – *„Jeder darf nur das behaupten, was er selbst glaubt."*
    – *„Verschiedene Sprecher dürfen den gleichen Ausdruck nicht mit verschiedenen Bedeutungen benutzen."*
Erarbeiten Sie die konkrete Funktion dieser Regeln.

Die Neuformulierung des kategorischen Imperativs

In Sinne seines diskursethischen Konzeptes formuliert Habermas nun den kategorischen Imperativ Kants um. Es heißt demzufolge nicht mehr: „Handle nur nach derjenigen
5 Maxime, durch die du zugleich wollen kannst, dass sie ein allgemeines Gesetz werde", sondern: „Statt allen anderen eine Maxime, von der ich will, dass sie ein allgemeines Gesetz sei, als gültig vorzuschreiben, muss
10 ich meine Maxime zum Zweck der diskursiven Prüfung ihres Universalitätsanspruchs allen anderen vorlegen." (Grundsatz „U") Außerdem muss die aufgestellte Maxime auch die Zustimmung aller am Diskurs Beteiligten
15 erhalten (Grundsatz „D"). Kritik und Zustimmungsfähigkeit muss man als wesentliches Prinzip des ethischen Diskurses verstehen.

Neben den beiden Grundsätzen „D" und „U" stellt Habermas noch eine Reihe von
20 praktischen Regeln auf. Ihre Befolgung soll dazu beitragen, eine „ideale Sprechsituation" herzustellen. Mit diesem Begriff bezeichnet er einen kommunikativen Zustand, der nicht durch äußere Einwirkungen oder
25 innere Zwänge gestört wird. Solche Störungen könnten z. B. Versuche der Machtausübung, unklare Sprache, unlogische Argumentation, aber auch Ehrgeiz oder Ermüdung der Teilnehmer sein. Zu den Bedingungen für
30 einen erfolgreichen Diskurs gehören, dass z. B. alle Teilnehmer die gleichen Chancen haben,

– einen Diskurs zu eröffnen,
– sich in Rede und Gegenrede, Fragen und
35 Antworten zu äußern,
– Behauptungen, Empfehlungen, Rechtfertigungen aufzustellen,
– den Geltungsanspruch von Thesen zu begründen, zu problematisieren oder
40 zu widerlegen,
– ihre Einstellungen, Gefühle und Wünsche zu äußern,
– zu befehlen, sich zu widersetzen, zu erlauben und zu verbieten.
45 Alle Diskursteilnehmer sollen nach dem Prinzip der Reziprozität (oder Reversibilität), der Umkehrbarkeit, miteinander kommunizieren. Das heißt beispielsweise: Jeder darf den anderen befragen, ihm widersprechen,
50 ihn auffordern, etwas zu klären usw. Niemand ist privilegiert, niemand kann für sich etwas in Anspruch nehmen, was er den anderen Teilnehmern nicht zugesteht.

Sinnbild eines herrschaftsfreien Diskurses: der runde Tisch

„Das Gute und die Pflicht – Immanuel Kant" → S. 52 ff.

„Die Suche nach dem sittlichen Entscheidungspunkt: Tugend und Mitte bei Aristoteles" → S. 40 ff.

4 *Klären Sie den Begriff der „formalistischen Ethik" – z. B. auch mithilfe der Ethik Kants – und machen Sie den Unterschied zu den (materialen) Ethiken der Antike (z. B. des Aristoteles) deutlich.*

5 *Erläutern Sie die Grundsätze „D" und „U" im Sinne Habermas' und grenzen Sie sie von einander ab.*

6 *Erarbeiten Sie anhand des letzten Satzes, worin sich der hier beschriebene Diskurs von anderen Ihnen bekannten Gesprächsformen (auch aus der Literatur) unterscheidet. Berücksichtigen Sie bei Ihrer Darstellung die Umformulierung des kategorischen Imperativs durch Habermas.*

Gibt es eine „ideale Sprechsituation"? *Jürgen Habermas*

Die Grundlagen der Diskursethik sind von manchen Denkern kritisiert worden. So spricht der Philosoph Walter Schulz in Bezug auf die von Habermas geforderte „ideale Sprech-situation" von einer „erschreckenden Irrealität". Habermas geht im folgenden Text auf diese Kritik ein.

Der deutsche Philosoph **Walter Schulz** (1912 – 2000), Schüler von Hans-Georg Gadamer und Martin Heidegger, lehrte von 1955 bis 1978 an der Universität Tübingen.

[...] Zunächst kann bezweifelt werden, ob sich eine ideale Sprechsituation überhaupt verwirklichen lässt und ob sie nicht eine bloße Konstruktion darstellt. Jede empirische Rede ist sowohl durch die raumzeitlichen Begren-zungen des Kommunikationsvorgangs wie auch durch die psychischen
5 Belastungsgrenzen der Diskursteilnehmer grundsätzlich Restriktionen unterworfen, die eine vollständige Erfüllung der idealen Bedingungen aus-schließen. Eine hinreichende Realisierung der Forderungen, die wir an Diskurse stellen müssen, möchte ich trotzdem nicht a priori für unmöglich halten, weil die erwähnten Beschränkungen durch institutionelle Vorkeh-
10 rungen entweder kompensiert oder doch in ihren Auswirkungen auf das deklarierte Ziel einer Gleichverteilung der Chancen, Sprechakte zu verwen-den, neutralisiert werden können. Schwerer wiegt das andere Bedenken, ob und wie überhaupt empirisch festgestellt werden kann, wann die Bedin-gungen einer idealen Sprechsituation erfüllt sind. Die Bedingungen der
15 empirischen Rede sind auch dann, wenn wir der erklärten Absicht, einen Diskurs aufzunehmen, folgen, sehr oft nicht mit denen einer idealen Sprechsituation identisch. In der Retrospektive können wir häufig genug feststellen, wann wir ideale Sprechsituationen verfehlt haben. Allerdings fehlt ein *externes* Kriterium der Beurteilung, sodass wir in gegebenen
20 Situationen niemals sicher sein können, ob wir einen Diskurs führen oder ob wir nicht vielmehr unter Handlungszwängen agieren und Scheindis-kurse vorführen. [...]
 Wenn es zutrifft, dass wir einen vernünftigen, d. h. argumentativ erzielten und zugleich wahrheitsverbürgenden Konsensus von einem bloß erzwun-
25 genen oder täuschenden Konsensus letztlich nur durch Bezugnahme auf eine ideale Sprechsituation unterscheiden können; wenn wir weiterhin da-von ausgehen dürfen, dass wir uns faktisch jederzeit zutrauen und auch zutrauen müssen, einen vernünftigen von einem trügerischen Konsensus zu unterscheiden, weil wir sonst den vernünftigen Charakter von Rede
30 preisgeben würden; und wenn gleichwohl in keinem empirischen Fall ein-deutig festgestellt werden kann, ob eine ideale Sprechsituation gegeben ist oder nicht – dann bleibt die folgende Erklärung: Die ideale Sprechsitua-tion ist weder ein empirisches Phänomen noch bloßes Konstrukt, sondern eine in Diskursen unvermeidliche, reziprok vorgenommene Unterstellung.
35 Diese Unterstellung kann, sie muss nicht kontrafaktisch sein; aber auch wenn sie kontrafaktisch gemacht wird, ist sie eine im Kommunikationsvor-gang operativ wirksame Fiktion. Ich spreche deshalb lieber von einer Antizi-

pation, von einem Vorgriff auf eine ideale Sprechsituation. Dieser Vorgriff allein ist Gewähr dafür, dass wir mit einem faktisch erzielten Konsens

40 den Anspruch eines vernünftigen Konsenses verbinden dürfen; zugleich ist er ein kritischer Maßstab, an dem jeder faktisch erzielte Konsensus auch infrage gestellt und daraufhin überprüft werden kann, ob er ein hinreichender Indikator für einen begründeten Konsens ist. [...]

7 Klären Sie die Ihnen unbekannten Begriffe im Text.

8 Fassen Sie zusammen, welche Zweifel an der Möglichkeit einer „idealen Sprechsituation" angesprochen werden, und erarbeiten Sie die Argumente Habermas' für die Notwendigkeit der „idealen Sprechsituation".

9 Erörtern Sie, durch welche zusätzlichen kommunikativen Verhaltensweisen der Diskurs gefährdet bzw. gesichert werden kann.

„Das Kaugummi-Gespräch"/
„Spielen oder arbeiten"
→ S. 80

10 Überprüfen Sie anhand der Dialoge, inwieweit das Diskursverfahren auch zur Regelung privater Konflikte eingesetzt werden kann.

- Wählen Sie (zwei Gruppen mit jeweils einem Dialog) die Diskursregeln aus, die für die Dialoge bedeutsam sind, und schreiben Sie nach diesen Regeln die Dialoge um.

- Spielen Sie anschließend die Dialoge durch und diskutieren Sie im Plenum das Ergebnis im Sinne der Diskursethik.

Platon: „Gorgias" → S. 31 f.,
32 f.
Platon: „Politeia" → S. 34 f.,
37 f.

Tugendethik, Folgenethik,
formalistische Ethik
Vergleichspunkte: Rolle des
Einzelnen / der Gemeinschaft,
Prinzipien, Bedeutung von
Vernunft / Gefühl, Relevanz
von Tugenden ...

11 Zeigen Sie, inwieweit der Dialog zwischen Sokrates und Gorgias (bzw. Adeimantos) den Diskursvorstellungen Habermas' entspricht.

12 a) Zur Vorbereitung auf Schulaufgabe und Abitur: Entwickeln Sie gemeinsam eine Übersicht für einen Vergleich aller ethischen Systeme, die Sie bislang kennengelernt haben.

b) Vergleichen Sie in Partner- / Gruppenarbeit zwei ethische Positionen.

c) Erfassen Sie abschließend im Plenum die übrigen Ergebnisse.

Basis

Diskursethik

„Diskurs" bedeutet im Sinne Habermas' ein Gespräch, in dem sich die Teilnehmer auf rational-argumentative Weise bemühen, bei umstrittenen Normen eine Übereinstimmung hinsichtlich ihrer Gültigkeit zu erreichen. Damit dies gelingt, müssen verschiedene Grundsätze und Regeln beachtet werden. Die entscheidenden Grundsätze, die Habermas aufstellt, nennt er „D" und „U". „D" formuliert, dass eine moralische Norm nur dann gültig ist, wenn alle von ihr Betroffenen als Teilnehmer eines Diskurses ihr zustimmen. Darüber hinaus wird in Anlehnung an den kategorischen Imperativ Kants mit dem Universalitätsgrundsatz „U" festgelegt, dass die umstrittenen Normen und ihre Auswirkungen für alle Menschen akzeptabel sein müssen. Die konkreten Regeln, die Habermas für das Verfahren des Diskurses aufstellt, gehen von der Wahrhaftigkeit, Chancengleichheit und Gleichberechtigung der Teilnehmer aus. Sie sind die Bedingungen einer angestrebten „idealen Sprechsituation", in welcher der Diskurs nicht durch innere (diskursfeindliche Verhaltensweisen der Teilnehmer) und äußere Störungen (z. B. gesellschaftliche Vorgaben an den Diskurs, etwa Tabus, Sprachregelungen) gefährdet wird.

„Die Kluft zwischen Kraft des Vorherwissens und Macht des Tuns ...“ –
Angewandte Ethik

1. „Es gibt eine Pflicht zur Zukunft!" – Ethik der Verantwortung

1.1 Was ist Verantwortung? – Begriffsklärung

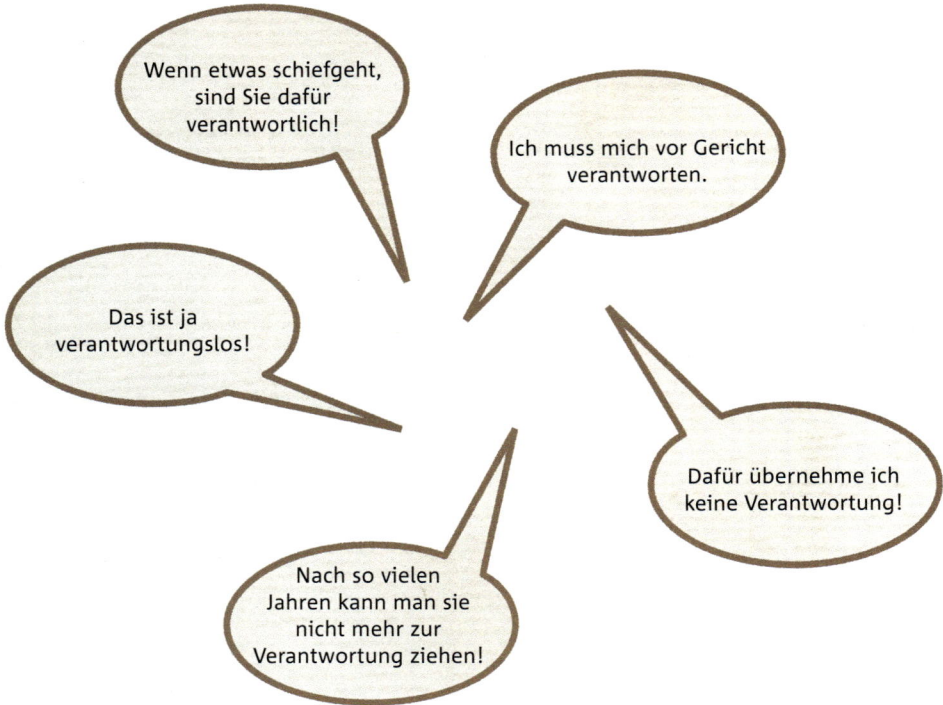

1 *Finden Sie jeweils Situationen, auf die sich die obigen Aussagen beziehen könnten, und vergleichen Sie Ihre Lösungen.*

2 *Erklären Sie das Schaubild auf S. 89 und die darin verwendeten Termini anhand von Beispielen.*

3 *Nennen Sie Gründe, warum jemand ganz oder teilweise von seiner Verantwortung für eine Tat entlastet werden kann, und illustrieren Sie diese mit konkreten Handlungssituationen.*

4 *Was ist „Verantwortung"? Lesen Sie die folgende Definition und erläutern Sie sie an einem Beispiel.*

„Verantwortung" ist ein zunächst in der Rechtsprechung verwendeter Terminus zur Bezeichnung des Rechenschaftgebens für ein bestimmtes Handeln oder dessen Folgen, meist als Antwort auf eine Anklage.

5 *Man hat den schillernden Begriff „Verantwortung" immer wieder zu differenzieren versucht.*

a) *Klären Sie die Begriffe „individuelle Verantwortung", „kollektive Verantwortung" und „Mitverantwortung".*

b) *„Das Problem der Verantwortung ist eng verknüpft mit dem Problem der Freiheit." Erklären Sie diesen Satz.*

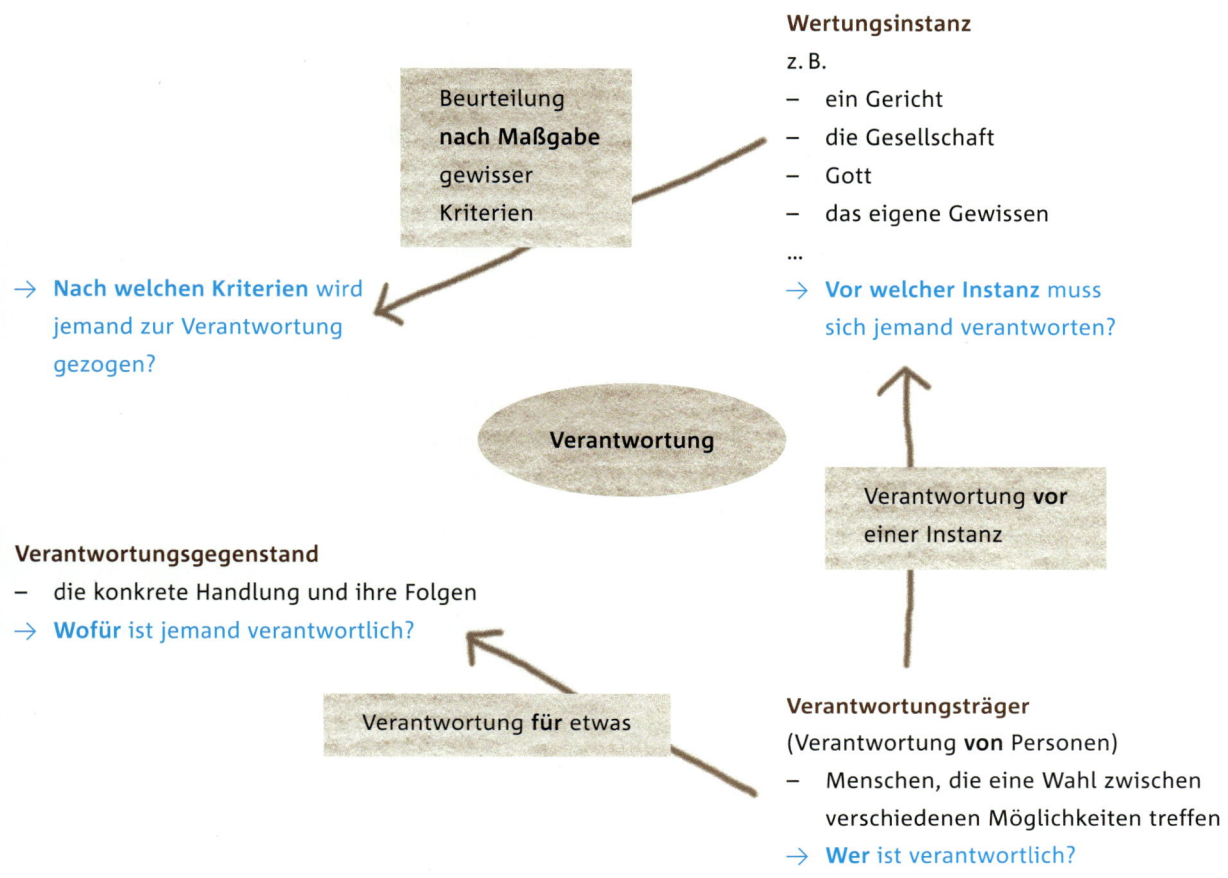

Wertungsinstanz

z. B.

– ein Gericht

– die Gesellschaft

– Gott

– das eigene Gewissen

...

→ **Vor welcher Instanz** muss sich jemand verantworten?

Beurteilung nach Maßgabe gewisser Kriterien

→ **Nach welchen Kriterien** wird jemand zur Verantwortung gezogen?

Verantwortung

Verantwortung **vor** einer Instanz

Verantwortungsgegenstand

– die konkrete Handlung und ihre Folgen

→ **Wofür** ist jemand verantwortlich?

Verantwortung **für** etwas

Verantwortungsträger

(Verantwortung **von** Personen)

– Menschen, die eine Wahl zwischen verschiedenen Möglichkeiten treffen

→ **Wer** ist verantwortlich?

1.2 „Das Prinzip Verantwortung" – Begriff und Struktur der Verantwortung bei Hans Jonas

Näheres zur Verantwortungsethik (siehe auch die Auszüge auf den folgenden Seiten) finden Sie in:
Hans Jonas: Das Prinzip Verantwortung. Frankfurt am Main 1984 und Albert Schweitzer: Die Ehrfurcht vor dem Leben. In: Kultur und Ethik. München 1990.

Die neue Dimension der Verantwortung (nach Hans Jonas)

Dass „die Verheißung der modernen Technik in Drohung umgeschlagen ist", bildet eine Art Ausgangsthese für den philosophischen Neuansatz von Hans Jonas in seinem Werk **„Das Prinzip Verantwortung"**. Wie kann ethische Reflexion auf die rasante Entwicklung moderner Hoch-

5 technologie reagieren? Was hat sich überhaupt grundlegend verändert? Um diese Fragen zu klären, stellt Jonas zunächst die **Merkmale bisheriger Ethik** dar:

(1) Die bisherige Ethik war **„anthropozentrisch"**, das heißt, im Mittelpunkt stand der „Umgang von Mensch mit Mensch". Die Wirkung des

10 Menschen auf Natur, auf „außermenschliche Dinge" war kein Gegenstand der Ethik.

(2) **Der Zustand des Menschen** wurde als im Kern **konstant** angesehen. Bisher konnten Menschen den Zustand der Menschheit nicht so verändern, dass eine fundamental neue Situation der Menschheit entstand.

15 **(3) Die Folgen einer Handlung lagen** in zeitlicher wie in räumlicher Hinsicht **nahe bei der Handlung**: „Das sittliche Universum bestand aus Zeitgenossen."

(4) Aufgrund dieser Tatsachen konnte **das Wissen**, das außer dem sittlichen Willen erforderlich ist, um moralisch zu handeln, **begrenzt**

20 sein. Es war nicht „die Kenntnis eines Wissenschaftlers oder Fachmanns, sondern Wissen einer Art, die allen Menschen guten Willens offensteht".

Das Prinzip Verantwortung *Hans Jonas*

All dies [die Merkmale bisheriger Ethik] hat sich entscheidend geändert. Die moderne Technik hat Handlungen von so neuer Größenordnung, mit so neuartigen Objekten und so neuartigen Folgen eingeführt, dass der Rahmen früherer Ethik sie nicht mehr fassen kann. [...] Gewiss, die alten

5 Vorschriften der „Nächsten"-Ethik – die Vorschriften der Gerechtigkeit, Barmherzigkeit, Ehrlichkeit usw. – gelten immer noch, in ihrer intimen Unmittelbarkeit, für die nächste, tägliche Sphäre menschlicher Wechselwirkung. Aber diese Sphäre ist überschattet von einem wachsenden Bereich kollektiven Tuns, in dem Täter, Tat und Wirkung nicht mehr dieselben sind

10 wie in der Nahsphäre, und der durch die Enormität seiner Kräfte der Ethik eine neue, nie zuvor erträumte Dimension der Verantwortung aufzwingt.

[...] Man nehme zum Beispiel, als die erste größere Veränderung in dem überkommenen Bild, die kritische *Verletzlichkeit* der Natur durch die technische Intervention des Menschen – eine Verletzlichkeit, die nicht vermutet

15 war, bevor sie sich in schon angerichtetem Schaden zu erkennen gab. Diese Entdeckung, deren Schock zu dem Begriff und der beginnenden Wissenschaft der Umweltforschung (Ökologie) führte, verändert die ganze Vorstellung unserer selbst als eines kausalen Faktors im weiteren System der Dinge. Sie bringt durch die Wirkungen an den Tag, dass die Natur

20 menschlichen Handelns sich de facto geändert *hat*, und dass ein Gegenstand von gänzlich neuer Ordnung, nicht weniger als die gesamte Biosphäre des Planeten, dem hinzugefügt worden ist, wofür wir verantwortlich sein müssen, weil wir Macht darüber haben. Und ein Gegenstand von welch überwältigender Größe, wogegen alle früheren Gegenstände

25 menschlichen Handelns zwerghaft erscheinen! [...]

Unter solchen Umständen wird *Wissen* zu einer vordringlichen Pflicht über alles hinaus, was je vorher für seine Rolle in Anspruch genommen wurde, und das Wissen muss dem kausalen Ausmaß unseres Handelns größengleich sein. Die Tatsache aber, dass es ihm nicht wirklich größen-

30 gleich sein *kann*, das heißt, dass das vorhersagende Wissen hinter dem technischen Wissen, das unserem Handeln die Macht gibt, zurückbleibt, nimmt selbst ethische Bedeutung an. Die Kluft zwischen Kraft des Vorherwissens und Macht des Tuns erzeugt ein neues ethisches Problem. Anerkennung der Unwissenheit wird dann die Kehrseite der Pflicht des Wissens

Hans Jonas (1903–1993) studierte Philosophie, Theologie und Kunstgeschichte unter anderem bei Edmund Husserl, Martin Heidegger und Rudolf Bultmann. 1933 wanderte er nach London aus und ging dann nach Palästina. 1949 siedelte Jonas nach Kanada über, 1955 ließ er sich schließlich in den USA nieder. Jonas war als Professor an verschiedenen Universitäten tätig und beschäftigte sich vor allem mit religionsphilosophischen Fragestellungen und ethischen Aspekten der Technologie.

Sein Werk „Das Prinzip Verantwortung. Versuch einer Ethik für die technologische Zivilisation" (1979) machte ihn einem breiteren Leserkreis bekannt. 1987 erhielt er den Friedenspreis des deutschen Buchhandels.

35 und damit ein Teil der Ethik, welche die immer nötiger werdende Selbst-
beaufsichtigung unserer übermäßigen Macht unterrichten muss. Keine
frühere Ethik hatte die globale Bedingung menschlichen Lebens und die
ferne Zukunft, ja Existenz der Gattung zu berücksichtigen. [...]

Und wie, wenn die neue Art menschlichen Handelns bedeuten würde,
40 dass mehr als nur das Interesse „des Menschen" allein zu berücksichtigen
ist – dass unsere Pflicht sich weiter erstreckt und die anthropozentrische
Beschränkung aller früheren Ethik nicht mehr gilt? Es ist zumindest nicht
mehr sinnlos, zu fragen, ob der Zustand der außermenschlichen Natur,
die Biosphäre als Ganzes und in ihren Teilen, die jetzt unserer Macht unter-
45 worfen ist, eben damit ein menschliches Treugut geworden ist und so
etwas wie einen moralischen Anspruch an uns hat – nicht nur um unsret-
willen, sondern auch um ihrer selbst willen und aus eigenem Recht. Wenn
solches der Fall wäre, so würde es kein geringes Umdenken in den Grundlagen der Ethik erfordern. Es würde bedeuten, nicht nur das menschliche
50 Gut, sondern auch das Gut außermenschlicher Dinge zu suchen, das heißt
die Anerkennung von „Zwecken an sich selbst" über die Sphäre des Menschen hinaus auszudehnen und die Sorge dafür in den Begriff des menschlichen Guts einzubeziehen. [...]

*1 Warum braucht es nach Hans Jonas „eine neue Dimension der
Verantwortung"?*

*2 „Keine frühere Ethik hatte die globale Bedingung menschlichen Lebens
und die ferne Zukunft, ja Existenz der Gattung zu berücksichtigen."
(Z. 36 ff.) Erklären Sie diesen Satz und führen Sie Beispiele aus der
modernen Technik an, die ihn belegen.*

*3 Inwiefern erzeugt „die Kluft zwischen Kraft des Vorherwissens und
Macht des Tuns" (Z. 32 f.) ein neues ethisches Problem? – Erläutern Sie
anhand der Aussagen im Text, was damit gemeint ist.*

*4 Fertigen Sie ein Schaubild an, in dem deutlich wird, wie sich nach
Hans Jonas die vier im Text genannten Merkmale bisheriger Ethik verändern sollten.*

„Die neue Dimension der
Verantwortung" → S. 89 f.

Ein neuer kategorischer Imperativ?

Das Prinzip Verantwortung *Hans Jonas*

Hans Jonas kritisiert Kants kategorischen Imperativ:

Kants kategorischer Imperativ sagte: „Handle so, dass du auch wollen
kannst, dass deine Maxime allgemeines Gesetz werde." Das hier ange-
rufene „kann" ist das der Vernunft und ihrer Einstimmung mit sich selbst:
Die Existenz einer Gesellschaft menschlicher Akteure (handelnder Ver-

5 nunftwesen) *vorausgesetzt*, muss die Handlung so sein, dass sie sich ohne Selbstwiderspruch als allgemeine Übung dieser Gemeinschaft vorstellen lässt. Man beachte, dass hier die Grundüberlegung der Moral nicht selber moralisch, sondern logisch ist: Das „wollen *können*" oder „nicht können" drückt logische Selbstverträglichkeit oder -unverträglichkeit, nicht sittliche

10 Approbation [Billigung] oder Revulsion [Ablehnung] aus. Es liegt aber kein Selbstwiderspruch in der Vorstellung, dass die Menschheit einmal aufhöre zu existieren, und somit auch kein *Selbstwiderspruch* in der Vorstellung, dass das Glück gegenwärtiger und nächstfolgender Generationen mit dem Unglück oder gar der Nichtexistenz späterer Generationen erkauft wird –

15 so wenig, wie schließlich im Umgekehrten, dass die Existenz und das Glück späterer Generationen mit dem Unglück und teilweise sogar der Vertilgung gegenwärtiger erkauft wird. Das Opfer der Zukunft für die Gegenwart ist *logisch* nicht angreifbarer als das Opfer der Gegenwart für die Zukunft. Der Unterschied ist nur, dass im einen Fall die Reihe weitergeht, im andern

20 nicht. [...]

„Der kategorische Imperativ"
→ S. 60 ff.

1 Warum ist es nach Auffassung von Hans Jonas mit Kants kategorischem Imperativ zu vereinbaren, „dass die Menschheit einmal aufhöre zu existieren"?

2 Fomulieren Sie im Sinne von Hans Jonas einen „neuen kategorischen Imperativ": „Handle so, dass ...!"

H. Jonas' Neuformulierung des kategorischen Imperativs → S. 235

3 Vergleichen Sie Ihre Vorschläge mit Hans Jonas' Neuformulierung.

Heuristik der Furcht (nach Hans Jonas)

Hans Jonas plädiert angesichts der technologischen Entwicklung für eine „Ethik der Fernverantwortung". Dieser neue ethische Ansatz erfordert auch neue Grundsätze und Methoden der Beurteilung:

1. Richte deinen Blick auf das Übel und nicht auf das Gute!

Was ist damit gemeint? Wenn man die Fernwirkung „technischer Aktionen" abschätzt,

5 so sollte man vor allem die Risiken und die möglichen negativen Folgen herausarbeiten. Jonas nennt dies **„Heuristik[1] der Furcht"**. Er fordert also, man solle sich Fernwirkungen vorstellen und sich dann „vom erst gedachten

10 Heil und Unheil kommender Geschlechter affizieren [...] *lassen.*" Dies gilt auch dann, wenn die Fernprognosen aufgrund der Komplexität der wirkenden Bedingungen sehr unsicher

sind: „Eben diese Ungewissheit [...] muss sel-

15 ber in die ethische Theorie einbezogen und in ihr zum Anlass eines neuen Grundsatzes genommen werden, der nun seinerseits als praktische Vorschrift wirksam werden kann. Es ist die Vorschrift, primitiv gesagt, dass der

20 *Unheilsprophezeiung mehr Gehör* zu geben ist als der Heilsprophezeiung."

2. Durch menschliches Handeln darf nie die Existenz der Menschheit gefährdet werden!

Hans Jonas wird an dieser Stelle sehr deutlich:

25 „Hiermit haben wir endlich ein Prinzip ge-

1 Heuristik: Lehre vom Verfahren, Probleme zu lösen

funden, das gewisse ‚Experimente', deren die Technologie fähig ist, verbietet [...]. Für das Leben der Menschheit gilt (was für den Einzelpatienten nicht immer zu gelten braucht),

30 dass auch unvollkommene Palliative[2] der vielversprechenden Radikalkur vorzuziehen sind, über der der Patient sterben kann." Jonas geht davon aus, dass der Mensch eben nicht im Namen irgendeiner möglichen Verbesserung

35 die Existenz der Menschheit aufs Spiel setzen darf. Das heißt zum Beispiel, dass Technologien, die zwar die menschliche Situation insgesamt verbessern würden, aber mit unwägbaren Risiken behaftet sind, nicht eingesetzt

40 werden sollten.

3. Es gibt eine Pflicht zur Zukunft!
Bei der herkömmlichen Rede von Rechten und Pflichten gehen wir von einer Idee der Gegenseitigkeit (Reziprozität) aus. Dem Recht

45 eines anderen entspricht die eigene Pflicht.

Diese Idee versagt im Hinblick auf die Zukunft: Etwas noch nicht Existierendes kann im herkömmlichen Sinn keine Ansprüche an andere stellen. Um unsere dennoch bestehende

50 Verantwortung gegenüber der Zukunft zu erklären, führt Jonas den nicht reziproken[3] Fall der elterlichen Verantwortung für ein Kind an. „Hier ist der Archetyp[4] alles verantwortlichen Handelns, der zum Glück keiner

55 Deduktion[5] aus einem Prinzip bedarf, sondern uns [...] von der Natur mächtig eingepflanzt ist." Nach Jonas ist der Mensch durch diese elementare Verantwortung für andere Arten der Verantwortung „vorerzogen". Ein Verant-

60 wortungsgefühl bindet uns an die künftigen Generationen und lässt uns aktiv werden.

2 Palliative: Mittel, die Schmerzen lindern, aber nicht zur Heilung führen 3 reziprok (lat.): gegenseitig 4 Archetyp: Urtyp, Modell 5 Deduktion: Herleitung, Begründung

4 *Erklären Sie am Beispiel der Diskussion über die friedliche Nutzung der Kernenergie, wie die im Text genannten Punkte eins und zwei zu verstehen sind.*

5 *Beschreiben Sie Jonas' Verantwortungsbegriff mit den Termini „Verantwortungsgegenstand", „Verantwortungsträger" und „Wertungsinstanz".*

6 *Manche Forscher wären sicherlich mit einer „Heuristik der Furcht" nicht einverstanden. Formulieren Sie Kritikpunkte an Jonas' Aussagen.*

Schaubild „Verantwortung"
→ S. 89

Basis

Verantwortung bei Hans Jonas
Der Begriff **„Verantwortung"** lässt sich durch vier Grundfragen beschreiben:
1. **Wer** ist verantwortlich? 2. **Wofür** ist jemand verantwortlich? 3. **Vor welcher Instanz** muss sich jemand verantworten? 4. **Nach welchen Kriterien** oder Normen wird jemand zur Verantwortung gezogen?

Nach **Hans Jonas** haben sich aufgrund der modernen Technologie die Möglichkeiten menschlichen Handelns verändert. Dieser neuen Situation muss eine neue **„Ethik der Verantwortung"** Rechnung tragen. Verantwortung besteht gegenüber den nachfolgenden Generationen beziehungsweise dem Leben überhaupt. Im Gegensatz zur traditionellen Ethik der Nähe fordert Jonas eine räumliche und zeitliche **Fernethik**.

„Heuristik der Furcht" bedeutet, dass man sich die Risiken und negativen Folgen einer Technologie vor Augen führt. Diese Vorstellung unwägbarer Handlungsfolgen führt zu einer emotionalen Reaktion und dadurch möglicherweise zur Unterlassung einer Handlung oder aber zu verstärkter Aktivität zum Schutze der Umwelt.

2. Verantwortung für die Umwelt – Umweltethik

2.1 Herausforderung Klimawandel: Jonas' Verantwortungsbegriff in der Praxis

In zehn Jahren ist alles zu spät *Al Gore*

Al Gore war Vizepräsident der USA von 1993 bis 2001. Er ist Vorsitzender der Alliance for Climate Protection. 2007 erhielt er zusammen mit dem Intergovernmental Panel on Climate Change (IPCC) den Friedensnobelpreis, weil er durch seine Filme und Vorträge das Bewusstsein für den Klimawandel befördert und den Kampf „against climate change" vorangebracht habe.

Die Menschheit ist an einem entscheidenden Punkt angelangt. Die Vorstellung, dass wir in unserer Eigenschaft als Spezies tatsächlich bewusst eine Wahl treffen können, ist neu, und wir mögen sie belächeln. Doch es hilft nichts: Genau das ist die große Herausforderung, die vor uns liegt:

5 Unsere Heimat – die Erde – ist in Gefahr. Dabei ist nicht der Planet selbst von Zerstörung bedroht, sondern die Bedingungen sind es, die ihn für uns Menschen bewohnbar machen.

Ohne uns der Folgen bewusst zu sein, haben wir einst begonnen, die dünne Schicht der Erdatmosphäre mit so viel Kohlendioxyd zu belasten,

10 dass wir dadurch den Wärmehaushalt zwischen Erde und Sonne veränderten. Wenn wir nicht sehr schnell damit aufhören, werden wir erhöhte Durchschnittstemperaturen bekommen, wie es sie historisch noch nie gegeben hat. Mit der günstigen Klimabalance, von der unsere Zivilisation abhängt, wird es dann vorbei sein.

15 Während der vergangenen 150 Jahre haben wir immer schneller immer größere Mengen Kohlenstoff aus dem Boden zutage gefördert – meist in Form von Kohle oder Erdöl – und wir verbrennen diesen in einer Weise, durch die jeden Tag 70 Millionen Tonnen CO_2 in die Erdatmosphäre ausgestoßen werden.

20 Die CO_2-Konzentration, die während mehr als einer Million Jahre 300 ppm (300 Teile je einer Million) nie überschritten hat, ist von 280 ppm zu Beginn des Kohlebooms auf 383 ppm in diesem Jahr gestiegen. Viele Wissenschaftler warnen deshalb, dass die Erde sich aufgrund dieser Tatsachen verschiedenen „Kipppunkten" nähert. Bereits innerhalb der nächsten

25 zehn Jahre könnte es so weit sein, dass die Bewohnbarkeit des Planeten so weit abgenommen hat, dass der Schaden irreparabel ist.

Just in den vergangenen Monaten haben neue Forschungen gezeigt, dass das Eis am Nordpol – das dazu beiträgt, den Planeten zu kühlen – beinahe dreimal so schnell schmilzt, als die pessimistischsten Computersimulatio-

30 nen vorhergesagt haben. Wenn wir nicht handeln, könnte das Sommereis dort im Laufe von nur 35 Jahren völlig verschwunden sein. Ähnlich sieht es auf der gegenüberliegenden Seite des Planeten, nahe des Südpols aus: Wissenschaftler fanden neue Beweise dafür, dass der Schnee in der Westantarktis auf einem Gebiet schmilzt, das so groß ist wie Kalifornien.

35 Längst haben wir es nicht mehr nur mit einem politischen, sondern mit einem moralischen Problem zu tun – mit einem Problem, das das Überleben der menschlichen Zivilisation betrifft. Es geht auch nicht um eine Frage

von links gegen rechts, sondern um eine Frage von richtig oder falsch. Einfach ausgedrückt: Es ist falsch, die Bewohnbarkeit unseres Planeten und
40 die Perspektiven künftiger Generationen zu zerstören. […]

1 *Zeigen Sie, inwiefern der Text von Al Gore als „praktische Anwendung"*
der Forderungen von Hans Jonas gelesen werden kann.
2 *Was versteht Gore unter „Kipppunkten"?*
3 *Gore deutet konkrete Folgen der Erderwärmung nur an. Informieren*
Sie sich zum Beispiel im Internet über konkrete Folgen eines möglichen
Temperaturanstiegs auf der Erde. Beziehen Sie auch die Grafik mit ein.

Handlungsmöglichkeiten
angesichts des Klimawandels

a) als Einzelner

b) als Institution / Staat /
Staatengemeinschaft

 Folgende Internetadressen können Ihnen helfen:
– www.greenpeace.de
– www.bmu.de (Bundesumweltministerium)
– www.bpb.de (Bundeszentrale für politische Bildung)

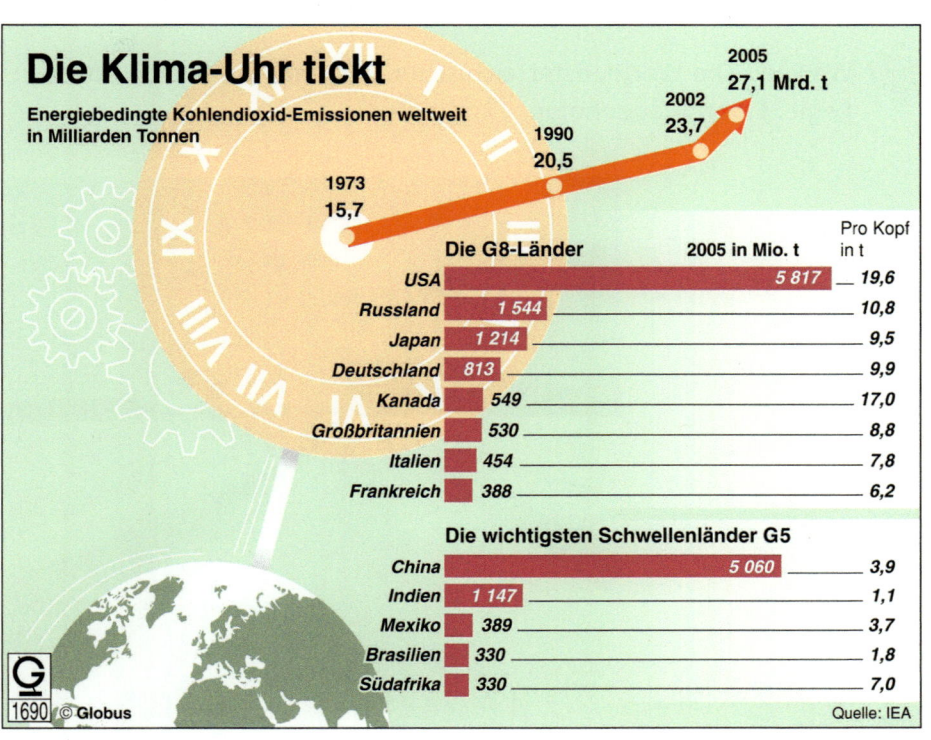

4 Was kann der Einzelne und was können politische Institutionen und Staaten tun? Recherchieren Sie im Internet bei verschiedenen Organisationen und Verbänden.

5 Könnte man Gore „Panikmache" vorwerfen oder muss man seine „umsichtige Vorausschau" loben? Beziehen Sie Stellung.

2.2 „We Feed The World" – ein Projekt

> „Tag für Tag wird in Wien genau so viel Brot vernichtet wie Graz verbraucht. Auf rund 350.000 Hektar vor allem in Lateinamerika werden Sojabohnen für die österreichische Viehwirtschaft angebaut, daneben hungert ein Viertel der einheimischen Bevölkerung. Jede Europäerin
> 5 und jeder Europäer isst jährlich zehn Kilogramm künstlich bewässertes Treibhausgemüse aus Südspanien, wo deswegen die Wasserreserven knapp werden."

 Was hier als „Synopsis" dem kritischen Dokumentarfilm „We Feed The World" vorangestellt wurde, beleuchtet einige Aspekte und Problembereiche des Themas „Ernährung". Die auf der folgenden Doppelseite vorgestellten Texte, Bilder und Anregungen könnten der Beginn eines Projekts sein, das sich auch im Rahmen eines W-Seminars realisieren ließe.

We Feed The World, österreichischer Dokumentarfilm von 2005; Regie: Erwin Wagenhofer.

Szenenbild aus „We Feed The World"

1 – Formulieren Sie zu den vier Teilbereichen zum Thema „Ernährung"
auf den nächsten Seiten die genaue Problemstellung jeweils als
Frage und entwickeln Sie ein Projekt dazu. Nutzen Sie dazu den
Methodenkasten.
– Bilden Sie Gruppen und sammeln Sie weitere Informationen, Bilder
und Texte zu der von Ihnen formulierten Problemstellung.

Projektarbeit

Es kann hier nicht darum gehen, eine umfassende Anleitung zum Projektlernen zu geben, denn, was ein Projekt ist, darüber gehen die Meinungen auseinander. Fest steht: Projektlernen ist **sehr selbstständiges** und **handlungsorientiertes** Lernen. Nutzen Sie also die hier in Frageform vorgetragenen Anregungen für Ihr eigenes Ethik-Projekt.

Ein Projekt hat immer verschiedene **Phasen**:

1. Projektinitiative
– Was kann Thema eines Projekts sein?
– Wer startet die Projektinitiative?
– Wie installiert sich die Projektgruppe?

2. Projektskizze
– Welche Möglichkeiten beinhaltet das Projektthema?
– Nach welchen Spielregeln trifft die Projektgruppe Entscheidungen?

3. Projektplan
– Welche Ideen sind realisierbar?
– Welche konkreten Betätigungsfelder ergeben sich?
– Wer übernimmt welche Tätigkeit?

4. Projektdurchführung
– In welcher Arbeitsform werden die einzelnen Projektgruppen durchgeführt?
– Inwieweit können die Pläne umgesetzt werden?
– Welche äußeren Faktoren beeinflussen die Arbeit?
– Inwiefern werden durch gemachte Erfahrungen Änderungen im Projektplan oder neue Entscheidungen notwendig?

5. Präsentation
– Welche Ergebnisse hat das Projekt?
– Wem werden die Ergebnisse wie vorgestellt?

6. Evaluation
– Konnte die ursprüngliche Planung eingehalten und durchgeführt werden?
– Wurden die anfangs gesetzten Ziele erreicht?
– Wie kann das Projekt dokumentiert werden?

Verantwortung und Macht der Konsumenten

Okölogische Landwirtschaft: Die Basis der biologischen oder auch ökologisch genannten Landwirtschaft ist ein nachhaltiger und schonender Umgang mit der Natur sowie eine artgerechte Tierhaltung.

5 Es geht dabei also sowohl um die Herstellungsweise als auch um die Qualität der Produkte. Biolandwirtschaft ist angewandter Boden- und Gewässerschutz. Der Boden – Grundlage jeder Landwirtschaft – wird in seiner natürlichen Form erhalten und,

10 wo er bereits zerstört wurde, wieder verbessert. Da keine synthetischen Pestizide oder Chemie-Dünger verwendet werden, gelangen auch keine Gifte in

Schweine in Freilandhaltung

 www.bio-siegel.de; www.schule-oekolandbau.de; www.verbraucherministerium.de; www.marktcheck.at

den Boden, in die Gewässer oder in die Nahrungsmittel. In der Biolandwirtschaft wird keine Gentechnik eingesetzt.

Wer industrielle Massenproduktion mit all ihren negativen Folgen ablehnt und stattdessen zum Beispiel Bioprodukte

15 kauft, kann damit den Umweltschutz, den Tierschutz und die eigene Gesundheit unterstützen!

Projekt „Regionaler Warenkorb": Schauen Sie sich einen ganz normalen Wochenendeinkauf Ihrer Familie an und listen Sie die besorgten Produkte auf. Überlegen Sie sich, wo die Produkte und die einzelnen Bestandteile (soweit sich das nachvollziehen lässt) herkommen und wie sie transportiert wurden. Versuchen Sie, als Alternative einen regionalen Warenkorb zusammen-

20 zustellen, der trotzdem alles beinhaltet, was Sie haben wollten.

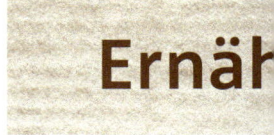

Gentechnik in der Landwirtschaft

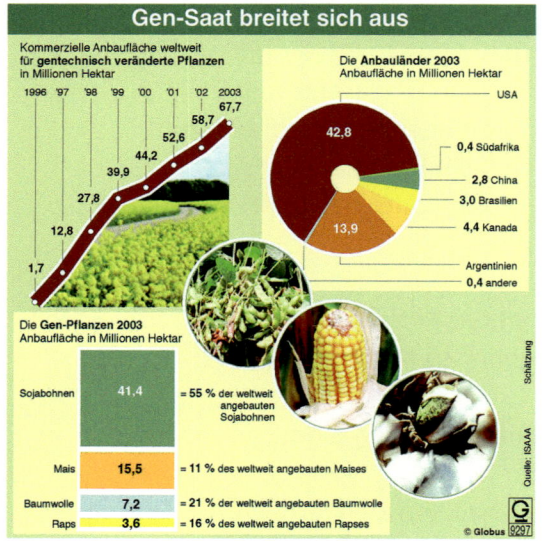

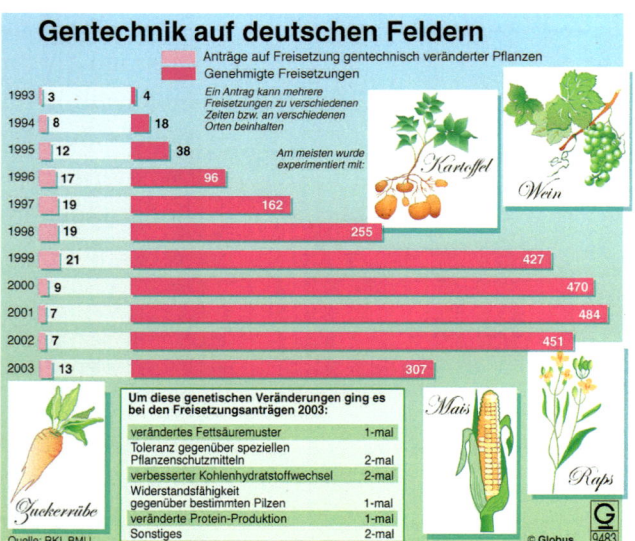

Genmanipulierte Ackerpflanzen wie Mais (in Deutschland ist der Anbau von Genmais seit April 2009 verboten) und Soja sind in vielen Ländern bereits stark verbreitet. In Deutschland müssen Landwirte, die Gentechnik anwenden, laut Gentechnikgesetz für gentechnische Verunreinigungen in gentechnikfreien Betrieben haften. Bislang werden jedoch in Deutschland Pflanzen mit verändertem Erbgut fast nur zu Forschungs- und Versuchszwecken auf die Äcker gebracht. Allerdings ist bei der Zahl der genehmigten Freisetzungen gentechnisch veränderter Pflanzen zu beachten, dass eine Genehmigung meist für mehrere Orte und Jahre ausgesprochen wird.

Hunger in der Welt

Übergewichtige Kinder und Jugendliche

Die Zahlen sind alarmierend:
In Deutschland ist jedes 5. Kind und

5 jeder 3. Jugendliche übergewichtig.
Und noch einmal so viele sind gefährdet. Häufig sind sie ein Leben lang übergewichtig. Die möglichen Folgen von
kindlichem bzw. jugendlichem Überge-

10 wicht oder gar krankhafter Fettsucht
sind verheerend: z.B. Bluthochdruck,
Zuckerkrankheit, Schäden an der Wir-
belsäule. Hinzu kommen enorme psychische Belastungen. Die Ursachen

15 für Übergewicht sind zu energiereiche
Ernährung und Mangel an Bewegung.

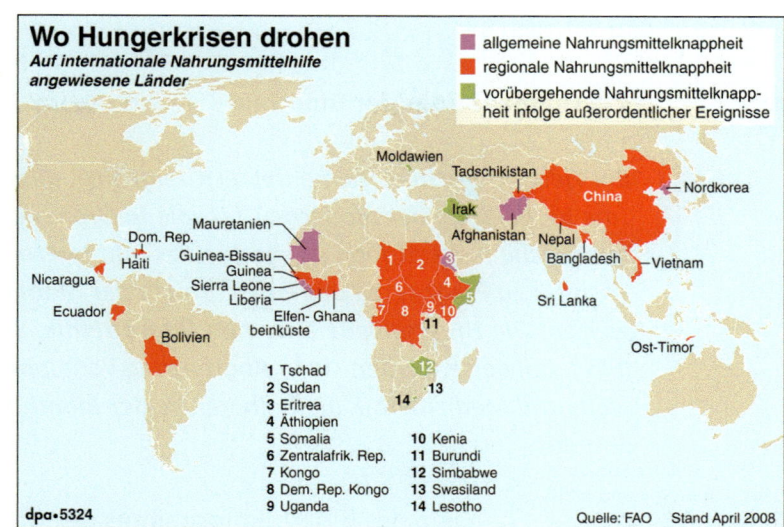

Wo Hungerkrisen drohen
*Auf internationale Nahrungsmittelhilfe
angewiesene Länder*

■ allgemeine Nahrungsmittelknappheit
■ regionale Nahrungsmittelknappheit
■ vorübergehende Nahrungsmittelknappheit infolge außerordentlicher Ereignisse

Moldawien
Tadschikistan
Irak
China — Nordkorea
Mauretanien
Afghanistan
Nepal
Dom. Rep.
Guinea-Bissau
Bangladesch
Haiti
Guinea
Vietnam
Nicaragua
Sierra Leone
Liberia
Sri Lanka
Ecuador
Elfen- Ghana
beinküste
Bolivien
Ost-Timor

1 Tschad
2 Sudan
3 Eritrea
4 Äthiopien
5 Somalia   10 Kenia
6 Zentralafrik. Rep.   11 Burundi
7 Kongo   12 Simbabwe
8 Dem. Rep. Kongo   13 Swasiland
9 Uganda   14 Lesotho

dpa·5324

Quelle: FAO   Stand April 2008

rung

Welthandel – „Fairtrade"

Daten und Fakten (2000)

– Die Exporte der EU und der USA machen etwa
die Hälfte der weltweiten Getreideexporte aus.
Die Exportpreise liegen 46 bis 34 Prozent unter

5 den tatsächlichen Produktionspreisen.
– Die USA bestimmen mehr als die Hälfte der weltweiten Maisexporte. Der Exportpreis liegt 20 Prozent unter den tatsächlichen Produktionspreisen.
– Die EU ist der größte Milch-Exporteur. Die Export-

10 preise betragen die Hälfte der tatsächlichen
Produktionskosten.
– Der Anteil der sogenannten „Industrieländer"
an den gesamten Agrarexporten und -importen
beträgt rund 70 Prozent.

15 – Die gesamten Jahresumsätze der 200 größten
Unternehmen der Welt sind 18 mal höher als das
gesamte Jahreseinkommen der 1,2 Mrd. Menschen,
die in bitterer Armut leben.

Afrika
Burkina Faso
transfair
und
Helvetas
Biobaum-
wolle-
Projekt –
Biofarmerin
Pandé
Kandja Sory

3. Verantwortlicher Umgang mit dem biotechnologischen Fortschritt –
Bio- und Medizinethik

3.1 Themenfelder der Bioethik – Stellungnahmen gesellschaftlicher Institutionen

Bei vielen ethischen Themenfeldern zeigt sich, dass, wie es Hans Jonas formuliert hat, „die Verheißung der modernen Technik in Drohung umgeschlagen hat". Viele gesellschaftliche Institutionen auf nationaler und internationaler Ebene beziehen deshalb Position zu Fragen, die das Fortschreiten der Möglichkeiten der Biowissenschaften aufwerfen. Die Unterschiede zwischen Umweltethik, Bioethik und Medizinethik sind fließend, teilweise werden sie in Abgrenzung voneinander definiert, teilweise werden Umwelt- und Medizinethik als Teilbereiche der Bioethik betrachtet.

Näheres zur Bioethik finden Sie in: Eva-Marie Engels (Hrsg.): Biologie und Ethik. Stuttgart 1999 und im „Lexikon der Bioethik", hrsg. von Wilhelm Korff u. a. Gütersloh 1998.

UN-Sonderorganisation für Bildung, Wissenschaft, Kultur und Kommunikation
Förderung internationaler Zusammenarbeit auf den Gebieten Bildung, Erziehung, Kultur, der Natur- und Sozialwissenschaften, Information, Kommunikation sowie die Durchsetzung der Menschenrechte einschließlich des Rechts auf Bildung

Weitere Aufgabenfelder: Schutz des geistigen Eigentums, Förderung des internationalen Literatur- und Kulturaustausches, Schutz des Weltkulturerbes sowie der Natur

Ziele des Bioethikprogramms der UNESCO (www.unesco.de)

Der Fortschritt der Lebenswissenschaften und der Medizin führt zu ungeahnten Möglichkeiten, die Lebensqualität der Menschen zu verbessern. Allerdings haben die neuen Möglichkeiten z. B. der Gentechnik, der Fortpflanzungsmedizin und der Arzneimittelentwicklung auch andere schwer-

5 wiegende Folgen, die nicht immer nur eindeutig positiv zu bewerten sind. Die vielfältigen, zweischneidigen Auswirkungen des technischen Fortschritts konfrontieren den einzelnen Patienten und die gesamte Gesellschaft mit komplexen Fragen. Die sich ergebenden Probleme wie Abtreibung, Sterbehilfe oder Stammzellforschung sind so vielschichtig, dass

10 sie ethisch vielleicht nie zufriedenstellend lösbar sind. Dennoch muss sich der Einzelne und die Gesellschaft diesen Problemen stellen; in Deutschland und anderen industrialisierten Ländern wurden hierzu rechtzeitig Institutionen und Gesetze geschaffen, um die Grenzen der Forschung und der medizinischen Praxis klar zu umreißen. Allerdings sehen diese Gesetze

15 in den einzelnen Ländern sehr unterschiedlich aus und garantieren keinen einheitlichen internationalen Bezugsrahmen.

Viele Schwellen- und Entwicklungsländer sind nicht in der Lage, auf die neuen Herausforderungen der Lebenswissenschaften und der Medizin angemessen zu antworten. Den politischen Institutionen fehlt es an Fach-

20 wissen, um die Potenziale und die Gefahren adäquat gegeneinander abzuwägen. Daher existieren in vielen Ländern noch Grauzonen für Forschung und Experimente. Das führt dazu, dass sich Techniken wie das reproduktive Klonen, die in den meisten Ländern abgelehnt werden, nicht wirksam verbieten lassen. Es führt auch dazu, dass klinische Tests für Arzneimittel

25 in Entwicklungsländern ohne angemessene Risikoabschätzung und Einwilligungsstandards durchgeführt werden.

Für die UNESCO als einzige Organisation im System der Vereinten Nationen mit einem Auftrag im Bereich von Wissenschaft und Ethik ergibt sich daher der Auftrag der Internationalisierung bioethischer Standards.

Eine Herausforderung der
Bioethik: Techniken wie das
reproduktive Klonen

30 Die konkrete Interpretation bioethischer Standards ist die Aufgabe der
einzelnen Staaten und diese werden vor dem Hintergrund ihrer jeweiligen
Kultur und Geschichte unterschiedliche Herangehensweisen wählen. Es
ist aber entscheidend, dass sich alle Staaten mit den Herausforderungen der
Bioethik auseinandersetzen, angemessene Strukturen aufbauen und durch
35 Bildung und Ausbildung ein Bewusstsein bei Fachleuten und in der breiten
Öffentlichkeit schaffen.

*1 Erläutern Sie, welche Fragestellungen und Problemfelder die UNESCO
der Bioethik zuordnet, und erklären Sie, weshalb die UNESCO als Welt-
organisation sich der Bioethik annimmt.*

Allgemeine Erklärung über das menschliche Genom und Menschenrechte (Auszug)

29. UNESCO-Generalkonferenz im November 1997

Artikel 1

Das menschliche Genom liegt der grundlegenden Einheit aller Mitglieder
der menschlichen Gesellschaft sowie der Anerkennung der ihnen innewohnenden Würde und Vielfalt zugrunde. In einem symbolischen Sinne ist es
5 das Erbe der Menschheit.

Artikel 2

a) Jeder Mensch hat das Recht auf Achtung seiner Würde und Rechte,
unabhängig von seinen genetischen Eigenschaften.

b) Diese Würde gebietet es, den Menschen nicht auf seine genetischen
10 Eigenschaften zu reduzieren und seine Einzigartigkeit und Vielfalt
zu achten.

Artikel 3

Das menschliche Genom, das sich seiner Natur gemäß fortentwickelt,
unterliegt Mutationen. Es birgt Möglichkeiten, die je nach der natürlichen
15 und sozialen Umgebung des Einzelnen, einschließlich seines Gesund-
heitszustands, seiner Lebensbedingungen, Ernährung und Erziehung auf
unterschiedliche Weise zum Ausdruck kommen.

Artikel 4

Das menschliche Genom in seinem natürlichen Zustand darf keinen
20 finanziellen Gewinn eintragen.

*2 Diskutieren Sie: Ist es notwendig, neben der Menschenwürde auch das
menschliche Erbgut zu schützen?*

*3 Informieren Sie sich in Nachschlagewerken, Internetquellen oder im
Biologieunterricht über eines der Themenfelder der Bio- bzw. Medizinethik (z. B. Stammzellenforschung, In-vitro-Fertilisation, Präimplantati-
onsdiagnostik, Sterbehilfe) und tragen Sie Ihre Ergebnisse vor.*

Die evangelische Kirche Deutschlands (EKD) über Bioethik (www.ekd.de)

[...] Die evangelische Kirche in Deutschland äußert sich auf unterschiedlichen Ebenen und im Blick auf verschiedene Zielgruppen [zu den ethischen
Herausforderungen des biotechnologischen Fortschritts]. In kirchlichen
Kommissionen und Arbeitsgruppen wirken Berater und Beraterinnen mit,
5 die Fachleute auf den zu behandelnden Gebieten sind, damit die jeweiligen Äußerungen auf dem aktuellen Sachstand sind. Die so verfassten Erklärungen, Stellungnahmen und Diskussionsbeiträge wenden sich je nach
Thematik und Zielsetzung an die Kirchenmitglieder selbst oder aber auch
nach außen an gesellschaftliche Gruppierungen, an Verantwortliche in
10 Politik, Wirtschaft und Wissenschaft, manchmal auch direkt an den Gesetzgeber. Diese Äußerungen werden teilweise erbeten, erfolgen aber auch,
wenn der Anlass es der Kirche notwendig erscheinen lässt. Gerade in ethischen Fragen in den Bereichen Biomedizin und Biotechnologie liegen viele
gemeinsame ökumenische Erklärungen und Stellungnahmen vor. In den
15 letzten Jahren gab es verschiedene Themenschwerpunkte kirchlicher Äußerungen zu aktuellen Problemlagen. Grundlagentext zu allen Bereichen
ist die gemeinsame Erklärung aller christlichen Kirchen und kirchlichen Zu-
sammenschlüsse in Deutschland „Gott ist ein Freund des Lebens". [...] Die
Erklärung geht ausführlich ein auf die Bewahrung und Förderung der
20 natürlichen Lebensgrundlagen des Menschen und auf die besondere Würde
des menschlichen Lebens sowie auf spezielle Bereiche besonderer Verantwortung und aktuelle Herausforderungen wie den Embryonenschutz, den
Schutz von ungeborenen Kindern und Behinderten, die Organverpflanzung
und die Sterbebegleitung. [...]
25 Die evangelische Kirche in Deutschland hat in ihren Stellungnahmen
zum „Menschenrechtsübereinkommen zur Biomedizin" des Europarats
ihren Grundsatz durchgehalten, dass Forschung an ungeborenen Menschen
ebenso wie andere Humanexperimente nur insoweit gebilligt werden
kann, als sie der Erhaltung und Förderung dieses bestimmten individuellen
30 Lebens dient. Gezielte Eingriffe an Embryonen, die ihre Schädigung oder
Vernichtung in Kauf nehmen, sind nicht zu verantworten, und seien die
Forschungsziele noch so hochrangig. Der ungeborene Mensch hat ebenso
wie der geborene Anspruch auf Schutz. [...]

4 *Stellen Sie dar, welche Herausforderungen der biotechnologische
Fortschritt nach Ansicht der EKD mit sich bringt.*

5 *Welche Position vertritt die EKD zu Humanexperimenten? Wie bringt
sie diese gesellschaftlich ein?*

6 *Informieren Sie sich im Internet über die Positionen anderer Vertreter
gesellschaftlicher Gruppen zu Humanexperimenten (z. B. Wissenschaft,
Industrie, Behindertenverbände, Elternverbände).*

7 *Wenden Sie den Begriff der „Heuristik der Furcht" aus Jonas'
Verantwortungsethik auf eine der genannten Problemstellungen an.*

„Heuristik der Furcht"
→ S. 92 f.

Karikaturen interpretieren
→ S. 16

8 Welche Fragen werfen die Karikaturen zu den Themen „Abtreibung",
„Altern und Tod" auf? Beantworten Sie eine dieser Fragen und begründen Sie Ihre Antwort.

3.2 „Gläserne Gene" – genetische Diskriminierung

Skandal oder Fortschritt? – Ohne Gen-Check keine Versicherung in England

Die Medien begleiten und lenken intensiv die gesellschaftliche Diskussion über Fragen, die durch den wissenschaftlichen Fortschritt in den Biowissenschaften hervorgebracht werden. Das folgende Interview mit Sandy Raeburn erschien in der Sonderbeilage „Humangenom" der Wochenzeitung „DIE ZEIT" am 15. Februar 2001.

Sandy Raeburn ist klinischer Genetiker an der Universität Nottingham und zugleich Senior Adviser der Association of British Insurers (ABI). Seit 1999 ist Raeburn Mitglied des von der britischen Regierung eingesetzten Genetic and Insurance Committee (GAIC).

DIE ZEIT: Das Erbgut des Menschen ist entziffert, bald werden auch unsere Gene gläsern. Viele Menschen fürchten sich vor genetischer Diskriminierung und fordern, der Versicherungswirtschaft den Zugriff auf Gentests ihrer Kunden zu verbieten. Sie als Genetiker und Berater der britischen Versicherungswirtschaft halten das für den falschen Weg. Warum?

Sandy Raeburn: Weil es für Menschen mit Erbkrankheiten dann keine maßgeschneiderte Versorgung und Versicherung mehr geben könnte. Die Frage ist für mich: Stehen Patienten mit Erbkrankheiten und deren Familien besser oder schlechter da, wenn Gentests bei Vertragsabschluss ignoriert werden müssen? Gerade in Ländern wie den Niederlanden oder Schweden, wo Gesetze den Versicherern das Wissen um Gentests verbieten, müssen betroffene Familien die höchsten Prämien zahlen.

ZEIT: Wie erklärt sich dieses Paradox?

Raeburn: Wenn Patienten mit seltenen genetischen Krankheiten etwas über ihre Zukunft erfahren, werden sie die Information in ihrem Sinne nutzen, also etwa eine besonders hohe Lebensversicherung abschließen. Das ist menschlich. Wenn also der Patient selbst einen

Test machen lässt, dann sollte auch der Versicherer das Ergebnis wissen dürfen – allerdings nur dann. Nur so lassen sich faire
30 Beiträge kalkulieren.

ZEIT: Im Dezember vergangenen Jahres hat eine Kommission der britischen Regierung, das Genetic and Insurance Committee (GAIC) erstmals offiziell beschlossen, dass britische Ver-
35 sicherer bei der Risikoprüfung Testergebnisse berücksichtigen dürfen, bisher nur bei einer einzigen Erbkrankheit, dem Nervenleiden Huntington Chorea[1]. Welchen Einfluss wird eine solche Entscheidung auf Familien mit dieser
40 bisher unheilbaren Krankheit haben?

Raeburn: Menschen aus Huntington-Familien, die das defekte Gen nicht geerbt haben, profitieren unmittelbar, denn sie können nun erstmals als Standardrisiko versichert werden.
45 Viele Kritiker von Gentests im privaten Versicherungswesen vergessen ja, dass Menschen aus Huntington-Familien bisher nur schwer privaten Versicherungsschutz erhalten konnten, weil die Versicherer selbst ein negatives
50 Testresultat nicht anerkennen durften.

ZEIT: Bleiben die Antragsteller, die aufgrund eines positiven Gentests sicher wissen, dass sie später an Huntington sterben werden. Ist es nicht ein unerträglicher Gedanke, dass
55 es Menschen mit privat nicht versicherbaren Erbanlagen gibt?

Raeburn: Ja, aber genau die Gruppe dieser Menschen ist es ja, die auch bisher schon große Probleme bei Privatversicherungen hat.
60 Um ihnen zu helfen, braucht es innovative Versicherungsmodelle, keine Denk- oder Testverbote.

ZEIT: Gibt es denn Auswege aus diesem Dilemma genetischer Diskriminierung?
65 **Raeburn:** Nehmen wir an, Sie haben einen genetischen Defekt, und die Zusatzprämie für Ihre Lebens- oder Berufsunfähigkeitsversicherung beträgt deshalb 20 Prozent der

Standardversicherung. Nehmen wir nun an,
70 der Gesetzgeber will sozialpolitisch ernsthaft die Folgen mangelnder Versicherbarkeit für Menschen mit genetischen Nachteilen minimieren. Wenn alle Versicherten zustimmten, könnte die Extraprämie aus einem Rückver-
75 sicherungs-Pool entrichtet werden, in den alle Versicherten einzahlen, also etwa in Form einer Sondersteuer. Der Staat würde also einen Fonds eigens zu dem Zweck einrichten, Menschen mit genetischen Risiken eine Privatver-
80 sicherung zu ermöglichen. So könnte jedes Individuum eine Versicherung auf seine Zwecke maßschneidern. Die Versicherungsindustrie ist an solchen Modellen sehr interessiert. Der Pool könnte die billigste und effektivste Metho-
85 de werden, um es genetisch benachteiligten Menschen zu ermöglichen, nötige finanzielle Ressourcen für ihre Familien aufzubauen.

ZEIT: Berücksichtigen britische Versicherer denn schon heute neben dem Huntington-Test
90 die Ergebnisse weiterer Gentests?

Raeburn: Die Association of British Insurers (ABI) hat im August 1999 ihren GeneticTesting ABI Code of Practice überarbeitet. Dort ist für alle Mitgliedsunternehmen verbindlich festge-
95 legt, dass Resultate von Gentests nur dann mitgeteilt werden müssen, wenn sie auf einer Liste „relevanter, zuverlässiger und valider" Methoden stehen. Diese im November 1998 erstmals erstellte Liste umfasst derzeit sieben
100 genetische Tests, darunter solche für familiären Brustkrebs, Huntington Chorea oder erbliche Frühformen von Alzheimer. Die Testergebnisse müssen auch in diesen Fällen nur dann offengelegt werden, wenn sie schon zum
105 Zeitpunkt des Vertragsabschlusses vorlagen. Versicherer dürfen Gentests also weder selbst durchführen noch verlangen, dass der Antragsteller einen machen lässt.

ZEIT: Bisher waren das freiwillige Selbstbe-
110 schränkungen der Unternehmen. Um sie

---

[1] Huntington Chorea: vererbliche Erkrankung des Gehirns

verbindlich festzuschreiben, hat die britische Regierung das GAIC gegründet. Welche Aufgabe hat diese Kommission?

Raeburn: Das GAIC wurde einberufen, um
115 transparente Kriterien zu entwickeln, welche Gentests bei Vertragsabschlüssen mit Versicherern offengelegt werden müssen und welche nicht. Neben dem Huntington-Test wurden bis Ende Dezember Anträge für drei
120 weitere Krankheiten eingereicht, die derzeit geprüft werden. Nicht von dem GAIC zugelassene Gentests werden in Zukunft nicht mehr bei der Risikoprüfung berücksichtigt. [...]

1 *Diskutieren Sie, weshalb die Mehrheit der Länder den Versicherern das Wissen um Gentests verbietet.*

2 *Welche Vorteile versprechen sich die Versicherer von verpflichtenden Gentests und dem Offenlegen von deren Inhalten für sich und für ihre Klienten?*

3 *Ziehen Sie noch einmal die „Allgemeine Erklärung über das menschliche Genom und Menschenrechte" der UNESCO heran und entscheiden Sie selbst: Würden Sie eine politische Entscheidung unterstützen, die es Versicherern möglich machte, einen Gentest vor dem Abschluss einer Versicherung (Krankenversicherung, Lebensversicherung, Haftpflicht) zu verlangen?*

4 *Informieren Sie sich – z. B. im Internet – aktuell zum Thema „Gentest und Versicherungen". Gibt es neue Entwicklungen?*

„Allgemeine Erklärung über das menschliche Genom und Menschenrechte" → S. 101

3.3 Ist jedes menschliche Leben lebenswert? – Über Leben und Tod entscheiden

Zwischen Leben entscheiden *Peter Singer / Helga Kuhse*

Im folgenden, mit Helga Kuhse verfassten Vortrag begründet Peter Singer, weshalb Gesellschaften Kriterien dafür aufstellen müssen, wann „nicht lebenswertes Leben" aus Mitleid zu beenden sei: Singer hält ein Nachdenken über solche Kriterien für unausweichlich, weil Menschen sich täglich in der rechtlich und moralisch schwierigen Situation befinden, sich für oder gegen menschliches Leben entscheiden zu müssen.

Ist alles menschliche Leben von gleichem Wert?
Es wird oft gesagt, dass alles menschliche Leben gleichwertig sei; wer das hört, nickt mit dem Kopf, als sei das genauso eine Selbstverständlichkeit wie der Gedanke, dass Eltern ihre Kinder lieben sollen. Gleichzeitig verhin-
5 dern wir aber in gewissen Fällen bewusst die Entstehung menschlichen Lebens. So wird Schwangeren über einem gewissen Alter – bei uns in Australien ist es gewöhnlich das Alter von 37 – ein Test angeboten, der anzeigt, ob der Fötus mongoloid ist. Dabei geht man von der Annahme aus, dass in diesem Fall der Fötus abgetrieben werden wird; und meistens ist diese
10 Annahme richtig, wenn auch nicht immer. Aber Mongolismus ist keineswegs die schlimmste der vorkommenden angeborenen Schädigungen, an

denen ein Mensch leiden kann – ein mongoloides Kind hat mehr Aussicht auf ein glückliches Leben als eines mit einem [...] schweren Fall von Spina Bifida[1].

15 Wir werden argumentieren, dass der Gedanke, alles menschliche Leben sei gleichwertig, sich nicht mit der Befürwortung einer aktiven Geburtenverhütung in gewissen Fällen verträgt. Eine dieser beiden Ansichten muss fallengelassen werden. Wir glauben, dass es unser Recht ist, die Entstehung menschlichen Lebens zu verhindern, und konsequenterweise verwerfen
20 wir den Glauben an den gleichen Wert allen menschlichen Lebens. Es ist verständlich, dass diese Ansicht behinderten Menschen bedrohlich vorkommt. Aber wir hoffen, Sie im Laufe dieses Vortrags überzeugen zu können, dass kein Mensch sich dadurch bedroht zu fühlen braucht.

These 1: Der Gedanke, alles menschliche Leben sei gleichwertig, widerspricht der Befürwortung einer aktiven Geburtenverhütung in gewissen Fällen.

These 2: Menschen haben das Recht, die Entstehung menschlichen Lebens zu verhindern.

Der Glaube an die Gleichwertigkeit menschlichen Lebens stützt sich oft
25 auf einen Glauben an die *Heiligkeit* des menschlichen Lebens. Wir wollen zunächst diesen Glauben betrachten. Der Begriff der Heiligkeit verweist auf die religiösen Wurzeln dieser Ansicht; und in der Tat lässt sich der heutige Gedanke der Heiligkeit des menschlichen Lebens direkt bis auf die jüdischchristliche Tradition zurückverfolgen. In der *Genesis* wird erklärt, dass
30 Gott den Menschen als einziges unter den Geschöpfen nach seinem Ebenbild schuf: Im Neuen Testament wird die besondere Natur des Menschen durch die Lehre betont, dass die Menschen potenziell unsterblich seien. Kein anderes Lebewesen auf Erden teilt dieses Privileg mit ihm. Ähnlich wird in einem anderen Teil der *Genesis* erklärt, Gott habe den Menschen
35 die Herrschaft über das Tierreich verliehen: Daraus folgt umgekehrt (und einige christliche Denker, unter ihnen Thomas von Aquin [1953], haben den Gedanken ausgesprochen), dass sich Gott in Bezug auf unser Leben seine Rechte als unser Schöpfer vorbehalten hat; wir sind also sein Eigentum, und einen Menschen zu töten heißt, in Gottes Entscheidungsgewalt einzugrei-
40 fen, wann ein Mensch leben und wann er sterben soll. [...]

Vermutlich sind einige unter Ihnen religiös gläubig im Sinne der jüdischchristlichen Tradition, und deshalb [stützen] wir unsere Überlegungen zum Glauben auf die Lehren dieser Tradition [...]. Wir teilen diesen Glauben nicht, aber wir werden keine Einwände gegen ihn vorbringen. Wenn man
45 aber einer Ethik, die ausdrücklich auf einer religiösen Lehre gründet, gestatten sollte, Recht und Politik in einem Lande zu bestimmen, so widerspräche das der politischen Philosophie, die der modernen Idee unserer liberalen, pluralistischen Gesellschaft zugrunde liegt. Wir sollten den religiös Gläubigen das Recht einräumen, ihr eigenes Leben im Sinne ihres Glaubens
50 zu führen, solange sie dadurch nicht in Konflikt mit anderen geraten; wenn sie sich aber auf diesen Glauben berufen, um Gesetze gegen Abtreibung zu unterstützen oder darauf zu bestehen, dass man Kinder am Leben erhält, die keine oder nur minimale Aussichten auf eine vernünftige Lebensqualität haben, so überschreitet das die Grenzen dessen, was in einer pluralisti-
55 schen Gesellschaft akzeptabel ist. [...]

These 3: Die Rede von der „Heiligkeit des Lebens" ist in einer pluralistischen Gesellschaft nicht haltbar.

1   Zeigen Sie mithilfe der im Methodenkasten erklärten Begrifflichkeiten, wie Singer in den ersten beiden Absätzen des Textes argumentiert.

Argumentationen herausarbeiten

Bezugspunkt für die Entfaltung einer Argumentation sind **Thesen** oder Behauptungen, die sich auf eine vorher gestellte **Frage** beziehen. Diese Thesen werden durch **Argumente** gestützt, wobei oft auf bereits vorhandene **Meinungen** oder **Überzeugungen** zurückgegriffen wird, um dem Leser / Hörer den Zugang zur Argumentation zu erleichtern. **Beispiele** veranschaulichen die Argumente. Um Zugang zu einer komplexen Argumentation zu gewinnen, ist es hilfreich, deren Kernthesen herauszustellen (vgl. Thesen 1–3 in der Randspalte).

2   Diskutieren Sie Singers Ansicht, dass man nicht gleichzeitig Abtreibung befürworten und der Meinung sein kann, alles menschliche Leben sei gleichwertig.

3   Wie begründet Singer seine These, eine pluralistische Gesellschaft dürfe sich nicht auf religiöse Wurzeln stützen?

4   Arbeiten Sie aus dem folgenden Argumentationsabschnitt die Kernthesen heraus.

Zwischen Leben entscheiden (Fortsetzung) *Peter Singer / Helga Kuhse*
Das Nazi-Argument

Wir wollen darlegen, dass man in manchen Fällen menschliches Leben für weniger lebenswert als in anderen ansehen kann und soll. Zunächst wollen wir uns aber kurz mit dem Einwand beschäftigen, der sicherlich erhoben
60   werden dürfte.

Dr. Leo Alexander, Mitarbeiter des Beratungsstabes des US-Gerichts während der Kriegsverbrecherprozesse in Nürnberg, schrieb einen einflussreichen und oft zitierten Aufsatz, in dem er den Weg zum Völkermord folgendermaßen darstellt:

65   „Welche Dimensionen die [Nazi-]Verbrechen schließlich auch annahmen, [...] [es] begann doch alles damit, dass man die Haltung akzeptierte, die auch der Euthanasiebewegung zugrunde liegt, dass es nämlich so etwas wie lebensunwertes Leben geben könne. Im Frühstadium betraf das nur die schwer und chronisch Kranken. Allmählich wurde der Begriff aber ausge-
70   weitet und umfasste schließlich auch die sozial Unproduktiven, die aus ideologischen Gründen Unerwünschten, die rassisch Unerwünschten, und schließlich alle Nicht-Deutschen. Aber wir müssen uns klarmachen, dass die Haltung gegenüber den unheilbar Kranken den Ausgangspunkt und die Triebfeder dieser geistigen Richtung bildete."

Der australische Philosoph **Peter Albert David Singer** (geb. 1946) ist Vertreter einer utilitaristischen Ethik. Er beschäftigt sich vor allem mit Fragen von Tierschutz, Abtreibung und Sterbehilfe. Die in seinem Buch „Praktische Ethik" vertretene Auffassung, eine aktive Sterbehilfe sei in bestimmten Fällen nicht bedenklich, erregte weltweit Aufsehen. Werke in Auswahl: „Befreiung der Tiere" (1975), „Praktische Ethik" (1979); mit Helga Kuhse: „Muss dieses Kind am Leben bleiben?" (1985), „Leben und Tod" (1994).

75 Ausgehend von diesem Aufsatz wird oft behauptet, dass diejenigen, die bereit sind, den Gedanken zu akzeptieren, dass menschliches Leben lebensunwert sein könnte, bereits den ersten Schritt zurück zu den Grausamkeiten der Naziherrschaft getan haben.

Diese Behauptung ist aus zwei Gründen Unsinn: Erstens unterscheidet 80 sich zum Glück der ganze ethische und kulturelle Hintergrund, vor dem wir heute Entscheidungen treffen, grundsätzlich von dem der Nazizeit; zweitens muss jeder vernünftige und barmherzige Beobachter zugeben, dass es lebensunwertes Leben gibt, und es scheint nicht recht glaubwürdig, dass nur die Leugnung einer offensichtlichen Wahrheit uns vor dem Natio- 85 nalsozialismus bewahren könnte. Diese beiden Behauptungen wollen wir jetzt erhärten.

Erstens war die „Euthanasie"-Bewegung der Nazis gar keine Euthanasie-Bewegung im modernen Sinne; d.h., es ging in ihr gar nicht um Mitleid für oder Sorge um die Leidenden, und schon gar nicht um die Achtung vor 90 dem Selbstbestimmungsrecht eines Patienten, der sterben wollte. Wenn Menschen getötet wurden, so geschah das um der *Volksgesundheit* willen; und dieser Begriff des „Volkes" war so sehr mit rassistischen und quasi-mythischen Motiven beladen, dass man darüber völlig die Interessen der Menschen vergaß, um deren Leben es ging. Wie Dawidowicz (1976) aus- 95 führt, bedeutete der deutsche Ausdruck „lebensunwertes Leben" in der Nazizeit, dass ein Leben vom Gesichtspunkt des *Volkes*, und nicht vom Gesichtspunkt des Individuums aus, wertlos und unwürdig war. Das ist etwas ganz anderes als die Anerkennung der Tatsache, dass ein Leben vom *Gesichtspunkt des betreffenden Menschen aus* weniger lebenswert als ein 100 anderes ist. [...]

Damit kommen wir zu unserer zweiten Entgegnung auf den obigen Einwand: Selbst wenn jemand felsenfest den Grundsatz vertritt, dass jedes menschliche Leben lebenswert ist, so sieht doch jedes Kind, dass das einfach nicht stimmt. Schauen wir uns die folgende Beschreibung eines mensch- 105 lichen Lebens an. Sie findet sich in einem Buch von Fred Frohock (1986), einem amerikanischen Professor für Politikwissenschaft, der vier Monate auf der Intensivstation eines amerikanischen Krankenhauses verbrachte.

„Stephanie Christopher kam mit einer angeborenen Schädigung namens epidermolysis bullosa zur Welt. Diese Krankheit verursacht laufend Blasen 110 überall auf der Haut. Es treten Verletzungen der Körperoberfläche und der Haut innerhalb des Körpers auf, also im Mund und in der Speiseröhre. Die Krankheit kann verschiedene Formen annehmen. Die Aussichten sind schlecht, und viele der Betroffenen erliegen ihr innerhalb der ersten zwei Lebensjahre. Trotz einer Operation, die einen Verschluss des Verdauungs- 115 traktes durchlässig machen sollte, war Stephanie nicht in der Lage, ausreichend Nahrung zu sich zu nehmen, und musste intravenös ernährt werden. Aber wegen der Hautschädigung verlor sie ständig Flüssigkeit, und so gab es Störungen im Wasser- und Nährstoffhaushalt. Es gab Schwierigkeiten mit dem Aussaugen und mit der Intubation, da die innere Haut sich wie die

120 äußere Haut ablöste. Sie wurde wiederholt als ‚Verbrennungsopfer' beschrieben. Ein Opfer, das jeden Tag erneut verbrannte. In vaselinegetränkte Bandagen gehüllt, bekam Stephanie Sauerstoff über eine auf das Gesicht aufgesetzte Maske, sie bekam Morphium zur Schmerzlinderung und ein anderes Medikament, um die Nebenwirkungen von zu viel Morphium zu

125 bekämpfen. Dennoch erlebte Stephanie Unbehagen und Schmerz. [...]

Auch in Stephanies Stuhl und Urin fand sich ständig Blut.

Als Stephanies Zustand sich nicht verbesserte, beschloss man im Falle eines Herzversagens keine Wiederbelebungsversuche zu machen. Als Stephanie zwei Monate alt war, hörte ihr Herz auf zu schlagen, und Stepha-

130 nie starb."

Vielleicht ein Extremfall. Aber wenn es einen Menschen gibt, der glaubt, dass jedes menschliche Leben gleich lebenswert ist, so kann man zu Recht diesen Extremfall nehmen und fragen: War das Leben von Stephanie Christopher gleich wertvoll, gleich lebenswert wie das Leben eines nor-

135 malen, gesunden Menschen? [...]

Unserer Ansicht nach hatte das Leben von Stephanie Christopher einen negativen Wert; es war also nicht nur weniger lebenswert als das Leben eines normalen Menschen, sondern es wäre wirklich besser für Stephanie gewesen, überhaupt nicht zu leben. [...]

5   Diskutieren Sie die von Singer aufgeworfenen Fragen: War das Leben von Stephanie gleich lebenswert wie das eines gesunden Menschen? Hatte Stephanies Leben einen „negativen Wert"?

6   Als Gegenbeispiel zur Position, alles Leben sei gleich wertvoll, führt Singer einen Extremfall an. Beurteilen Sie diese argumentative Vorgehensweise.

7   Finden Sie mögliche Gegenargumente zu Singers These, die moderne Euthanasiebewegung unterscheide sich grundlegend von der Euthanasie im Dritten Reich.

8   Erarbeiten Sie die folgenden Grundlagen zum Thema „Lernplakate erstellen". Beurteilen Sie, ob Singers Argument mit dem Beispiel für ein Lernplakat im Kern vollständig und übersichtlich dargestellt ist.

Lernplakate erstellen

Lernplakate als Präsentationsform haben die Aufgabe, „Merk-Würdiges" längerfristig vor Augen zu führen. Man unterscheidet **Lernplakate**, die **im Klassenzimmer** für die gesamte Lerngruppe angebracht sind, und individuelle Lernplakate, die man z. B. **zu Hause** dort anbringt, wo man sie regelmäßig vor Augen hat. Man kann damit die eigenen **Lernprozesse unterstützen** und auch Mitschülern beim Lernen helfen; in diesem Zusammenhang kann die Entwicklung und Vorstellung von **Lernplakaten in Referaten und Präsentationen** eine wichtige Rolle spielen. In der Ethik werden vor allem **grundlegende Fachbegriffe und philosophische Argumentationen Thema von Lernplakaten** sein.

bei ganzen Sätzen: klare, einfache Struktur, eigene Worte

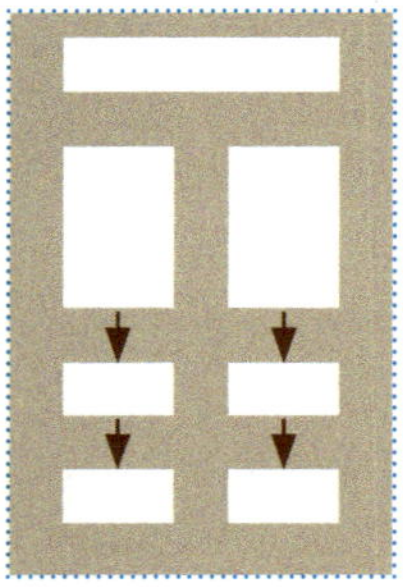

Strukturen mit Farben unterstützen

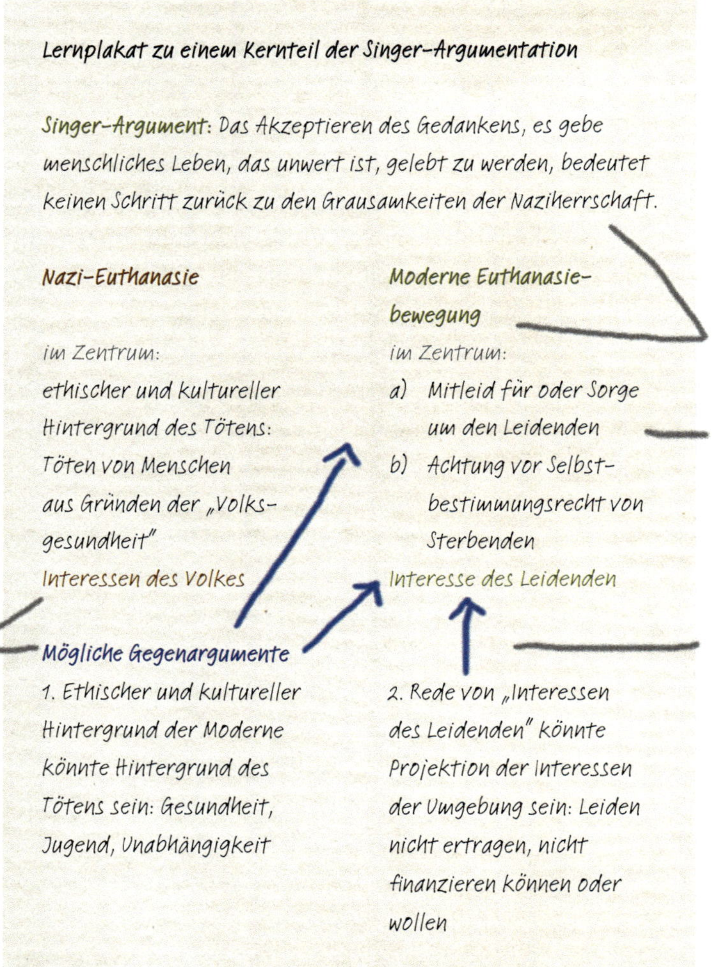

Lernplakat zu einem Kernteil der Singer-Argumentation

Singer-Argument: Das Akzeptieren des Gedankens, es gebe menschliches Leben, das unwert ist, gelebt zu werden, bedeutet keinen Schritt zurück zu den Grausamkeiten der Naziherrschaft.

Nazi-Euthanasie

im Zentrum:
ethischer und kultureller Hintergrund des Tötens: Töten von Menschen aus Gründen der „Volksgesundheit"
Interessen des Volkes

Mögliche Gegenargumente
1. Ethischer und kultureller Hintergrund der Moderne könnte Hintergrund des Tötens sein: Gesundheit, Jugend, Unabhängigkeit

Moderne Euthanasiebewegung

im Zentrum:
a) Mitleid für oder Sorge um den Leidenden
b) Achtung vor Selbstbestimmungsrecht von Sterbenden
Interesse des Leidenden

2. Rede von „Interessen des Leidenden" könnte Projektion der Interessen der Umgebung sein: Leiden nicht ertragen, nicht finanzieren können oder wollen

Ein Lernplakat sollte aus 2–3 m Entfernung gut lesbar sein! Mindestgröße eines Lernplakats: DIN A2

klaren Aufbau anstreben: Gliederungen und Strukturierungen deutlich machen

Zusammenhänge verdeutlichen

Lernplakate und Lerntypen

Die meisten behalten Informationen besser, wenn sie visualisiert sind. Hierbei können verschiedene Lerntypen berücksichtigt werden: Manche bevorzugen Mindmaps, andere linear nachvollziehbare Strukturen oder eine Darstellung in Bildern und Skizzen.

Zwischen Leben entscheiden (Fortsetzung) *Peter Singer / Helga Kuhse*

140 Auf all diesen Gebieten [der genetischen Beratung, der Abtreibung von Föten mit schweren Behinderungen und der medizinischen Entscheidungsfindung bezüglich schwergeschädigter Säuglinge] treffen Ärzte und Eltern bereits Entscheidungen, die darauf hinauslaufen, zwischen Leben auszuwählen, sich für oder gegen ein potenzielles oder bereits aktuelles Leben zu

145 entscheiden. Wir müssen uns fragen, wie solche Entscheidungen getroffen werden sollten. Die drei Arten, auf die wir Entscheidungen über den relativen Wert verschiedener Leben fällen – genetische Beratung, selektive Abtreibung und medizinische Entscheidungen über die Behandlung von schwergeschädigten Säuglingen –, entsprechen drei verschiedenen Stadien

150 des Lebens bzw. des möglichen Lebens. Durch eine genetische Beratung wird über mögliches, aber noch nicht reales Leben entschieden. Selektive Abtreibung trifft eine Entscheidung darüber, ob ein einmal begonnenes Leben fortgesetzt wird, das sich noch in einem unentwickelten Zustand im Mutterleib befindet. Eine Entscheidung, einen Säugling wie Stephanie nicht

155 wiederzubeleben, ist eine Entscheidung darüber, ob das Leben eines bereits geborenen Wesens fortgeführt werden soll, das in der Lage ist, unabhängig von seiner Mutter zu existieren, wenn sich jemand um es kümmert. [...]

Wir behaupten aber, dass es einen noch wichtigeren Unterschied gibt: ob nämlich eine solche Entscheidung vor oder nach der Entstehung einer

160 *Person* getroffen wird. [...] Lassen Sie uns das erklären. Wir benutzen den Begriff „Person" hier in dem Sinne, wie ihn der englische Philosoph John Locke (1690) eingeführt hat, der eine Person definierte als „ein denkendes, intelligentes Wesen, das mit Vernunft und Verstand begabt ist und sich selbst als sich selbst betrachten kann als das gleiche denkende Ding zu ver-

165 schiedenen Zeiten und an verschiedenen Orten" (§ 27.9). Mit anderen Worten, eine Person muss ein gewisses Maß an Selbstbewusstsein haben, das ausreicht, um zu begreifen, dass sie über einen Zeitraum existiert. Eine „Person" in diesem Sinne ist natürlich nicht dasselbe wie ein „Menschenwesen", denn weder ein Fötus noch ein Neugeborenes sind eine Person,

170 während Schimpansen und vielleicht auch andere Tiere Personen zu sein scheinen. [...]

[Z]u einer Person [gehört] ein Mindestmaß an geistiger Kapazität, das nötig ist, um Präferenzen und Wünsche in Bezug auf die eigene zukünftige Existenz zu haben. Weder ein Fötus noch ein Neugeborenes kann solche

175 Wünsche haben. Damit ist der Verlust eines solchen Lebens eher der Nicht-Entstehung einer möglichen zukünftigen Person gleich als dem Tod einer realen Person. In diesem Sinne scheinen uns selektive Abtreibung und selektives Nichtbehandeln einer genetischen Beratung ähnlicher als dem Töten einer Person, die weiterleben will.

180 Unsere ethische Position lässt sich folgendermaßen zusammenfassen. Wenn es um ein mögliches oder aktuell existierendes menschliches Wesen geht, das aber noch keine Person ist, wenn seine Aussichten auf eine be-

Peter Singer, der auch Tierethiker ist, stellt infrage, dass nur Menschen Personen sind.

111

friedigende Lebensqualität gering sind, so ist es für andere gerechtfertigt zu entscheiden, dass dieses mögliche Menschenleben nicht entsteht oder

185 dass ein aktuell existierendes Wesen nicht weiterleben soll. Wenn andererseits eine Person bereits entstanden ist und weiterleben will, so darf man ihr das Recht darauf keinesfalls nehmen. Mehr noch, diese Person hat dann, wie alle anderen Personen, den Anspruch darauf, dass ihre Bedürfnisse und Interessen berücksichtigt werden. Aus diesem Grunde sagten wir zu

190 Beginn dieses Vortrages, dass unsere Ansicht auf keine Weise Recht oder Wert des Lebens irgendeines Menschen bedroht, der in der Lage ist zu empfinden, dass sein Leben bedroht ist.

9 Diskutieren Sie Singers begriffliche Unterscheidung zwischen menschlichem Leben und Person.

„Formen und Grundmerkmale des Utilitarismus" → S. 67 f.

10 Inwiefern argumentiert Singer utilitaristisch?

11 Diskutieren Sie, ob die Ängste und Proteste Behinderter, wie Singer es sieht, unbegründet sind.

Lernplakate erstellen → S. 110

12 Erstellen Sie ein Lernplakat, auf dem die Bedeutung von Lockes Personenbegriff für Singers Argumentation deutlich wird.

Wer jemand ist, ist es immer *Robert Spaemann*

[...] Wenn es so etwas wie Personen gar nicht gibt, erübrigt sich natürlich die Diskussion darüber, wann ein Mensch beginnt, Person zu sein. Die Kriterien hierfür werden beliebig. [...]

Jedes dieser Kriterien bedeutet zugleich einen jeweils eigenen Zeitpunkt,

5 zu dem dieses Kriterium erfüllt ist. Das aber zeigt, dass etwas an den Voraussetzungen der ganzen Diskussion falsch ist. Der Status einer Person steht und fällt nämlich damit, dass er nicht verliehen wird, sondern dass jede Person kraft eigenen Rechts in den Kreis der Personen eintritt. Wenn Menschenrechte „verliehen", wenn sie „eingeräumt" werden, [...] dann

10 gibt es sie gar nicht. Denn dann ist es eine Frage der Definitionsmacht, wem diese Rechte zuerkannt werden und wem nicht. Die Gesellschaft wird zum „closed shop", der neue Mitglieder nach Belieben [aufnimmt] oder ausschließt aufgrund von Kriterien, die eine Mehrheit festlegt, an deren Bildung aber die Empfänger dieser Rechte nicht beteiligt sind. Wenn die

15 Diskursgemeinschaft diskursiv darüber befindet, wer an dem Diskurs teilzunehmen berechtigt, wer also Subjekt von Menschenrechten ist oder nicht, dann gibt es keine Menschenrechte.

Gerade weil der Personenstatus nichts mit Biologie zu tun hat, muss der Eintritt in die Personengemeinschaft naturwüchsig sein. Es muss ein

20 Definitionsverbot für das geben, was ein Mensch im Sinne des Gesetzes ist. Und das heißt: Es darf weder qualitative noch temporale Kriterien für das Personsein eines Menschen geben. „Die vernünftige Natur existiert als Zweck an sich selbst", heißt es bei Kant. Und was vernünftige Natur heißt,

Robert Spaemann, Professor für Philosophie (geb. 1927) plädiert in seinen Schriften zur praktischen Philosophie für ein Lebensrecht des ungeborenen Lebens. Er wendet sich gegen Abtreibung und aktive Sterbehilfe. Werke in Auswahl: „Moralische Grundbegriffe" (1982), „Glück und Wohlwollen. Versuch über Ethik" (1989), „Personen. Versuch über den Unterschied von ‚etwas' und ‚jemand'" (1996).

I. Kant → S. 52 ff.

ist aller zeitlichen Bestimmung enthoben. Darum schreibt wiederum Kant:
25 „Da das Erzeugte eine Person ist und es unmöglich ist, sich von der Erzeugung eines mit Freiheit begabten Wesens durch eine physische Operation einen Begriff zu machen, so ist es eine in praktischer Hinsicht ganz richtige und auch notwendige Idee, den Akt der Zeugung als einen solchen anzusehen, wodurch wir eine Person [...] auf die Welt gesetzt haben."

30 Personalität als Status kommt einer „Natur" zu, die vernünftig, und das heißt: der Selbsttranszendenz fähig ist. Aber dabei kann es nicht auf die tatsächliche Realisierung der Selbsttranszendenz ankommen, sonst wären nicht nur Schlafende keine Personen, sondern auch unmoralische Menschen, also perfekte Egoisten, nicht. Es kommt aber überhaupt nicht auf
35 temporal begrenzte psychische Zustände an, sondern auf Lebewesen, die ihrer Natur nach irgendwann mögliche Subjekte solcher Zustände sind. [...]

13 Wie begründet Spaemann die These, alle Menschen seien Personen?

14 Diskutieren Sie: In welchen Punkten grenzt sich Spaemann von einer utilitaristischen Position, wie sie Singer verwendet, ab? Wo sieht Spaemann die Fehler in Singers Argumentation?

„Allgemeine Erklärung über das menschliche Genom und Menschenrechte" → S. 101
H. Jonas → S. 90

15 Wo deckt sich Spaemanns Argumentation mit den Feststellungen, die in der Erklärung der UNESCO getroffen werden?

16 Wenden Sie Jonas' Imperativ auf Singers Position an: „Handle so, dass die Wirkungen deiner Handlung verträglich sind mit der Permanenz echten menschlichen Lebens auf Erden."

„In Würde sterben"? – Sterbehilfe

Das Kinsauer Manifest (1990)

200 Menschen, darunter Ärzte, Philosophen, Theologen und Politiker, sahen sich aufgeschreckt durch den Vorschlag der damaligen Bundestagspräsidentin Rita Süßmuth, in das Grundgesetz ausdrücklich den Schutz ungeborenen, behinderten und sterbenden Lebens aufzunehmen, um möglichen negativen Tendenzen der Biowissenschaften Schranken zu setzen, und verfassten das folgende Manifest.

Der Schutz des Lebens ungeborener, behinderter und sterbender Menschen soll ausdrücklich in das Grundgesetz aufgenommen werden. Dies wurde öffentlich vorgeschlagen. Der Vorschlag ist gut gemeint. Dass er gemacht wird, ist dennoch erschreckend. Er zeigt nämlich, dass das Menschsein der
5 genannten Gruppen nicht mehr selbstverständlich und ihr Grundrecht auf Leben deshalb gefährdet ist. Behinderte und Sterbende werden mit Ungeborenen auf eine Stufe gestellt, ohne dass zugleich der gesetzliche Schutz der Ungeborenen massiv verbessert würde. Was bedeutet das? Wird es künftig Gremien geben, die über lebenswertes und lebensunwertes

10 Leben befinden? Wird es künftig ein Indikationsmodell für Pflegebedürftige geben? Wird künftig ihr Recht auf Leben abgewogen werden gegen das Interesse derer, die physisch und materiell die Last der Pflege zu tragen haben – eine Last, die weit schwerer wiegen kann als die einer ungewollten Schwangerschaft? Werden die Kirchen Konfliktberatungsstellen nach

15 dem Muster der bereits bestehenden einrichten, deren Konsultationsbescheinigungen straffreie Tötung ermöglichen?

Diese Fragen sind leider nicht theoretisch. Fünfzig Jahre nach Hitlers Mordprogramm hat die Kampagne für Euthanasie in unserem Land wieder begonnen. Verschiedene reale Faktoren bilden den Hintergrund: Die anor-

20 male Altersstruktur unserer Gesellschaft, der Pflegenotstand, die wachsenden Pflegekosten, die extremen medizinisch-technischen Möglichkeiten der Lebensverlängerung. Die Einstiegsdroge auf dem Weg in die Euthanasiegesellschaft ist die sogenannte „Tötung auf Verlangen". Sie wird bereits institutionell organisiert und stößt auf eine gewisse öffentliche Akzeptanz.

25 Angeblich führt keinerlei schiefe Ebene von der Tötung „auf Verlangen" des Opfers zur Tötung gegen den Willen des Opfers – zur Tötung von Menschen also, deren Leben nicht ihnen selbst, sondern der Gesellschaft als „lebensunwert" erscheint. Das ist eine katastrophale Illusion. Die Nationalsozialisten wussten sehr wohl, warum sie die massenhafte Ermordung

30 geistig Behinderter psychologisch vorbereiteten durch den Film „Ich klage an", einen Film, der Sympathie wecken sollte für eine Mitleidstötung auf Verlangen. Als Mitleidstötung deklariert waren auch die Morde der Wiener Krankenschwestern an lästigen Alten. Im Übrigen: Ist die Tötung auf Verlangen erst einmal legalisiert und gesellschaftlich akzeptiert, dann hat

35 auch der, der nicht freiwillig aus dem Leben geht, die Last selbst zu verantworten, die sein Leben für andere bedeutet. Es wird sehr bald zur gesellschaftlichen Pflicht jedes dauerhaft Pflegebedürftigen, die Umwelt von der Last seiner Pflege zu befreien, indem er um die Tötung ersucht. Unter solchen Umständen mag dann wirklich das Leben für sensible Kranke un-

40 erträglich werden. Ob das Leben Behinderter, die solche Wünsche nicht äußern können oder wollen, lebenswert ist oder nicht, darüber befindet dann die interessierte Mitwelt. In einer hedonistischen Gesellschaft heißt dies: Wo Leid nicht beseitigt werden kann, wird der Leidende beseitigt.

Schon jetzt hat die jeder schwangeren Frau unaufgefordert angediente

45 vorgeburtliche Diagnostik dazu geführt, dass die Existenz junger Behinderter als Unfall betrachtet wird, den die Eltern zu verantworten haben.

Hier schließt sich der Kreis: Was zu Anfang als „Recht auf den eigenen Tod" eingeklagt wurde, wird schließlich zur „Pflicht zum Tod". Das „Recht zu töten" – und zwar auch diejenigen, die dieser Pflicht nicht nachkommen,

50 ist der absehbare dritte Schritt.

Der wichtigste gegenwärtige Propagator der Euthanasie, Peter Singer, will konsequenterweise auch das Lebensrecht aller Kinder in den ersten Lebensmonaten aufheben und deren Leben zur Disposition ihrer Eltern

Dem Film **„Ich klage an"** (Deutschland 1941, Regie Wolfgang Liebeneiner) kam im Rahmen der Euthanasie-Propaganda im Dritten Reich herausragende Bedeutung zu. Entsprechend der nationalsozialistischen Rassen- und Gesundheitsideologie wollte man sich Menschen entledigen, die unheilbar krank oder behindert waren. Im Film wird versucht, diese Ideologie als humane Sterbehilfe darzustellen. Die an multipler Sklerose erkrankte Frau eines Mediziners wird von diesem nach langem vergeblichen Suchen nach einem Heilmittel und schweren Gewissenskonflikten auf ihr Bitten hin getötet.

stellen. Sie seien zwar Menschen, aber nicht alle Menschen seien Personen,
55 sondern nur solche, die tatsächlich über Selbstbewusstsein und Rationalität
verfügen. Behinderten Menschen wird zugemutet, dass nicht nur ihre Behinderung, sondern ihre ganze Existenz öffentlich als bedauerlicher Unfall
hingestellt wird. Das Grundgesetz unseres Landes kennt die Unterscheidung von Menschen und Personen nicht. Da es voraussetzt, dass jeder
60 Mensch Person ist, spricht es nur von Menschenrechten. Das Bundesver-
fassungsgericht hat das ausdrücklich gemacht: „Wo menschliches Leben
existiert, kommt ihm Würde zu; es ist nicht entscheidend, ob der Träger
sich dieser Würde bewusst ist und sie selber zu wahren weiß." (BVG 95
39,2 ff. [41]) Dabei muss es bleiben.

65   Nur wenn die billige und bequeme Möglichkeit der Euthanasie gänzlich
außer Betracht bleibt, können menschliche Kräfte mobilisiert und soziale
Fantasie geweckt werden. Nur dann werden menschliche Antworten gefunden auf die Frage des Altwerdens, der Pflegebedürftigkeit, der Behinderung
und des unheilbar Krankseins in unserer Gesellschaft.

70   In besonderer Weise konfrontiert mit dieser Situation ist der Arzt. Das
ärztliche Berufsethos steht und fällt damit, dass der Arzt keine andere
Aufgabe übernimmt als den Dienst am Leben. Ihn zum Herrn über Leben
und Tod machen zu wollen heißt, das ärztliche Berufsethos von Grund
auf korrumpieren. Allerdings ist ein neues Nachdenken über die Grenzen
75 der ärztlichen Behandlungspflicht geboten. Es ist nicht human, jeden Menschen, dessen Organismus definitiv versagt und mit dem es zu Ende geht,
mit allen Mitteln zum Leben zu zwingen. Menschen haben ein Recht darauf, dass man sie menschenwürdig sterben lässt. Absichtliche Tötung aber,
gewaltsame Beendigung des Lebens, also die sogenannte „aktive Sterbe-
80 hilfe", rührt an die Grundlagen der Menschlichkeit in unserer Kultur. Sie
darf in keiner Form zu einer legalen Möglichkeit werden.

1   *Stellen Sie die Position der Unterzeichner dar.*

2   *Welche Gefahren für Menschenrechte und Menschenwürde sehen die Unterzeichner des Kinsauer Manifestes in der modernen Welt?*

3   *Wie wird die Behauptung begründet, die moderne Euthanasiebewegung sei der Euthanasie im Dritten Reich gefährlich nahe?*

4   *Untersuchen Sie, welcher philosophischen Ethik sich die Unterzeichner des Kinsauer Manifestes möglicherweise verpflichtet fühlen.*

5   *Was heißt für Sie persönlich „in Würde sterben"?*

6   *Diskutieren Sie, ob der Arzt der Rolle gerecht werden kann, die ihm im Kinsauer Manifest zugeschrieben wird.*

7   *Informieren Sie sich im Internet über Sterbebegleitung, Sterbehilfe und die Hospizbewegung in Deutschland (www.hospizbewegung.de) und stellen Sie Ihre Ergebnisse dar.*

8   *Wählen Sie ein Themenfeld aus der Bio- oder Umweltethik. Sammeln Sie relevante Fragestellungen dazu und erstellen Sie ein Lernplakat.*

Deutscher Hospiz- und PalliativVerband e. V.

Hospizbewegung
Seit dem Mittelalter war Hospiz ein Begriff für ein Gebäude, das der Auf-nahme von Gästen galt, zu denen immer häufiger auch Kranke gehörten. Es entstanden die ersten Hospitäler.

  Heute versteht man unter dem Begriff „Hospiz" ein umfassen-des Konzept. Sterbens-kranke Menschen sollen auch in ihrer letzten Lebensphase daheim sein können. Dies geschieht in der Regel ambulant, d. h. wirklich in der eigenen Wohnung durch Besuchsdienste. Es kann aber auch durch speziell eingerichtete Zimmer in Krankenhäusern und Pflegeheimen geschehen und wird als gleichrangig unter den genannten Wegen auch in statio-nären Hospizen ver-wirklicht.

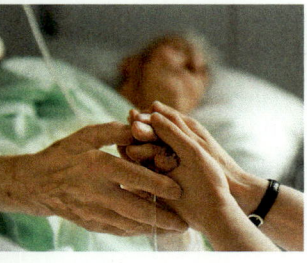

Virchow-Klinikum Berlin, Geriatrie-Station

Lernplakate erstellen
→ S. 110

4. Die Verantwortung der Konsumenten und Unternehmen – Wirtschaftsethik

Wahl

4.1 Ist Sparsamkeit immer eine Tugend? – Macht und ethische Verantwortung des Konsumenten

Gehälter von Spitzenmanagern – unfair hoch? Abfindungen für entlassene Unternehmensführer – legitim, auch wenn die Chefs das Unternehmen in die Krise geführt haben? Arbeitsplatzstreichungen zur Erhöhung der Unternehmensgewinne – moralisch verwerflich? Kauf von Billigwaren bei Discountern – ethisch problematisch? Die Bandbreite der wirtschaftsethisch relevanten Fragen, die in der Öffentlichkeit laufend diskutiert werden, ist gewaltig.

> 1   *Sammeln Sie aus Zeitungen der laufenden Woche Artikel, in denen es um mögliche Konflikte zwischen Ethik und Wirtschaft geht, und gestalten Sie daraus eine Collage.*

Auch wenn in der Wirtschaftsethik Positionen existieren, die von der prinzipiellen Unvereinbarkeit von Ethik und wirtschaftlichem Handeln ausgehen (vgl. die Behandlung des Themas in der 10. Klasse), ist es nicht von der Hand zu weisen, dass jeder Konsument – und damit auch die Mitglieder eines Ethikkurses! – sich mit der Ethik des Handelns als Konsument auseinandersetzen muss. Die folgenden Texte und Abbildungen zeigen schlaglichtartig, wie selbst der Kauf billiger Schokolade ethisch bedeutsame Dimensionen hat. Natürlich entsteht nicht jedes Billigprodukt durch Kinderarbeit oder Ausbeutung; oft ist ein günstiger Preis Resultat besonderer technischer Effizienz bei der Herstellung. Allerdings können insbesondere billigste Lebensmittel ethisch fragwürdig sein (z. B. auch umweltethisch).

Siaka Traore aus Mali, 14 Jahre alt, arbeitet auf einer Kakaoplantage an der Elfenbeinküste

Sklavenarbeit für unsere billige Schokolade (2005) *Franz Kotteder*

[...] Wahrscheinlich ließen [die billigen Preise für Schokolade] sich gar nicht halten, wenn nicht manche Plantagenbesitzer an der Elfenbeinküste so ungemein billige Arbeitskräfte hätten: Sklaven. Genauer: Kindersklaven. Die Menschenrechtsorganisation „Terres des Hommes" schätzt, dass etwa
5   20.000 Kinder aus dem völlig verarmten Nachbarland Mali auf die Plantagen an der Elfenbeinküste verschleppt worden sind und dort als Sklavenarbeiter eingesetzt werden. Ohne Bezahlung, versteht sich, in primitiven Unterkünften hausend und ständig von Schlägen und Misshandlungen durch ihre Besitzer bedroht. Knapp 30 Euro kostet ein Kind auf dem Markt.
10 [...]

Der französische Journalist Sönke Giard veröffentlichte im Oktober 2000 in der Wiener Tageszeitung „Der Standard" eine schockierende Reportage über das Schicksal zweier Jungen aus Mali, die für einen Kakaofarmer aus der Elfenbeinküste schuften durften: sieben Tage die Woche, bei
15 sengender Hitze, von sechs Uhr früh bis abends um neun. „Die Jungen

Plakat gegen die wirtschaftliche Ausbeutung von Kindern – eine Kampagne von terre des hommes

keuchen wie alte, asthmakranke Männer, ihre Augen sind leblos, ihre Köpfe hängen schlaff zwischen den gesenkten Schultern", schreibt Giard. „Als einzige Nahrung des Tages erhalten Abou, Adama und ihre Kameraden je eine Schüssel Maisbrei, den sie mit ihren Fingern essen müssen, sowie
20 einen Krug Wasser, den sie in einem Zug leeren." Mit primitiven Holzpflügen müssen die 20 Kinder, alle zwischen 10 und 14 Jahren alt, den Boden bearbeiten, werden geschunden und geschlagen, wenn sie nicht mehr können. [...]

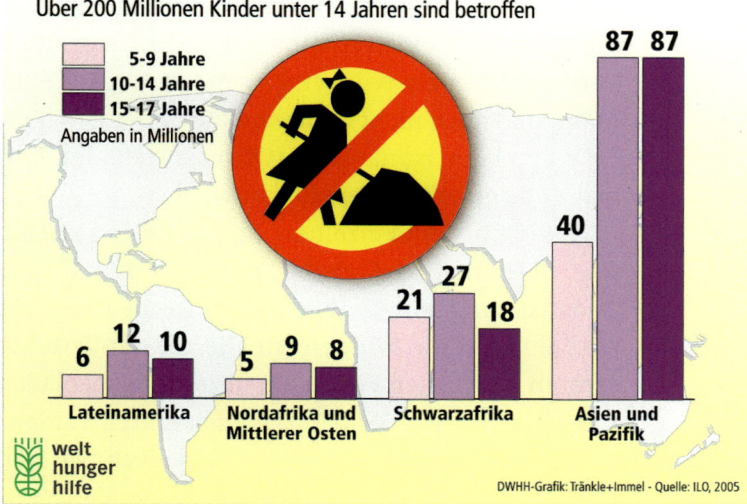

Kinderarbeit - schuften, um zu überleben

Über 200 Millionen Kinder unter 14 Jahren sind betroffen

5-9 Jahre
10-14 Jahre
15-17 Jahre
Angaben in Millionen

Lateinamerika: 6, 12, 10
Nordafrika und Mittlerer Osten: 5, 9, 8
Schwarzafrika: 21, 27, 18
Asien und Pazifik: 40, 87, 87

welt hunger hilfe

DWHH-Grafik: Tränkle+Immel - Quelle: ILO, 2005

2 *Ist Sparsamkeit immer positiv? Handeln Schnäppchenjäger immer ethisch vertretbar? Diskutieren Sie die Fragen unter Berücksichtigung der Informationen aus den Texten und Abbildungen und berücksichtigen Sie dabei stets Ihre eigene Verantwortung.*

3 *Wenden Sie Ihnen bekannte ethische Konzepte (Kant, Utilitarismus, Jonas) auf die Frage an: Darf ich als ethisch verantwortlich handelnder Mensch solche Billigprodukte kaufen?*

4 *Vorschlag für Gruppenpräsentationen:*
   – *Jede Gruppe beschäftigt sich mit einem anderen billigen Alltagsprodukt, z. B. Jeans, T-Shirts, Spielzeug, bestimmte Lebensmittel.*
   – *Informieren Sie sich über die Arbeitsbedingungen der Arbeiter in den Herstellerländern und präsentieren Sie Ihre Ergebnisse dem Kurs. Informationsquellen sind z. B. Kinderhilfswerke („Unicef", „Terres des Hommes", „Kindernothilfe") oder Menschenrechtsorganisationen („amnesty international" usw.). Eine Gruppe sollte auch die Bedingungen betrachten, unter denen Tiere leben, deren Fleisch besonders billig angeboten wird.*

„Das Gute und die Pflicht – Immanuel Kant" → S. 52 ff.
„Das ‚Nützliche' als Maßstab des Handelns: Utilitarismus" → S. 67 ff.
„‚Das Prinzip Verantwortung' – Begriff und Struktur der Verantwortung bei Hans Jonas" → S. 89 ff.

www. Hilfreiche Internetadressen:
www.unicef.de; www.tdh.de; www.kindernothilfe.de;
www.amnesty.de

Die Macht des Verbrauchers nutzen (2005) *Franz Kotteder*

Ja, das sind wir. Zugleich kann uns niemand die Aufgabe abnehmen,
eine Richtungsänderung herbeizuführen. Nicht die Politik – obwohl die
auch einiges dazu betragen könnte –, nicht Umweltschutzorganisationen
wie Robin Wood und Greenpeace, nicht die Europäische Union oder gar
5 die UNO. Die Macht des Verbrauchers ist letztlich die einzige Macht,
die tatsächlich eine Wirkung hat in der freien Marktwirtschaft: Was der
Verbraucher nicht will, wird irgendwann ganz einfach nicht mehr angeboten und auch nicht mehr verkauft.

Das Problem ist natürlich: Oftmals weiß der Verbraucher ja gar nicht,
10 was er da eigentlich genau kauft. [...]

Was bleibt dem Einzelnen nun, wenn er nicht einverstanden ist mit dem,
was im Namen des Konsums mit Mensch und Tier geschieht? Der erste
Gedanke mag sein: „Dann kauf ich solche Dinge eben einfach nicht mehr
ein." Schon wahr: Würden wir alle, die wir Verbraucher sind, in der ge-
15 samten westlichen Welt einfach keine Schokolade mehr kaufen, wenn die
Kakaobohnen von Kindersklaven geerntet werden, würden wir keine
T-Shirts mehr anziehen, die in Bangladesh von Näherinnen zusammenge-
fügt werden, die bis zu 80 Stunden in der Woche für ein paar Dollar an
ihrer Nähmaschine hocken, würden wir einfach kein Truthahnfleisch aus
20 riesigen Tierfabriken mehr essen – dann wäre schnell Schluss mit dem
ganzen Missbrauch, mit der Ausbeutung und der sozialen Ungerechtigkeit
sowieso.

Nun ist es aber dummerweise so, dass die Welt nicht auf diese Weise
funktioniert. [...]

5 *Fassen Sie die wesentlichen Aussagen des Textes zusammen.*
6 *Informieren Sie sich in Lexika und im Internet über Geschichte und*
   Erfolg von Boykottmaßnahmen.
7 *Ist der Boykott von Billigartikeln eine Lösung? Der letzte Satz des*
   Textes stellt dies infrage. Überlegen Sie, welche Konsequenzen
   ein solcher Boykott hätte und ob diese Konsequenzen ethisch ver-
   tretbar wären.
8 *Inwiefern befindet man sich als Verbraucher im Umgang mit diesem*
   Themenkreis in einem Dilemma? Welchen Ausweg sehen Sie?

Dilemma → S. 77

Elmar Waibl: Angewandte Wirtschaftsethik. Wien 2005.

4.2 Verantwortung und Profitmaximierung – Unternehmensethik

Die Debatte um die moralische Verantwortlichkeit von Unternehmen wird vor allem in der Auseinandersetzung zwischen zwei Konzepten sichtbar: der Shareholder- und der Stakeholder-Theorie. Hierbei geht es um die Frage, wessen Interessen ein Unternehmen zu berücksichtigen hat.

Wessen Interessen zählen? *Elmar Waibl*

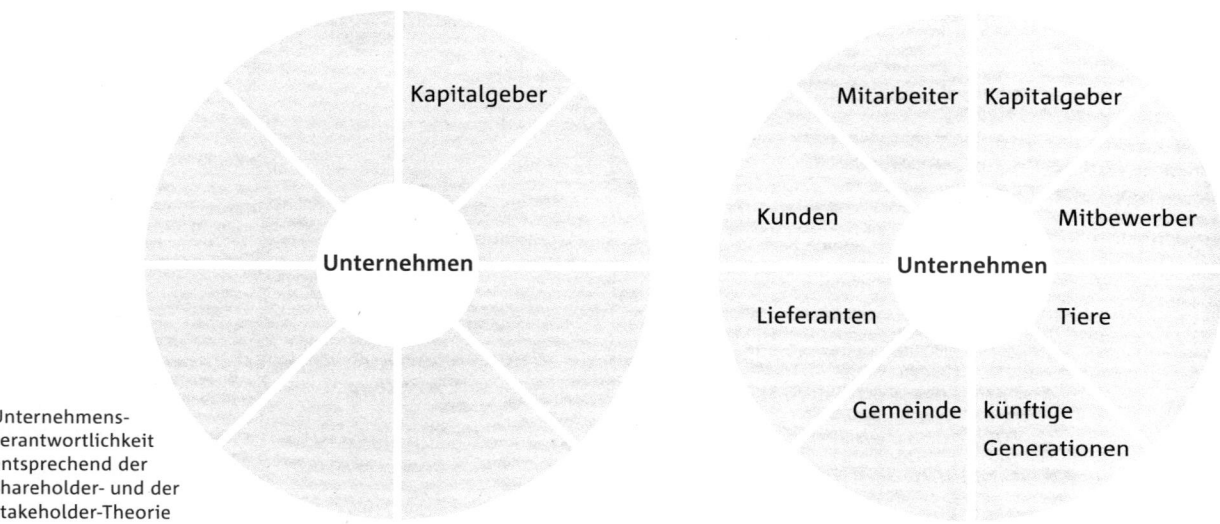

Unternehmens-
verantwortlichkeit
entsprechend der
Shareholder- und der
Stakeholder-Theorie

[...] Die „Shareholder (oder Stockholder)-Theorie" der **alleinigen oder ausschließlichen Verantwortlichkeit des Unternehmens gegenüber seinen Eigentümern** (in der Regel: den Aktionären) wird sehr dezidiert von dem liberalen Ökonomen und Nobelpreisträger Milton Friedman [...] vertreten:

5 „Das Unternehmen ist ein Instrument der Aktionäre, die es besitzen [...]. In einem freien Wirtschaftssystem gibt es nur eine einzige Verantwortung für die Beteiligten: Sie besagt, dass die verfügbaren Mittel möglichst gewinnbringend eingesetzt und Unternehmungen unter dem Gesichtspunkt der größtmöglichen Profitabilität geführt werden müssen, solange dies un-
10 ter Berücksichtigung der festgelegten Regeln des Spiels geschieht, d.h. unter Beachtung der Regeln des offenen und freien Wettbewerbs und ohne Betrugs- und Täuschungsmanöver ... Es gibt wenig Entwicklungstendenzen, die so gründlich das Fundament unserer freien Gesellschaft untergraben können, wie die Annahme einer anderen sozialen Verantwortung durch Un-
15 ternehmen als die, für die Aktionäre ihrer Gesellschaften so viel Gewinn wie möglich zu erwirtschaften." [...]

Für die „Stakeholder-Theorie" hat das Unternehmen hingegen eine **vielfältige Verantwortung** wahrzunehmen, nämlich all jenen gegenüber, die in

die Unternehmenstätigkeit irgendwie **involviert** bzw. von der Unterneh-
20 menstätigkeit **betroffen** sind und an der Unternehmensgebarung folglich
ein **vitales Interesse** („stake") haben. Da die Interessen der verschiedenen
Anspruchsgruppen unter Umständen miteinander kollidieren können
(Kunden wünschen sich z. B. meist längere Ladenöffnungszeiten, Mitarbeiter nicht), hat die an der Stakeholder-Theorie orientierte Unternehmens-
25 leitung die rivalisierenden Ansprüche gegeneinander abzuwägen und zwischen den kollidierenden Interessen (nach Möglichkeit) zu vermitteln. [...]
 Weil unternehmerische Entscheidungen (z. B. bezüglich Ressourcenver-
brauch) sehr oft weitreichende Auswirkungen auf die Zukunft haben,
scheint es ebenso geboten, die **künftigen Generationen** als Anspruchs-
30 gruppe mitzubedenken. [...]

1 *Fassen Sie die verschiedenen Positionen in eigenen Worten knapp
 zusammen.*
2 *Welcher Ihnen bekannten ethischen Theorie ist der Stakeholder-Ansatz,
 wie ihn der Autor darstellt, verpflichtet?*

*Praktisch bedeutsam wird das Thema „Unternehmensethik" immer dann, wenn es um
die Entlassung von Arbeitnehmern geht. Sicher handeln nicht alle Unternehmen, die
das tun, aus Gründen der Profitmaximierung. Oft können Firmen nur so überhaupt noch
bestehen und sich vor der Insolvenz retten; außerdem rettet die Kündigung eines Teils
der Arbeitnehmerschaft in solchen Fällen die anderen Arbeitsplätze. Allerdings gibt es
immer wieder auch Beispiele, in denen die Entlassung primär dazu dient, die Rendite[1]
der Shareholder zu erhöhen.*

1 Rendite: gibt das
Verhältnis der Einzahlun-
gen zu den Auszahlungen
an und wird meist in
Prozent und jährlich an-
gegeben.

Rekordgewinn schützt vor Kündigung nicht

[...] Besonders kontrovers diskutiert wurde zuletzt der Fall Continental. Der
Autozulieferer kündigte trotz Rekordgewinnen und Lohnzugeständnissen
der Beschäftigten an, die Pkw-Reifenproduktion im Stammwerk Hannover
zu stoppen. Eine besondere patriotische Verpflichtung gegenüber dem
5 Standort Deutschland sehe er nicht, sagte Conti-Chef Manfred Wennemer
in einem Interview. Er akzeptiere nicht, dass „wir Arbeitnehmer in einem
Teil der Welt gegenüber denen in einem anderen Teil bevorzugen sollen".
Lohnkosten machten im Reifengeschäft 30 Prozent aus. „Da ist es schwierig,
sich gegen hoch effiziente, moderne Werke in Niedrigkostenstandorten auf
10 Dauer zu behaupten." [...]
FAZ.NET vom 16.12.2005

3 *Diskutieren Sie die Begründung des Firmenchefs kritisch. Ist sie nur
 Ausdruck einer Shareholder-Mentalität?*

„Marktzwänge sind keine Naturzwänge" (www.tagesschau.de)

2005 kündigte die Deutsche Bank – trotz gewaltiger Profite – an, weltweit noch einmal rund 5.000 Stellen abzubauen. Darauf hagelte es Kritik vonseiten der Politik.
Der St. Galler Wirtschaftsethiker Ulrich Thielemann im Gespräch mit tagesschau.de:

tagesschau.de: Wir machen Supergeschäfte und wir schmeißen zehn Prozent der Belegschaft raus. Was für eine Botschaft geht von der Ankündigung der Deutschen Bank aus?

Ulrich Thielemann: Die Botschaft lautet: Gier. 25 Prozent Rentabilität[1]
5 müssen es schon sein. Wir tun alles im Rahmen des Rechts, um die Rentabilität zu steigern – und damit auch das Einkommen der Führungsriege. Das Signal ist, dass die Wirtschaft nicht den Menschen oder der Gesellschaft dienen soll, sondern den Aktionären und dem Management. Da ist kein Moment der gesellschaftlichen Verantwortung mehr zu spüren. [...]

10 **tagesschau.de:** Was seitens der Deutschen Bank fehlte, war der Versuch einer Begründung nach dem Motto: Wenn wir die Leute nicht jetzt entlassen, müssen wir bald noch mehr rauswerfen.

Ulrich Thielemann: Das ist das eigentlich Erstaunliche: Bislang wurden Massenentlassungen immerhin noch zu rechtfertigen versucht. Im Allge-
15 meinen hat man das mit dem Verweis auf Sachzwänge getan. Inzwischen reicht es, einfach zu sagen: Das ist ein Erfolg. Wir haben den Gewinn gesteigert [...]. Es gibt nicht mal ansatzweise den Versuch, das gesellschaftlich zu legitimieren. [...]

tagesschau.de: Aber man trichtert uns doch seit Jahren ein, dass wir in
20 einer globalisierten Wirtschaft zu leben haben, in der das Kapital zu den größten Renditen geht und die Arbeit zu den billigsten Arbeitskräften. Ist die Entwicklung etwa gar nicht so zwingend?

Ulrich Thielemann: Marktzwänge sind keine Naturzwänge. In den Konzernen treffen Akteure die Entscheidungen. Und diese Akteure treffen
25 die Entscheidungen offenbar immer weitgehender im eigenen Interesse und kalkulieren diese mit dem spitzest möglichen Bleistift. Das honoriert der Kapitalmarkt, aber nicht die Gesellschaft, aus deren Kreisen die Leidtragenden stammen. [...]

Es ist schlicht peinlich, wenn eine so große Bank wie die Deutsche Bank
30 ihre gesellschaftliche Verantwortung darauf reduziert, ein paar Millionen zu spenden.

4 „Marktzwänge sind keine Naturzwänge" – was meint Thielemann damit?

5 Weisen Sie nach, dass Thielemann Anhänger des Stakeholder-Ansatzes ist.

---

1 Rentabilität: bezeichnet das Verhältnis einer Erfolgsgröße (z. B. Gewinn) zum eingesetzten Kapital.

Das Prinzip der Verantwortung – Wolfgang Grupp im Gespräch

Der schwäbische Textilunternehmer Grupp (Firma Trigema) ist Gegner der Verlagerung von Arbeitsplätzen ins Ausland und betont, dass er noch nie Arbeitnehmer betriebsbedingt (also in wirtschaftlichen Schieflagen bzw. zur Steigerung der Rendite) entlassen habe. In einem Interview erläutert er seine Unternehmensphilosophie.

Baden-Württemberg-Magazin: Herr Grupp, während sehr vieles zur Produktion in die Billiglohnländer verlegt wird, werben Sie für den Standort Deutschland. Warum?

Wolfgang Grupp: [...] Wir verlieren unsere heimatliche Bodenhaftung, wenn
5 wir nicht da produzieren, wo unsere Heimat ist. Meine Heimat ist für mich der beste Standort. Für ihn und damit für die Menschen hier verpflichtet zu sorgen – darin liegt meine Verantwortung – und übrigens die eines jeden Unternehmers.

Baden-Württemberg-Magazin: Wie stehen Sie dann zur Globalisierung?

10 **Wolfgang Grupp:** Durchaus positiv. Sie birgt viele Chancen für neue Märkte. Und bringt Chancen in Märkte, die bisher an den Produktionsprozessen nicht partizipierten.

Baden-Württemberg-Magazin: Heißt das nicht: Verlagerung von Arbeitsstätten in Billiglohnländer?

15 **Wolfgang Grupp:** Nicht so und nicht aus den Gründen, aus denen es jetzt meist gemacht wird – es kommt darauf an, was wo produziert wird. Meine Meinung ist die: In Deutschland machen es die hohen Löhne dem Unternehmer zur Pflicht, ausschließlich höchst innovative Produkte herzustellen, bei denen der Stücknutzen sich bei hohen Löhnen aus Produktions-Know-
20 How und Qualität ergibt. In dem Augenblick, wo Niedriglohnländer die Technologie beherrschen und diese Produkte auch herstellen können, müssen Sie in Deutschland bereits die nächste technologische Produktions-Runde eingeläutet haben. In Deutschland hergestellte Produkte dürfen und sollen elitär sein – Massenprodukte schaffen dann woanders Lohn und
25 Brot. [...] Um Erträge zu steigern, sucht man das Billiglohnland. Und hinterlässt in der Heimat Arbeitslosigkeit. Innovative Technologie in Produkt oder Verfahren dagegen steigert die Wertschöpfung im eigenen Land.

Baden-Württemberg-Magazin: Da nehmen Sie aber die Unternehmer ganz schön in die Pflicht!

30 **Wolfgang Grupp:** Meine Vorstellung geht noch viel weiter. Ich fordere von den Unternehmern die totale Verantwortung für deren Handeln. Wir machen es allen zu einfach, aus der Verantwortung zu kommen. Firma gründen, Geld rausholen, durch Produktion in Billiglohnländer die Rendite erhöhen, Leute freisetzen, Firma schließen. Man sollte die Einkommens-
35 steuer nicht senken, sondern erhöhen – aber denen, die mit all Ihrem privaten Besitz für Unternehmen und eigenes Handeln zu 100 % haften, denen sollte man den halben Steuersatz [...] geben. Das brächte Unternehmer dazu,

über das nachzudenken, was sie herstellen – und wie sie das verbessern können. Anstand und Zuverlässigkeit müssen wieder unternehmerische
40 Tugenden werden. Weitsicht und Liebe zur Innovation müssen täglich auf der Agenda [...] stehen. [...]

6   Weisen Sie Grupps Ausführungen einem der beiden unternehmens-ethischen Modelle (Shareholder bzw. Stakeholder) zu und fassen Sie zusammen, was Grupp zur Verantwortung des Unternehmers sagt.

7   Suchen Sie z. B. in Wirtschaftsteilen von Zeitungen aktuelle Beispiele für Massenentlassungen, Arbeitsplatzverlagerungen oder auch Arbeitsplatzrückholungen und untersuchen Sie die Begründungen der Unternehmen. Trauen Sie sich ruhig, die Presseabteilungen der Unternehmen zu kontaktieren!

8   Führen Sie eine Podiumsdiskussion durch, bei der Vertreter beider Ansätze miteinander debattieren.

4.3 Zur Praxis ethischen Handelns: ethisch verantwortete Geldanlagen

Allerorten wird klar gemacht, dass die heutige Generation der Berufstätigen und die künftigen Generationen (dazu gehören auch die Schülerinnen und Schüler einer gymnasialen Oberstufe) sich auf das System der staatlichen Renten nicht mehr werden verlassen können, sondern privat Vorsorge treffen müssen. Ein wesentlicher Aspekt privater Vorsorge besteht nach Ansicht von Experten darin, das Geld mindestens teilweise in Aktien und Anleihen anzulegen, wobei Aktien, auch wenn sie vielen Deutschen fremd sind, langfristig zu den renditestärksten und am meisten vor Inflation geschützten Anlageformen gehören. Worin besteht jedoch ein ethisch verantwortetes Handeln bei der Aktienanlage?

Typologie von Fonds mit dem Anspruch einer ethisch verantwortbaren Geldanlage

Es gibt inzwischen eine ganze Reihe von Aktienfonds, die eine ethisch verantwortbare Geldanlage ermöglichen sollen. Dabei kann man zwei Gruppen unterscheiden.

Bei den **Umwelttechnologiefonds** sind zunächst Firmen enthalten,
5 die Umweltbelastungen aus der Herstellung konventioneller Produkte beseitigen; hierzu zählen Unternehmen aus den Bereichen Entsorgung, Recycling, Wasseraufbereitung, Filtertechnik usw. Zunehmend bedeutsamer werden Firmen, die Umweltbelastungen von vornherein vermeiden, z. B. Produzenten von Wind- oder Fotovoltaikanlagen. Eine spezielle
10 Untergruppe sind Neue-Energie-Fonds, die zum Teil sogar in klassische Erdölkonzerne investieren, wenn diese wenigstens ansatzweise auch regenerative Energien produzieren. Öko-Effizienz-Fonds kaufen Anteile

von Firmen, die besonders sparsam mit Ressourcen umgehen und Schadstoffe minimieren.

15 Die zweite Großgruppe, die **ethischen Fonds**, orientiert sich bei der Firmenauswahl an Positiv- und Negativkriterien und konzentriert sich dabei nicht nur auf Umweltaspekte, sondern auch auf soziale und moralische. Tabu sind z. B. Firmen mit Aktivitäten in folgenden Bereichen: Rüstung, Waffenproduktion, Atomenergie, Suchtmittel (auch legale), Tier-
20 versuche, umweltschädigende Technologien und Artikel. Als Positivkriterien gelten alle Formen umweltfreundlicher Produktion, die Sicherung der Arbeitsplätze, fairer Umgang mit Mitarbeitern (in Form von Mitbestimmung und Teilhabe am Firmengewinn), Verantwortung für die Gesellschaft usw. Inzwischen gibt es sogar eine Reihe von Fonds, die von Religi-
25 onsgemeinschaften zertifiziert wurden, d. h. die Anlegergelder nach strengen religiösen Kriterien (z. B. der katholischen Kirche oder des Islam) investieren. Eine weitere Untergruppe, die sog. Nachhaltigkeitsfonds, gehen von der Annahme aus, dass ökologisch wie sozial nachhaltig wirtschaftende Unternehmen langfristig erfolgreicher sein werden als Mit-
30 bewerber. Der gängige englische Begriff für Nachhaltigkeit ist „sustainability". „Sustainability-Pioniere" sind Firmen, die innovative technologische Ideen entwickelt haben, „Sustainability-Leader" Unternehmen, die in ihrer Branche mehr als die Konkurrenten nachhaltig wirtschaften; deswegen können sie durchaus auch z. B. Autos herstellen, solange diese
35 umweltfreundlicher sind als die von anderen Produzenten.

Mindmap → S. 69

1 *Veranschaulichen Sie die Fondstypen in Form einer Mindmap.*

2 *Welche positiven wie negativen Kriterien für die Aktienanlage können Sie sich noch vorstellen? Welche Kriterien wären für Sie relevant?*

3 *Anregung für Referate und/oder Gruppenarbeiten:*

a) *Informieren Sie sich im Internet (z. B. auf den frei zugänglichen Seiten von Banken oder Fondsvermittlern) über Vertreter solcher Fonds. Häufig findet man auf den Bankseiten auch Links zu den Fondsfirmen, bei denen man sich weiter informieren kann, z. B. mithilfe der Emissionsprospekte, in denen die Anlagekriterien beschrieben werden, oder sog. Halbjahresberichte, in denen konkret steht, in welche Firmen ein Fonds angelegt hat.*

b) *Untersuchen Sie beispielhaft einen solchen Fonds genauer: Erfüllen die Firmen, deren Aktien der Fonds hält, soweit Sie das über einfach zugängliche Informationsquellen erfahren können, die Kriterien einer ethisch verantworteten Geldanlage? Wie entwickelte sich die Performance (der Wert) dieses Fonds im Vergleich zu passenden Aktienindizes? Holen Sie sich ggf. bei einer Wirtschaftslehrkraft Hilfe.*

Ein Aktienindex ist eine Kennzahl für die Entwicklung der Aktienkurse in einem bestimmten Marktsegment des Aktienmarkts. Er soll die Entwicklung auf diesem Teilmarkt des weltweiten Finanzgeschehens repräsentativ dokumentieren.

Die ethisch verantwortete Geldanlage – bringt das denn etwas?

Fragt man nach dem Nutzen solcher Geldanlagen, muss man zwei Aspekte unterscheiden: den materiellen Erfolg für den Anleger und die Vorteile für Umwelt und Gesellschaft.

5 Bei der Untersuchung des finanziellen Nutzens gilt für Aktienanlagen immer: Nicht nur der absolute Erfolg ist entscheidend, sondern der relative. Wenn eine Wirtschaft allgemein lahmt, sinken natürlich allgemein die Aktien-
10 kurse, erkennbar am Kursverlauf der Aktienindizes (z. B. des DAX[1]). Bedeutsam ist mithin die sog. relative Performance, d. h., ob gewisse Aktien bzw. Fonds besser („Outperfor-

mance") oder schlechter („Underperfor-
15 mance") als der vergleichbare Gesamtmarkt bzw. der entsprechende Aktienindex abschneiden; welcher Vergleichsindex („benchmark") bedeutsam ist, ergibt sich z. B. aus der Anlageregion und der Firmengröße (z. B.
20 ist für kleine deutsche Umweltfirmen eher der SDAX[2] als der TecDAX[3] bedeutsam; oder man vergleicht einen weltweit anlegenden Fonds mit dem MSCI World[4]). Wie sich ethisch orientierte Firmen und Fonds entwickeln, ist
25 umstritten.

1 DAX: Deutscher Aktienindex
2 SDAX: Small-Cap-DAX
3 TecDAX: umfasst Technologiewerte
4 MSCI World: weltweiter Index, der vom US-amerikanischen Finanzdienstleister **M**organ **S**tanley **C**apital International berechnet wird

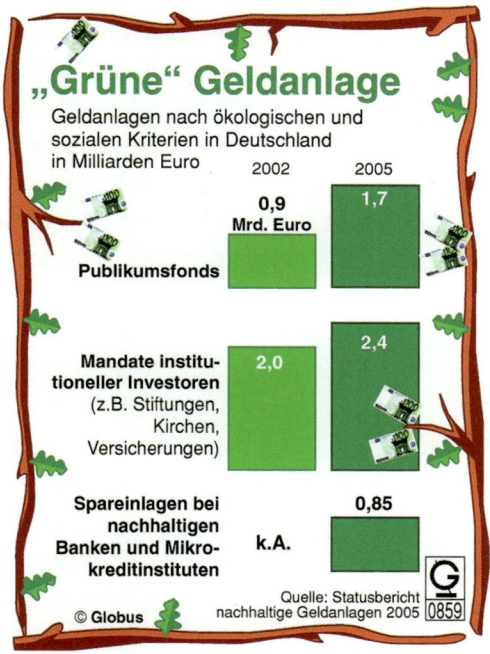

Immer mehr Investoren achten bei ihren Geldanlagen auf ökologische und soziale Aspekte. Deutsche Finanzdienstleister haben gemäß der Studie Ende 2005 insgesamt über vier Milliarden Euro Kapital verwaltet, das nach ökologischen und sozialen Ansprüchen angelegt wurde.

4 Überprüfen Sie die die Wertentwicklung von Umwelt-, Ethik- und Nachhaltigkeitsfonds im Vergleich zu passenden Indizes. Fragen Sie ggf. bei einem Bankberater nach dem richtigen Index oder erkundigen Sie sich bei der Fondsfirma.

5 Wären Sie bereit, eine relative Unterrendite gegenüber anderen Aktienfonds in Kauf zu nehmen und Geld in Umwelt- und nachhaltige Fonds zu investieren? Begründen Sie Ihre Entscheidung differenziert.

Obwohl es immer mehr Fonds dieser Art gibt, sind sie auch hinsichtlich ihres ethischen Nutzens sehr umstritten. Beruhigt eine solche Geldanlage nur das Gewissen oder können solche Fonds tatsächlich etwas bewirken?

Das Machtspiel mitspielen (2001) *Jörg Weber*

[...] 1994 [...] hielt der Münchener Soziologe Ulrich Beck Vorträge bei den Grünen und bei Greenpeace. Beide Gruppierungen litten [...] unter einer gewissen Orientierungslosigkeit: Das Thema Umwelt war in den Hintergrund getreten, die Position der Umweltbewegung musste neu definiert
5 und erobert werden. Beck riet unter anderem dazu, andere Möglichkeiten der politischen Gestaltung zu nutzen. Er schlug [...] vor, [...] das Macht-Spiel mitzuspielen. „Man muss die Gewinner- und Verliererkonstellationen neu gestalten", forderte er. Ökologie dürfe nicht mehr als ein Feld betrachtet werden, auf dem in der Wirtschaft nur Verlierer übrig blieben; es gebe
10 immer auch Gewinner, und die müsse die Umweltbewegung herausstellen und sich zeitweise mit ihnen verbünden, um die eigenen Ziele voranzutreiben. Greenpeace spielte dieses Spiel in den folgenden Jahren recht erfolgreich: Der erste Kühlschrank ohne FCKW wurde von der ostdeutschen Firma Foron produziert, mit Unterstützung von Greenpeace. Dass Foron
15 später von der Bildfläche verschwand, war die Folge eines marktwirtschaftlichen Ausleseprozesses mit einer gewissen Tragik. Das Ziel war jedoch erreicht: Kühlschränke waren FCKW-frei, nach einiger Zeit wollten die Kunden die konventionellen Kühlschränke schlicht nicht mehr kaufen. Noch mehrfach setzte Greenpeace die Taktik ein, die man nennen könnte:
20 „Verbünde dich mit dem Umweltbesten einer Branche, hilf ihm zu wirtschaftlichem Erfolg und zwinge dadurch die anderen zu folgen!" [...]

6 Fassen Sie die wesentlichen Argumente des Textes zusammen.

7 Erschließen Sie anhand folgender Fragen, warum es für einen Anleger sinnvoll ist, nicht in einzelne Umweltaktien zu investieren, sondern in einen Umweltfonds.
   - Wie wirkt sich die Marktmacht (Größe der Investitionssummen) eines Fonds aus?
   - Welche Rolle spielt die Kontrolle der Firmen durch die Fonds?
   - Welche Folgen hat es, wenn eine Firma fürchten muss, aus einem Fonds ausgeschlossen zu werden?
   - Welche psychologische Wirkung hat das Verhalten eines Fonds für den Markt?
   - Welche Folgen ergeben sich für das Image und letztlich die Umsätze einer Firma, die in einen Umweltfonds aufgenommen wurde?
   - Welche Bedeutung hat es, wenn Fonds ihre Anlageentscheidungen veröffentlichen?
   - Welche Konsequenzen ergeben sich, wenn immer mehr Anleger ihr Geld in Umweltfonds investieren?

8 Verfassen Sie eine begründete Entscheidung, ob Sie zur Altersvorsorge in Umwelt- und Nachhaltigkeitsfonds bzw. in entsprechende Einzelaktien investieren würden. Legen Sie dabei auch Ihre Entscheidungskriterien offen und bewerten Sie sie unter Bezug auf ethische Konzepte.

Motive und Gründe für menschliches Handeln – Psychologie und Soziologie

1. Wie frei ist der Mensch? – Psychologische Aspekte

1 Wann fühlten Sie sich bei Entscheidungen und Handlungen frei? Wann fühlten Sie sich unfrei? Nennen Sie anschauliche Situationen aus dem Alltag.

2 Versuchen Sie, Kriterien sowohl für „frei" als auch „unfrei" zu entwickeln.

1.1 Die Seele auf der Couch – Sigmund Freud

Sigmund Freud
(1856–1939)

Der Urvater der Psychologie: Sigmund Freud

Sigmund Freud gilt als einer der Urväter der modernen Psychologie. Der aus Österreich stammende und wegen seines jüdischen Glaubens während der Nazizeit nach England geflohene Arzt erforschte das menschliche Seelenleben und entwarf mit seiner psychoanalytischen

5 Theorie das erste tiefenpsychologische Persönlichkeitsmodell. „Tiefenpsychologisch" bedeutet: Die Motive und Gründe für menschliches Denken, Fühlen und Handeln sind in tief gelegenen, häufig unbewussten Schichten der Seele zu suchen. Schon dadurch ergibt sich eine erhebliche Einschränkung menschlicher Freiheit. Die in der Überschrift erwähnte

10 Couch bezieht sich auf Freuds therapeutisches Verfahren: Der Patient liegt während einer Sitzung entspannt auf der Couch und spricht alles, was ihm in den Sinn kommt, aus („freies Assoziieren"). Eine besondere Rolle spielen dabei auch Träume. Gelegentlich unterbricht der Psychoanalytiker und liefert Deutungen der Aussagen des Patienten.

15 Die Persönlichkeit des Menschen ist laut Freud in zweifacher Weise gegliedert („topologische Struktur"):
– nach dem **Grad der Bewusstheit** in einen bewussten, einen unbewussten und einen zwischen beiden liegenden vorbewussten Teil (in Letzterem sind die willentlich abrufbaren oder erinnerbaren

20 Ereignisse enthalten),
– nach der **Aufgabe im Rahmen der Persönlichkeit** in die sog. „Instanzen" Es, Ich und Über-Ich.

Das Schichtenmodell *Sophia Altenthan*

[...] Freud [...] unterschied [...] drei Bewusstseinsschichten: das **Unbewusste**, das **Vorbewusstsein** und das **Bewusstsein**.

Bewusst sind alle diejenigen Vorstellungen, Gedanken und Wahrnehmungen, die eine Person bemerkt und zu denen sie unmittelbaren Zugang

5 hat.

Zwischen Bewusstem und Vorbewusstem besteht eine enge Beziehung: Jeder Gedanke, der ins Bewusstsein tritt, war unmittelbar davor noch nicht

präsent und verschwindet früher oder später wieder aus dem Bewusstsein. Er befindet sich somit vorher und nachher im Vorbewusstsein und lässt
10 sich von da jederzeit mit mehr oder weniger großer Willensanstrengung oder Verschiebung der Aufmerksamkeit ins Bewusstsein holen.

Mit vorbewusst sind alle seelischen Vorgänge gemeint, um die wir nicht spontan wissen, die jedoch aufgrund einer Bemühung dem Bewusstsein wieder relativ voll zugänglich gemacht werden können.

15 [...] Das Unbewusste dagegen ist die am wenigsten zugängliche Schicht. Seine Inhalte können nicht durch Willensanstrengung, sondern nur unter ganz bestimmten Bedingungen ans Bewusstsein geholt werden. Es handelt sich dabei um Erlebnisse, Gefühle und Wünsche, die als beschämend oder bedrohlich erlebt und deshalb ins Unbewusste verdrängt wurden.

20 Seelische Vorgänge, um die wir nicht bzw. nicht mehr wissen, die aber [...] unser Erleben und Verhalten in einem nicht unerheblichen Maße bestimmen, bezeichnen wir als unbewusst.

Freud verglich das Verhältnis der drei Bewusstseinsschichten zueinander mit einem Eisberg, wobei lediglich der kleinere Teil, der sich oberhalb der
25 Wasseroberfläche befindet, den bewussten Teil der Persönlichkeit ausmacht, während der sehr viel größere Teil, der unterhalb der Wasseroberfläche liegt, den umfangreichen unbewussten Anteil der Psyche repräsentiert. Die ins Unbewusste verdrängten Wünsche, Erlebnisse und Konflikte liegen dort nicht brach, auch wenn sie noch so unterdrückt und verdrängt
30 werden. Sie drängen immer wieder ins Bewusstsein und nehmen Einfluss auf das Denken, Fühlen und Handeln einer Person. Die unbewussten Erlebnisinhalte können aber nicht direkt beobachtet und erfragt werden, sondern [...] nur indirekt erschlossen werden. So kommen in Träumen verdrängte Wünsche und Konflikte in verschlüsselter Sprache zum Ausdruck.
35 Für Freud selbst war die **Traumdeutung** der Königsweg zum Unbewussten. Daneben entwickelte Freud die Methode der **freien Assoziation**. Bei dieser Methode wird der Patient aufgefordert, [...] dem Analytiker alles zu berichten, was ihm in den Sinn kommt. Die freie Assoziation soll helfen, verborgene Wünsche, Absichten, Erinnerungen und Fantasien bewusst zu
40 machen. [...]

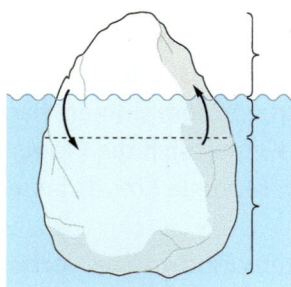

1 *Setzen Sie den Text in eine Grafik um, die sich am Modell des Eisbergs orientiert.*

Die psychischen Instanzen

Freud ist nicht nur berühmt geworden für diese systematisierte Darstellung der Bewusstseinsstufen, sondern auch und noch mehr für die Vorstellung dreier psychischer Instanzen: Über-Ich, Ich und Es.

Das von Geburt an vorhandene **Es** ist der Sitz der instinkthaften Triebe und Energien, die keine Vernunft und keine Verbote kennen, sondern ausschließlich nach Erfüllung schreien: Hunger, Durst, Selbstbehauptung, Aggression, Sexualität, Aktivität und dergleichen. Diese Impulse sind –
5 so die Theorie – zunächst unbewusst; werden sie bewusst, so betreten sie das „Reich" des Ich. Das Es vertritt zusammengefasst das **Lustprinzip** (Maximierung von Lust – Minimierung von Unlust) und funktioniert nach dem bedingungslosen Satz: „Ich will!" Um es kennenzulernen, stellt man sich die Frage: „Wo treibt es mich hin?"

10 Im Laufe der Zeit entwickeln sich parallel die beiden anderen Instanzen. Zunächst entsteht das **Ich**, das Freud als eine „Rindenschicht" versteht, das „mit den Organen zur Reizaufnahme und den Einrichtungen zum Reizschutz ausgestattet" ist und „unter dem Einfluss der uns umgebenden realen Außenwelt [...] eine besondere Entwicklung erfahren" hat. Es ist
15 der Teil der menschlichen Persönlichkeit, der die Aufgabe der Vermittlung hat, und zwar
- zwischen den Triebregungen des Es und den Moralgeboten des Über-Ich bzw. den Vorstellungen des Ich-Ideals im Über-Ich sowie
- zwischen der Innenwelt und der Außenwelt (Realität).
20 Das Ich soll ermöglichen, dass eigene Bedürfnisse in Übereinstimmung mit moralischen Geboten und den Erfordernissen bzw. Möglichkeiten der Umwelt / Außenwelt befriedigt werden können. Es funktioniert teils bewusst, teils unbewusst. Das Ich ist auch Sitz des praktischen Verstandes und vertritt das **Realitätsprinzip**.
25 Das Über-Ich ist der Sitz der Gebote und Verbote, die im Laufe der Erziehungs- und Lernprozesse von Eltern und anderen Autoritäten weitergegeben werden, sowie des Ich-Ideals, das sich der Einzelne zulegt; das Ich-Ideal ist die Vorstellung, wie jemand gerne sein möchte. Regeln und Normen sind teils bewusst bzw. vorbewusst, teils unbewusst (Letzte-
30 res z. B. in Form tief sitzender Tabus, z. B. des Inzest-Tabus). Das **Über-Ich** vertritt das **Moralprinzip** und funktioniert nach dem Satz: „Du sollst!" Um es kennenzulernen, stellt man sich die Frage: „Was hält mich ab?"

Die beiden topologischen Modelle Freuds lassen sich so zusammenführen:
35 - Ich und Über-Ich enthalten unbewusste, vorbewusste und bewusste Regionen.
- Das Es ist völlig unbewusst. (Allerdings liest man bei manchen Autoren auch, dass das Es teilweise schon dem Bewusstsein zugäng-

Regeln und Normen
→ S. 17 f.

40 lich sei. Das Problem ist, dass Freud die beiden Modelle in großem Zeitabstand entwickelte und manche Aussagen uneindeutig sind.)

2 *Setzen Sie diese Beschreibung der drei Instanzen in ein Schaubild um, das alle wesentlichen Aspekte beinhaltet.*

3 *Machen Sie sich das Funktionieren der Instanzen deutlich, indem Sie es auf folgende Beispiele anwenden: (A) Jemand hat Hunger und steht vor einer Dose Ravioli. Was würde er tun, wenn er ausschließlich vom Es bestimmt würde? Wie löst das Ich das Problem? In welcher Form wirkt das Über-Ich ein?*
(B) Eine Frau sieht auf der Straße einen sexuell attraktiven Mann. Stellen Sie sich dieselben Fragen wie im Beispiel (A).

4 *Erklären Sie, was Freud mit dem Satz meinte: „Wo Es war, soll Ich werden."*

Das Konzept der Abwehr und der Verdrängung

Die Triebe und die Energien werden nach Freud durch das Konzept der Abwehr- bzw. der Verdrängung kontrolliert:

Die Psychoanalytikerin **Anna Freud** (1895–1982) – Freud und seine Tochter Anna erarbeiteten verschiedene Abwehrmechanismen, die Sie auf → S. 132 f. finden.

Zur **Kontrolle** der Triebregungen des Es hat das Ich vier Möglichkeiten:
– die Befriedigung der Triebwünsche (wenn möglich und erlaubt),
– den Bedürfnisaufschub,
– den bewussten Triebverzicht und
5 – ggf. die Abwehrmechanismen.

Unter **Abwehrmechanismen** versteht Freud das Wegschieben (Verdrängen) unerwünschter Triebregungen ins Unbewusste bzw. das Verschieben der mit Triebwünschen verbundenen Triebenergie (Libido) in irgendeine andere (zulässige) Richtung. Die Abwehrmechanismen werden auch
10 eingesetzt, um belastende Gefühle (z. B. Minderwertigkeits-, Scham- oder Schuldgefühle), schmerzliche Erinnerungen und angstbesetzte Traumata (das sind besonders schlimme Erfahrungen, z. B. Vergewaltigung, Tod nahestehender Personen usw.) ins Unbewusste zurückzudrängen.

Im Gegensatz zur trivialisierten Vorstellung von Freuds Theorie sind
15 Abwehrmechanismen nicht per se als neurotisch (seelisch gestört) zu werten. Das Leben besteht vielmehr aus überlebensnotwendiger Abwehr. Problematisch wird sie erst, wenn sie bei einer neurotischen Persönlichkeitsentwicklung überhand nimmt und einen vernünftigen Ausgleich zwischen Triebwünschen und Umweltgeboten verhindert.

20 Das Paradebeispiel für einen Abwehrmechanismus ist die sog. **Verdrängung** im engeren Sinne: Unter Verdrängung versteht man, dass unerwünschte Vorstellungen, Gedanken und Bedürfnisse ins Unbewusste verdrängt, gleichsam (aber nicht tatsächlich!) „vergessen" werden. Die

131

Verdrängung ist eine Art Grundabwehr, die eigentlich bei jedem anderen
25 Abwehrmechanismus beteiligt ist.

Verdrängte Impulse kehren oft als sog. **„Freud'sche Fehlleistungen"**
zurück. Man sagt z. B. zu jemandem, mit dem man sich gar nicht treffen
will, bei der Begrüßung „Auf Wiedersehen!" oder „vergisst" einen un-
angenehmen Termin.

5 Wenden Sie die beschriebenen Möglichkeiten der Kontrolle von
Es-Impulsen durch das Ich auf die Beispiele an, die Sie in Aufgabe 3
analysiert haben.

Abwehrmechanismen nach Freud

Das Arsenal an Abwehrmechanismen, das Freud und seine Tochter Anna herausarbeite-
ten, ist beachtlich. Da viele im Alltag zu beobachtenden Ereignisse mithilfe der Ab-
wehrmechanismen sehr schlüssig zu erklären sind, werden einige besonders wichtige
vorgestellt:

Abwehrmechanismus	Beschreibung	Beispiel
Projektion	Eigene, nicht akzeptierte Triebwünsche und Eigenschaften werden anderen zugeschrieben und in diesem unter Umständen sogar bekämpft; auch als Sündenbock-Mechanismus bekannt.	Ein Tennisspieler schimpft nach einem verpatzten Ball über den schlechten Tennisschläger und die Firma, die diesen hergestellt hat. – Grundsatz: „Schuld sind immer die anderen!"
Verschiebung	Triebwünsche werden vom ursprüng-lichen auf ein sicheres Ziel verschoben; oft erkennbar an scheinbar unmotivier-ten Gefühlsausbrüchen.	Ein Angestellter, der eigentlich seinen Chef hasst, verschiebt seinen Hass auf einen Kollegen. Damit kann er seinen Hass gefahrlos ausleben.
Intellektualisierung bzw. Rationalisierung	Versuch, für frustrierte (nicht erfüllte) Bedürfnisse eine andere Erklärung zu finden, die gut klingt und dem Selbstwertgefühl nicht abträglich ist, die aber tatsächlich nicht wahr ist.	Ein bekanntes literarisches Beispiel ist die Fabel über den Fuchs, der die Trauben als „sauer" bezeichnet, weil er sie nicht erreichen kann.
Reaktionsbildung	Verwandlung eines unerwünschten Gefühls in sein Gegenteil; oft an der Überzogenheit, Starre und Unnatürlich-keit des vorgeblichen Gefühls erkenn-bar und dadurch für andere schnell durchschaubar.	Hass wird in (auffällig überzogene) Liebe umgewandelt, wenn z. B. eine Frau ein Kind bekommt, das sie nicht haben wollte; „Liebe" dieser Art steht manchmal (nicht immer!) hinter Überzärtlichkeit und Verwöhnung.

Abwehrmechanismus	Beschreibung	Beispiel
Regression	Jemand, der mit einer Situation und ihren Anforderungen nicht fertig wird bzw. Triebwünsche hat, die nicht befriedigt werden können, fällt auf eine frühere Entwicklungsstufe zurück, d. h., er zeigt Verhaltensweisen einer früheren / kindlichen Entwicklungsstufe. Dadurch soll unbewusst die „heile Welt" früherer Zeiten vorgeblich wiederhergestellt und die Auseinandersetzung mit den belastenden Dingen vermieden werden.	Das schon „saubere" Kind nässt bzw. kotet nach der Geburt eines Geschwisterchens plötzlich wieder ein, um so umsorgt zu werden wie damals, als es selbst noch ein kleines Baby war.
Sublimation	Nicht eingestandene oder realisierbare Triebwünsche werden in eine vom Individuum selbst bzw. von anderen akzeptierte und verfeinerte soziale Form umgeleitet; Sublimation gilt für Freud als Grundlage jeder Zivilisation, Kultur und Technik! Jede kulturelle oder zivilisatorische Leistung ist nach Freud nur möglich, weil Menschen ihre Triebe (z. B. Sexualität) verdrängen. Für die prüde Gesellschaft seiner Zeit war das natürlich eine Provokation, die Freud viel Ärger einbrachte.	Jede große wie kleine zivilisatorische oder kulturelle Leistung (technische Erfindungen, Bauwerke, Kunstwerke, Bücher usw.); im Kleinen gehört dazu aber auch schon so etwas wie das Mitschreiben in einer Unterrichtsstunde dazu, die langweilig ist (Verdrängung des unerfüllten Aktivitätstriebs), oder das Basteln von Modellflugzeugen als Beruhigungsmethode, wenn man aggressiv ist.

6 *Vollziehen Sie die allgemeine Beschreibung der Abwehrmechanismen an den Beispielen nach und prüfen Sie dabei vor allem, welchen „Vorteil" es für ein Individuum haben kann, auf diese Weise zu verdrängen.*

7 *Vorschlag für eine arbeitsteilige Gruppenarbeit: Jede Gruppe veranschaulicht eine Abwehrmethode, indem sie eine Spielszene dazu entwickelt.*

8 *Ordnen Sie begründet die folgenden Beispiele einem Abwehrmechanismus zu.*

A) Eine Frau ist in einen Mann verliebt, möchte es aber nicht zeigen. Sie verhält sich ihm gegenüber besonders ablehnend.

B) Jemand kann eine bestimmte Person nicht leiden, möchte dies aber nicht offen zugeben, um nicht als „aggressiver Täter" dazustehen. Stattdessen ist er überzeugt, der andere hasse ihn, woraufhin er nun in „gerechtem Zorn" auch seinerseits wütend auf den anderen ist.

C) Masochismus: Ein Mensch quält sich selbst, obwohl er eigentlich tiefe Hassgefühle gegenüber seinen Eltern hat.

D) Ein Lehrer, der von seinem Chef einen Rüffel bekommen hat, beschimpft in der darauffolgenden Unterrichtsstunde seine immer sehr brave Klasse und schreibt ein „Straf-Ex".

E) Ein Schüler bezeichnet ein Fach, in dem er schlechte Noten hat, als uninteressant; in Wirklichkeit ist er für dieses Fach nicht begabt bzw. hat große Wissenslücken von früher her.

F) Ein Erwachsener verhält sich gegenüber staatlichen, kirchlichen oder militärischen Machtträgern sehr untertänig.

G) Ein Mann, der homosexuelle Neigungen hat, diese aber nicht glaubt, ausleben zu dürfen, engagiert sich besonders intensiv im Geschäftsleben und wird zum erfolgreichen Unternehmer.

H) Ein Schüler, der den aktuellen Anforderungen der Schule nicht mehr gerecht werden kann, verhält sich sehr kindisch und albern.

Lernplakate erstellen → S. 110

9 *Finden Sie weitere praktische Beispiele aus Ihrem Alltag.*

10 *Was viele Menschen mit Freud assoziieren, wird im Bild deutlich. Arbeiten Sie den Inhalt heraus und beziehen Sie ihn auf Freuds Theorie.*

11 *Arbeiten Sie zusammenfassend heraus, inwiefern der Mensch nach Freud determiniert ist bzw. was ihm zu relativer Freiheit verhilft.*

12 *Sichern Sie Ihre Kenntnisse und formulieren Sie das Basiswissen zu Sigmund Freud. Beachten Sie dabei die Aspekte: Bewusstseinsstufen, Instanzenmodell, Abwehrmechanismen sowie Freiheit und Determination aus der Sicht Freuds. Sie können dazu auch ein Lernplakat erstellen.*

1.2 „Nicht die Dinge an sich beunruhigen den Menschen, sondern seine Sicht der Dinge." – Kognitive Persönlichkeitstheorien

Die Rational-Emotive Therapie

So bedeutsam die Psychoanalyse in der Geschichte der modernen Psychologie war, so umstritten war sie auch immer. Es ist hier nicht der Raum, diese teils heftigsten Auseinandersetzungen nachzuzeichnen. Nun hat es aber gute Gründe, warum andere Persönlichkeitsmodelle (z. B. die Verhaltens- bzw. Lerntheorie, die kognitiven Modelle sowie die sog. humanistische Psychologie als Mischform) in der therapeutischen und Forschungspraxis heute von größerer Wichtigkeit sind. Ein wesentlicher Grund ist, dass diese Ansätze einen weitaus größeren Freiheitsspielraum des Menschen sehen und in der therapeutischen Praxis erfolgreich umsetzen. Zur Veranschaulichung werden im Folgenden zwei Ansätze (ein Persönlichkeitsmodell und eine empirische Studie) vorgestellt.

Das ABCDE der Rational-Emotiven Therapie

Der amerikanische Psychologe **Albert Ellis** (1913–2007) entwickelte ein Therapiekonzept unter dem Namen „Rational-Emotive Therapie", das der Gruppe der kognitiven Persönlichkeitstheorien zuzuordnen ist. Diese gehen davon aus, dass ein Ereignis nicht zwangsläufig zu einem gewissen

5 Gefühlszustand oder einer bestimmten Handlung führen muss, sondern dass die gedankliche Verarbeitung entscheidend für die weiteren Konsequenzen aus dem Ereignis ist. Darin folgt Ellis dem antiken stoischen Philosophen Epiktet (ca. 50–138 n. Chr.) und dessen berühmter Erkenntnis:

> „Nicht die Dinge an sich beunruhigen den Menschen, sondern seine
> 10 Sicht der Dinge."

1 Finden Sie Beispiele aus Ihrem Alltag, die diese Aussage belegen.

Das ABCDE der Rational-Emotiven Therapie (Fortsetzung)

Ellis arbeitet mit fünf Stufen:
- A steht für das „activating experience", d. h. ein Erlebnis, Ereignis oder eine Erfahrung, die den Ausgangspunkt bilden,
15 beispielsweise eine Zurückweisung.
- B ist das „belief system", also ein System aus Denkgewohnheiten des Menschen oder – mit anderen Worten – seine Lebensphilosophie. Die in A genannte Erfahrung
20 der Zurückweisung verarbeitet der eine auf gesunde Weise, indem er zwar durchaus realisiert, dass eine solche Zurückweisung Nachteile mit sich bringen kann, er aber zugleich nach Möglichkeiten sucht, wie
25 er akzeptiert werden könnte. Depressive Menschen denken typischerweise anders: „Ich bin ein schlechter Mensch, zu nichts gut, es hat also ohnehin keinen Sinn, sich um den anderen zu bemühen." Oder:
30 „Die anderen müssen sich ändern, ich kann nichts machen." Solche Gedanken bezeichnet Ellis als irrational.
- C bezeichnet die emotionalen „consequences", die Folgen im Gefühlsbereich. Ein
35 gesund denkender Mensch wird in dem Zurückweisungsbeispiel durchaus Enttäuschung, Frustration oder Unzufriedenheit empfinden, aber das ist sicher etwas anderes als die Gefühlslage des Depressiven,
40 der mit Angst, Wertlosigkeitsgefühlen und verstärkter Depression reagiert.
- Im Rahmen einer Therapie ist der nächste Schritt das D. Es steht für „dispute", ein aktives Ankämpfen gegen irrationale
45 Gedanken.
- Der letzte Schritt ist E für „effect": der Aufbau einer neuen Lebensphilosophie. Natürlich umfasst dieser Schritt auch diverse verhaltenstherapeutische Übungen
50 und Trainingsverfahren. Ellis ist optimistisch, aber nicht naiv, was die Veränderungsmöglichkeiten betrifft; er weiß sehr genau, dass dieser gedankliche Umbau einiges an Mühen und Schmerzen bereitet.
55 Seine Botschaft ist aber auch: Die Lebensphilosophie ist – als gedankliche Größe – grundsätzlich veränderbar, man ist dem Schicksal nicht ausgeliefert. Grundüberzeugungen, die einmal erworben und ge-
60 lernt wurden, lassen sich auch wieder verändern.

Während die Psychoanalyse laut Ellis den logischen Fehler begeht, von A direkt auf C zu schließen, legt Ellis seinen Fokus auf B,

65 die Lebensphilosophie. Wenn es einem Menschen gelingt, irrationale durch rationale Glaubenssätze und Grundüberzeugungen zu ersetzen, kann er neurotische Befindlichkeiten abbauen. Ausgangspunkt ist dabei die auch

70 wissenschaftlich-empirisch belegte Beobachtung, dass nicht alle Menschen automatisch auf ein bestimmtes A mit einem bestimmten C reagieren. Personen, die mit demselben Ereignis nicht neurotisch umgehen, haben

75 einfach ein anderes B.

2 Setzen Sie den Text in Tabellenform um und halten Sie dabei das Wesentliche fest.

3 Beschreiben Sie die Grundunterschiede zwischen Ellis' kognitivem Ansatz und der Psychoanalyse Freuds auch im Hinblick auf Freiheit bzw. Determination menschlichen Lebens.

4 Können Sie sich irrationale Lebensgrundsätze vorstellen, die zu einer unglücklichen Stimmung führen?

Das ABCDE der Rational-Emotiven Therapie (Fortsetzung)

Ellis arbeitete eine Reihe typischer irrationaler Vorstellungen heraus, die viele Menschen prägen und zu seelischen Problemen führen. Es handelt sich dabei um Ansichten, die im

80 Einzelfall und in konkreten Situationen durchaus ihre Berechtigung haben, als extrem verallgemeinerte und für alle Situationen gültige Lebensphilosophie jedoch unglücklich machen. Beispiele solcher irrationalen „Gebote",

85 wie Ellis sie nennt, sind:

– Ich muss im Leben überragend kompetent sein. Es ist schrecklich, wenn ich es nicht bin.

– Alle Menschen müssen mich fair und nicht

90 gedankenlos behandeln und sie müssen mich lieben. Wenn sie es nicht tun, sind sie zu verdammen.

– Ich muss immer mehr Freude als Leid erleben und die Umwelt muss mir das

95 ermöglichen. Ansonsten ist das Leben unerträglich.

– Generell müssen die Dinge so sein, wie ich es mir vorstelle. Sind sie nicht so, kann ich nicht glücklich werden.

100 – Ich muss über alle Dinge der Umwelt die Kontrolle bewahren. Wenn es mir nicht gelingt, gehe ich unter.

„Starke Menschen brauchen keine Hilfe." – „Keiner hat das Recht, mich zu kritisieren." – „Es ist wichtig, dass alle mich akzeptieren und mögen." – „Die anderen sind besser dran als ich." – „Ich brauche unbedingt jemanden, auf den ich mich stützen kann." – „Ich bin für alles verantwortlich." – „Man kann sich auf niemanden verlassen."

5 Überlegen Sie, warum die von Ellis genannten Grundüberzeugungen einen Menschen höchstwahrscheinlich unglücklich machen.

6 a) Stellen Sie dieselben Überlegungen für häufig auftretende konkrete Grundüberzeugungen an (siehe Randspalte).

b) Was sind die Gemeinsamkeiten all dieser irrationalen Überzeugungen?

7 Formulieren Sie zu den von Ellis genannten sowie zu den in der Randspalte aufgeführten Grundüberzeugungen Alternativen, die rationaler sind und den Menschen weniger unglücklich machen.

Die Resilienz-Forschung

Psychologen und Ärzte untersuchten früher vor allem die negativen Folgen von trauma-tischen Erlebnissen, schlimmen Kindheitserfahrungen und zerrütteten Familien. Erst in den letzten beiden Jahrzehnten veränderte die Forschung ihren Blickwinkel und konzen-trierte sich auf Menschen, die trotz gleicher schlimmer Erfahrungen und Lebensbedingun-gen seelisch nicht zerbrachen, sondern psychisch wie physisch gesund blieben. Diese Forschung läuft unter Namen „Resilienz" (lat. Widerstandsfähigkeit, -kraft) und konzen-triert sich also auf Schutzfaktoren, die gegen Schicksalsschläge immunisieren.

Ursula Nuber (geb. 1954 in München) ist Diplom-psychologin, freie Journa-listin und Autorin zahl-reicher psychologischer Sachbücher. Ursula Nuber arbeitet als Coach und Paarberaterin in der Nähe von Heidelberg.

Resilienz: Immun gegen das Schicksal? *Ursula Nuber*

[...] Wie Emmy Werner feststellte, verfügen resiliente Kinder über Schutz-faktoren, welche die negativen Auswirkungen widriger Umstände abmildern:

– Sie finden Halt in einer stabilen emotionalen Beziehung zu Vertrauens-
5 personen außerhalb der zerrütteten Familie. Großeltern, ein Nachbar, ein Lieblingslehrer, der Pfarrer oder auch Geschwister bieten vernach-lässigten oder misshandelten Kindern einen Zufluchtsort und geben ihnen die Bestätigung, etwas wert zu sein. Diese Menschen fungieren als soziale Modelle, die dem Kind zeigen, wie es Probleme konstruktiv
10 lösen kann.

– Weiterhin wichtig ist, dass an ein Kind, das im Elternhaus Vernachlässi-gung und Gewalt erlebt, früh Leistungsanforderungen gestellt werden und es Verantwortung entwickeln kann. Zum Beispiel indem es für kleine Geschwister sorgt oder ein Amt in der Schule übernimmt.
15 – Auch individuelle Eigenschaften spielen eine Rolle: Resiliente Kinder verfügen meist über ein „ruhiges" Temperament, sie sind weniger leicht erregbar. Zudem haben sie die Fähigkeit, offen auf andere zuzugehen und sich damit Quellen der Unterstützung selbst zu erschließen. Und sie besitzen oft ein spezielles Talent, für das sie die Anerkennung von
20 Gleichaltrigen bekommen. [...]

1 Was haben diese Stützfaktoren gemeinsam, sodass die Kinder seelisch nicht zerbrechen? Berücksichtigen Sie das ABC-Modell von Ellis.

„Das ABCDE der Rational-Emotiven Therapie" → S. 135 f.

Sieben Wege führen zur Resilienz *Ursula Nuber*

[...] Aber auch wenn in Kindheit und Jugend keine resilienzfördernden Erfahrungen gemacht werden konnten, muss niemand sich seinem Schick-sal hilflos ausgeliefert fühlen. Resilienz kann in jedem Lebensalter erlernt werden. In ihrer Broschüre *The road to resilience* nennt die Amerikanische
5 Psychologenvereinigung sieben Wege, die zum Ziel führen [...]:

1. Soziale Kontakte aufbauen [...].
2. Krisen sollten nicht als unüberwindliches Problem betrachtet werden: Die Tatsache, dass etwas Schlimmes passiert ist, kann nicht rückgängig gemacht werden. Aber man hat Einfluss darauf, wie man darüber denkt und wie man darauf reagiert. Stressereignisse sind dann weniger belastend, wenn man glaubt, sie kontrollieren zu können, und sie nicht als dauerhaft, sondern zeitlich begrenzt wahrnehmen kann. [...] Die Überzeugung, die eigenen Lebensumstände positiv beeinflussen zu können, keine Marionette des Schicksals zu sein, ist eines der wichtigsten Merkmale der Resilienz.
3. Realistische Ziele entwickeln: Wichtig ist weiterhin, die Zukunft nicht aus den Augen zu verlieren. Wünsche und Ziele sind trotz des Verlustes, trotz der Schmerzen noch vorhanden. [...]
4. Die Opferrolle verlassen, aktiv werden: Es ist verständlich, angesichts einer schweren Krise oder scheinbar unlösbarer Probleme den Kopf in den Sand zu stecken und zu resignieren. Doch das Verharren in der Opferrolle schwächt zusätzlich. Vielmehr sollte man eine Bestandsaufnahme der Situation machen – worin liegt die Herausforderung, wie groß sind die Belastungen, welche Handlungsmöglichkeiten habe ich? – und sich dann darauf konzentrieren, was man selbst verändern kann. Resiliente Menschen ergreifen in schwierigen Situationen die Initiative. [...]
5. An die eigene Kompetenz glauben: Menschen lernen oftmals etwas aus widrigen Umständen, sie wachsen und entwickeln sich angesichts eines Verlusts. Viele, die Tragödien erlebten, berichten später von intensiveren Beziehungen, einem gewachsenen Selbstwertgefühl und einem intensiveren Lebensgefühl. [...]
6. Eine Langzeitperspektive einnehmen: Auch wenn die Gegenwart äußerst schmerzhaft ist, sollte man versuchen, sie in den gesamten Lebenskontext zu stellen. Hilfreich dabei ist die Frage: Was war in der Vergangenheit für mich ähnlich schwierig, wie bin ich damit umgegangen und welche Bedeutung hat dieses Ereignis heute für mich?
7. Für sich selbst sorgen: So wichtig es ist, in einer Krise aktiv zu bleiben und Unterstützung zu suchen, so wichtig ist auch der Rückzug, um zu trauern, zu klagen, nachzudenken, aber auch um neue Energie zu tanken. [...] „Resilienz ist das Endprodukt eines Prozesses, der Risiken und Stress nicht eliminiert, der es den Menschen aber ermöglicht, damit effektiv umzugehen", sagte Emmy Werner [...]

Emmy Werner (geb. 1929) ist eine US-amerikanische Entwicklungspsychologin.

„Die Seele auf der Couch – Sigmund Freud" → S. 128 ff.

2 *Warum sind soziale Kontakte so wichtig für die Resilienz?*

3 *Was haben diese Ergebnisse und Ellis' Persönlichkeitsmodell gemeinsam?*

4 *Betrachten Sie die Ergebnisse aus Sicht der Psychoanalyse.*

5 *Welche Konsequenzen ergeben sich aus diesen Befunden für die Frage nach Freiheit und Determination?*

2. Abhängigkeiten und Freiheitschancen – Mensch und Gesellschaft

2.1 Der Einzelne zwischen Anpassung und Selbstbehauptung – Konformität und Autorität aus sozialpsychologischer Sicht

Das 20. Jh. war reich an Diktaturen. So verwundert es nicht, dass die Sozialpsychologie (v. a. in den USA) sich intensiv mit dem Verhalten von Menschen auseinandergesetzt hat, die einem Gruppendruck ausgesetzt bzw. mit einer Autorität konfrontiert werden.

> 1 *Suchen Sie nach Beispielen, in denen Sie sich von Gruppen oder Autoritäten haben beeinflussen lassen. Welche Art von Konformität zeigten Sie dabei? Informieren Sie sich zunächst im Basiswissen über die Formen der Konformität.*

Formen der Konformität

Hinsichtlich der Übereinstimmung mit fremden Ansichten lassen sich in der Regel vier Formen unterscheiden:

- **Konformität:** Anpassung an Gruppenmeinungen ohne innere Überzeugung
- **Akzeptanz** („acceptance"): völlige Übereinstimmung ohne innere Vorbehalte; man wird im engeren Wortsinne vom anderen überzeugt.
- **Einwilligung** („compliance"): Übereinstimmung, auch wenn Vorbehalte existieren; Sonderformen sind die „public compliance" (öffentliche Änderung der Einstellung zur Vermeidung negativer Konsequenzen, aber privat wird die ursprüngliche Meinung beibehalten) und die „forced compliance" (erzwungene Einwilligung).
- **Gehorsam:** Spezialfall Unterwerfung unter eine Autorität

Zahlreiche, sehr eindrucksvolle Experimente verdeutlichen, wie stark Menschen sich sozialen Einflüssen ergeben.

Welche Linie ist gleich lang? – Die Konformitätsexperimente von Asch

Beschreibung von Aschs Konformitätsexperimenten *Leon Mann*

[...] Eine Gruppe von sieben Universitätsstudenten wurde in einen Unterrichtsraum geführt. Den Versuchspersonen wurde mitgeteilt, dass ihre Aufgabe darin bestünde, Striche gleicher Länge herauszufinden. An der linken Seite der Tafel befand sich eine weiße Karte mit einem einzigen
5 Strich darauf, der Standardlinie. An der rechten Seite der Tafel befand sich eine zweite Karte, auf der drei verschieden lange Striche zu sehen waren, dies waren die sog. Vergleichslinien. Einer der Striche auf der rechten Karte war genauso lang wie der Strich auf der linken. [...]

Standardkarte

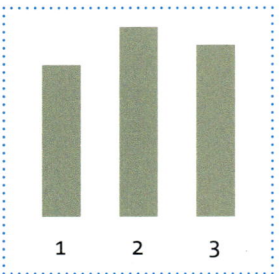

Vergleichskarte

Solomon E. Asch (1907–1996) war ein polnisch-amerikanischer Gestaltpsychologe und Pionier der Sozialpsychologie.

Wenn man eine Person fragt, welcher der Striche auf der Vergleichskarte
10 genauso lang wie der Strich auf der Standardkarte ist, werden nur sehr
wenige Schätzfehler gemacht. Was geschieht nun, wenn sich jemand in der
Gesellschaft von sechs anderen wiederfindet, die auch angewiesen werden,
ihre Schätzungen laut vorzunehmen? Normalerweise sollte das keinen
Unterschied machen. In der Asch-Situation war das jedoch anders, denn
15 jeder der sechs anderen war ein Verbündeter des Versuchsleiters, ohne
dass die „naive" Versuchsperson etwas davon wusste. [...]

Vor Versuchsbeginn und bevor die Versuchsperson erschien, war mit
den sechs Komplizen sorgfältig durchgesprochen und durchgeübt worden,
bei welchen Schätzungen sie einstimmig falsche Antworten geben sollten.
20 So sagten sie z.B. in der Situation, die [oben] abgebildet ist, dass Strich 1 die
gleiche Länge wie die Standardlinie aufwiese. Die unglückliche Versuchsperson befand sich nun plötzlich und unerklärlicherweise in Opposition zur
gesamten Gruppe, und zwar nicht nur einmal, sondern mehrere Male im
Verlauf des Versuches. [...]

25 In Aschs erster Versuchsreihe wurden 123 naive Versuchspersonen mit
zwölf kritischen Schätzungen[1] getestet. Von der Gesamtzahl der abgege-
benen Schätzungen waren 37 % falsch, d.h., 37 % der Urteile der naiven Versuchspersonen stimmten mit den (objektiv falschen) Schätzungen der
einstimmigen Mehrheit überein. Es wurden allerdings beachtenswerte
30 individuelle Unterschiede in den Reaktionen auf den Mehrheitsdruck beobachtet, die von völliger Unabhängigkeit bei Einzelnen bis zur absoluten
Unterwerfung bei allen Schätzungen bei anderen reichten. Immerhin gab
ein Drittel aller Versuchspersonen dem Mehrheitsdruck in mindestens
der Hälfte der Schätzungen nach. [...]

1 kritische Schätzungen: Versuchsdurchgänge, in denen die Gruppe eine falsche Antwort gibt.

1 In welchem inneren Konflikt standen die echten Versuchspersonen?

2 Warum stimmten sie den falschen Schätzungen der Mehrheit zu?

3 Welche Form von Konformität dürfte bei den echten Versuchspersonen überwogen haben?

4 Asch führte das Experiment auch mit nur einer verbündeten Versuchsperson neben der echten durch. In diesem Fall gab es praktisch keine Anpassung an die falschen Schätzungen. Warum wohl?

5 Eine weitere Variante bestand darin, dass der naiven Versuchsperson ein Partner beigegeben wurde, der mit ihr übereinstimmte. Die Tendenz, sich der Mehrheit anzupassen, sank auf 10 %. Wie lässt sich das Ergebnis erklären?

6 Die Ergebnisse des Asch-Versuchs wurden sehr kritisch diskutiert, insbesondere hinsichtlich der Übertragbarkeit der Ergebnisse auf das Konformitätsverhalten im Alltag. Was spricht dafür, was spricht dagegen?

7 Finden Sie Beispiele für Situationen, in denen Sie zur Konformität angehalten werden. Analysieren Sie möglichst genau, wie auf Sie Einfluss genommen wird, und überlegen Sie, welche Möglichkeiten Sie haben, Einflüssen zu widerstehen, denen Sie widerstehen möchten.

8 Worin besteht der Nutzen der Konformität?

Sind wir alle potenzielle Nazi-Schergen? – Milgrams Gehorsamsexperimente

Beschreibung von Milgrams Gehorsamsexperimenten

Stanley Milgram (1933–1984), ein amerikanischer Psychologe an der renommierten Yale University, beschäftigte sich mit der Frage, wie es möglich war, dass so viele Menschen den Nazis gehorchten. Ausgehend von der Vermutung, ähnliche Vorgänge in einer alten Demokratie wie
5 den USA seien nicht möglich, entwickelte er Anfang der 60er Jahre ein Experiment, das ihn eines anderen belehrte. Die Ergebnisse bestätigten sich überdies bei Wiederholungen in verschiedenen Ländern, u. a. auch in Deutschland (dort unter dem Begriff „Versuch Abraham" in Anlehnung an die biblische Gestalt).

Stanley Milgram
(1933–1984)

10 **Der Grundaufbau der Milgram-Experimente**

Mittels Zeitungsanzeigen wurden Versuchspersonen für ein Experiment gesucht, in dem es offiziell um die Auswirkung von Strafe auf Behaltensleistungen geht. Bei der Ankunft von je zwei Versuchspersonen wurde ausgelost, wer die Rolle des Lehrers und die des Schülers übernahm. Der
15 „Schüler" bekam eine Liste von Wortpaaren, die er nach einmaligem Hören auswendig können sollte (z. B. blau – Schachtel, schön – Tag, wild – Vogel). Im weiteren Verlauf hat der „Lehrer" ihm ein Wort vorgelesen und vier Auswahlantworten gegeben, aus denen der „Schüler" das richtige Wort finden musste. Sobald er einen Fehler machte, bekam er einen
20 Stromschlag, der bei jedem weiteren Fehler in 15-Volt-Schritten von 15 Volt bis zu 450 Volt gesteigert wurde. Damit der „Lehrer" wusste, wie sich das anfühlt, erhielt er einen 45-Volt-Probeschlag, der schon sehr schmerzhaft war.

In Wirklichkeit war der „Schüler" ein Verbündeter des Versuchsleiters

25 (die Auslosung war also fingiert) und er bekam natürlich nicht wirklich Stromschläge. Milgram interessierte sich vielmehr dafür, ob die echten Versuchspersonen (also die „Lehrer") seinen Aufforderungen, weiterzumachen, folgten, auch wenn der „Schüler" (fingierte) Schmerzreaktionen zeigte.

30 Im Grundsetting befand sich der „Schüler" in einem Nebenraum, festgeschnallt auf einem Stuhl, der einem elektrischen Stuhl ähnelte, und vor sich eine Tastatur für die Antworten. In einem festgelegten Modus äußerte der „Schüler" via Mikrofon bestimmte Reaktionen: bei 75 Volt ein Grunzen, bei 120 Volt Schmerzensschreie, bei 150 Volt sagte er, dass

35 er nicht mehr weitermachen wollte, bei 200 Volt markerschütternde Schreie, bei 300 Volt die Weigerung, Antworten zu geben, und ab 330 Volt keinerlei Reaktion mehr, nur noch Stille; der „Lehrer" musste also davon ausgehen, dass Schläge dieser Höhe mindestens zur Ohnmacht, wenn nicht sogar zum Tod führen mussten. Auf der Tastatur, mit deren

40 Hilfe der „Lehrer" die Stromschläge auslöste, waren zudem Anmerkungen angebracht, die die Gefährlichkeit verdeutlichten (z. B. „Gefahr! Bedrohlicher Schock" ab 375 Volt und „XXX" ab 435 Volt). Wenn ein „Lehrer" Ansätze zeigte, das Experiment nicht weiterzuführen, gab es seitens des Versuchsleiters (eines Mannes, der wie ein seriöser Wissenschaftler aus-

45 sah) standardisierte Reaktionen, und zwar in Form von insgesamt vier Sätzen, die ohne jeglichen drohenden Unterton nüchtern gesagt wurden (z. B. „Bitte, fahren Sie fort!" oder „Sie müssen unbedingt weitermachen!"). Das Experiment wäre sofort abgebrochen worden, sobald sich ein „Lehrer" mehr als viermal geweigert hätte. Die ohnehin nur minimale

50 Belohnung, die in der Zeitungsanzeige angekündigt worden war, hätte ein „Lehrer" auch für das bloße Erscheinen bekommen.

Das Ergebnis dieses ersten Milgram-Experiments, an dem 40 echte Versuchspersonen teilnahmen: 62,5 % der „Lehrer" gingen bis zur höchsten Stufe (450 Volt).

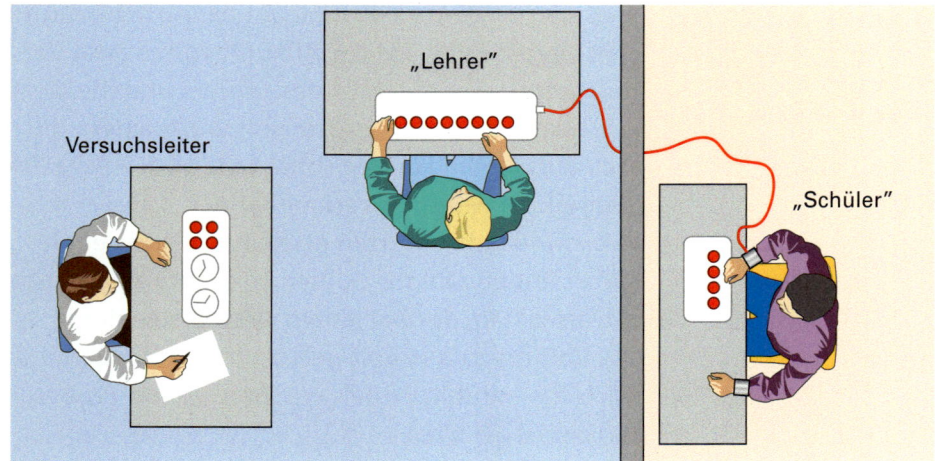

55 Milgram variierte die Nähe zwischen „Lehrer" (Täter) und „Schüler" (Opfer). In der „Fernraum-Anordnung" saß der „Schüler" im Nebenraum ohne Mikrofon-Kontakt; bei 300 Volt hörte der „Lehrer" nur einen Schlag an die Wand. 65 % der „Lehrer" gingen bis zur höchsten Stufe. Die geschilderte Form mit akustischen Reaktionen des „Schülers" via Lautsprecher war die

60 zweite Variante (62,5 % der „Lehrer" applizierten den höchsten Schock). In der dritten waren „Schüler" und „Lehrer" im selben Raum (40 % der „Lehrer" gingen bis ans Ende), bei der vierten musste der „Lehrer" (geschützt durch einen „Spezialhandschuh") die Hand des „Schülers", wenn er sich weigerte, auf die Schockplatte drücken; immerhin noch 30 % der

65 „Lehrer" gingen hierbei bis 450 Volt.

1 Listen Sie die Ergebnisse der Versuchsreihe tabellarisch auf.
2 Versuchen Sie, eine Erklärung für das Verhalten der gehorsamen Versuchspersonen zu finden.
3 Beurteilen Sie die Zulässigkeit dieses Experiments aus ethischer Sicht.
4 Übertragen Sie die Ergebnisse auf das alltägliche Leben und überlegen Sie, welche Maßnahmen in Erziehung und Gesellschaft ergriffen werden müssen, um unmenschlichen Gehorsam zu vermeiden.
5 Die Experimente scheinen dafür zu sprechen, Gehorsam abzulehnen. Allerdings würde der Mensch nicht Gehorsam zeigen, wenn dieser nicht in der Menschheitsgeschichte eine wichtige Rolle gespielt hätte. Welchen Wert hat Gehorsam für das Funktionieren von Gruppen nach innen wie nach außen?
6 Fassen Sie zusammen, was sich aus den dargestellten Befunden für die Frage nach Freiheit und Determination menschlichen Verhaltens ergibt.

Die Quellen der Macht – Autoritäten

Die Versuche zeigen, dass Gehorsam gegenüber Autoritäten etwas ist, was tief in den Menschen verankert ist. Auf welche grundsätzlichen Machtquellen Autoritäten zurückgreifen können, veranschaulichen die Bilder auf der nächsten Seite.

1 Erläutern Sie anhand der Bilder auf der nächsten Seite und des Basiswissens wesentliche Machtquellen.

Basis

Autorität

Eine Person oder Institution verfügt über Autorität, wenn andere Menschen sich in ihrem Denken und Handeln nach ihr richten. So entsteht ein Machtgefälle bzw. Herrschaftsverhältnis. Grundlegende Machtquellen sind die Macht, zu belohnen oder zu bestrafen, Sachkompetenz, persönliche Bindung oder gesellschaftlich anerkannte Werte und Traditionen.

  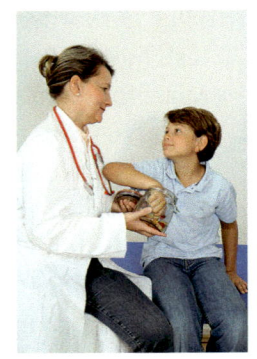 

2 Finden Sie zu diesen Machtquellen Beispiele aus Ihrem Lebensbereich.

3 Welche Machtquellen verursachen den Gehorsam (A) im Asch-Experiment und (B) im Milgram-Experiment? Wie ist mithilfe der Machtquellen zu erklären, dass die Verweigerungsquote in einigen Varianten des Milgram-Experiments sinkt?

4 Inwiefern besitzt der Mensch beim Empfang von Belohnungen und Bestrafungen Freiheiten und ist nicht vollkommen determiniert?

5 Was muss der Belohnende bzw. Bestrafende berücksichtigen, damit er wirksam ist?

6 Welcher Zusammenhang besteht zwischen der Größe des Sozialverbandes und der legitimen Macht, die dieser ausüben will?

7 Welche Voraussetzung muss gegeben sein, damit jemand persönliche Macht ausüben kann?

8 Wie beurteilen Sie die Expertenmacht heute?

9 Veranstalten Sie abschließend eine Gruppen- oder Podiumsdiskussion, in der Sie sich mit folgender Frage auseinandersetzen: Wie kann ich mit Gruppeneinflüssen und Autoritäten so umgehen lernen, dass ich meine ethischen Grundwerte bewahre?

2.2 Der Mensch als Gemeinschaftswesen – soziologische Bestimmungsgrößen für menschliches Verhalten

Der Weg in die Gesellschaft: Sozialisation

Der Mensch ist ein Gemeinschaftswesen („zoon politikon" in Aristoteles' Worten) oder Herdentier (aus biologischer Sicht). Die Betrachtung der Interaktion Mensch – Gesellschaft ist in Bezug auf die Frage nach Freiheit und Determination des Menschen zentral. Gewisse Aspekte wurden bereits über die sozialpsychologischen Befunde zu Konformität und Autorität behandelt. Die Soziologie beschäftigt sich schwerpunktmäßig mit dem Verhältnis von Individuum und Gesellschaft; ihre Befunde stehen im Mittelpunkt dieses Teilkapitels.

Die aus dem Jahr 1888 stammende Litografie zeigt, wie man sich damals den idealtypischen Lebensverlauf vorgestellt hat.

1 *Untersuchen Sie, was die Gesellschaft in den einzelnen Lebensphasen von einem Menschen erwartete.*
2 *Vergleichen Sie die damaligen mit den heutigen Erwartungen.*

„Der Einzelne zwischen Anpassung und Selbst-behauptung – Konformi-tät und Autorität aus sozialpsychologischer Sicht" → S. 139 ff.

1 Peer-Group: Gruppe von Gleichaltrigen

Sozialisation I (Auszug aus einem Psychologielexikon)

Sozialisation: lebenslanger Prozess, bei dem ein Mensch in ständiger, aktiver Auseinandersetzung mit seiner Umwelt die gültigen Werte, Nor-men, Verhaltens- und Handlungsmuster einer Gesellschaft übernimmt (Verinnerlichung) und somit an dieser partizipieren kann. Daher fungieren
5 sog. Sozialisationsinstanzen als Vermittler zwischen Individuum und Gesellschaft. Die primäre S. wird in der Familie geleistet (primäre Sozialisa-tionsinstanz), an der sekundären S. wirkt eine Vielzahl gesellschaftlicher Institutionen, wie etwa Schule, Peer-Group[1], Hochschule oder die Medien mit (sekundäre Sozialisationsinstanzen).

Normen → S. 17 f.

Sozialisation II (Auszug aus einem Psychologielexikon)

[...] Die S. kann sowohl als ein aus dem Individuum entwicklungsgemäß (Anlagen, Fähigkeiten) ablaufender, als auch von der Gesellschaft erziehe-risch geleisteter Prozess verstanden werden.

Ziel der S. ist der Ersatz äußerer Anweisungen durch innere Kontrollen,
5 die Normen, Verhaltensstandards und Überzeugungen als „eigen" erfahren lassen. Die frühkindliche S. wird auch als *primäre S.* bezeichnet; die Muster, die das Kind in der Familie *(familiäre S.)* gelernt hat, bestimmen weitgehend sein Rollenverhalten in der Schule *(schulische oder sekundäre S.)* und in den darauffolgenden wichtigen Lebensbereichen, v. a. Arbeit und Beruf *(beruf-*
10 *liche S.)*. Hier wird S. als lebenslanger Vorgang des Lernens und der An-passung *(tertiäre S.)* verstanden, der sich auf der Basis der Ergebnisse der primären S. vollzieht. [...]

145

Mindmap → S. 69

Gliedern Sie Ihre Grafik nach vier Aspekten: Definition, Phasen, Träger, Prozessmerkmale.

3 Erstellen Sie auf der Basis der vorhergehenden beiden Lexikonartikel eine Mindmap, in der die wesentlichen Aspekte des Sozialisationskonzepts zusammengefasst werden.

4 Warum muss der Mensch sozialisiert werden? Denken Sie an seine anthropologischen und biologischen Merkmale.

5 Wie viel Freiheit lässt die Sozialisation dem Einzelnen bzw. verschafft sie ihm? Wie stark determiniert sie ihn?

In Soziologie und Medien werden auch regelmäßig generationstypische Jugendwelten identifiziert, wobei dieses Unterfangen aufgrund der zunehmenden Pluralität der Gesellschaft immer schwieriger wird.

6 a) Setzen Sie sich kritisch mit dem folgenden Text auseinander, der ein Bild Ihrer Generation entwirft.

b) Recherchieren Sie nach Texten, die ein anderes Bild entwerfen (z. B. die „Shell"-Jugendstudien).

c) Veranstalten Sie eine Podiumsdiskussion, in der einige Schüler die Haltung des Autors vertreten, andere Gegenpositionen entwickeln.

 Sich mit Texten kritisch auseinandersetzen

Eine kritische Auseinandersetzung umfasst folgende Schritte:

1. Die **Thesen** und **Argumente** eines Textes müssen präzise identifiziert werden.
2. Als Nächstes sollten Sie genau prüfen, ob die **Argumentation** in sich **schlüssig** ist:
   - Suchen Sie nach **Argumentationsfehlern**, z. B. fehlende Begründungen und Beweise, Widersprüche, fehlende Definition bzw. unscharfer Gebrauch von Begriffen, unlogische Ableitungen, keine Berücksichtigung von Einwänden.
   - Kritisch zu bewerten sind auch **argumentative „Tricks"**: rhetorische Fragen; „100-Prozent-Aussagen" („alle", „immer", „nie" usw.), die fast nie haltbar sind; Auwertung der eigenen bzw. Herabsetzung der gegnerischen Seite; Lächerlichmachen möglicher Einwände; Verschweigen von Widersprüchen / Problemen; Verwendung inhaltsleerer Phrasen; „Totschlagargumente" (z. B. pauschale und unbegündete Ablehnung von Ansichten als unrealisierbar oder unrealistisch) usw.
3. Erst dann ist es sinnvoll, **Gegenthesen** (mit Belegen!) zu formulieren.

Die Generation der Egotaktiker *Peter Zimmermann*

[...] Am Ende des 20. Jahrhunderts lässt sich mittlerweile kaum eine eindeutige generationsspezifische Sozialisationsweise identifizieren. Zur Beschreibung der Vielschichtigkeit von Jugend wurde das Bild der „Generation X" kreiert, wobei X eine unbekannte Variable bezeichnen soll. Jugendforscher
5 beschreiben die Jugend heute als unberechenbar und unkalkulierbar, als „gut getarnte Generation" und „schweigende Individualisten" [...]. Jugend

ist zersplittert und ausgefasert [...], jugendliche Verhaltensweisen, Orientie-
rungen, Haltungen und Lebensstile sind in ihrer Pluralität kaum noch über-
schaubar.

10   Mit Beginn des 21. Jahrhunderts ist es populär geworden, von einer
„Netzgeneration" oder „Generation @" zu sprechen. Der Freizeitforscher
Opaschowski bezeichnet hiermit Kinder und Jugendliche, die in einer
von elektronischen Medien geprägten Umwelt aufwachsen [...] und dabei
vor allem von der Etablierung des Internets als Informations- und Kommu-
15 nikationsmedium beeinflusst werden. [...]

   Häufig wird die heutige Jugend neben der Nutzung elektronischer
Medien auch über einen veränderten Sozialcharakter beschrieben und dann
als „Generation der Egotaktiker" bezeichnet [...]. Heranwachsende fallen
darüber auf, dass sie sich sehr stark auf die Gestaltung der eigenen Persön-
20 lichkeit konzentrieren. Das Eigene ist der Maßstab für das Selbst. Diese
Grundeinstellung paart sich dabei mit einer äußerst pragmatischen Welt-
bewältigung. Jugendliche sind darauf aus, vorhandene Chancen wahrzunehmen und im richtigen Moment zuzugreifen. Zum Egotaktiker gehört
Opportunismus und auch ein kleiner Hang zur Bequemlichkeit. Aktiv wird
25 er aber vor allem dann, wenn es um die eigenen Interessen geht, was sich
bis zu einer egoistischen Durchsetzung dieser Interessen steigern kann. Auf
dieser Seite ist der Egotaktiker auch gleichzeitig Materialist. Vielleicht
zeigt sich in diesem hier beschriebenen hohen Grad der Selbstzentriertheit
gekoppelt mit einer situativen Anpassungsfähigkeit auch der Effekt der
30 Anforderung an den „flexiblen Menschen" [...]. Insofern ist der Egotaktiker
der Prototyp des zukünftigen Verhaltensvirtuosen.

Verhaltenserwartungen der Umwelt – soziale Rollen

Rollen und Rollenkonflikte

Jeder Mensch ist – aufgrund seiner sozialen Positionen und Gruppenzugehörigkeiten – Träger verschiedener **sozialer Rollen.** Darunter versteht man ein Bündel von Verhaltens-
5 erwartungen (**Rollenerwartungen**), die die Umwelt (Einzelindividuen, soziale Gruppen, Organisationen, Institutionen) an ein Individuum stellt. Eine Rolle umfasst in der Regel mehrere **Rollensegmente,** die sich aus den
10 verschiedenen Bezugsgruppen ergeben, mit denen der Rolleninhaber zu tun hat.

   Die Erwartungen lassen sich dabei hinsichtlich ihrer Verbindlichkeit unterscheiden in **Muss-Erwartungen** (Dinge, die ein Rollen-
15 träger tun muss, sonst hat er mit erheblichen Sanktionen zu rechnen oder verliert im schlimmsten Falle sogar seine Position), **Soll-Erwartungen** (ein Verstoß gegen solche Pflichten hat zwar Sanktionen, aber nicht
20 gleich den Verlust der Position zur Folge) und **Kann-Erwartungen** (die Bezugspersonen oder die Gruppe reagieren neutral oder sogar positiv auf deren Erfüllung). Der Einzelne kann also nur begrenzt entscheiden,
25 ob er Rollenerwartungen erfüllt oder nicht. Soziale Rollen zeichnen sich nämlich auch dadurch aus, dass die Rolle von ihrem Träger unabhängig existiert (die Rolle „Schüler"

existiert weiter, auch wenn ein konkreter

30 Schüler die Schule verlässt), der Inhalt der Rolle nicht vom Träger bestimmt wird, sondern eben von seiner Umwelt bzw. der Gesellschaft, und dass die Einhaltung von Rollenerwartungen kontrolliert und ggf. mit

35 **Sanktionen** belegt wird. Die Schwierigkeit bei der Rollenausübung resultiert unter anderem daraus, dass Rollenvorschriften in der Regel nicht schriftlich festgelegt sind, sondern im Rahmen des Sozialisationsprozes-

40 ses mündlich und / oder über Modelle vermittelt und mehr oder weniger erfolgreich gelernt werden.

Eine gewisse Freiheit ergibt sich dadurch, dass der Einzelne bei gewissen Rollen die

45 Wahl hat, ob er sie überhaupt übernehmen will. Andere Rollen (z. B. Geschlechtsrollen oder altersabhängige Rollen wie Kind, Jugendlicher, Erwachsener) sind unvermeidbar, können aber – vor allem in nicht tradi-

50 tionellen, nicht homogenen, also pluralistischen Gesellschaften – in einer gewissen Bandbreite individuell ausgestaltet werden. Je formalisierter (und ggf. sogar schriftlich fixiert) die Rollenerwartungen sind, umso

55 weniger Spielraum zur **Rollendistanz** oder **Rollenverweigerung** besteht. Jedes Individuum ist gleichzeitig Träger verschiedener Rollen; man nennt die Rollen, die von einem Einzelnen getragen werden, auch Rollensatz

60 oder Rollenensemble. In einer stark differenzierten und sich laufend verändernden Gesellschaft wie der unseren sind Individuen laufend einem Rollenwechsel ausgesetzt und müssen auch immer wieder neue Rollen

65 lernen. Das gleichzeitige Ausüben mehrerer Rollen und die Rollenwechsel können zu **Rollenkonflikten** führen. Dabei unterscheidet man Inter-Rollenkonflikte (Konflikte aufgrund der Unvereinbarkeit zweier Rollen) und Intra-

70 Rollenkonflikte (Konflikt zwischen verschiedenen Segmenten einer Rolle). Während Normen, die ja ebenfalls Erwartungen der Gruppe an das Verhalten eines Einzelnen darstellen, für alle Gruppenmitglieder gleich gültig sind,

75 richten sich Rollenvorschriften nur an den Inhaber einer bestimmten **Position**. Verschiedene Positionen gehen mit Rangunterschieden einher und damit, dass die Erwartungen an das Verhalten der Beteiligten sich unter-

80 scheiden.

„,Muss', ,kann' und ,soll': moralische und andere Normen" → S. 17 f.

Rollen: Schüler/-in, Lehrer/-in, Freund/-in, Partner/-in

„Die Konformitäts-experimente von Asch" → S. 139 ff.
„Milgrams Gehorsams-experimente" → S. 141 ff.

1 Welche Muss-, Kann- und Soll-Erwartungen werden an nebenstehende Rollen gestellt? Finden Sie auch Beispiele, wie Verstöße gegen solche Erwartungen bei diesen Rollen sanktioniert werden.

2 Sammeln Sie die Rollen, die Sie zurzeit spielen, und versuchen Sie, die Erwartungen an diese Rollen in einer Art „Pflichtenheft" aufzulisten. Wo und bei welchen Anlässen kommt es zu Rollenkonflikten?

3 Finden Sie Beispiele für Rollen, die Sie frei wählen können, diskutieren Sie aber auch, wie frei diese Wahl wirklich ist.

4 Mit welchen Sanktionen hatten die Versuchsteilnehmer bei Aschs und Milgrams Versuchen zu rechnen? Welche Art von Sanktionen sind also offensichtlich für Menschen sehr wirksam?

5 Fassen Sie zusammen, welche Freiheitsspielräume einem Individuum als Träger sozialer Rollen bleiben. Berücksichtigen Sie dabei auch die Chancen, die sich aus Rollenkonflikten ergeben.

6 „Endlich hat er eine Rolle. Endlich weiß er, wer er ist." – Welches Problem kommt in dem Aphorismus zum Ausdruck?

Oben und unten – der Status

Der Begriff des Status

Sobald es verschiedene soziale Rollen gibt, existieren auch Statusunterschiede, die das Handeln der Menschen bewusst und unbewusst steuern. Unter **Status** versteht man dabei die gesellschaftliche Stellung, die eine Person im Vergleich zu anderen einnimmt (Unterscheidungskriterien sind

5 z. B. Einkommen, Bildung, Beruf, Ansehen). Durch den Status ergibt sich eine gesellschaftliche Differenzierung, wie sie auch unter dem Stichwort „Schicht" diskutiert wird. Mit einem bestimmten Status sind verschiedene Merkmale verknüpft: Rechte und Pflichten, Privilegien, Möglichkeiten, Lebensstile, Erwartungen in Bezug auf Auftreten, Verhalten und Sprache.

10 Statusunterschiede werden oft über Symbole vermittelt (Kleidung, Auto, Haus, bevorzugte Urlaubsziele usw.) und spiegeln sich sogar in Essgewohnheiten, genutzten Medien, ausgeübten Sportarten oder im Kunstgeschmack wider.

In der Soziologie trifft man folgende Unterscheidungen:

15 – **Statuskonsistenz** bedeutet, dass die genannten Merkmale hoch miteinander korrelieren, d. h. gleichzeitig auftreten (hohe Bildung – hohes Einkommen). Bei der **Statusinkonsistenz** ist es umgekehrt (z. B. der arme, Taxi fahrende Akademiker oder der ungelernte Arbeiter, der Millionen im Lotto gewinnt).

20 – Der **erworbene Status** ist einer, der durch Fähigkeiten und Leistungen erreicht wurde, unabhängig von der sozialen Herkunft. Unter einem **zugeschriebenen Status** versteht man Positionen, die einem Menschen aufgrund von Geschlecht, Alter oder Hautfarbe zugewiesen werden.

25 Die soziologische Forschung ergab, dass nicht nur in altertümlichen Gesellschaften, sondern auch in Industriestaaten der Status immer noch einen starken Einfluss auf das Denken und Handeln der Menschen hat. Beispielsweise sind Partnerschaften und Heiraten zwischen statusverschiedenen Personen immer noch seltener als solche zwischen status-

30 gleichen.

1 *Fassen Sie die wesentlichen Informationen über den Status in Form einer Mindmap zusammen.*

2 *Beschreiben Sie den Status folgender Personengruppen hinsichtlich möglichst vieler Merkmale: Schulleiter/-in, Schüler/-innen der Oberstufe eines Gymnasiums, Hausfrau/-mann, Bundesminister/-in.*

 Beim Thema „Status" bzw. „Mensch und Gesellschaft" bietet sich eine fächerübergreifende Zusammenarbeit mit dem Fach Sozialkunde an.

Marginalien:

Schicht → S. 151 f.
Rolle: Verhaltenserwartungen der Gesellschaft an ein Individuum
Status: Bewertung von Personen und Rollen durch die Gesellschaft

Mindmap → S. 69

3 Welche Probleme können bei dem Versuch auftreten, den Status einer Person bzw. einer Personengruppe möglichst genau zu messen und hinsichtlich der Merkmale zu beschreiben? Wieso ist ein solcher Versuch in der modernen Gesellschaft sicher schwieriger als z. B. in einer mittelalterlichen?

4 Finden Sie weitere Beispiele für Statuskonsistenz und Statusinkonsistenz.

5 Erstellen Sie eine Liste mit Berufen und überlegen Sie, welchen Status (A) Sie persönlich und (B) die Bevölkerungsmehrheit dem Inhaber jedes dieser Berufe zumisst. Vergleichen Sie die Resultate mit den Ergebnissen einschlägiger soziologischer Untersuchungen, die Sie im Internet finden.

6 Werten Sie die folgenden Bilder aus: Woran erkennt man, dass es sich um hoch- bzw. niedriggestellte Personen handelt? Achten Sie z. B. auf Merkmale der Körpersprache.

7 Sammeln Sie Beispiele, wie Sie sich einem Statushöheren bzw. einem Statusniedrigeren gegenüber verhalten, und stellen Sie diese in Form kurzer Szenen dar.

Ein Merkmal, das Statusunterschiede ausdrücken soll, war immer schon die Kleidung. Allerdings zeigen sich hier historisch erhebliche Unterschiede. So gab es im Mittelalter entsprechende Kleiderordnungen, die mit staatlicher Gewalt durchgesetzt wurden, während heutzutage die Unterschiede nicht auf den ersten Blick erkennbar sind.

8 *Wie werden Statusunterschiede heutzutage in der Kleidung bzw. von Statusinhabern deutlich gemacht?*

9 *Dass Statusunterschiede auch heute noch ein nicht wegzudiskutierendes Faktum sind, dürfte klar geworden sein. Aber wie sehr beeinflussen sie Sie z. B. bei der Berufswahl?*

Schicht und Schichtzugehörigkeit

Schichten unserer Gesellschaft

Die Gesellschaft gliedert sich in Schichten. Unter einer Schicht versteht man „eine Gruppe von Menschen, die nach bestimmten sozialen Merkmalen (Ausbildung, Einkommen
5 u. a., neuerdings auch Wohn- und Arbeitsbedingungen, Gesundheits- und Altersvorsorge) als ungefähr gleich eingeschätzt werden können". Andere Autoren betonen als Merkmal der Schichtzugehörigkeit die Ver-
10 fügungsgewalt über Sanktions- und Machtmittel (Ansehen, Geld) oder weitere Kriterien (Religion, Rasse, politische Orientierung). Im Einzelnen werden die Schichten im Rahmen der Statistik also sehr unterschiedlich
15 definiert. Da das übliche grobe Raster (Unter-, Mittel- und Oberschicht) die Wirklichkeit nur sehr unzureichend abbildet, wird es in der Praxis kaum mehr verwendet.

Ein Modell, das von Goldthorpe, sei hier
20 exemplarisch vorgestellt. Er differenziert die Gesellschaft nach sieben Schichten bzw. Klassen, die teilweise noch feiner gegliedert werden. Kriterium für die Schichtzugehörigkeit sind Einkommensquellen von Personen
25 und ihre Stellung im Wirtschaftsbetrieb.

Er unterscheidet:
1. Obere Dienstklasse
   (z. B. Spitzenmanager/-innen)
2. Untere Dienstklasse: Personen mit akade-
30 mischem Ausbildungsstand, die Angestellte sind (z. B. führende Beamte, Professoren, Ärzte im Krankenhausbetrieb).
3. Routinedienstleistungen: Angestellte, die nicht manuelle Tätigkeiten ausführen und
35 begrenzt Entscheidungen treffen können,

151

bzw. Angestellte, die Routinearbeiten
ausführen und gering qualifiziert sind
4. Selbstständige
5. hoch qualifizierte Facharbeiter/-innen
40 6. Arbeiter/-innen mit Berufsausbildung
7. nicht ausgebildete Arbeiter/-innen
Unberücksichtigt bleibt in diesem Modell die
sog. „Elite" von sehr reichen Unternehmern,
Spitzen aus Politik, Kirche, Gesellschaft
45 und Kultur, eine allerdings zahlenmäßig sehr
kleine und für die Forschung immer nur
schwer zugängliche Gruppe.

Medizinsoziologische Untersuchungen
zeigen: Zwischen Sozialschichtszugehörigkeit
50 und vielen Variablen des Lebens bestehen
enge Zusammenhänge, z. B. zu Krankheiten
wie dem plötzlichen Kindstod oder psychischen Erkrankungen. Ein für die Menschen
ebenfalls wichtiger Zusammenhang, nämlich
55 der zu den Bildungschancen, wurde im
Rahmen der PISA-Studien besonders deutlich
und sehr heftig diskutiert. All diese Daten
belegen, dass die Schichtzugehörigkeit die
menschliche Entscheidungsfreiheit ein-
60 schränkt und stark determinierend wirkt.

1 *Anregung für ein Kurzreferat: Sammeln Sie aus dem Internet aktuelle Untersuchungsergebnisse zum Zusammenhang zwischen Krankheiten und der Sozialschichtszugehörigkeit.*

2 *Fassen Sie die Ergebnisse der folgenden Statistik in Worte und interpretieren Sie sie.*

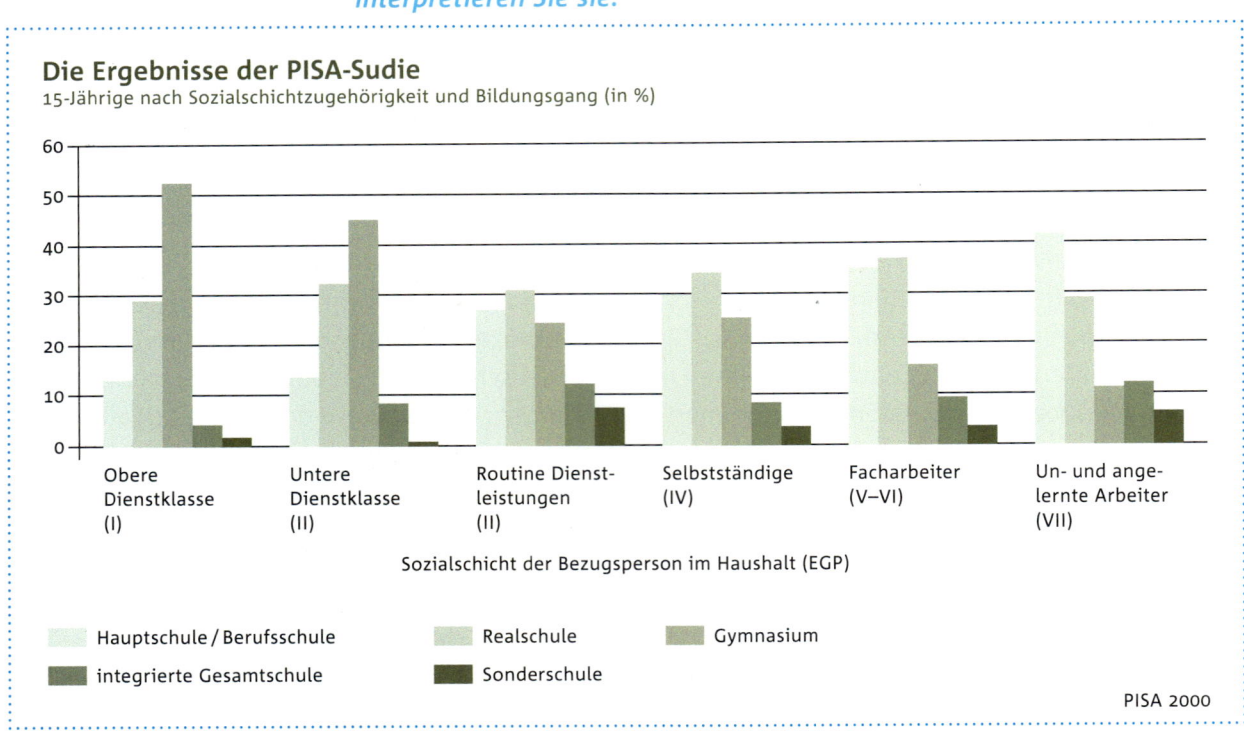

Die Ergebnisse der PISA-Sudie
15-Jährige nach Sozialschichtszugehörigkeit und Bildungsgang (in %)

Sozialschicht der Bezugsperson im Haushalt (EGP)

Hauptschule / Berufsschule Realschule Gymnasium
integrierte Gesamtschule Sonderschule

PISA 2000

3 *Informieren Sie sich über Ursachen dieser Befunde und Möglichkeiten, die Zugangschancen für Kinder aus „niedrigeren" Sozialschichten zu erhöhen.*

Das Märchen von der Chancengleichheit *Walter Wüllenweber*

Es war einmal eine Gesellschaft, die glaubte: Wer tüchtig ist, kann es nach ganz oben schaffen. Sogar Arbeiterkinder. Neue Studien enthüllen den Selbstbetrug der Deutschen: Noch immer ist die Elite eine geschlossene Gesellschaft. [...]

5 Seit über 20 Jahren beobachtet Harry Friebel eine Gruppe von Schulabgängern. Regelmäßig trifft er immer dieselben Probanden, die 1979 das Abitur, den Real- oder Hauptschulabschluss machten, um zu sehen, was aus ihnen geworden ist. Die Berufswege der Jungs ähneln denen ihrer Väter, die Mädchen leben meist so wie ihre Mütter vor 20 Jahren. [...]

10 [...] Michael Hartmann hat die Karrieren von rund 6.500 promovierten Juristen, Ingenieuren und Wirtschaftswissenschaftlern untersucht. Aus diesem Kreis werden normalerweise die Führungspositionen besetzt. Doch auch bei der Elite gilt: Wer aus dem richtigen Elternhaus stammt, bekommt die besseren Einstiegsjobs, steigt schneller auf und klettert am Ende höher.

15 „In den 400 größten deutschen Unternehmen ist die Chance auf eine Führungsposition für den promovierten Nachwuchs aus dem gehobenen Bürgertum doppelt, für den Nachwuchs aus dem Großbürgertum sogar dreimal so groß wie für gleich qualifizierte Promovierte aus der Mittelschicht und der Arbeiterklasse", sagt Hartmann. Das Endergebnis sieht so

20 aus: Über 80 Prozent der Nummer-eins-Chefs in den großen deutschen Unternehmen stammen aus dem Bürgertum, jener hauchdünnen Schicht, der nur 3,5 Prozent der Gesellschaft angehören. Die Hälfte kommt sogar aus dem gehobenen Bürgertum, also dem obersten halben Prozent. [...]

Das berühmte Vitamin B entscheidet dabei nicht allein. Der Mechanis-
25 mus ist viel subtiler. Jeder Chef, das ist menschlich, fördert Nachwuchsleute, die ihm ähnlich sind, in denen er sich wiedererkennt: So war ich vor 30 Jahren. Damit kommen nicht messbare, weiche Faktoren ins Spiel: die Verhaltensweise, das Auftreten. Soziologen sprechen vom „Habitus". „Wer in bürgerlichen Kreisen aufgewachsen ist, hat das mit der Mutter-
30 milch eingesogen. Das meiste davon kann man nicht lernen", sagt Hartmann. Der begabte Ingenieur, der sich aus dem Arbeiterviertel hochgerackert hat, ist womöglich unübertroffen beim Entwickeln komplexer Anlagen. Aber ihm fehlt die Souveränität, bei der Dinnerparty mit der Gattin des Chefs über Verdi-Opern zu parlieren. Und wenn der Aufsteiger
35 sich Mühe gibt? Dann merkt man ihm die Mühe an. Was er sagt, wirkt wie gepaukte Vokabeln. Die Leichtigkeit beherrscht er nie. Für seinen Konkurrenten aus dem richtigen Elternhaus hingegen sind solche Auftritte Heimspiele. [...]

Schröder und Fischer gehören zudem zu einer Generation, in der Auf-
40 steigen noch eher möglich war. Vor allem in den 60er und 70er Jahren waren die Bedingungen dazu ungewöhnlich gut: Die Väter dieser Generation – auch der des Kanzlers – waren zu Tausenden im Krieg gefallen. So konnten die Jungen oft schon früh in Positionen aufsteigen, die ansonsten

ihre Väter noch besetzt hätten. Wichtiger jedoch war: Die Wirtschaft wuchs
45 kräftig und brauchte jeden. Für eine kurze Blütezeit konnten damals auch
Hauptschüler bis ins Management gelangen. „Wenn die Marktbedingungen
gut sind, profitieren auch die unteren Schichten. Dann kann auch ein Teil
von ihnen in höhere Positionen aufsteigen", sagt Hartmann. „Wenn es
dagegen schlecht läuft, dann verdrängt der Nachwuchs aus bürgerlichen
50 Kreisen die Konkurrenz fast vollkommen." Genau das geschieht jetzt. Die
Sechziger und Siebziger mit ihren außergewöhnlichen Möglichkeiten
für alle Klassen waren eine historische Ausnahmesituation. Die Zeiten sind
vorbei. [...]

In anderen Ländern wird Elite – wohlgemerkt die Leistungselite – gezielt
55 gefördert. Nicht wegen der Gerechtigkeit, sondern aus kaltem ökonomi-
schem Kalkül. In den USA sind die besten Universitäten private Unternehmen, die teure Studiengebühren kassieren und Gewinne erwirtschaften
müssen. Hört sich ungerecht an. Ist es aber nicht. Denn in Harvard, Prince-
ton oder Stanford haben die Besten eines Jahrgangs realistische Chancen
60 auf einen Studienplatz, auch wenn sich ihre Eltern die Gebühren nicht
leisten können. Das betrifft nicht nur eine Alibi-Minderheit, sondern die
Mehrheit. 60 Prozent der Studenten amerikanischer Elite-Unis sind von
den Gebühren ganz oder teilweise befreit und bekommen von ihrer Hochschule finanzielle Beihilfe. Zurückgezahlt wird später, mit Zins und Zinses-
65 zins. Am Ende der Ausbildung in den berühmten Kaderschmieden stehen
die Arbeitgeber bei den Absolventen Schlange, um ihnen bestbezahlte
Jobs anzubieten. Dann heißt es: Du bist jung, schlau und tüchtig. Dein Papa
ist Hilfsarbeiter, na und? Willkommen im Club. Dir gehört die Welt.

Aufsteiger **Gerhard Schröder**:
Sein Vater war Hilfsarbeiter
und fiel im Krieg. Seine
Mutter Erika Vosseler (l.)
arbeitete als Putzfrau.

4   *Beschreiben Sie auf der Basis des Textes das Ausmaß der schichtab-
hängigen Aufstiegschancen.*

5   *Fassen Sie auf der Grundlage des Textes und der anderen Daten in
diesem Kapitel zusammen, welche Faktoren dazu führen, dass die
Aufstiegsmöglichkeiten eines Menschen in Deutschland stark schicht-
abhängig sind.*

6   *Welche Konsequenzen ergeben sich daraus für die Politik? Anregung:
Schreiben Sie den Abgeordneten Ihres Wahlkreises, was sie und ihre
Parteien gegen die in diesem Kapitel deutlich gewordenen Probleme
unternehmen wollen.*

Das Leben des Zoon politikon im Kleinen – die Gruppe

Wenn ein Mensch nicht den seltenen Weg des extremen Einzelgängers wählt, was in den meisten Kulturen als unnatürlich und unnormal gilt, lebt er in Gruppen, in modernen Gesellschaften meist sogar in mehreren. Sie bestimmen ebenfalls maßgeblich über individuelle Freiheiten und Einschränkungen.

1 Erstellen Sie eine Skizze, zu welchen Gruppen Sie gehören und welche unterschiedlichen Anforderungen diese Gruppen an Sie stellen.
2 Erarbeiten Sie die Grundmerkmale einer Gruppe anhand folgenden Kriterienkatalogs: Mindestanzahl / Höchstgröße, Kommunikation, Beziehungen nach innen und außen, Ziel und seine Wirkung, Regeln / Normen und ihre Bedeutung, Rollen und ihre Bedeutung, Rituale. Berücksichtigen Sie dabei auch die Bilder auf dieser Seite.

Regeln → S. 17 f.

Normen → S. 17 f.

3 Konkretisieren Sie die Gruppenmerkmale, indem Sie beispielsweise Ihre Clique diesbezüglich analysieren. Achten Sie dabei jedoch, wenn Sie Ergebnisse anderen mitteilen, auf Vertraulichkeit, insbesondere wenn es um die Träger der Gruppenrollen geht.
4 Untersuchen Sie, welches Ausmaß an Freiheit ein Gruppenmitglied hat.
5 Hatten Sie einmal ein Erlebnis, bei dem Sie durch „Gruppendruck" negativ beeinflusst wurden? Schreiben Sie darüber eine Kurzgeschichte.
6 Wie lässt sich anthropologisch (Anthropologie: die philosophische Lehre vom Wesen des Menschen) und evolutionsbiologisch die Notwendigkeit von Gruppen für Menschen erklären?
7 Welche Bedeutung kommt Gruppen in einer zunehmend pluralen und globalisierten Gesellschaft zu?

Lernplakate erstellen → S. 110

8 *Fassen Sie (evtl. im Rahmen einer Gruppenarbeit) in Form eines Plakates zusammen, was Sie über sozialpsychologische und soziologische Aspekte der Freiheit und Determination der Menschen erfahren haben. Nutzen Sie dazu das folgende Basiswissen.*

Basis — **Soziologische Aspekte von Freiheit und Determination**

- **Sozialisation:** Übernahme konkreter Werte, Normen, Verhaltens- und Handlungsmuster im Zuge einer lebenslangen und aktiven Auseinandersetzung mit der Gesellschaft; Sozialisationsagenten als Vermittler: primäre Sozialisation in der Familie, sekundäre durch z. B. Schule, Peer-Group, Medien, tertiäre durch Berufswelt; Ziel: Möglichkeit, an der Gesellschaft teilhaben zu können; Sozialisation determiniert nicht nur, sondern schafft auch Freiheit: z. B. Verhaltenssicherheit und damit Reduktion von Konflikten; Notwendigkeit der Eigenentscheidung bei widersprüchlichen Erwartungen verschiedener Sozialisationsinstanzen bzw. bei gesellschaftlichem Wandel.
- **Soziale Rollen:** Rolle als Bündel von Verhaltenserwartungen der Umwelt an ein Individuum; jeder Mensch als Träger verschiedener sozialer Rollen (Rollenensemble); eine Rolle besteht aus Rollensegmenten, die sich aus den verschiedenen Bezugsgruppen ergeben; Differenzierung der Erwartungen nach Muss-, Soll- und Kann-Erwartungen; Kontrolle und Sanktionierung der Rollenausübung durch die Gesellschaft; durch Ausübung mehrerer Rollen und Rollenwechsel Rollenkonflikte (Inter- und Intra-Rollenkonflikte); Rollen determinieren nicht nur, sondern schaffen auch Freiheit: Reduktion von Konflikten, Sicherheit im gesellschaftlichen Umgang, Möglichkeit der individuellen Rollendefinition in pluralen Gesellschaften (bis hin zur Rollenverweigerung).
- **Status:** gesellschaftliche Stellung, die an vielen Merkmalen ablesbar und messbar ist (Rechte, Pflichten, Lebensstile, Symbole usw.); beeinflusst Menschen im Handeln und Denken stark. Unterscheidungen: Statuskonsistenz (hohe Übereinstimmung der Merkmale) und Statusinkonsistenz (geringe Übereinstimmung der Merkmale). Problem der Statusmessung in einer modernen Gesellschaft: Vielfalt von möglichen Merkmalen, die im Einzelnen oft genug nicht konsistent sind.
- **Schicht:** Teilgruppe einer Gesellschaft nach bestimmten sozialen Merkmalen (Ausbildung, Einkommen, Wohn- und Arbeitsbedingungen, Verfügung über gesellschaftliche Machtmittel usw.); sehr starker Einfluss der Schichtzugehörigkeit auf z. B. Gesundheit oder Bildungschancen. Jede Schicht hat einen gewissen Status. Der Begriff „Schicht" betont die soziologischen Merkmale, der Begriff „Status" die Bewertung und diejenigen Merkmale, an denen die Bewertung ablesbar ist.
- **Gruppe:** Sozialverband von drei bis ca. zehn Personen mit bestimmten Zielen, Normen und Ritualen, intensiver Kommunikation, starkem Gemeinschaftsgefühl bei gleichzeitiger Abgrenzung nach außen, spezifischer Rollenstruktur; anthropologische Verankerung: Mensch als Mängelwesen, der in einem Sozialverband höhere Überlebenschancen hat.

Menschliches Verhalten aus Sicht der Naturwissenschaften – Biologie und Physik

Die Geistes- und Sozialwissenschaften gehen davon aus, dass der Mensch in seinem Fühlen, Denken und Handeln nicht vollkommen durch seine biologische Natur festgelegt ist, sondern vielmehr seine Subjektivität und seine gesellschaftlichen Bezüge die biologischen Gegebenheiten transzendieren. Die Annahme der Nichtdeterminiertheit (bzw. nur bedingten Determiniertheit) ist Grundlage des gesamten westlich-demokratischen Weltbildes und damit auch vieler ethischer Systeme, der Menschenwürde und der Menschenrechte. Unser gesamtes Rechtssystem baut darauf auf – neben dem Zivilrecht insbesondere das Strafrecht.

Naturwissenschaftliche Erkenntnisse ergänzen dieses traditionell geistes- und sozialwissenschaftlich geprägte Menschenbild und tragen so zu einem umfassenderen Verständnis der menschlichen Existenz und deren ethischer Dimension bei.

1 *Bekannt sind die verschiedensten Menschenbilder, z. B. ein relativ biologistisches und damit eher deterministisches (das menschliche Verhalten ist demnach stark von den Genen bestimmt) oder ein relativ freiheitlich orientiertes. Welches Bild vom Menschen haben Sie persönlich? Vergleichen Sie es in einer Diskussion mit dem Ihrer Mitschüler.*

2 *Erläutern Sie, inwiefern Rechtssysteme (Zivilrecht, Strafrecht) essenziell auf dem Postulat einer freien Willensentscheidung des Einzelnen aufbauen. Welche Bedeutung hat diese Grundannahme?*

3 *Wo sehen Sie selbst Möglichkeiten der Naturwissenschaften, zu einem umfassenden Menschenbild beizutragen?*

– Gerhard Roth: Persönlichkeit, Entscheidung und Verhalten: Warum es so schwierig ist, sich und andere zu ändern. Stuttgart 2008.
– Manfred Spitzer: Selbstbestimmen: Gehirnforschung und die Frage: Was sollen wir tun? Heidelberg 2008

1. Freiheit und Determination: Aspekte der Neurobiologie

1.1 Die Steuerung des menschlichen Verhaltens – Ergebnisse der modernen Gehirnforschung

Grundlagen: die Funktionsweise des Gehirns

Neurone übertragen und Gehirne verarbeiten Information
Verhalten und Handeln des Menschen werden durch informationsübertragende, bioelektrisch aktive Zellen, die **Neurone** (Nervenzellen), gesteuert. Diese sind in **neuronalen Netzen** mit einer unvorstellbar großen Zahl von Einzelzellen zusammengeschaltet, größere Ansammlungen bilden die

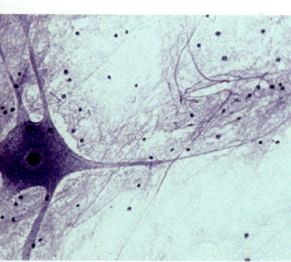

Menschliches Neuron

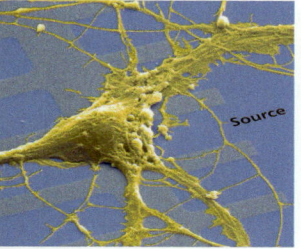

Neuron einer Ratte auf
einem Transistorchip
(Peter Fromherz,
Max-Planck-Institut für
Biochemistry)

limbisches System
→ S. 166

5 **Gehirne**. Durch den technischen Fortschritt ist eine Vielzahl präziser Untersuchungsmethoden der Neuronentätigkeit entstanden (z. B. Kernspintomografie).

Die neurobiologische Erforschung des Gehirns setzt auf drei verschiedenen Organisationsebenen an:

10 1. Die Erklärung der Funktionen verschiedener Areale, etwa die der Großhirnrinde (z. B. Sehareal, Belohnungsareal)
2. Die mittlere Ebene: das Geschehen bei Zellverbänden in der Größenordnung von hunderten von Neuronen (neuronale Netze)
3. Die Vorgänge auf der Ebene der einzelnen Nervenzelle und deren Bau-
15 teile bis hin zu spezifischen Molekülen

Während die moderne neurobiologische Forschung bereits umfangreiche Kenntnisse über die Funktion von einzelnen Nervenzellen und die Bedeutung bestimmter Gehirnareale (z. B. Sehareal, Belohnungsareal) gewonnen hat, ist die mittlere Organisationsebene noch relativ unzugänglich.

20 **Das Gehirn ist ein selbstbezügliches Organ**

Das menschliche Gehirn, das zusammen mit dem Rückenmark das **Zentralnervensystem** bildet, setzt sich aus stammesgeschichtlich alten und relativ modernen Gehirnteilen zusammen. Zu Ersteren gehören z. B. das Kleinhirn (Bewegungssteuerung) und das limbische System (kompli-
25 zierte Struktur in der Mitte des Gehirns, die den evolutorisch ursprünglichen Hirnstamm wie ein Saum, lat. *limbus*, umgibt), während die außen liegenden, gewundenen und gefalteten Rindenbereiche (Cortex) des Großhirns in der jetzigen Ausdehnung erst relativ spät entstanden sind. Diese sind beim Menschen besonders ausgeprägt und als bewusstseins-
30 generierende Hirnbereiche identifiziert.

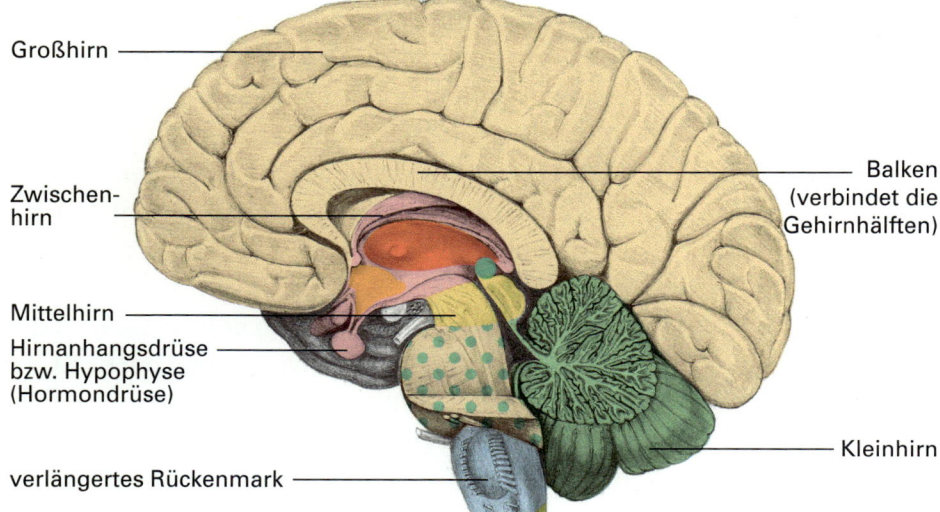

Großhirn

Zwischen-
hirn

Mittelhirn

Hirnanhangsdrüse
bzw. Hypophyse
(Hormondrüse)

verlängertes Rückenmark

Balken
(verbindet die
Gehirnhälften)

Kleinhirn

Obwohl das Gehirn nur ca. 2 % des Körpervolumens einnimmt, setzt es ca. 20 % der Körperenergie um. Stellt das Gehirn ein „Luxusorgan" dar? Sieht man ein, dass Lebewesen während ihrer stammesgeschichtlichen Entwicklung einem permanenten Konkurrenzdruck um lebenswichtige

35 Ressourcen ausgesetzt waren und so ein relativ durchgängiges Effizienzprinzip bei Lebewesen vorherrscht, kann man diese Frage verneinen. Die Gegebenheiten weisen vielmehr auf eine sehr hohe Eigenaktivität hin. Die neurobiologische Forschung versteht das menschliche Gehirn inzwischen als ein **stark selbstbezügliches Organ**, das (aufbauend auf

40 einer Grundausstattung von Neuronen bei der Geburt) sich in seiner Entwicklung selbst organisiert: Es steuert das Verhalten und Handeln des Menschen so, dass er seine Leistungsfähigkeit bezüglich der Umwelt, in der er agiert, stetig verbessert. Dazu sorgt das Gehirn prinzipiell für seinen eigenen Input an Reizen bzw. Information. Ein menschliches

45 Gehirn kann sein genetisch vorgeprägtes Potenzial nur durch Interaktion mit anderen Gehirnen, d. h. Kommunikation mit Menschen, voll entwickeln.

Repräsentationen und Qualia als „Bilder" einer Wirklichkeit

Den Schlüssel zum Verständnis der Arbeitsweise des Gehirns stellen be-

50 stimmte räumlich und zeitlich stark koordinierte Aktivitätsmuster von Neuronen, sogenannte **Repräsentationen**, dar: Läuft eine bestimmte Information (z. B. aufgrund eines Umweltreizes) über die Schaltstelle zweier Neurone, die **Synapse**, so wird allein schon durch deren Benutzung ihre synaptische Übertragungsfunktion verstärkt. (Die Informationsweitergabe

55 bei Synapsen geschieht chemisch durch Transmittermoleküle, z. B. Dopamin, Noradrenalin.) Folglich wird bei nochmaligem Auftreten genau dieser Information die Weiterleitung mit einer größeren Wahrscheinlichkeit durchgeführt. Es handelt sich also um das elementare und sehr sichere Prinzip einer **Selbstverstärkung** als Ausdruck der Selbstbezüglichkeit.

60 Bei einer genügend oftmaligen Wiederholung eines ganz bestimmten Informationsflusses resultiert daraus eine Verfestigung einer neuronalen Verschaltung – anschaulich: Es entstehen „Spuren", die nicht mehr gelöscht werden. Genau dies stellt in einem neuronalen Netzwerk eine Repräsentation dar und ist schlichtweg als Lernen bekannt. Die Konse-

65 quenz aus diesem Verständnis ist die Einsicht, dass der Mensch eines nicht kann: nicht lernen, d. h., er lernt immer! (Ein zentrales Paradigma der modernen Gehirnforschung, und damit ist bei Weitem nicht nur die eingeengte Bedeutung von schulischem Lernen gemeint.) Das Gehirn ändert sich in den Ausprägungen seiner neuronalen Verschaltungen per-

70 manent – man spricht in diesem Zusammenhang von **Neuroplastizität**. Es besitzt damit als hochdynamisches Organ geradezu den gegenteiligen Charakter des gängigen mechanistischen Bildes eines fest verschalteten Reiz-Reaktions-Apparates.

Repräsentationen: räumlich und zeitlich in bestimmter Art und Weise ausgeprägte Aktivitätsmuster von Neuronenverbänden, die durch wiederholte Benutzung von Synapsen nach dem Prinzip der Selbstverstärkung entstehen und verfestigt werden

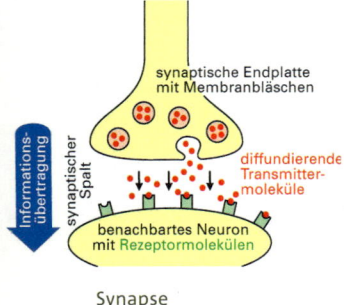

synaptische Endplatte mit Membranbläschen

Informationsübertragung

synaptischer Spalt

diffundierende Transmittermoleküle

benachbartes Neuron mit Rezeptormolekülen

Synapse

Qualia: spezielle Repräsentationen, die den subjektiven Erlebnisgehalt mentaler Zustände betreffen (z. B. Empfinden einer Farbe oder eines Klanges)

75 Bestimmte Repräsentationen werden schon seit längerer Zeit als sogenannte **Qualia** beschrieben. Darunter versteht man den subjektiven Erlebnisgehalt mentaler Zustände, z.B. wie es sich *anfühlt*, wenn auf den Körper ein Kältereiz aus der Umwelt einwirkt. An einem weiteren Beispiel wird die wissenschaftliche Problemstellung deutlich: Wie kommt es etwa, dass bei der Verarbeitung von Licht bestimmter Wellenlängen

80 (teilweise sehr intensive) Farberlebnisse entstehen? Und wie kommt es, dass bei physikalisch gleichen Farbreizen (identische Wellenlängen) bei verschiedenen Personen unterschiedliche Eindrücke und Empfindungen entstehen? Die Subjektivität dieser Zustände lässt sich mit folgendem Vergleich verdeutlichen: Rot physikalisch zu definieren, ist einfach, aber

85 einem Blinden zu erklären, was Rot ist, ist unmöglich.

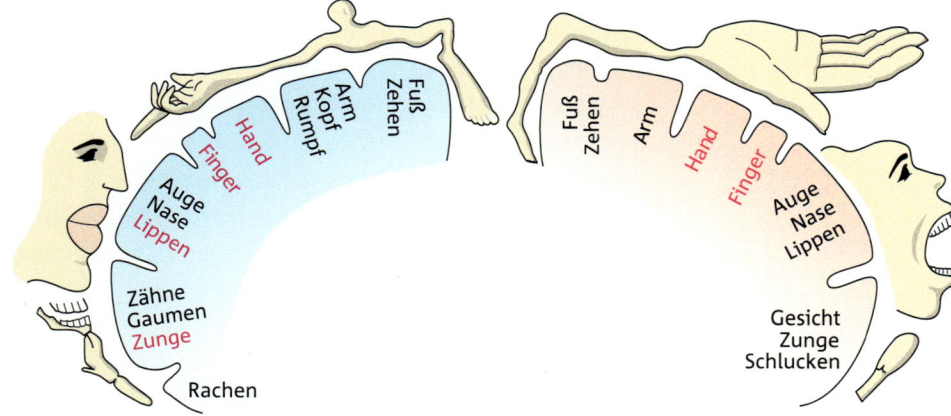

Nachgewiesene Repräsentation des Tastempfindens der menschlichen Körperoberfläche; diese wird zusammenhängend, jedoch mit unterschiedlicher Größe und damit Empfindlichkeit, in bestimmten Gehirnarealen „abgebildet"

1 a) Belegen Sie folgende Behauptung der Neurobiologen, indem Sie Ihre Kenntnisse über das Prinzip der neuronalen Selbstverstärkung anwenden: Das Gehirn ist ein **statistisch auswertendes und bewertendes Organ**, das nach **Abbildung von Regelmäßigkeiten** bzw. **Bildung von Regeln** strebt.

   b) Welche Umweltinformationen und -interaktionen, die „repräsentativ" im Gehirn abgelegt sind, sind demnach für das Leben und Überleben des Menschen besonders wichtig? Finden Sie Beispiele.

2 Erörtern Sie, ob auch Körperempfindungen, Emotionen, Sprache, Werte oder das Selbstbild eines Menschen als Repräsentationen/Qualia möglich, ja sogar notwendig wären.

3 Erstellen Sie mithilfe des Textes und Ihrer bisherigen Arbeitsergebnisse ein Lernplakat, das zeigt, wie das Gehirn das menschliche Handeln und Verhalten steuert.

Lernplakate erstellen → S. 110

Das grundlegende Experiment von Libet

Das Experiment von Libet: Wie werden Willkürhandlungen in Gang gesetzt?

Lange galt es als unmöglich, subjektiv empfundene Zustände des Wollens bzw. des Willensaktes (**Erste-Person-Perspektive**) empirisch-naturwissenschaftlich (**Dritte-Person-Perspektive**) zu erfassen und Korrelationen (Zusammenhänge) zu messbaren Hirnvorgängen herzustellen oder sogar
5 eindeutige Ursache-Wirkungs-Zusammenhänge nachzuweisen. Schwierigkeiten ergeben sich z. B. aus der Tatsache, dass die Überzeugung eines Menschen, in einer bestimmten Situation auch anders handeln zu können, wenn er es nur gewollt hätte, nicht empirisch überprüfbar ist.

1   *Erläutern Sie mit eigenen Worten die besondere Problematik, die spezifisch mit dem menschlichen Gehirn als Forschungsobjekt im Vergleich zu allen anderen naturwissenschaftlichen Untersuchungsgegenständen einhergeht.*

2   *Wie würden Sie einen Versuch planen, mit dem man eine Entscheidung über die Existenz von Willensfreiheit herbeiführen kann? Machen Sie kreative Vorschläge in Form eines Brainstormings und diskutieren Sie diese.*

Das Experiment von Libet: Wie werden Willkürhandlungen in Gang gesetzt? (Fortsetzung)

Der amerikanische Neurophysiologe **Benjamin Libet** (1916–2007) ver-
10 suchte 1983, die Existenz der Willensfreiheit, von der er selbst überzeugt war, experimentell nachzuweisen. Er zeigt zunächst die umfassende Dimension der Problematik auf:

„Die Frage nach der Willensfreiheit geht an die Wurzel unserer Ansichten über die Natur des Menschen und darüber, welche Beziehungen wir zum
15 Universum und zu den Naturgesetzen unterhalten. Sind wir vollständig durch die deterministische Natur physikalischer Gesetze bestimmt? Ein von Gott auferlegtes unausweichliches Schicksal erzeugt ironischerweise einen ähnlichen Endeffekt. In beiden Fällen wären wir im Grunde raffinierte Automaten, wobei unsere bewussten Gefühle und Intentionen ohne
20 kausale Kraft nur als Epiphänomene[1] aufgesetzt wären. Oder sind wir in gewisser Weise unabhängig beim Treffen von Entscheidungen und beim Handeln und nicht vollständig durch die bekannten physikalischen Gesetze determiniert?"

1 Epiphänomen: Begleiterscheinung

Mit einem überschaubaren Versuchsdesign untersuchte Libet bei
25 seinen Versuchspersonen die zeitliche Reihenfolge von drei verschiedenen Ereignissen:
- das Auftreten von sogenannten **Bereitschaftspotenzialen** in
  bestimmten Hirnarealen (1),
- das **Bewusstwerden** eines Willensaktes (2),
30 - den **Beginn** einer (einfachen, reproduzierbaren) **willentlich
  beschlossenen Handlung** (3).

Bereitschaftspotenziale von Nervenzellen

Beim Starten von Willkürhandlungen, die stets mit einer Muskelaktivität
verbunden sind, lassen sich aus dem **Elektroencephalogramm (EEG)**[2] der
35 Großhirnrinde elektrische Potenzialanteile (entspricht einer elektrischen
Spannung, gemessen in Volt) herausfiltern, die eine handlungsaktivieren-
de Funktion haben. Sie werden Bereitschaftspotenziale genannt.

2 EEG: Methode zur
Messung der elektrischen
Gehirnströme

Versuchsplanung und Versuchsdurchführung

In Libets Experimenten wurden die Versuchspersonen angewiesen, den
40 Entschluss zu fassen, einen Finger der rechten Hand oder die ganze Hand
zu beugen. Die Wissenschaftler registrierten den Zeitpunkt des Bereit-
schaftspotenzials (1) mithilfe des EEGs. Parallel dazu wurde der Zeitpunkt
des Empfindens der Willensentscheidung (2) ermittelt. Damit dies so
exakt wie möglich gelingen konnte, sollten die Probanden kein äußeres
45 Zeichen (etwa Kopfnicken) melden, was eine Zeitverzögerung zur Folge
gehabt hätte. Die Versuchspersonen saßen vor einem Oszilloskop, auf
dessen Leuchtschirm ein Lichtpunkt mit der Umlaufdauer von 2,56 s kreis-
förmig rotierte. Sie merkten sich die Position des rotierenden Punktes
genau zu dem Zeitpunkt, als ihnen der Entschluss zur Bewegung bewusst
50 wurde.

   Ein Hauptunterschied der Versuchsreihen bestand darin, dass zum
einen die Probanden möglichst **spontan** handeln, in anderen Fällen die
Handlung bis zu einer Sekunde **vorausplanen** sollten. Insgesamt wurden
40 Messungen durchgeführt, deren Ergebnisse gemittelt[3] wurden. Als
55 **Nullpunkt** der Zeitskala wurde stets der mit dem **Elektromyogramm
(EMG)**[4] – ohne Zeitverzögerung – gemessene Beginn der Muskelaktivität
(3) festgelegt.

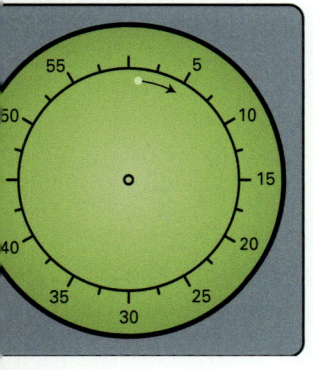

Oszilloskop-Uhr mit
rotierendem Leuchtpunkt

3 gemittelt: statistischer
Ausgleich unvermeid-
licher Schwankungen
4 EMG: Methode zur
Messung der elektrischen
Ströme im Muskel, die
ein Maß für seinen
Aktivitätszustand sind

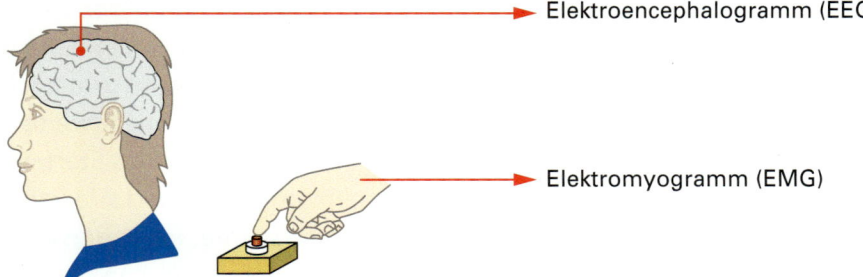

Elektroencephalogramm (EEG)

Elektromyogramm (EMG)

Versuchsergebnisse und Deutung des Experiments

Die Experimente Libets zeigten für die damalige Zeit einen sehr

60 überraschenden Zusammenhang:

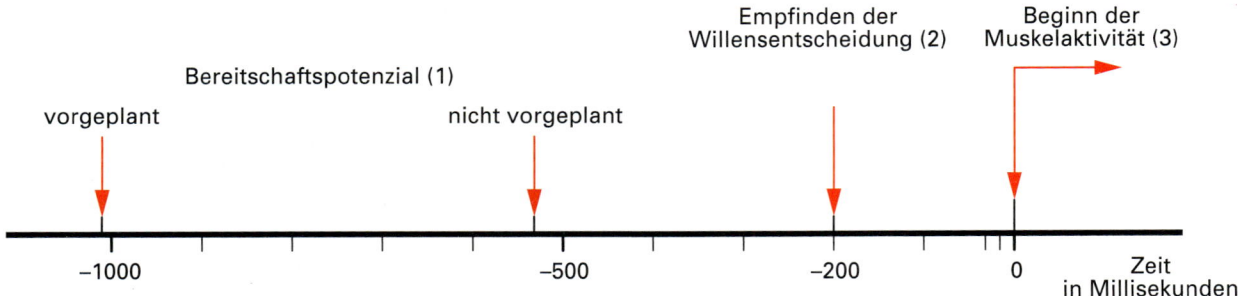

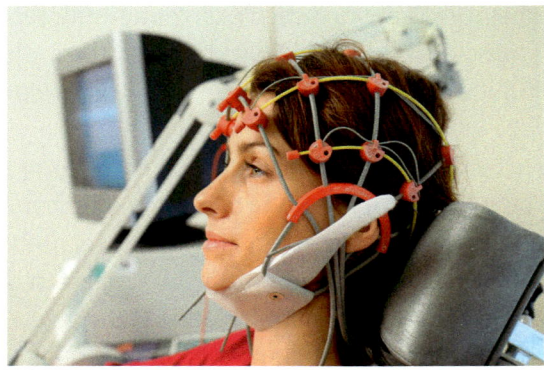

3 *Verbalisieren Sie die Versuchsergebnisse, indem Sie aus der Grafik den Zeitpunkt für das subjektive Erleben des Willensaktes (2) im Vergleich zu den Zeitpunkten der Bereitschaftspotenziale (1) für **vorgeplante** und **nicht vorgeplante** Bewegungen und zum Beginn der Muskelaktivität (3) bestimmen.*

4 *Folgern Sie, inwieweit sich Libets eigene Hypothese einer Existenz von Willensfreiheit für die untersuchte Entscheidung bzw. Bewegung bestätigen oder widerlegen ließe.*

Das Experiment von Libet: Wie werden Willkürhandlungen in Gang gesetzt? (Fortsetzung)

Libets Versuche wurden sehr heftig diskutiert und deren Standardinterpretation immer wieder kritisiert. Ein besonders ernst zu nehmendes Argument ist die Tatsache, dass es sich bei den ausgeführten Handlungen der Versuchspersonen um sehr einfache und hochgradig eingeübte

65 Bewegungen handelt, die außerdem nicht weiter variiert wurden. Die Kritik lautet also, dass Libet nur noch das Starten einer hochautomatisierten Handlung (aus einem großen Repertoire von Handlungen dieses Typs beim Menschen) untersuchte, im Gegensatz zu echten Wahlhandlungen, wie sie im normalen Alltag häufig anzutreffen sind.

70 **Das Nachfolgeexperiment von Haggard und Eimer**
Die beiden Neurowissenschaftler Patrick Haggard und Martin Eimer
wiederholten 1999 die Experimente Libets in wesentlichen Teilen,
wobei sie die berechtigten Einwände berücksichtigten. Beim Drücken
einer vorgegebenen Taste war eine Handlungsalternative möglich:
75 Die Versuchspersonen konnten entscheiden, ob sie mit der linken Hand
eine linke Taste oder mit der rechten Hand eine rechte Taste drücken.
Die Nachfolgeexperimente bestätigten die Ergebnisse der Libet'schen
Versuche in allen wesentlichen Punkten.

5   Nehmen Sie kritisch dazu Stellung, inwieweit eine Übertragung der
Versuchsergebnisse auf weitere menschliche Entscheidungen und Hand-
lungen möglich wäre. Würde sich eine **freiheitsoptimistische** *oder eine*
freiheitspessimistische *Perspektive ergeben? – Diskutieren Sie darüber.*

Basis

Freiheit und Determination aus Sicht der Neurobiologen
Die Versuche von Libet und verbesserte Nachfolgeexperimente zeigen, dass bei der
willentlichen Ausführung von bestimmten Bewegungen neuronale Bereitschaftspotenziale
dem Empfinden eines Willenaktes in eindeutiger Weise zeitlich vorausgehen. Dies legt
aus neurobiologischer Sicht die Vermutung nahe, dass das traditionelle Postulat einer
umfassenden Willensfreiheit des Menschen nicht mehr haltbar ist.

Aussagen der neueren Forschung – das emotionale Erfahrungs-
gedächtnis

Ein neuronales Modell zur Steuerung von Willkürhandlungen
Es gibt eine ganze Reihe weiterer neurobiologischer Indizien, welche
die bisher dargestellten Ergebnisse stützen: So ist die **Großhirnrinde
(Cortex)** mit ihren bewusst agierenden Arealen, die für die Handlungs-
planung und -vorbereitung zuständig sind, alleine nicht in der Lage,
5 diejenigen Cortex-Bereiche zu aktivieren, die eine **Bewegung auslösen**.
Vielmehr müssen völlig unbewusst arbeitende **Basalganglien**[1] am Akti-
vierungsprozess mitwirken. Ein Indiz dafür findet man bei Patienten mit
Parkinson'scher Erkrankung[2], die sich bewegen wollen, aber wegen
einer Erkrankung eines bestimmten Teils der Basalganglien dazu nicht
10 in der Lage sind. Die Neurowissenschaftler gehen davon aus, dass in
ihnen alle bisher erfolgreich durchgeführten Handlungsweisen gespei-
chert sind. Es liegt damit eine Art umfassendes **personales Handlungsgedächtnis** vor, alle ehemaligen bewussten Handlungserfahrungen
sind hier ins Unbewusste abgesunken, was vor allem auch energetisch
15 wesentlich günstiger ist.

1 Basalganglien:
konzentrierte Anhäufun-
gen von Neuronen-
zellkörpern
2 Parkinson'sche
Erkrankung: Hierbei
handelt es sich um eine
neurologische Erkran-
kung mit den Haupt-
symptomen Muskelstarre,
Muskelzittern, verlang-
samte Bewegungen
und Haltungsinstabilität.
Ausgelöst wird sie
durch das Absterben
von Zellen einer Struktur
im Mittelhirn, die den
Botenstoff Dopamin
herstellt.
   Der Mangel an
Dopamin führt zu einer
Verminderung der
aktivierenden Wirkung
der Basalganglien auf
die Großhirnrinde.

Die Basalganglien ihrerseits werden vom **limbischen System**, insbesondere der **Amygdala** (mandelkernähnliche Form) und dem **Hippocampus** (seepferdchenähnliche Form) kontrolliert. Hier werden die Konsequenzen von Handlungen und Ereignissen für den Organismus registriert und –

20 bei einem Wiederauftreten dieser Begebenheiten – bewertet. Damit einhergehend entstehen positive oder negative Gefühle, die entweder Antrieb oder Vermeidung zur Folge haben. Hier tauchen auch diejenigen Motive, Wünsche, Vorstellungen und Absichten auf, die einen bewussten Entscheidungsprozess initiieren.

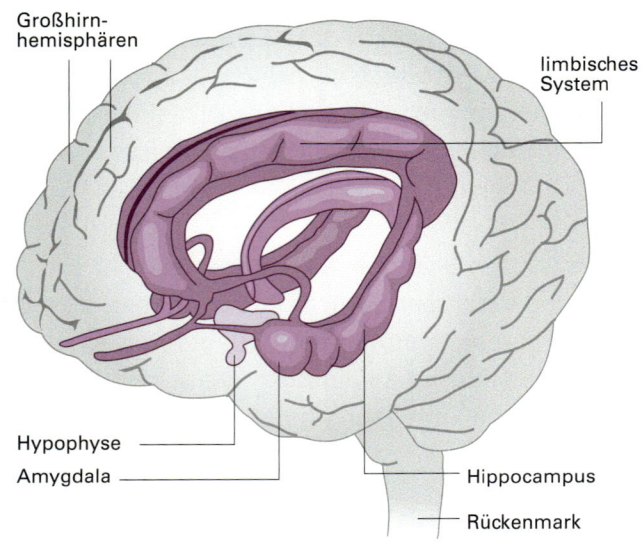

Großhirn-
hemisphären

limbisches
System

Hypophyse

Amygdala

Hippocampus

Rückenmark

Willensfreiheit und Schuldfähigkeit aus Sicht der Hirnforschung
Gerhard Roth

Der Philosoph, Biologe und Neurowissenschaftler Gerhard Roth bringt das Zusammenspiel der verschiedenen Gehirnbereiche auf den Punkt:

G. Roth → S. 171

1 Amygdala: mandelkernförmiges Areal im limbischen System

2 Hippocampus: seepferdchenförmige, zentrale Schaltstation des limbischen Systems

3 Basalganglien: konzentrierte Anhäufungen von Neuronenzellkörpern

Diese Verkettung von Amygdala[1] und Hippocampus[2] sowie anderer, hier nicht genannter, limbischer Zentren mit den Basalganglien[3] hat zur Folge, dass beim Entstehen von Wünschen und Absichten das unbewusst arbeitende emotionale Erfahrungsgedächtnis das erste und das letzte Wort hat:

5 das erste Wort beim Entstehen unserer Wünsche und Absichten, das letzte bei der Entscheidung, ob das, was gewünscht wurde, jetzt und hier und so und nicht anders getan werden soll. Diese Letztentscheidung fällt ein bis zwei Sekunden, *bevor* wir diese Entscheidung bewusst wahrnehmen und den Willen haben, die Handlung auszuführen.

10 Zwischen beiden Ereignissen können beliebig lange Perioden des bewussten Abwägens von Handlungsalternativen liegen; im einen Fall entscheiden wir spontan, „aus dem Bauch heraus", während wir im anderen

Fall monatelang Argumente hin und her wälzen. In beiden Fällen muss es jedoch zu einer Letztentscheidung kommen, bei der es auf die Passung
15 zwischen bewussten kortikalen[4] Handlungsintentionen mit dem Handlungsgedächtnis der Basalganglien und dem emotionalen Erfahrungsgedächtnis des limbischen Systems[5] ankommt. Dies garantiert, dass alles, was wir tun, im Lichte vergangener Erfahrung geschieht.

4 kortikal: die Großhirnrinde betreffend

5 limbisches System: evolutorisch alte Funktionseinheit des Gehirns, die der Verarbeitung von Emotionen und der Entstehung von Triebverhalten dient

„Wie frei ist der Mensch? – Psychologische Aspekte" → S. 128 ff.

*1 Geben Sie die dargestellten Zusammenhänge mit eigenen Worten wieder. Welche Rolle spielt dabei insbesondere das **emotionale Erfahrungsgedächtnis**?*

2 Vergleichen Sie die Aussagen der Neurobiologie bezüglich der Willensfreiheit mit denen der Psychologie: Welche Unterschiede und Gemeinsamkeiten lassen sich finden?

3 Zeigen Sie an Beispielen aus der Alltagserfahrung, dass Bewusstsein ein sehr energiebedürftiges Phänomen ist.

4 In welchen Fällen konnten Sie selbst eine Verlagerung von zunächst „bewussten" Problemlösungen in das Unbewusste erleben?

5 Unser Handeln wäre nicht schon deshalb frei, weil es uns als frei erscheint. Sollte sich eine freiheitspessimistische Interpretation der neurobiologischen Versuche bewahrheiten, bliebe immer noch aufzuzeigen, warum ein Willensakt dann überhaupt ins Bewusstsein tritt.

– Versuchen Sie, eine Erklärung zu geben, indem Sie am essenziellen Bedürfnis des Menschen nach Gemeinschaft und umfassender Kommunikation anknüpfen.

– Welche fundamentale Bedeutung könnte generell das Bewusstsein haben? Diskutieren Sie darüber.

Das Dilemma der Willensfreiheit: gekränkte Freiheit

Willensfreiheit im „starken" Sinne

Häufig sind wir davon überzeugt, dass wir auch anders hätten handeln können, wenn wir es nur gewollt hätten (vor allem in der Rückschau unter identischen Bedingungen). Aus neurobiologischer und auch evolutionsbiologischer Sicht sprechen jedoch weitere Argumente gegen eine
5 **Willensfreiheit im „starken" Sinne:**
   Das menschliche Gehirn weist eine spezifische Fähigkeit auf, die der Selbstbewertung, der erfahrungsgeleiteten Selbststeuerung bzw. Autonomie. Anthropologisch gesehen stellt dies zusammen mit der Fähigkeit des Lernens eine Kompensation der „Mangelhaftigkeit" der biologischen
10 Funktionen des Menschen dar. (In der freien Natur wäre er einer Reihe von Tieren rasch unterlegen.) Willensfreiheit würde diesem überlebenssichernden System fundamental widersprechen: So wäre es z. B. fatal,

bei starkem Autoverkehr einfach über eine Straße zu laufen, *nur weil man es will*. Willensfreiheit im „starken" Sinne, die sich *nicht* an die eigene
15 Erfahrung hält, wäre zutiefst unvernünftig und vor allem auch völlig unvereinbar mit einem geregelten und friedlichen Zusammenleben von Menschen, das insbesondere auf einer hinreichenden Kalkulierbarkeit der anderen Individuen beruht.

Die Aussagen der modernen Neurobiologie lassen eine große Skepsis
20 gegenüber dem traditionellen Postulat einer umfassenden Willensfreiheit für angebracht erscheinen. Nimmt man die Ergebnisse der Gehirnforschung ernst, so kann sich daraus eine Art „narzisstische Kränkung" ergeben.

Franz von Stuck:
„Narziss", um 1926

1 *Klären Sie insbesondere den auf die altgriechische Mythologie zurückgehenden Begriff „narzisstisch" bzw. „Narziss" und seine Bedeutung im obigen Zusammenhang. Welche weiteren bedeutenden „narzisstischen Kränkungen" der Menschheit sind Ihnen bekannt?*

2 *Fassen Sie die Ursachen für den aus neurobiologischer Sicht illusionären Charakter der Willensfreiheit mit eigenen Worten zusammen.*

3 *Bestätigen oder widerlegen Sie begründet folgende Aussagen. Veranschaulichen Sie gegebenenfalls Ihre Entscheidung mit konkreten Beispielen.*

   A) Die Ursprünge der Motive unseres Handelns lassen sich nicht vollständig zurückverfolgen, deshalb besteht für menschliches Handeln Willensfreiheit.

   B) Das Unterstellen einer bewussten Absicht für das eigene Handeln und das der Mitmenschen dient letztendlich dem Funktionieren von sozialen Strukturen. Deswegen muss es das Bewusstwerden einer Freiheit von Willensentscheidungen geben.

   C) Aus der prinzipiellen Nichtvorhersagbarkeit menschlichen Entscheidens und Handelns lässt sich ein zwingender Indeterminismus (Ungültigkeit des naturwissenschaftlichen Kausalitätsprinzips) ableiten.

4 *Erörtern Sie ausführlich, welche Konsequenzen sich für die Schuldfähigkeit des Menschen und für die Rechtsprechung ergeben, wenn man die Existenz einer Willensfreiheit im „starken" Sinne fallen lässt.*

5 *Der über die Existenz eines freien Willens entbrannte Disput ist vor allem auf eine Besonderheit des menschlichen Gehirns zurückzuführen: Nur bei diesem Forschungsobjekt gibt es sowohl eine **Außen-** als auch eine **Innenperspektive**.*

   – *Erläutern Sie, was damit gemeint ist.*

   – *Welche spezifische Problematik ergibt sich daraus für die Bewertung von Freiheit und Determiniertheit menschlichen Handelns?*

Basis

Aussagen der neueren Forschung zur Frage von Freiheit und Determination

Die Erkenntnis der Neurobiologie einer grundsätzlichen Determiniertheit bei Willensent-scheidungen ergibt sich neben den Libet'schen Versuchen aus einer Vielzahl von Befun-den: Das **personale Handlungsgedächtnis** bzw. **emotionale Erfahrungsgedächtnis**, das im unbewusst arbeitenden limbischen System (stammesgeschichtlich alt) des Gehirns ange-siedelt ist, hat bei der Entscheidungsfindung und Handlungsgenerierung das „erste" und das „letzte Wort". Im Bewusstsein der Großhirnrinde (stammesgeschichtlich jung), in dem sich das subjektive Erleben eines Willensaktes ereignet, finden untergeordnete Abgleich-prozesse statt. Hier werden für den Einzelnen Repräsentationen bzw. Qualia wahrnehm-bar, die sprachlich mitteilbar sind und so für das Zusammenleben von Menschen und das Funktionieren einer Gemeinschaft unabdingbar sind.

1.2 Das Verhältnis von Philosophie und Neurobiologie – die Geist-Gehirn-Problematik

Die aktuelle Diskussion in der Philosophie des Geistes dreht sich im Wesentlichen um die Fragestellung, wie der Zusammenhang zwischen neuronalen Vorgängen und dem menschlichen Geist zu beschreiben ist.

*Die Trennung Geist und Körper bzw. Gehirn entspricht einem dualistischen und somit keinem einheitlichen Menschenbild. Die **Geist-Gehirn-Problematik** ist deshalb Gegen-stand umfangreicher interdisziplinärer Erörterungen, mit dem Ziel, entweder Kohärenz zu erzeugen (d. h., einen widerspruchsfreien Zusammenhang herzustellen und so Geistes- und Naturwissenschaft zu vereinen) oder das bisherige Bild zu bestätigen.*

> 1   *Klären Sie den Begriff „Dualismus" genauer. Wo wird er sonst noch verwendet?*

Theorien zur Geist-Gehirn-Problematik

Prinzipiell ergeben sich – neben dem modernen neurobiologischen Konzept – die folgen-den Möglichkeiten, den Zusammenhang zwischen neuronalen Vorgängen und Geist zu beschreiben:

(1) Die Kernthese des auf den französischen Philosophen René Descartes (1596–1650) zu-rückgehenden **Geist-Gehirn-Dualismus** lautet: „Das Geistige (Bewusste, Mentale, Psychische)
5 und das Physisch-Materielle stellen zwei unterschiedliche Wesenheiten („Substanzen") dar"; damals kannte man nur die subjektive Innenperspektive des Menschen, was als strikte Trennung von Seele und Leib bis in das
10 20. Jahrhundert tradierte. Diese Vorstellung ist sicher ganz entscheidend vom (psycholo-gischen) Alltagskonzept geprägt, mit dem wir die Welt wahrnehmen und erleben: Geistige Zustände (Denken, Erinnern, Wollen ...) wer-

15 den – flüchtig, wie sie in der Regel sind – völlig verschieden von den physischen Dingen in unserer Umwelt erlebt. Ihnen ist kein Ort zugewiesen, sie scheinen keinen Raum einzunehmen, sie wiegen nichts und haben äußerst

20 merkwürdige zeitliche Eigenschaften (je nach Situation erleben wir die Zeit wie im Fluge vergehend oder quälend schleppend).

(2) Ein weiteres theoretisches Konzept ist der sogenannte **Epiphänomenalismus**, nach dem

25 mentale Ereignisse keine physischen neuronalen Zustände sind, trotzdem aber begleitend mit ihnen auftreten und sogar von Letzteren hervorgebracht werden. Entscheidend ist die Forderung, dass sie *kausal nicht*

30 *auf Neuronen zurückwirken*. Ursache-Wirkungsketten existieren also nur zwischen Neuronen. Damit wären die Bewusstseinsprozesse völlig *wirkungslos* und lediglich gewisse **Nebenprodukte (Epiphänomene)**.

35 Es ist jedoch kaum vorstellbar, dass im

Qualia → S. 161

Rahmen des biologischen Konzepts der evolutionären Bewährung das menschliche Bewusstsein ein stabiles evolutionäres Produkt darstellt und gleichzeitig völlig funkti-

40 onslos sein soll. (Stammesgeschichtlich kann nur das langfristig bestehen, was einen funktionalen Beitrag zur evolutorischen Fitness von Lebewesen liefert; Darwin: „Survival of the fittest".)

45 (3) Die Auffassung des **Monismus**, dass es nur Geist und keine materielle Welt gibt, wurde z. B. von dem Theologen und Philosophen George Berkeley (1684–1753) vertreten. Demnach sind körperliche Dinge nicht Dinge an

50 sich, sondern sie existieren nur als Vorstellung bzw. Empfindungsqualitäten. Die Dinge sind Empfindungskomplexe, die Zeit ist nichts anderes als die Aufeinanderfolge solcher Vorstellungen. Dafür allein verantwortlich ist

55 eine unkörperliche aktive Substanz: der reine Geist.

2 Setzen Sie die im Text beschriebenen Möglichkeiten, den Zusammenhang zwischen neuronalen Vorgängen und Geist zu beschreiben, in eine Grafik um.

3 Das Grundproblem einer Vorstellung, Geist und Materie seien verschiedene Kategorien, wird von der heutigen Wissenschaft als ein sogenanntes **Anschlussproblem** *(wie ein Ereignis auf ein anderes Ereignis einwirkt)* gesehen. Erläutern Sie mit Ihren bisherigen Kenntnissen über die Funktionsweise des Gehirns, was damit gemeint ist.

4 Neurowissenschaftler wie z. B. John Eccles versuchten, das Anschlussproblem dadurch zu umgehen, dass sie *mentale Felder (wohl in einer gewissen Analogiebildung zu den elektromagnetischen Feldern der Physik)* postulierten, die auf nicht physikalische Weise das Gehirn beeinflussen, ohne jedoch physikalische Gesetze zu verletzen.
Wie realistisch erscheint Ihnen diese Hypothese? Geben Sie eine Begründung.

5 Nehmen Sie kritisch zur Theorie des Epiphänomenalismus Stellung.

– Gerald Hüther: Bedienungsanleitung für ein menschliches Gehirn. Göttingen 2006.
– Wolf Singer / Matthieu Ricard: Hirnforschung und Meditation: Ein Dialog. Frankfurt am Main 2008.

Fühlen, Denken, Handeln. Wie das Gehirn unser Verhalten steuert
Gerhard Roth

Der Gehirnforscher Gerhard Roth verdeutlicht zusammenfassend die Geist-Gehirn-Problematik aus neurobiologischer Sicht:

Gerhard Roth
(geb. 1942)

Man kann zu Beginn eines solchen Unterfangens Überlegungen anstellen, welchem Bereich der Physik denn die *Physik des Geistes* anzusiedeln sei. Dabei ist die Tatsache wichtig, dass nach gegenwärtigem Wissen Geist und Bewusstsein nur in hochkomplexen chemisch-biologischen Systemen vor-
5 kommen, die an einen starken Durchsatz von Energie und Materie gebunden sind. Solche Systeme sind dafür bekannt, dass sie schnell veränderte hochgeordnete Zustände mit völlig überraschenden („emergenten") Eigenschaften hervorbringen. [...]

Das wichtigste Argument gegen die „Erklärungslücke" ist jedoch eines,
10 das ich in meinem Buch „Das Gehirn und seine Wirklichkeit" bereits vorgebracht habe. Die Mehrzahl der „Philosophen des Geistes" beachtet das erkenntnistheoretische Faktum nicht, dass unsere gesamte Erlebniswelt das Konstrukt eines Gehirns ist. Wenn ich mich als Philosoph oder als Neurowissenschaftler mit dem Verhältnis von Geist und Gehirn befasse, dann tue
15 ich dies in Bezug auf Geist und Gehirn als Zustände in dieser Erlebniswelt. Dasjenige Gehirn, das mir erlebnismäßig zugänglich ist (ich habe es das „wirkliche" Gehirn genannt) ist entsprechend nicht diejenige Entität[1], die Geist hervorbringt, vielmehr ist es, als *Erlebniszustand*, selbst ein Konstrukt. Den Geist hervorbringen tut nur das bewusstseinsunabhängige, „reale"
20 Gehirn (so nehmen wir zumindest an). Das aber kommt in meiner Erlebniswelt bekanntlich nicht vor!

1 Entität (lat.): in der Philosophie eine allgemeine Bezeichnung für ein Seiendes (Sache, Gebilde, Erscheinung)

6 a) Unter dem „realen" Gehirn versteht Roth das physische, aufgrund von Neuronentätigkeit funktionierende Gehirn. Erläutern Sie die Begriffe „wirkliches" Gehirn sowie „Erklärungslücke".

  b) Welche Aussagen führen Roth zur Frage, wie frei bzw. determiniert das Handeln des Menschen ist?

7 Halten Sie zusammenfassend fest, worin die Geist-Gehirn-Problematik aus neurobiologischer Sicht besteht. Ergänzen Sie Ihre Grafik.

8 Im Text Roths ist die Rede davon, dass Bewusstsein und damit auch die Empfindung eines freien Willens an einen starken Durchsatz von Energie und Materie geknüpft ist. Was könnte damit gemeint sein?

9 Dem Bewusstsein wird aus dem Unbewussten ständig eine Vielfalt von Elementen zugespielt („Strom des Bewusstseins").

  a) Welche Aufgabe könnten in diesem Zusammenhang die **Bewusstseinsbereiche der Großhirnrinde, die stark assoziative Fähigkeiten (Verbindung und Neukombination von Gedanken) aufweisen,** gegenüber den unbewusst agierenden Gehirnteilen übernehmen?

→ S. 170, Aufgabe 2

b) Welche (aus neurobiologischer Sicht begrenzten) Möglichkeiten ergäben sich damit für Entscheiden und Handeln eines Einzelnen?

c) Worin könnte in einem solchen Verständnisrahmen die Freiheit des Menschen bestehen?

10 „Die Gehirnforschung geht reduktionistisch vor." Nehmen Sie kritisch zu dieser generellen These der Sozial- und Geisteswissenschaften Stellung. Klären Sie zunächst den Begriff „Reduktionismus".

11 Bilden Sie sich eine eigene differenzierte Meinung über die Geist-Gehirn-Problematik und begründen Sie Ihre Position.

Basis

Die Geist-Gehirn-Problematik

Traditionell werden Geist und Gehirn als zwei verschiedene Ebenen der menschlichen Existenz gesehen, was sich insbesondere im Vorkommen der Qualia (subjektiver Erlebnisgehalt mentaler Zustände, z. B. die Geschmacksempfindung, die jemand bei der Einwirkung der biochemischen Reize einer Zitrone oder eines Stücks Schokolade wahrnimmt) spiegelt. Daraus ergibt sich ein grundsätzlicher Dualismus zwischen Geist und Materie (Gehirn) mit dem ihm eigenen besonders bei Willkürhandlungen auftretenden Grundproblem, dass nicht materielle Wesenheiten mit physikalischen Strukturen (Neuronen) kausal wechselwirken sollen.

Die Philosophie bietet dazu verschiedenste Lösungsansätze, die sich aus naturwissenschaftlicher Sicht widerlegen lassen. Auch wird für die Beschreibung des menschlichen Handelns eine Unterscheidung zwischen Gründen (sozial vermittelt) und Ursachen (auf dem Kausalitätsprinzip beruhend) hinfällig. Bis auf Weiteres bleibt jedoch eine Erklärungslücke bei dem Vorhaben, Qualia ursächlich auf Umweltreize zurückzuführen. Der Grund ist die sehr hohe Komplexität und der dynamische Charakter der neuronalen Netze, sodass auch menschliches Entscheiden und Handeln prinzipiell nicht vorhergesagt werden können. Dies schließt allerdings nicht aus, dass die dafür verantwortlichen neuronalen Prozesse kausal ablaufen, was für eine grundsätzliche Determiniertheit menschlichen Verhaltens sprechen würde. Gewisse Freiheitsgrade ergäben sich lediglich durch das assoziative Bewusstsein als virtuelles und beratendes Planungszentrum für die Lebensgestaltung. Damit ließe sich auch die dem Menschen eigene Kreativität deuten. Ein neues Menschenbild, das aus diesen Paradigmen abgeleitet werden könnte, hätte geringe Auswirkungen auf den individuellen Lebensvollzug, stärkere jedoch im gesellschaftlich-politischen Bereich, wie etwa auf die Schuldfähigkeit des Menschen.

12 Erörtern Sie, welche Auswirkungen die aktuellen Modelle der Neurobiologen auf die Konzeption von politischen Systemen wie die der Demokratie hätten.

13 Welche Elemente der neurobiologischen Konzepte würden sich dezidiert als Mosaiksteine für ein modifiziertes Menschenbild eignen? Begründen Sie Ihre Vorschläge.

2. Freiheit und Determination: Aspekte der Physik

2.1 Ursache und *eindeutige* Wirkung: das mechanistische Weltbild der klassischen Physik

*Menschen streben von jeher nach einem **kohärenten**, d. h. in sich zusammenhängenden und geschlossenen **Weltverständnis**. So werden etwa unerklärbare Vorgänge u. a. auf göttliches Wirken zurückgeführt (als Versuch, Kohärenz zu erzeugen) – im Bereich der Naturwissenschaften äußert sich dies in der Suche nach einer allumfassenden und einheitlichen Weltformel. Die Überzeugungen und Glaubenssätze, die damit verbunden sind, können als mentale Bezugsrahmen das Denken und Handeln von Menschen sehr stark vorprägen.*

1 *Nennen und erläutern Sie aktuelle Beispiele, an denen man erkennen kann, wie stark Weltbilder (z. B. ein vom Wirtschaftsliberalismus oder ein von Religionen geprägtes Weltbild) das Handeln von Menschen bestimmen.*

1 kopernikanische Wende: bezeichnet zunächst den revolutionären Wandel vom geozentrischen zum heliozentrischen Weltbild, wie ihn Kopernikus (1473–1543) initiiert hat. Im geozentrischen Weltbild steht die kugelförmige Erde im Zentrum des Universums. Alle weiteren Himmelskörper (Mond, Sonne, Planeten) umkreisen die Erde. Das heliozentrische Weltbild basiert auf der Annahme, dass sich die Planeten um die Sonne bewegen.

Galileo Galilei (1564–1642), ital. Mathematiker, Physiker und Philosoph

Grundlagen des mechanistischen Weltbildes

Die grundlegenden Überlegungen von Aristoteles, der auch ein großer Naturforscher war, begründeten die Physik als eigenständiges Gebiet der Naturerklärung. Ursprünglich eingebettet in eine umfassende Kosmologie, wurde sie um 1600 (Renaissance) durch die neuzeitliche Physik abge-
5 löst. **Kepler** und **Galilei** sind ihre ersten wichtigen Repräsentanten. Mit der **kopernikanischen Wende**[1] fand kurz zuvor schon der erste große Perspektivenwechsel statt, sodass die auf Ptolemäus zurückgehende geozentrische Kosmologie von einem **heliozentrischen Weltbild** abgelöst wurde. Es gab von nun an kein wertendes Oben und Unten mehr, sondern der
10 Raum wurde geometrisch, d. h., alle Richtungen waren völlig gleichberechtigt – und vor allem wurden die Bewegungen der Himmelskörper berechenbar.

Eine Glorifizierung erfuhr die naturwissenschaftliche Methode in der **klassischen Mechanik**, die von **Isaac Newton** aufgestellt wurde. Sie
15 ist Grundlage und Zentrum eines **mechanistischen Weltbildes**. Beruhend auf drei Grundaxiomen beschreibt sie raum-zeitliche Änderungen von Körpern: Mithilfe von sogenannten Bewegungsgleichungen kann man die Bahnkurve eines Körpers (an welchem Ort sich dieser zu einem bestimmten Zeitpunkt befindet) exakt berechnen, wenn man nur die Anfangs-
20 bedingung kennt.

Durch den großen Erfolg der Newton'schen Mechanik beeindruckt, folgerte der bedeutende französische Mathematiker, Physiker und Astronom **Laplace** (1746–1827), dass sämtliche Vorgänge im Universum vollständig deterministisch seien. Im 19. Jahrhundert kam sogar die Vorstellung eines

Isaac Newton
(1643–1727), engl. Mathematiker, Physiker und Philosoph, Begründer der klassischen theoretischen Physik und damit der exakten Naturwissenschaften

Newton-Gesetze
1. Trägheitssatz: Wirkt auf einen Körper keine Kraft, so bleibt er entweder in Ruhe oder bewegt sich geradlinig mit konstanter Geschwindigkeit weiter.
2. Grundgesetz der Mechanik: Die auf einen Körper einwirkende Kraft ist das Produkt aus seiner Masse und seiner Beschleunigung.
3. Wechselwirkungsprinzip (zweier Körper): Kraft ist gleich Gegenkraft.

intelligibel → S. 54, 66

D. Hume: „Das Wesen der Kausalität" → S. 191 f.

25 „Laplace'schen Dämons" auf: Ein übermenschliches intelligibles Prinzip steuert das gesamte Weltgeschehen und damit sogar das Verhalten des Menschen.

Das Kausalitätsprinzip

Für das naturwissenschaftliche Vorgehen ist das Prinzip der **Kausalität** be-
30 stimmend. Es handelt sich dabei weniger um ein Naturgesetz, vielmehr ist es die **tragende Erkenntnisstruktur zur Interpretation des Naturgeschehens**: Das Wirklichkeitsverständnis der Physik ist von der Vorstellung eines grundsätzlich kausal geschlossenen Systems geprägt. Kausalität (lat. *causa*: Ursache) bezeichnet dabei eine Beziehung zwischen Ursache
35 und Wirkung und damit die Einheit zweier Ereignisse in einer festen zeitlichen Richtung.

Dem Verhalten von Tieren und Menschen liegt eine **Kausalitätserwartung** zugrunde. Nach Konrad Lorenz gehört sie zu den „angeborenen Lehrmeistern". Als „Hypothese von der Ursache" bzw. „Urteil im Voraus"
40 enthält dieses Prinzip die Erwartung, dass gleiche Wirkungen auf gleiche Ursachen zurückzuführen sind.

2 Das Prinzip der Kausalität spiegelt sich auch in der Sprache bzw. deren Grammatik wider. Welche kausalitätsanzeigenden Präpositionen und Adverbien lassen sich finden?

3 a) „Urteile im Voraus" und auch „Vorurteile" scheinen sich gegenüber anderen Urteilsformen oder gar einem Urteilsverzicht evolutorisch sehr bewährt zu haben. Erläutern Sie ihren Nutzen bzw. Vorteil. Finden Sie „Urteile im Voraus" im Alltag.

b) Wie hängen Vorurteil und Determinismus zusammen? Erörtern Sie die ethischen Konsequenzen von Vorurteilen.

4 Mithilfe der Gesetze der klassischen Mechanik lassen sich Kenntnisse über die Vergangenheit und über die Zukunft erlangen. Erläutern Sie diese Aussage.

5 Entscheiden und begründen Sie im Spannungsfeld von Freiheit und Determination, zu welchem Weltbild die klassische Mechanik hinführt.

6 Mechanistische Anschauungen und Deutungen sind auch heute noch weitverbreitet (z. B. bei Erklärungen der Funktion des menschlichen Körpers, der Erziehung, in der Politik oder bei der Deutung gesellschaftlicher Phänomene). Häufig entstehen dadurch unpassende Beschreibungsweisen und unzureichende Lösungsstrategien für komplexe Problemstellungen. Erläutern Sie dies an konkreten Beispielen und diskutieren Sie darüber.

7 Welche Ursachen lassen sich für das hartnäckige Fortbestehen eines mechanistischen Denkens finden?

Basis

Das mechanistische Weltbild der klassischen Physik

Physik beschreibt die Welt nicht so, wie man sie sinnlich wahrnimmt, sondern bildet bestimmte abstrakte Konzepte darüber. Die Physik schafft so eine neue Welt, nämlich „eine Welt, wie man sich die Welt denken kann", auf einer speziellen „Grammatik" basierend. Das Wirklichkeitsverständnis der klassischen Physik ist von der Vorstellung einer strikten Kausalität geprägt. Diese bezeichnet eine Beziehung zwischen Ursache und Wirkung und damit die Einheit zweier Ereignisse in einer festen zeitlichen Richtung. Den Kernbereich der klassischen Physik bildet die Newton'sche Mechanik. Daraus resultiert ein mechanistisches Weltbild, für das ein umfassender Determinismus und eine hohe Kohärenz kennzeichnend sind.

2.2 Eine neue Dimension der Freiheit? – Die Überwindung des mechanistischen Weltbildes

Objektiv-wissenschaftliche und subjektiv-persönliche Betrachtungsweise

*Im Laufe des Voranschreitens moderner Forschung kristallisierte sich ein bedeutsames Kriterium wissenschaftlichen Vorgehens heraus, das der **Objektivität**: Darunter versteht man die Nachprüfbarkeit und Reproduzierbarkeit von Ergebnissen, d.h., unter gleichen Bedingungen sollten verschiedene Forscher zu denselben (empirischen) Resultaten kommen. Naturwissenschaftliche Gesetze sind besonders typisch dafür. **Subjektivität** dagegen ist von individueller Wahrnehmung, Vorerfahrungen, Neigungen, Wünschen, Interessen, Gefühlen etc. geprägt.*

1 *Welcher Form von Wirklichkeit (einer objektiven oder subjektiven) gehören folgende „Dinge" an?*
   - *Gedichte*
   - *chemische Formeln*
   - *Werte*
   - *Musik*
   - *Bilder*
   - *DIN-Normen*

   Welcher messen Sie für die Existenz eines Menschen eine höhere Bedeutung zu? Begründen Sie Ihre Überlegungen an konkreten Beispielen.

neuronale Aktivitätsmuster (Qualia) → S. 161

2 *Welche Farbe hat das Licht, das ein sichtbarer Gegenstand aussendet, bevor es in das menschliche Auge gelangt? Versuchen Sie, eine möglichst objektive Aussage zu machen.*

3 *In der Alltagskommunikation findet häufig eine Vermischung von Objektivität und Subjektivität statt: Verifizieren Sie diese These an geeigneten Beispielen. Welche Folgen können sich daraus ergeben?*

Vom Wesen der Willensfreiheit *Max Planck*

Der Physiker und Nobelpreisträger Max Planck thematisiert die Notwendigkeit einer grundsätzlichen Unterscheidung von objektiv-wissenschaftlicher und subjektiv-persönlicher Betrachtungsweise am Beispiel der Willensfreiheit des Menschen:

Max Planck (1858–1947), Physiker und Nobelpreisträger

M. Planck: „Determinismus oder Indeterminismus?" → S. 214 ff.

Es genügt uns hier allein die Feststellung, dass ein Vorgang, welcher mit Sicherheit vorausgesehen werden kann, irgendwie kausal determiniert ist, [...]. Selbstverständlich darf dieser Beobachter nicht irgendwie aktiv in den Verlauf des Vorganges eingreifen, sondern er muss seine Voraussage
5 machen können allein aufgrund der ihm bekannten Tatsachen und Bedingungen, welche den Vorgang auslösen [...]. Dieser wichtigste Fall, zu dem wir jetzt übergehen wollen, ist die Beobachtung der eigenen Willenshandlungen. Inwieweit sind wir imstande, eine eigene Willenshandlung in ihrer kausalen Bedingtheit zu begreifen? Offenbar gibt es dafür keine andere
10 Möglichkeit, als dass wir unser Ich in zwei Teile zu spalten suchen: das erkennende Ich und das wollende Ich, und dem ersten die Rolle des Beobachters, dem zweiten die des Beobachteten zuweisen. Dann ergibt sich auf den ersten Blick ein wesentlicher Unterschied, je nachdem die betreffende Willenshandlung der Vergangenheit oder der Zukunft angehört. Im ersten
15 Fall, wenn die Handlung bereits vollzogen ist, trifft die Bedingung der Passivität des Beobachters ohne Weiteres zu. Denn da in diesem Falle das wollende Ich der Zeit nach vorausgeht und das erkennende Ich erst hinterdrein kommt, ist ein kausaler Eingriff des Beobachters in den Ablauf des zu untersuchenden Vorgangs ausgeschlossen. [...] Ganz anders wird nun aber die
20 Sache, wenn unsere Willenshandlung in der Zukunft liegt; denn dann ist es mit der Passivität des Beobachters vorbei. Vielmehr verschmelzen dann Beobachter und Beobachteter, das erkennende Ich und das wollende Ich, miteinander in unserem Selbstbewusstsein, und es kann keine Rede davon sein, dass der Beobachter sich jeder kausalen Einwirkung auf den Beobach-
25 teten enthält. Es ist eine gefährliche Selbsttäuschung zu meinen, dass es möglich sei, seinen eigenen zukünftigen Willenshandlungen gegenüber die Rolle des unbeteiligten, gewissermaßen von hoher Warte herabschauenden Beobachters zu spielen [...].

Aber in dem Augenblick, wo wir *bewusst* eine *Entscheidung* treffen, sind
30 die beiden Ich miteinander verschmolzen: Daher ist gerade für diesen Augenblick ihre auch nur gedankliche Trennung eine logische Unmöglichkeit, [...] Von außen, objektiv betrachtet, ist der Wille kausal gebunden; von innen, subjektiv betrachtet, ist der Wille frei. [...] Die objektive Betrachtungsweise, wie sie die Wissenschaft anwenden muss, entspricht dem Stand-
35 punkt des absolut passiv bleibenden Beobachters. Für ihn herrscht das Kausalgesetz in voller Allgemeinheit, der menschliche Wille ist, wie jegliches Geschehen, streng determiniert. Das gilt bis hinauf zu den feinsten Vorgängen in der Welt des Geistes. [...] Aber der objektiv-wissenschaftliche Stand-

40 punkt, der Standpunkt der höchsten Intelligenz, ist nicht der einzig berechtigte oder gar der selbstverständliche. [...] Ganz ebenso berechtigt und sogar unmittelbar gegeben ist der subjektiv-persönliche Standpunkt, der allerdings für jeden von uns ein verschiedener ist und daher für wissenschaftliche Betrachtungen nicht ausreicht. Von ihm, d.h. von uns selbst aus gesehen, ist, wie wir ausdrücklich festgestellt haben, der eigene Wille 45 undeterminierbar, also frei. [...] Bei der Selbstbeobachtung handelt es sich ja nicht darum, dass wir frei *sind*, sondern darum, dass wir uns frei *fühlen*. [...] Nach allem diesem erscheint der Streit um die Willensfreiheit im Grunde als ein Streit um die Betrachtungsweise.

4 *Geben Sie die Problematisierung und die Argumentation Plancks mit eigenen Worten wieder. Erläutern Sie, worauf es Planck besonders ankommt.*

Geist-Gehirn-Problematik
→ S. 172

5 *Welche Parallelen ergeben sich zur Geist-Gehirn-Problematik bzw. zu den Neurowissenschaften?*

Auf dem Weg zur modernen Physik

Die moderne Physik löst die klassische Physik ab und kennzeichnet so eine Überwindung des mechanistischen Weltbildes. Das Schaubild zeigt die wesentlichen modernen naturwissenschaftlichen Theorien, die im Folgenden näher beleuchtet werden.

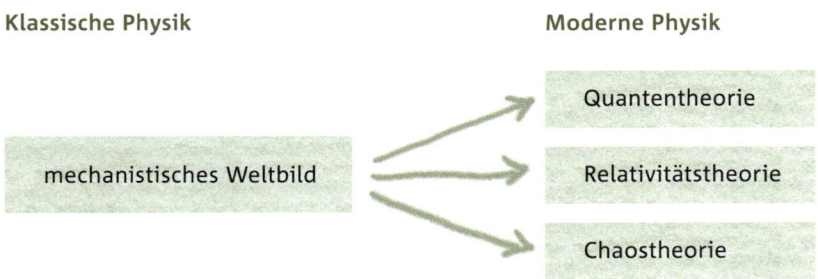

Klassische Physik · Moderne Physik · mechanistisches Weltbild · Quantentheorie · Relativitätstheorie · Chaostheorie

1952 gründeten elf Länder den Europäischen Rat für Nuklearforschung (Conseil Europeen pour la Recherche Nucleaire = CERN), der 1953 die Errichtung eines Kernforschungszentrums in Genf beschloss. Aufgabe des CERN ist die Grundlagenforschung, die Suche nach den kleinsten Teilchen der Welt.

Neue Konzepte der Physik

Der Niedergang des mechanistischen Denkens bahnte sich bereits mit der systematischen Untersuchung elektrischer und elektromagnetischer Phänomene an (Volta, Oerstedt). Die
5 neu entwickelte Elektrizitätslehre brachte die Theorie der **physikalischen Felder** (bestimmte Eigenschaften des Raumes, sodass auf geeignete Probekörper Kräfte wirken – z. B. Massen bei Gravitation, Ladungen bei der Elektrizität)
10 hervor und aus Interferenzversuchen mit Licht erwuchs die **Wellentheorie**. Die bisherige Vorstellung, alle neuen physikalischen Entdeckungen ließen sich auf die Mechanik zurückführen, musste aufgegeben werden.
15 Felder (z. B. Gravitations-, Magnetfeld) sind dabei mehr als nur Vorstellungshilfen. Sie sind „Träger" von Energie und dies, ohne dass Materie in stofflicher Form vorhanden sein muss. Damit schwand die Bedeutung des
20 für ein mechanistisches Denken typischen Substanzbegriffs. Ebenso musste die Anschauung aufgegeben werden, dass Körper ausschließlich durch Berührung, also durch Druck und Stoß, wechselwirken – im Rahmen der
25 Feldtheorie lassen sich auch Fernwirkungen erklären.

Die Arbeiten der beiden Nobelpreisträger **Planck** und **Einstein** bewirkten eine endgültige Ablösung des materialistisch-mecha-
30 nistischen Weltbildes. Das Irrelevantwerden des mechanistischen Substanzbegriffs kulminiert in der wohl berühmtesten Formel $E = m\,c^2$ (E: Energie, m: Masse, c: Lichtgeschwindigkeit). Sie besagt, dass Masse voll-
35 ständig in Energie umgewandelt werden kann (auch die umgekehrte Richtung ist möglich). Dem Phänomen der **Masse-Energie-Äquivalenz** verdanken wir unser Leben, denn auf der Sonne (als „Atomkraftwerk") läuft
40 kontinuierlich dieser Prozess ab. Eine weitere Kernaussage der **Relativitätstheorie** ist die Erkenntnis, dass bestimmte Aussagen nur in bestimmten Bezugssystemen gültig sind („Relativität").

45 Unterschiedliche Dimensionen – unterschiedliche Physik

Versteht man den Menschen als ein die Evolution durchlaufendes Lebewesen, so kann man leicht einsehen, dass der Erkenntnisapparat
50 des Gehirns an den **Mesokosmos** (griech. *mesos*: mitten, in der Mitte) angepasst ist: Er ist darauf ausgelegt, das physikalische Geschehen, das ungefähr in der Größenordnung von einem Meter abläuft, zu erfassen – dies
55 ist die Domäne der **klassischen Physik**. Erst durch die Entwicklung neuer Messgeräte und Verfahren war es möglich, dass Physiker zum einen in die atomaren Dimensionen (**Mikrokosmos**) und zum anderen in die Tiefen des
60 Weltalls (**Makrokosmos**) vorstoßen konnten. Die physikalischen Gesetzmäßigkeiten, die sich hier offenbaren, widersprechen nicht nur der Alltagsintuition, sie sind auch für das Alltagsgeschehen nicht relevant. In der Theorie
65 sind sie nur in der mathematischen Sprache darstellbar und somit äußerst unanschaulich. Dies macht es so schwer, die Kernaussagen der Physik des 20. Jahrhunderts zu Freiheit und Determination nachzuvollziehen.

„Und die Natur macht doch Sprünge" – Quantenmechanik

Grundlagen der Quantenmechanik

Immer wieder wurde versucht, durch die Forschungsergebnisse der **Quantenmechanik** eine Entscheidung über die Fragestellungen zur Existenz eines freien Willens herbeizu-
5 führen. Die Weichen für dieses fundamentale Theoriegebäude der modernen Physik wur-

den im Jahre 1900 von Max Planck gestellt. Indem Einstein 1905 – aufbauend auf dem lichtelektrischen Effekt (physikalische Grund-
10 lage des Bildempfängers einer Digitalkamera) – seine berühmte **Lichtquantenhypothese** formulierte, erkannte er die generelle Quantisierung der elektromagnetischen Strahlungsenergie; sie bestätigte Plancks Quantenhypo-
15 these: Demnach sind im atomaren und subatomaren Bereich nicht wie in der klassischen Mechanik beliebige Energiewerte möglich, sondern nur ganz bestimmte **Energiestufen**, also diskrete Werte. Falls bei einem
20 Zustandswechsel in atomaren Systemen Energien übertragen werden, ist dies nur in Form von winzigen Energiepaketen möglich (Differenz dieser Energiestufen), den **Quanten** (lat. *quantum*: wie groß, wie viel). Diese besitzen

25 stets einen vielfachen Wert des **Planck'schen Wirkungsquantums h**, einer fundamentalen Naturkonstanten. Auch andere atomphysikalische Größen sind gequantelt (z. B. der Drehimpuls von Elementarteilchen oder die elekt-
30 rische Ladung). Dies entspricht der Erkenntnis einer **Diskontinuität auf der Ebene der Atome und Moleküle**. Die klassisch-mechanistische Auffassung „Die Natur macht keine Sprünge" wurde so widerlegt.

35 Bekanntere **Quantenobjekte** sind neben Lichtquanten (Photonen) auch die Elektronen. Es gibt jedoch keinerlei Objekte aus unserer Erfahrungswelt, die deren Eigenschaften aufweisen. Vor allem sind sie keine „kleinen
40 Kügelchen", was einem naivem Teilchenbild entspricht.

Die Heisenberg'sche Unschärferelation

Der Nobelpreisträger Heisenberg entwickelte die Theorien Plancks und Einsteins weiter und deutete wichtige Quanteneigenschaften durch seine Unschärferelation, besser Unbestimmtheitsrelation.

1 *Die Heisenberg'sche Unschärferelation lässt sich mit einfachsten Mitteln beobachten – der Spaltversuch:*

a) *Stellen Sie eine brennende Kerze vor einem dunklen Hintergrund auf und blicken Sie aus einiger Entfernung auf die Kerzenflamme, indem Sie mit Ihren beiden Daumen einen feinen Spalt direkt vor einem Auge bilden. Verengen Sie dann den Spalt und beobachten Sie genau mit etwas Geduld, wie sich die Kerzenflamme – präziser: das Bild der Kerzenflamme auf der Netzhaut des Auges – verändert.*

b) *Formulieren Sie Ihre Beobachtung schriftlich und vergleichen Sie anschließend Ihre Aufzeichnungen untereinander.*

c) *Welches Versuchsergebnis wäre nach dem klassischen Modell der Strahlenoptik zu erwarten, wenn man etwa einen Türspalt, durch den Sonnenlicht fällt, immer weiter verengt und das Lichtband auf dem Fußboden beobachtet? Begründen Sie.*

Das beobachtbare Phänomen ist mit der Wellenoptik erklärbar.
*Die entscheidende Deutung liefert allerdings erst die **Quantentheorie**:*

179

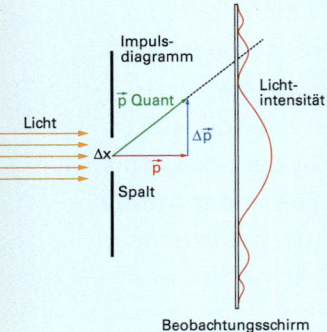

Impuls-
diagramm

p⃗ Quant

Licht-
intensität

Licht

Δx

Δp⃗

p⃗

Spalt

Beobachtungsschirm

Der Spaltversuch

Je mehr man den Lichtweg durch Verkleinerung der Spaltbreite einengt und damit den Ort des Durchtritts vorgibt, desto mehr weicht – paradoxerweise – das Licht hinter dem Spalt zur Seite hin aus (zusätzlich entsteht in diesen Bereichen ein zebrastreifenartiges Muster). Es lässt sich

5 nicht ermitteln, wo genau ein einzelnes Lichtquant den Spalt, der ja eine bestimmte Breite aufweist, passiert, was eine sogenannte **Unschärfe Δx** („Delta" bedeutet hier Intervall) **seines Aufenthaltsortes** darstellt. Ebenso wenig lässt sich ermitteln, wo genau das Quant auf dem Beobachtungs-schirm auftrifft, dies ist prinzipiell im gesamten seitlich ausgedehnten

10 Bereich möglich (s. Versuch). Diese Abweichung von der ursprünglich geradlinigen Ausbreitungsrichtung (Lichtquelle – Spalt) entspricht einer Änderung der Richtung der Geschwindigkeit und damit auch einer Änderung der Richtung des Impulses p (= Masse mal Geschwindigkeit). Die Impulse der Quanten nach dem Spalt können also in einem bestimmten

15 Intervall bzw. Wertebereich variieren, der **Impulsunschärfe Δp**.

Die Heisenbergsche Unschärferelation und ihre Deutung

„Das Produkt aus der Ortsunschärfe und der Impulsunschärfe kann einen bestimmten Wert (das Planck'sche Wirkungsquantum h) nicht unterschreiten." Anders ausgedrückt: Je genauer man Kenntnis über den

20 **Aufenthaltsort** eines Quantenobjektes hat (je kleiner Δx), desto weniger ist sein **Impuls** und damit seine Geschwindigkeit bekannt (desto größer Δp) und umgekehrt, d. h., Ort und Impuls sind nicht gleichzeitig messbar. Diese Unbestimmtheit hat jedoch nichts mit Messungenauigkeiten oder Messfehlern zu tun (der Begriff „Unschärfe" suggeriert eine experimen-

25 telle Ungenauigkeit). Noch deutlicher fällt das Versuchsergebnis aus, wenn man zwei parallele Spalte (Doppelspalt) nimmt; hier ist nicht zu unterscheiden, ob ein Photon Spalt 1 oder Spalt 2 passiert.

2   Deuten Sie Ihre Beobachtungen bei dem Versuch, indem Sie mit eigenen Worten die Heisenberg'sche Unschärferelation anwenden.

3   a) Vergleichen Sie die Bestimmbarkeit von Ort und Geschwindigkeit (bzw. Impuls) im atomaren Bereich mit der Bestimmbarkeit dieser beiden Größen in der klassischen Mechanik (fahrende Autos, fliegende Bälle …).

b) Erläutern Sie, welche Schlussfolgerungen sich damit für die Mikrophysik ergeben, wenn es um Aussagen über das zukünftige Verhalten von Teilchen geht. Arbeiten Sie den Unterschied zur klassischen Mechanik heraus.

*c) Welche Relevanz hat der Begriff der klassischen **Flugbahn** in der Quantenmechanik? Welche Aussagen für die sich in der Hülle eines Atoms befindlichen Elektronen wären somit unbedingt zu vermeiden?*

Mikrophysik: Physik der atomaren und subatomaren Vorgänge

Werner Heisenberg
(1901–1976)

Ein weiteres Hauptmerkmal der Quantenmechanik ist ihr **statistischer Charakter**: Nur für hinreichend große Teilchenensembles lassen sich Aussagen über die entsprechenden Nachweiswahrscheinlichkeiten machen – das Verhalten eines einzelnen Teilchens ist unvorhersagbar. (Vgl. z. B. das Verhalten der einzelnen Lichtquanten beim Spaltexperiment. Weiteres Bsp.: radioaktiver Zerfall, dessen Zeitpunkt für ein einzelnes Atom nicht vorhersagbar ist; bei Beobachtung vieler Atome ergibt sich jedoch das radioaktive Zerfallsgesetz.)

klassische Physik → S. 173 ff.

Die Heisenberg'sche Unschärferelation: Ergebnisse und Konsequenzen

Die Heisenberg'sche Unschärferelation drückt folgende physikalische Begebenheit aus: Je genauer man versucht, den Aufenthaltsort eines Quantenobjekts zu bestimmen, desto unbestimmter wird aus quantentheoretisch *prinzipiellen* Gründen die Angabe seiner Geschwindigkeit
5 (bzw. des Impulses) – und umgekehrt. Sie ist eine quantitative Formulierung für die Tatsache, dass gleichzeitig stattfindende Messungen zweier verschiedener physikalischer Größen unverträglich sind, was in der klassischen Physik einen völlig fremden Sachverhalt darstellt. (Hier wären z. B. für die Flugbahn eines Balles Ort und Geschwindigkeit stets gleichzeitig
10 exakt bestimmbar.) Sie besagt letztlich, dass eine vollständige Kenntnis des Zustandes eines quantenmechanischen Systems unmöglich ist. Vielmehr lassen sich mithilfe der Schrödinger-Gleichung (benannt nach dem österr. Physiker Erwin Schrödinger, 1887–1961) **Aufenthalts- bzw. Nachweiswahrscheinlichkeiten** berechnen, die prinzipieller Natur sind und
15 keinen Ausdruck einer Unkenntnis des Systemzustandes darstellen (etwa weil die Messgeräte nicht genau genug arbeiten). Die physikalische Größe „Ort" legt also nicht fest, wo genau ein Teilchen zu einem bestimmten Zeitpunkt zu finden ist, sondern beschreibt *abstrakt* die Eigenschaft des Teilchens, an verschiedenen Orten gefunden werden zu können (gleich-
20 wohl das *Konzept* der physikalischen Größe „Ort"). Heisenberg interpretierte diese Wahrscheinlichkeiten so, dass einem Elementarteilchen nicht einmal die Eigenschaft des „Seins" ohne Einschränkung zukommt. Er sah darin lediglich eine Möglichkeit oder Tendenz zum Sein. Ein bekannteres Beispiel ist das **Orbitalmodell** der Atomhülle: räumlich „verschmierte"
25 Elektronen, die wechselwirken und so chemische Bindungen erzeugen. Es existieren weitere Paare physikalischer Größen, für die eine Unbestimmtheitsrelation vorliegt, z. B. Energie und Zeit.

4 Fassen Sie die Hauptaussagen der Quantenmechanik und deren Unterschiede zur klassischen Physik mit eigenen Worten zusammen.

5 Von Einstein stammt die Metapher „Gott würfelt nicht", die er auf die Quantentheorie prägte. Welche naturwissenschaftliche Grundhaltung drückte er damit aus? Vergleichen Sie diese mit den gesicherten Aussagen der Quantenmechanik.

6 Prüfen Sie folgende These auf ihre Stichhaltigkeit: „Aus der Indeterminiertheit einzelner Quantenobjekte lässt sich eine menschliche Willensfreiheit ableiten." Berücksichtigen Sie dabei, dass für die Aktivität von Neuronen stets relativ viele Quantenobjekte nötig sind, da Nervenzellen nur mit entsprechend großen Energiemengen funktionieren.

Nicht lineares Verhalten – das deterministische Chaos

Das deterministische Chaos

Nimmt man ein Pendel, bei dem der Pendelkörper durch einen starren Stab mit dem Drehpunkt verbunden ist, und befestigt am Pendelkörper ein zweites Pendel (Doppelpendel), so ergibt sich eine völlig unregelmäßige Pendelbewegung, die sich nicht vorhersagen lässt. Man spricht

5 von einem chaotischen Verhalten.

Das ursprünglich altgriechische Wort **„Chaos"** bezeichnet die gestaltlose Urmasse, aus der die Erde entstanden ist. Heute kennen wir den Begriff z. B. als Verkehrschaos, bei dem viele Verkehrsteilnehmer mit ihren „Freiheitsgraden" zusammenspielen. Aber auch Systeme mit wenigen

10 Freiheitsgraden können chaotisches Zeitverhalten zeigen – man spricht von **„deterministischem Chaos"**. Zunächst erscheint dieser Begriff als ein Widerspruch in sich, da man (von den Alltagsvorstellungen ausgehend) dem Unvorhersagbaren keine Determiniertheit zuschreibt. Der Widerspruch ist jedoch nur scheinbar, wie diese Überlegungen zeigen:

15 Das Zeitverhalten des Pendels lässt sich durch Bewegungsgleichungen (s. Newton'sche Physik) vollständig beschreiben. Zum Finden einer Lösung benötigt man jedoch die exakte **Kenntnis der Anfangsbedingungen**. Systeme, die deterministisches chaotisches Verhalten zeigen, haben die Eigenschaft, dass kleine Abweichungen in den Anfangsbedingungen

20 sich im Laufe der Zeit nicht „linear" (direkt proportional), sondern z. B. „exponentiell" und damit wesentlich intensiver verstärken.

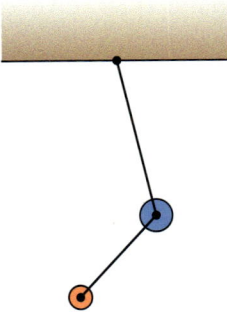

Doppelpendel

Newton-Gesetze → S. 174

Lineare und exponentielle Funktion im Vergleich

linear: z. B. $y = 5x$
(für $x = 8$ ergibt sich
$y = 40$)

exponentiell: z. B. $y = 5^x$
(für $x = 8$ ergibt sich
$y = 390625$)

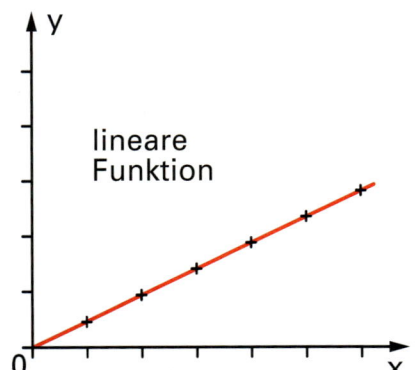

lineare
Funktion

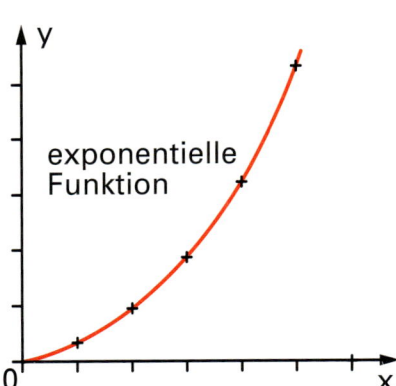

exponentielle
Funktion

Die nötige Präzision der Kenntnis der Anfangsbedingungen übersteigt die Möglichkeiten praktischer Messgenauigkeit erheblich. Durch das **nicht lineare Verhalten** des Systems führen winzige Veränderungen bzw.

25 Schwankungen der Anfangsbedingungen zu einer enormen Verstärkung und damit zu einer Nichtberechenbarkeit.

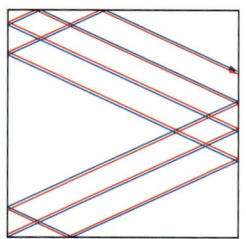

Klassisches Billard

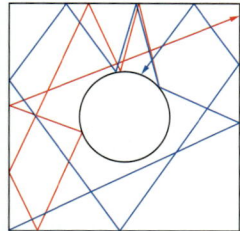

Beim sog. **Sinai-Billard** setzt man in die Mitte des Tisches eine kreisrunde Säule, an der die Kugel genau wie an den Banden reflektiert wird. Diese Variante ist nicht mehr regelmäßig, d. h., selbst kleinste Abweichungen in den Anfangsbedingungen führen nach kurzer Zeit zu völlig verschiedenen Bahnen.

Sandrippel: durch Wind strukturierter Sand

Hinzu kommt folgender Sachverhalt: Die meisten Systeme verlieren von selbst Energie durch Reibung bzw. Wärmeabgabe, was in der Wissenschaft mit **Dissipation** („Verschwinden") bezeichnet wird. Genauer: Es

30 findet eine Energieentwertung statt, wobei sich Energie in konzentrierter Form von selbst in eine verteiltere Form umwandelt (**Entropieprinzip** der Physik, das auch die Verteilung von Stoffen bestimmt). Diese Prozesse sind quantitativ kaum exakt erfassbar und sie können äußerst anfällig für kleinste Schwankungen sein, sodass der zeitliche Verlauf relativ unbe-

35 stimmt ist. Insgesamt besteht beim deterministischen Chaos eine **sensitive Abhängigkeit von den Anfangsbedingungen**. Dies lässt sich anschaulich am sogenannten Sinai-Billard (benannt nach dem russischen Mathematiker Sinai) im Unterschied zum klassischen Billard zeigen.

Anwendungen der Chaostheorie

40 Komplexe Systeme liegen immer dann vor, wenn sie mehrere bzw. viele Freiheitsgrade besitzen. Der Meteorologe Edward Lorenz hat dafür das Wort „**Schmetterlingseffekt**" (1963) geprägt. Damit ist gemeint, dass der Flügelschlag eines Schmetterlings in Amerika das Wetter in Deutschland beeinflussen kann. Kleinste Abweichungen erzeugen also eine Vielfach-

45 heit an neuen Möglichkeiten. Weitere Phänomene sind beispielsweise Turbulenzen bei Strömungen von Flüssigkeiten oder Gasen, das Börsengeschehen, bestimmte Musterbildungsprozesse (z. B. Erosion) oder das Gerät zur Ziehung der Lottozahlen.

Lebewesen werden von der modernen Physik als komplexe Nichtgleich-

50 gewichtssysteme interpretiert (sie existieren aufgrund von **Fließgleichgewichten**) und sind ebenfalls nach chaostheoretischen Gesichtspunkten beschreibbar.

Menschliche Rationalität steht natürlicher Selbstorganisation entgegen

„Wie die selbstorganisierte Ausbildung eines Flussnetzwerkes und zahl-

55 reiche andere Beispiele zeigen, tendiert die Natur zur Ausbildung ‚nicht linearer' Strukturen. Demgegenüber ist die menschliche Anschauung auf vielfache Weise durch eine lineare Sehweise geprägt. Straßen und Eisenbahntrassen werden gemäß dem Ideal der Geraden entworfen, selbst natürliche Flussläufe wurden lange Zeit diesem Ideal durch Begradigung unter-

60 geordnet. Die Gestalt unserer Häuser entspringt der Idee des Quaders, und würde der Mensch nicht durch ökonomische Zwänge dazu veranlasst, bei der Gestaltung von Kraftfahrzeugen den naturgegebenen Zusammenhängen zwischen Form und Strömungswiderstand Rechnung zu tragen, so würden die Straßen heute vermutlich von Quadern oder Würfeln befah-

65 ren." *(Volkhard Nordmeier / Hans Joachim Schlichting)*

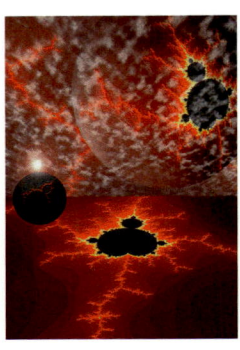

Bildliche Darstellung der Mandelbrotmenge (bekannt als „Apfelmännchen"; fraktale Geometrie), die für die mathematische Beschreibung von chaostheoretischen Prozessen eine Schlüsselrolle spielt

1 Erläutern Sie, warum die folgende Aussage von B. Mandelbrot, einem bekannten Vertreter der fraktalen Geometrie (die die Selbstähnlichkeit vieler Strukturbildungsprozesse beschreibt), nur scheinbar trivial ist: „Wolken sind keine Kugeln, Berge keine Kegel, Küstenlinien keine Kreise. Die Rinde ist nicht glatt – und auch der Blitz bahnt sich seinen Weg nicht gerade."

2 Vergleichen Sie die Chaostheorie mit der klassischen Physik und der Quantentheorie bezüglich Vorhersagbarkeit und Determiniertheit von Phänomenen.

3 a) Nennen Sie die Eckpfeiler des modernen physikalischen Weltbildes.

   b) Welche Aussagen macht die moderne Physik zur Kausalität und damit zu einem Determinismus? Führen Sie entsprechende Belege aus den Texten an.

4 Inwieweit ist das Naturgeschehen vorhersagbar? Erläutern Sie Ihre differenzierten Aussagen.

5 Inwieweit lassen sich die Aussagen der modernen Physik zur Determiniertheit und Vorhersagbarkeit auf die Willenshandlungen des Menschen übertragen? Nehmen Sie abschließend kritisch dazu Stellung.

Basis

Die Überwindung des mechanistischen Weltbildes

Die moderne Physik mit ihren Kerndisziplinen Relativitätstheorie, Quantentheorie und Chaostheorie setzt sich fundamental von mechanistischen Betrachtungsweisen ab:

Mit der Masse-Energie-Äquivalenz als einer der Hauptaussagen der **Relativitätstheorie** verliert die traditionell strikte Trennung zwischen stofflichen und nicht stofflichen Prinzipien gänzlich ihre Bedeutung. Physikalische Aussagen sind nach diesem Theoriegebäude nur in bestimmten Bezugssystemen gültig.

In der **Quantenmechanik** lassen sich nur noch Wahrscheinlichkeiten für das Verhalten der entsprechenden Objekte angeben und aufgrund der **Heisenberg'schen Unschärferelation** ist die vollständige Kenntnis des Zustandes eines quantenmechanischen Systems prinzipiell unmöglich. Der Bahnbegriff der klassischen Physik (z. B. die Flugbahn eines geworfenen Balles – hier wären Ort und Geschwindigkeit stets gleichzeitig exakt messbar) ergibt dabei keinen Sinn. Die Quantenmechanik als adäquate Theorie für den Mikrokosmos kann nicht zur Deutung neuronaler Phänomene, die dem Mesokosmos angehören, herangezogen werden (Widerspruch zum Energieerhaltungssatz, da Neurone wesentlich höhere Energien als die einzelner Quanten benötigen).

Die klassische Physik wird in ihrem stark reduktionistischen und idealisierenden Vorgehen von der **Chaostheorie** abgelöst, die wesentlich adäquatere Beschreibungen (systemisch und multikausal) der meist sehr komplex verlaufenden Naturvorgänge liefert.

In der modernen Physik sind Vorhersagbarkeit und Determiniertheit kein durchgängiges Prinzip mehr. Ihr Beitrag zu Fragestellungen im Spannungsfeld Freiheit und Determination des Menschen ist jedoch begrenzt.

Die universelle Frage nach der menschlichen Freiheit –
Freiheitsphilosophie

1. Wann ist menschliches Handeln frei? – Freiwilliges und unfreiwilliges Handeln bei Aristoteles

In der TV-Serie „Mission Erde" fragt der (außerirdische) Taelon Da'an seinen menschlichen Beschützer Liam Kincaid:

Szenenbild aus „Mission Erde – Sie sind unter uns", Leni Parker (Da'an)

„Was hast du gelernt als menschliches Wesen?"
„Es ist äußerst schmerzhaft, als Mensch zu leben. Aber nur dadurch können wir lernen. Nur dadurch finden wir unseren Weg, indem wir unser größtes Geschenk zu schätzen wissen: den freien Willen."

1 Sie haben bislang einiges zum Thema „Freiheit und Determination" aus verschiedenen wissenschaftlichen Disziplinen erfahren. Bevor Sie verschiedene wichtige philosophische Positionen kennenlernen, sollten Sie Ihre augenblickliche Einstellung zu der Frage „Sind wir in unserem Handeln frei?" im Ethikkurs darlegen. Überlegen Sie dabei auch, inwieweit Sie der Aussage Kincaids zustimmen können.

Ted Honderich: Wie frei sind wir? Das Determinismus-Problem. Stuttgart 1995.

Die Nikomachische Ethik (drittes Buch, Kapitel 1–3) *Aristoteles*

Am Anfang des dritten Buches der Nikomachischen Ethik steht die Frage, ob und unter welchen Umständen das Handeln des Menschen freiwillig ist oder nicht. Diese Frage steht bis heute im Zentrum der philosophischen Freiheitsdiskussion. Um die Basis für die Behandlung des Problems zu schaffen, klärt Aristoteles mit strenger Systematik alle relevanten Begriffe. Auch dieses Vorgehen wurde zum Bestandteil und Prinzip eines jeden argumentativen Diskurses.

Aristoteles → S. 40
„Die Nikomachische Ethik" → S. 44 f.
Aristoteles: „Über die Tugend" → S. 45 f.

Da nun die Tugend sich auf Leidenschaften und Handlungen bezieht und da Lob und Tadel das Freiwillige treffen, das Unfreiwillige aber Verzeihung erlangt, gelegentlich sogar Mitleid, so muss derjenige, der nach der Tugend forscht, wohl auch das Freiwillige und Unfreiwillige bestimmen. [...]

5 Unfreiwillig scheint zu sein, was durch Gewalt oder Unkenntnis [Unwissenheit] geschieht. Gewaltsam ist, was seinen Ursprung außerhalb hat, und zwar so, dass der Handelnde oder Leidende keinen Einfluss nehmen kann, etwa wenn der Sturm einen irgendwohin führt, oder die Menschen, die über einen herrschen.

10 Was aber aus Angst vor größerem Übel geschieht oder wegen etwas Edlem, etwa wenn ein Tyrann eine schändliche Tat befiehlt und dabei Eltern und Kinder in seiner Gewalt hat und diese gerettet werden können,

wenn man sie tut, dagegen sterben müssen, wenn man sie nicht tut, so besteht hier ein Zweifel, ob man das freiwillig oder unfreiwillig nennen soll.

15 [...]

Was aus Unwissenheit geschieht, ist nicht durchweg freiwillig. Unfreiwillig wird es, wenn es schmerzlich ist und man es bereut. Denn wer etwas aus Unwissenheit tut und sich dann nicht über die Tat ärgert, der hat zwar nicht freiwillig getan, was er ja nicht gewusst hatte, aber auch nicht un-

20 freiwillig, da es ihn hinterher nicht schmerzte. Was also aus Unwissenheit geschieht und dann bereut wird, scheint unfreiwillig zu sein, wer es dagegen nicht bereut, ist ein anderer, und so mag man sein Tun nicht-freiwillig nennen. Denn da er sich unterscheidet, ist es besser, wenn er einen eigenen Namen erhält. [...]

25 Wenn nun unfreiwillig ist, was gewaltsam und aus Unwissenheit geschieht, so dürfte das Freiwillige dasjenige sein, dessen Ursprung im Handelnden selbst ist, sofern er alles Einzelne kennt im Bezug auf den Bereich der Handlung.

Handlungstheorie nach
Aristoteles → S. 43 f.

2 Wie rechtfertigt Aristoteles die Notwendigkeit, die Begriffe des Freiwilligen und Unfreiwilligen zu bestimmen (1. Abschnitt)? Berücksichtigen Sie bei Ihrer Antwort auch die politische und juristische Dimension des freien Handelns.

3 Suchen Sie zu dem Aspekt des Gewaltsamen (2. Abschnitt) weitere Beispiele für unfreiwilliges Handeln.

4 Nach Aristoteles ist es zweifelhaft, ob ein Handeln in einer Erpressungssituation (vgl. Abschnitt 3) zwingend unfreiwillig ist. Erarbeiten Sie Argumente, die auf ein freies Handeln in einer solchen Situation hinweisen. Beachten Sie dabei auch den Hinweis des Aristoteles: „Denn im Augenblick, in dem sie ausgeführt werden, entscheidet man sich für sie."

5 Im ersten Kapitel des dritten Buches heißt es: „Zu einigen Dingen soll man sich vielleicht überhaupt nicht zwingen lassen, sondern eher sterben oder das Schlimmste erdulden." Nehmen Sie zu dieser Überlegung Stellung.

Die Methodik des Aristoteles

Aristoteles gilt als der erste große Systematiker der Philosophiegeschichte. Er entwickelte wissenschaftsmethodische Vorgehensweisen, die heute noch angewendet werden. Wesentlich ist, dass er dabei nicht dogmatisch vorgeht, also mit dem Anspruch unbezweifelbarer Wahrheit, sondern immer wieder mit Vorschlägen und Einschränkungen (z. B. „mag man", „vielleicht") eine offene Argumentation führt, die den Leser als Diskurspartner einbezieht.

Vor allem seine – vorbildliche – Begriffsarbeit lässt sich an dem hoch strukturierten ersten Text nachvollziehen:

Notwendigkeit von Begriffsbestimmungen	Zunächst rechtfertigt Aristoteles die **Notwendigkeit von Begriffsbestimmungen** (hier zunächst „Freiwilliges" und „Unfreiwilliges") und beginnt mit der **Erläuterung des Gegenbegriffes** („Unfreiwilliges"): „Unfreiwillig scheint zu sein, was durch Gewalt (Zwang) oder Unwissenheit (Unkenntnis) geschieht."

Bestimmung des (Gegen)Begriffs durch neue Begriffe

Klärung des ersten neuen Begriffs und Illustration durch ein Beispiel („Sturm")

5 Damit hat er zwei **neue Begriffe** (Gewalt und Unwissenheit) eingeführt. Folgerichtig erläutert er nun den ersten Begriff „Gewalt": „Gewaltsam ist, was seinen Ursprung außerhalb (des Handelnden) hat, und zwar so, dass der Handelnde oder Leidende keinen Einfluss darauf nehmen kann."

10 Diese Begriffsklärung verdeutlicht er anschließend an einem **Beispiel** („Sturm").

Problematisierung mithilfe eines weiteren Beispiels („Tyrann")

Nachdem er nun die Begriffe „Unfreiwilliges" und „Gewaltsames" geklärt hat, **problematisiert** er mithilfe eines weiteren Beispiels („Tyrann"), dass ein Handeln in einer Zwangssituation nicht zwingend unfreiwillig

15 genannt werden kann.

Anschließend geht Aristoteles auf den bislang noch nicht geklärten Begriff der „Unwissenheit" („Unkenntnis") ein. Diesen Begriff definiert er nicht, weil er sein Verständnis voraussetzen kann, sondern stellt eine Verbindung mit dem Begriff des Freiwilligen („... ist nicht durchweg frei-

Verbindung des zweiten neuen Begriffs mit dem Zentralbegriff
Vorschlag einer begrifflichen Differenzierung

20 willig") her. Dabei schlägt er eine **begriffliche Differenzierung** vor: Handeln in Unkenntnis der negativen Folgen ist dann unfreiwillig zu nennen, wenn der Handelnde nach der Tat Bedauern empfindet. Empfindet er aber keine Reue, sollte man solche Handlungen nicht als „unfreiwillig", sondern als „nicht-freiwillig" (etwa als „nicht im Zustand der Selbstver-

25 fügung") bezeichnen: „Es ist widersinnig, diese als unfreiwillig zu bezeichnen."

Klärung des Zentralbegriffs („das Freiwillige")

Mit diesem methodischen Vorgehen hat Aristoteles die Basis geschaffen, um den **zentralen Begriff** – „das Freiwillige" – zu klären als dasjenige, dessen Ursprung im Handelnden selbst liegt, vorausgesetzt, dass

30 dieser alle Aspekte (z. B. die Folgen) seiner Handlung kennt.

Aristoteles:
„Die Nikomachische Ethik" → S. 186 f.

6 a) *Ordnen Sie die Begriffe der Randspalte den passenden Stellen im Auszug aus der „Nikomachischen Ethik" zu.*

b) *Versuchen Sie, das methodische Vorgehen des Aristoteles in einer Grafik darzustellen.*

7 *Wenden Sie sein Verfahren – so weit sinnvoll – in einem Referat oder einer schriftlichen Arbeit an und schätzen Sie die Vorteile dieser Methodik ein.*

Die Nikomachische Ethik (drittes Buch, Kapitel 1–3, Fortsetzung)
Aristoteles

Im Anschluss an seine vorstehenden Überlegungen fährt Aristoteles fort:

Vielleicht ist es auch nicht richtig, unfreiwillig zu nennen, was im Zorn
30 oder in der Begierde geschieht. Denn fürs Erste wird auf diese Weise keines
der anderen Lebewesen etwas freiwillig tun, und auch nicht die Kinder.
Und dann: Tun wir alles unfreiwillig, was in Begierde oder Zorn geschieht,
oder das Edle freiwillig und nur das Schändliche unfreiwillig? Oder ist eine
solche Annahme lächerlich, da es ja nur eine Ursache gibt? [...]
35   Was besteht ferner für ein Unterschied zwischen einem Fehler aus
Überlegung und einem Fehler aus Zorn, wenn man den einen als unfreiwillig bezeichnet? Zu meiden sind beide; die vernunftlose Leidenschaft
scheint aber nicht weniger menschlich zu sein und so auch die Handlungen
des Menschen, die aus Zorn[1] oder Begierde entspringen. Es ist widersinnig,
40 diese als unfreiwillig zu bezeichnen.

1 Zorn: Zorn ist hier nicht als „normales" Gefühl, sondern als Affekt zu verstehen, etwa im Sinne von Jähzorn.

Paraphrasieren
Beim Paraphrasieren erfassen Sie knapp das Ausgesagte in eigenen Worten, um Inhalte für sich und andere leichter verständlich zu machen.

„Wie frei ist der Mensch? – Psychologische Aspekte" → S. 128 ff.
„Freiheit und Determination: Aspekte der Neurobiologie" → S. 158 ff.

8 Paraphrasieren Sie beide Abschnitte. Arbeiten Sie dabei die Position des Aristoteles heraus.

9 Zum Darstellungsverfahren im Text: Erarbeiten Sie das methodische Vorgehen und die Funktion des Textauszuges. Beachten Sie dabei besonders die drei von Aristoteles aufgeworfenen Fragen.

10 Wiederholen Sie die Erkenntnisse der Psychologie und der Neurobiologie zu Trieb- und Affekthandlungen. Prüfen sie anschließend, inwieweit – Ihrer Auffassung nach – die Ansichten des Aristoteles noch zeitgemäß sind. Gehen Sie dabei auf die Überlegungen des Philosophen ein.

Basis

Freiwilliges und unfreiwilliges Handeln bei Aristoteles
Aristoteles untersucht im 3. Buch der „Nikomachischen Ethik" die Frage, unter welchen Umständen das Handeln des Menschen freiwillig ist. Unfreiwillig ist es, wenn äußere Umstände, auf die er keinen Einfluss hat, ihn zu einem bestimmten Handeln zwingen. Ein Handeln aus Unwissenheit kann je nach der Einstellung des Handelnden als frei oder unfrei bezeichnet werden. Als unfrei gilt es, wenn er seine Tat bedauert, d. h. sie als Wissender nicht vollzogen hätte. Bedauert er sein Handeln nicht, kann man annehmen, dass er sie auch im Zustand des Wissens nicht vermieden hätte. Deshalb nennt Aristoteles ein solches Handeln frei.

    Als Bedingungen für die Freiwilligkeit nennt Aristoteles die Kenntnis des Handelnden über die Umstände seines Tuns und die Möglichkeit der Selbstverfügung (Autonomie). Im Gegensatz zu modernen Auffassungen tendiert Aristoteles dahin, ein affektorientiertes Handeln als frei zu verstehen.

2. Der kausalbestimmte Wille – David Hume

2.1 Erkenntnistheorie und das Prinzip der Kausalität – Hintergrundwissen zu David Humes Philosophie

D. Hume → S. 193

Humes Erkenntnistheorie und Menschenbild
Die Basis, auf der Humes Philosophie steht, ist der **Empirismus**. Nach diesem philosophischen Ansatz resultiert jegliche Erkenntnis nur aus Erfahrung und Wahrnehmung und
5 Beobachtung nach innen wie außen. „Nichts ist im Verstand, was zuvor nicht in den Sinnen gewesen wäre." (John Locke, bedeutender englischer Aufklärungsphilosoph, 1632–1704) Empiristen grenzen sich als aufklärerische
10 Philosophen massiv von jeglicher Metaphysik ab und geraten – wie auch Hume – oft in einen erheblichen Konflikt mit der mächtigen Kirche. Innerhalb der aufklärerischen Philosophien unterscheiden sich die Empiristen von
15 den Rationalisten. Für diese geht nämlich die Erkenntnis von der Vernunft aus, von Ideen und Begriffen, weil ihrer Ansicht nach Sinne zu Täuschungen verleiten. Hume hält jedoch von der menschlichen Vernunft (wie wir
20 sehen werden: nur teilweise) nicht viel.

Das Problem ist nun laut Hume: Die einzige Wahrheit, die es für den Einzelnen geben kann, sind seine Wahrnehmungen. Selbst die Existenz einer Außenwelt ist niemals beweis-
25 bar. Nur weil ich die Erfahrung gemacht habe, dass – um ein Hume'sches Beispiel zu verwenden – die Sonne bisher am Morgen jeden Tages aufgegangen ist, weiß ich mitnichten, ob das auch morgen so sein wird; an sich
30 weiß ich nicht einmal sicher, ob es eine Sonne wirklich gibt. Auch die Tatsache, dass ein Stuhl, den ich betrachte, noch existiert, wenn ich eine Zeit lang die Augen geschlossen habe, beweist nichts – es könnte sich nur um
35 ein Gedankenkonstrukt handeln. Aus der Betrachtung eines Steines ist keinerlei Rückschluss auf mögliche Folgen bei dessen Benutzung möglich; dass man mit einem Stein andere Menschen töten kann, liegt nicht im
40 Wesen des Steins und ist nicht vernünftig erschließbar, sondern lediglich ein Erfahrungswert, wenn man selbst oder vermittelt durch Dritte davon erfährt. Nur die Gewohnheit, das Erleben von Wiederholung, bewirkt, dass
45 man kausale Zusammenhänge annimmt oder vom Gegebenen auf das Künftige schließt. Auch verwirft Hume die Annahme, es gebe ein Ich oder eine Seele im Sinne einer Substanz. Stattdessen existiert im Inneren nur
50 ein ständiger Strom von Sinneseindrücken. Um in diesem Strom nicht unterzugehen, konstruiert der Verstand ein Ich – aber deswegen existiert es für Hume nicht. Dieser Umgang mit der Wirklichkeit wird als **Skepti-**
55 **zismus** bezeichnet. Darunter versteht man eine im Übrigen uralte philosophische Richtung, der zufolge keine Möglichkeit besteht, Wirklichkeit und Wahrheit zu erkennen.

Humes Philosophie durchzieht ein eigen-
60 artiger Bruch: Einerseits zeigt er auf, wie schwach die menschliche Vernunft ist. Auch in seiner Ethik betont er aufgrund psychologischer Überlegungen, dass Affekte, Neigungen und Leidenschaften das menschliche Ver-
65 halten primär bestimmen, nicht die Vernunft. Jedes Motiv des ethischen Wollens ist ein Gefühl, ein Affekt. Die Quelle der Moral und Basis des menschlichen Zusammenlebens ist nicht die Vernunft, sondern die „Sympathie",
70 das mitmenschliche Fühlen. Andererseits widmet Hume sich ausführlich der Betrachtung von Ursache-Wirkungs-Zusammenhängen und glaubt, dass bei nur maximal genauem Wissen das Verhalten von Dingen und
75 Menschen absolut vorhersagbar sei – was ja ein extrem rationaler Ansatz ist.

1 Definieren Sie die Begriffe „Empirismus", „Rationalismus" und „Skeptizismus".

2 Veranschaulichen Sie die Grundgedanken von Humes Erkenntnistheorie in grafischer Form. Versuchen Sie dabei, die folgende Skizze zu vervollständigen.

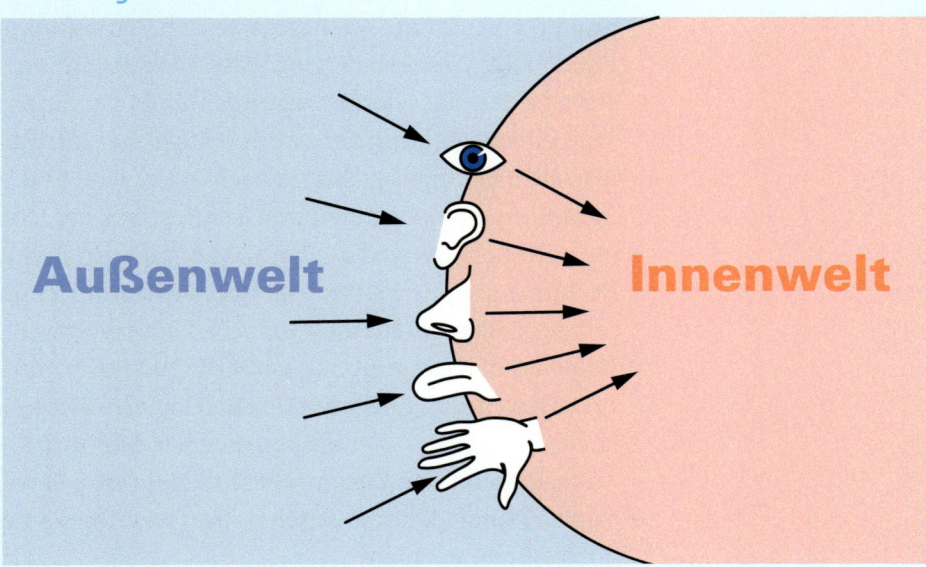

3 Welche Konsequenzen ergeben sich aus Humes Ansichten für die Existenz (eines) Gottes und für die Begründbarkeit ethischer Prinzipien?

4 Fassen Sie stichpunktartig die Ausführungen über Humes Erkenntnistheorie und Menschenbild zusammen.

Um sich in der Welt der Myriaden von Sinneseindrücken zurechtzufinden, entwickelt der Mensch Gewohnheiten im Denken wie im Handeln. Die wichtigste Gewohnheit dabei ist, kausale Beziehungen zwischen Ereignissen herzustellen; wenn man nur genügend oft ein Ereignis beobachtet hat, das sich in gleicher Weise entwickelt, schließt man daraus, dass auch künftig solche Zusammenhänge auftreten werden. Hume veranschaulichte das Wesen der Kausalität am Beispiel des Billardspiels; darin war er übrigens Meister und eine ganze Zeit lebte er auch vom Billardunterricht.

Das Wesen der Kausalität *David Hume*

klassisches Billard → S. 183

Auf dem Tisch hier liegt eine Billardkugel; eine zweite bewegt sich mit einer gewissen Geschwindigkeit auf die erste zu. Sie stoßen zusammen, und die Kugel, die zuerst in Ruhe war, wird nun in eine gewisse Bewegung versetzt. Hier haben wir, nach allem, was wir durch Wahrnehmung kennen
5 oder uns denken mögen, ein Musterbeispiel für die Beziehung zwischen Ursache und Wirkung; wir wollen es untersuchen. Zunächst ist wohl klar, dass die Kugeln einander berührten, bevor die eine der anderen den Bewe-

gungsimpuls mitteilte, aber zwischen Stoß und Bewegung der zweiten Kugel war kein Intervall. *Berührung* in Raum und Zeit ist daher eine not-

10 wendige Bedingung, damit Ursachen Wirkungen haben können. Es ist gleichfalls offenkundig, dass die Ursachenbewegung vor der Wirkungsbewegung stattfand. *Zeitliche Priorität*[1] ist also eine zweite notwendige Bedingung für Ursachen. Aber diese beiden Bedingungen zusammen genügen noch nicht. Wiederholen wir dasselbe Experiment mehrfach, so werden wir

15 stets finden, dass der Bewegungsimpuls der einen Kugel beim Zusammenstoß eine Bewegung der zweiten Kugel hervorruft. Und hieraus ergibt sich als dritte Bedingung, dass zwischen Ursache und Wirkung ein *konstanter Zusammenhang* bestehen muss: Alles, was der Ursache gleicht, bringt stets eine ähnliche Wirkung hervor. Außer diesen drei wesentlichen Umständen:

20 Berührung, zeitliche Priorität und konstanter Zusammenhang kann ich in unserem Beispiel für eine Ursache keine weiteren entdecken: Die erste Kugel ist in Bewegung, sie stößt die zweite, unmittelbar darauf ist die zweite in Bewegung; und wenn ich das Experiment mit denselben oder ähnlichen Umständen wiederhole, sehe ich, dass auf die Bewegung der ersten

25 Kugel und auf den Zusammenstoß stets eine Bewegung der zweiten Kugel folgt. Ich mag die Sache drehen und wenden und genauestens untersuchen: weiter finde ich nichts.

1 Zeitliche Priorität: zeitlicher Vorrang

5 *Beschreiben Sie in eigenen Worten die Bedingungen, unter denen man laut Hume von Kausalität sprechen darf.*

mechanistisches Weltbild → S. 175

6 *Informieren Sie sich über den Begriff „mechanistisches Weltbild" und klären Sie, inwiefern Humes Ansichten diesem Konzept zuzuordnen sind.*

Was Hume nicht wusste: Die zwingende Vorhersagbarkeit von Billardkugelbahnen gibt es nur unter sehr strengen Restriktionen. Nur wenn man alle physikalischen Kräfte (Reibungskraft) oder Zufallsgrößen (ein Staubkorn auf dem Weg der Kugel) außer Acht lässt und von einem rechteckigen Billardfeld ausgeht, sind die Bahnen vorhersagbar. In der modernen Chaostheorie wird Humes Billardbeispiel durch die Konstruktion des sog. Sinai-Billard ausgehebelt.

Sinai-Billard → S. 183

2.2 Von der Vorhersagbarkeit menschlichen Verhaltens: der kausalbestimmte Wille

Ein philosophierender Billardspieler: David Hume

David Hume (1711–1776)

David Hume gilt als einer der bedeutendsten englischen Philosophen. In seinem frühen Leben wäre das nicht zu erwarten gewesen: Der Sohn eines verarmten schottischen Adeligen schaffte es niemals, ein Studium oder eine Ausbildung zu beenden. Im Alter von 28 Jahren
5 veröffentlichte er ein 900 (!) Seiten umfassendes Mammutwerk „Treatise of human nature" („Traktat über die menschliche Natur"), mit dem er Newtons naturwissenschaftliche Methodik auf die Philosophie übertragen und zu einem zweiten Newton werden wollte. Das Werk fiel, wie Hume trocken bemerkte, tot geboren von der Druckerpresse, denn es
10 wurde in der Fachwelt völlig ignoriert. Nach einer Zeit völliger Unstetheit (viele Berufe, viele Lebensorte) stellte sich allmählich Erfolg ein und er veröffentlichte zahlreiche historische, philosophische und ökonomische Werke, die ihm zu Wohlstand verhalfen. Sein Traum einer akademischen Karriere scheiterte allerdings an seinen Ansichten; die damals noch
15 machtvolle Kirche verhinderte eine Professur, ja seine Werke kamen sogar schon 1761 auf den Index der vom Vatikan verbotenen Bücher. Er lebte sehr gesellig, heiratete jedoch nie, um sich auf die Philosophie konzentrieren zu können; dabei war er der Ansicht, dass Frauen nicht zu den unentbehrlichen Lebensbedürfnissen gehören würden …
20   Hume war vor allem Skeptiker. Der Skeptizismus ist eine uralte philosophische Richtung, die die Möglichkeit infrage stellt, Wirklichkeit und Wahrheit zu erkennen. Als Kind seiner Zeit glaubte Hume trotzdem fest an die Macht der Logik. Zwar gebe es nur in der Mathematik allein absolute Gewissheit, dass ein Sachverhalt sich so und nicht anders verhält.
25 Fünfmal zehn ist immer 50 und damit die Hälfte von 100, eine andere Aussage ist logisch unhaltbar. Bei allen anderen Tatsachen können wir uns nur auf die Erfahrung berufen und die beweise nun einmal logisch gesehen nicht, dass es nicht auch anders sein könnte. Hume glaubte allerdings auch fest daran, dass ein immer genaueres Wissen dazu führe,
30 kausale Beziehungen immer präziser zu erfassen. Dies wird im folgenden Text deutlich, in dem Hume sich über Freiheit und Determination des menschlichen Charakters äußert. Er geht davon aus, dass der Mensch gleichen Gesetzen unterworfen ist wie die Natur.

Der kausalbestimmte Wille *David Hume*

Will der Philosoph folgerecht sein, so muss er denselben Gedankengang auf die Handlungen und Willensanregungen vernünftiger Wesen anwenden. Ganz unregelmäßige und unerwartete Entschlüsse der Menschen können oft von denen aufgeklärt werden, die jeden einzelnen Umstand
5 ihres Charakters und ihrer Lage kennen. Ein liebenswürdig veranlagter

Mensch gibt eine verdrießliche Antwort – er hat aber Zahnschmerzen oder hat noch nicht zu Mittag gegessen. Ein stumpfsinniger Bursche zeigt sich von ungewohnter Munterkeit des Benehmens – ihm ist aber auch ein unerwartetes Glück begegnet. Doch wenn selbst für eine Handlung, wie es

10 sich manchmal trifft, weder von dem Handelnden noch von anderen ein besonderer Grund angegeben werden kann, so wissen wir doch im Allgemeinen, dass der menschliche Charakter in gewissem Grade unbeständig und unregelmäßig ist. Dies ist eigentlich der beständige Grundzug der menschlichen Natur, wenn es auch auf einige Personen vornehmlich anwendbar

15 ist, die für ihr Betragen keine feste Regel haben, sondern deren Lebensweg Laune und Unbeständigkeit beherrschen. Die inneren Prinzipien und Beweggründe mögen in gleichförmiger Weise wirksam sein, trotz dieser scheinbaren Unregelmäßigkeit; gerade so wie bei Winden, Regen, Wolken und anderen Veränderungen des Wetters angenommen wird, dass stetige

20 Prinzipien sie beherrschen, die freilich menschlichem Scharfsinn und Forschen sich nicht leicht enthüllen.

So zeigt sich einmal, dass der Zusammenhang zwischen Beweggründen und Willenshandlungen so regelmäßig und gleichförmig verläuft wie der zwischen Ursache und Wirkung überall in der Natur; dann aber auch,

25 dass dieser regelmäßige Zusammenhang allgemein unter den Menschen anerkannt und weder in der Philosophie noch im täglichen Leben je umstritten worden ist.

1 Wie begründet Hume die Vorhersagbarkeit des Willens? Weshalb ist menschliches Verhalten trotzdem nicht eindeutig zu prognostizieren?

„Die Seele auf der Couch – Sigmund Freud" → S. 128 ff.

2 Vergleichen Sie Humes Ansatz mit den Ansichten der Psychoanalyse.

3 Wie passen Humes Ausführungen mit seinen Ansichten über die Beweisbarkeit logischer Zusammenhänge zusammen?

4 Ist Ihrer Einschätzung nach Humes Modell der Vorhersagbarkeit menschlichen Verhaltens haltbar? Bedenken Sie dabei die Ausführungen der Chaostheorie. Nutzen Sie auch das folgende Basiswissen.

Chaostheorie → S. 182 f.

Basis

Der kausalbestimmte Wille

Nach David Hume beruht der kausalbestimmte Wille auf der Annahme eines regelmäßigen, gesetzhaften Zusammenhangs (Vorhersagbarkeit) zwischen Charakter, Wille und Handlung eines Menschen; Erkenntnis wird aber oft durch mangelndes Wissen verhindert bzw. durch den scheinbar typisch menschlichen Zug der Unbeständigkeit erschwert.

Freiheitsphilosophie

.... 195

3. Freiheit als Willensfreiheit – Immanuel Kant

Der Mensch als „Bürger zweier Welten"

I. Kant → S. 52 ff.
D. Hume → S. 193

Kant und die Frage der Kausalität

Kant stimmt mit Hume darin überein, dass der menschlichen Erfahrung keine absolute Notwendigkeit zukommt. Im Unterschied zu Hume sieht Kant Kausalität aber nicht als Ergebnis der menschlichen Gewohnheit an, Beziehungen zwischen Handlungen herzustellen, sie entstammt also
5 seiner Ansicht nach nicht selbst der Erfahrung. Kausalität ist ebenso wie die reinen Anschauungsformen von Raum und Zeit im theoretischen Erkenntnisvermögen des Geistes angelegt, das jenseits jeglicher Erfahrung gilt. Insofern kommt dieser absolute Notwendigkeit zu.

Diese Erkenntnislehre kommt auch in Kants Ethik vor, in der er Allge-
10 meingültigkeit über die reine Logik der Anwendung des kategorischen Imperativs entwickelt.

Wir sind nach Kant aufgrund unserer Willensfreiheit fähig, uns selbst das Gesetz zu geben, nach dem wir handeln, können insofern aus der Kette der Kausalität, die in der Natur als Gesetz herrscht, ausbrechen. In
15 der Natur haben Ereignisse oder Umstände eines bestimmten Typs als **Ursachen** immer andere Umstände oder Ereignisse eines bestimmten Typs. Als biologisch-physikalisches **Sinnenwesen** ist der Mensch nach Kant in der empirischen Welt verhaftet und dem Naturgesetz der Kausalität unterworfen, also heteronom bestimmt. Als **Verstandeswesen** hinge-
20 gen ist er in der Lage, in Begriffen und Kategorien zu denken, die unabhängig von aller Erfahrung und damit von den unmittelbar gegebenen Notwendigkeiten immer gültig sind (Raum, Zeit, Kausalität usw.). Er kann deshalb seinen Handlungen **Gründe** geben, damit zu freien Entscheidungen gelangen und so neue Handlungs- und Kausalitätsketten eröffnen.
25 Kant bezeichnet den Menschen als **„Bürger zweier Welten"**, weil sich in ihm Sinnen- und Verstandeswelt schneiden.

D. Hume: „Das Wesen der Kausalität" → S. 191 f.

1 *Wiederholen Sie Ihre Kenntnisse zu Humes Kausalitätsbegriff.*
2 *Erklären Sie, was damit gemeint ist, dass der Mensch als Sinnenwesen dem Naturgesetz der Kausalität unterworfen ist.*
3 *Was heißt es, für seine Handlungen Gründe anzugeben?*
4 *Nehmen Sie Stellung zu den folgenden Fragen:*
   – *Handeln Sie, wenn Sie in der Lage sind, Gründe für die eigenen Handlungen anzugeben, immer zugleich auch frei?*
   – *Empfinden Sie sich als frei Handelnde (vgl. S. 186, Aufgabe 1)?*

„Der kategorische Imperativ" → S. 60 ff.

5 *Überlegen Sie gemeinsam, welche Funktion Kant dem kategorischen Imperativ in Bezug auf seine Bezeichnung des Menschen als „Bürger zweier Welten" zuweist.*

Freies Handeln und Determinismus *Ulrich Pothast*

Ulrich Pothast erklärt die bei Kant und anderen neuzeitlichen Denkern gemachte Unterscheidung folgendermaßen:

Der deutsche Philosoph **Ulrich Pothast** (geb. 1939) ist seit 2005 als Professor an der Hochschule für Musik und Theater Hannover emeritiert.

[...] **Ursachen** bringen ein Ereignis hervor, ohne dass Überlegungen irgendwelcher Art (z. B. rechtfertigende Überlegungen) eine Rolle spielten. Das Verhältnis zwischen Ursache und Wirkung ist frei von der Unterstellung, dass etwas wie Rationalität beteiligt sei. Es ist in diesem Sinne quasi-
5 mechanisch. **Gründe** dagegen bringen ein Ereignis dadurch hervor, dass sie einem rationalen Wesen die Begründung (manchmal Rechtfertigung) liefern, unter der eine Handlung sinnvoll oder geboten erscheint. Sie bewegen ein rationales Wesen zum Handeln, nicht indem sie eine physikalische oder physiologische Ursache stellen, sondern indem sie die Handlung
10 einleuchtend, notwendig, gefordert usw. erscheinen lassen. Das **Hervorbringen von Handlungen nach Gründen** ist für viele Philosophen die Art, wie rationale Wesen in der Welt wirken. Das **Hervorbringen von Ereignissen durch Ursachen** ist für die gleichen Philosophen die Art, wie sich **Wirkungszusammenhänge in der physikalischen Natur** abspielen. [...]

6 *Finden Sie Beispiele dafür, dass Ursachen im Sinne von Pothasts Definition Ereignisse und dass Gründe Handlungen hervorbringen.*
7 *Erklären Sie: Weshalb verhalten sich Menschen so oft gegen die Entscheidungen des eigenen Willens?*

Basis

Der freie Wille bei Kant: Autonomie (Selbstgesetzgebung) gegen Heteronomie (Fremdbestimung)
Ein **Wille** ist dann **frei, wenn er weder von einer Ursache** (physikalische, biologische oder psychologische Ursache, z. B. ein Trieb verursacht mich, etwas zu tun) **noch von einem empirischen Grund bestimmt ist**: Vergnügen (auch geistiges Vergnügen), Lust (auch die Lust am Lernen), Liebe, Macht, Freude, Geld sind Bestimmungsgründe des Willens, die allesamt in der Erfahrung vorkommen, und infolgedessen sind die Motive oder Gründe, diese zu erstreben, subjektiv, relativ und zufällig. Ein Wille, der von diesen bestimmt ist, heißt bei Kant **Willkür**. Aus diesen Bestimmungsgründen kann kein a priori durch die Vernunft begründetes allgemeines Gesetz formuliert werden.
   Unsere **Freiheit als Mensch** besteht also darin, dass wir uns selbst durch Anwendung der Vernunft über die Kausalitätsabläufe in der Welt erheben und **das Gesetz wählen, dem wir gehorchen** (griech. *auto nómos*, Selbstgesetzgebung). Folgen wir genau den Regeln der Vernunft, können wir zu keinem anderen als dem **kategorischen Imperativ** kommen.

„Der kategorische Imperativ"
→ S. 60 ff.

Die Überwindung der Fremdbestimmtheit oder der Ausbruch aus der Kausalität

Kants Vorstellung, zu von der Erfahrung unabhängigen allgemeingültigen Aussagen über das moralisch Gebotene und damit zu freien Entscheidungen zu gelangen, ist nicht ganz einfach zu begreifen, lohnt aber die Auseinandersetzung, um seine Ethik besser zu verstehen. Dies soll an folgendem Beispiel geleistet werden:

Der Schüler-Lehrer-Konflikt – ein Fallbeispiel

Jonas und Max saßen gestern während der Mittagspause im Schulhof und unterhielten sich über ein Problem, mit dem sie sich im Mathematikkurs konfrontiert sehen. Der Mathematiklehrer, Herr Meister, gilt allgemein als sehr streng und wenig kommunikationsbereit. Seine Ansprüche sind
5 hoch, die Abfragen an der Tafel sind gefürchtet. Vielen versagt in dieser Situation das Nervenkostüm. Erik, ein Freund der beiden, hat seit Jahren seine Schwierigkeiten mit dem Mathematiklehrer. Er hat regelrecht Angst vor dem Unterricht, entsprechend schlecht steht es um seine Leistungen, obwohl er im Lernen mit den beiden Freunden immer wieder bewiesen
10 hat, dass er die Anforderungen durchaus zufriedenstellend bewältigen könnte. Max meinte, dass Erik das Jahr kaum schaffen werde, wenn der Mathematiklehrer ihn nicht bald besser behandele. Dass sich das ändere, sei wohl aussichtslos, hielt Jonas entgegen. Man müsse dem Lehrer einmal klarmachen, dass er nicht so mit ihnen reden könne. Neulich hatten
15 sie in Ethik über herrschaftsfreien Diskurs gesprochen. Vielleicht sollte man dem Meister mal vorschlagen, Habermas zu lesen. Max hielt das für keine gute Idee. Er meinte, Erik sei sowieso nicht mehr zu helfen, und am Ende bekämen alle noch mehr Schwierigkeiten.

Dilemma → S. 77

1 a) *Beschreiben Sie die empirischen Bedingungen des Gesprächs. Arbeiten Sie den moralischen Kern des Problems heraus. In welchem Dilemma befinden sich die Freunde? Handelt es sich um ein moralisches Dilemma?*

Dilemma-Diskussion → S. 77 f.

b) Schätzen Sie das Dilemma als schwerwiegend ein? Stimmen Sie in der Klasse darüber ab.

c) Wovon ist es abhängig, ob die Beteiligten das Dilemma als schwerwiegend einschätzen?

Kants Beispiele → S. 62 f.

d) Auf welches der vier Beispiele aus Kants Ethik bezieht sich die Problemstellung?

2 Spielen Sie eine der beschriebenen Situationen (Abfrage, Gespräch von Jonas und Max) mit verteilten Rollen durch oder improvisieren Sie einen Versuch der Schüler, das Problem mit dem Lehrer zu besprechen.

Die Überlegungen, die der Mensch als „Bürger zweier Welten" anstellen kann, um über die Anwendung der Vernunft zu von der Sinnenwelt unabhängigen Aussagen über den konkreten Fall zu gelangen, könnten die folgenden sein:

Die Anwendung der Vernunft

Allgemeine Überlegungen zu Raum und Zeit

Empirisch sind der Pausenhof, der Ort, an dem Jonas und Max sitzen, und das Klassenzimmer mit all seinem Inventar. Zieht man all das von der gegebenen Situation ab, muss doch ein Ort bleiben, und zwar der abs-
5 trakte Begriff des Raumes. Er ist eine notwendige Vorstellung a priori (d. i. jenseits aller Erfahrung gültig). Ebenso ist es mit der Zeit: Zieht man alle Zeitbegriffe aus dem Beispiel ab, so bleibt ein abstrakter Begriff der Zeit als notwendige Vorstellung a priori übrig, denn sonst hätte das Gespräch gar nicht stattgefunden. Raum und Zeit ordnen alle unsere
10 Wahrnehmungen.

Die Kategorien des Verstandes

Nicht abgezogen werden können die Personen, ohne die kein Gespräch stattgefunden hätte. Wie sie heißen, aussehen, wie alt sie individuell sind; welches Geschlecht sie haben, ist allerdings empirisch. Der Verstand
15 bildet von den gegebenen Wahrnehmungen (in Kurzfassung: zwei Perso-nen, die über ein Problem sprechen, das aus dem Verhalten einer weite-ren Person gegenüber einer Vielheit von Personen resultiert) Begriffe und ordnet diese Begriffe nach Ordnungsfaktoren, die Kant als **Kategorien** be-zeichnet. Eine der Kategorien, die im vorliegenden Beispiel relevant sind,
20 ist die Kategorie der **Einheit**, wie sie im folgenden Urteil zum Ausdruck kommt: Herr Meister ist Mathematiklehrer. Die Kategorie der **Vielheit** steckt in diesem Urteil: Einige Schüler haben Angst vor Herrn Meister. In jenem Urteil steckt die Kategorie der **Kausalität**: Wenn Herr Meister laut wird, kann Erik nicht mehr über die Lösung der Aufgabenstellung nach-
25 denken. Reine Begriffe wie der Begriff der Kausalität können nicht durch die Sinne angeschaut werden. Insofern ist ihre Verwendung auch nicht

von empirischen Bedingungen abhängig, wie in verschiedenen gesellschaftlichen oder kulturellen Situationen, in denen Menschen leben, was
für die Begründung eines Moralkonzeptes, das absolute Gültigkeit be-
30 ansprucht, höchst relevant ist.

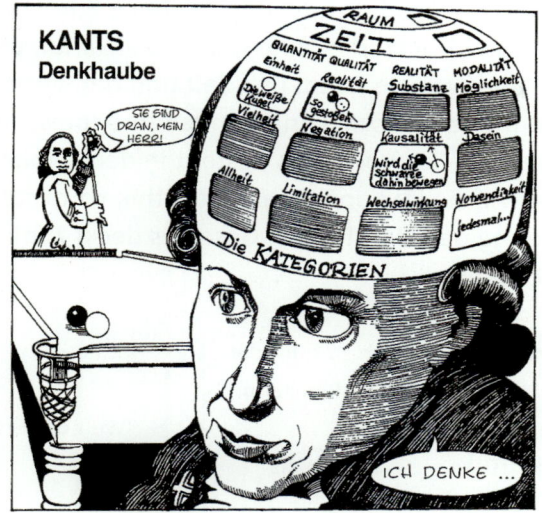

Den philosophierenden
Billardspieler David Hume
finden Sie auf → S. 193

Die Ableitung des freien Willens

*Dass die Schüler Herrn Meister als laut, unnachgiebig und autoritär empfinden, ist eine
empirische Wahrnehmung. Als solche ist sie subjektiv, relativ und zufällig, kann also
nicht allgemeingültiger Bestimmungsgrund des Willens sein, denn jemand anderes
mag den Lehrer ganz anders einschätzen. Sie ist also nicht relevant für die Überlegung,
was zu tun in Situationen dieser Art generell das Gute darstellt, ebenso wenig ist es
die Sympathie gegenüber dem Freund. Ließe sich der Wille davon leiten, wäre er nicht
frei, sondern heteronom bestimmt. Kant formuliert:*

Kritik der praktischen Vernunft *Immanuel Kant*
Da nun [...] ein Prinzip, das sich nur auf die subjektive Bedingung der Emp-
fänglichkeit einer Lust oder Unlust (die jederzeit nur empirisch erkannt,
und nicht für alle vernünftigen Wesen in gleicher Art gültig sein kann),
gründet, zwar wohl für das Subjekt, das sie besitzt, zu ihrer M a x i m e , aber
5 auch für diese selbst (weil ihm an objektiver Notwendigkeit, die a priori erkannt werden muss, mangelt) nicht zum G e s e t z e dienen kann, so kann
ein solches Prinzip niemals ein praktisches Gesetz abgeben.

1 *Klären Sie, was Kant unter der „subjektiven Bedingung der Empfäng-
lichkeit einer Lust oder Unlust" versteht.*

Maxime → S. 61

2 *Erklären Sie noch einmal genau, wann eine Maxime ein „praktisches
Gesetz" abgeben kann.*

Der freie Wille

Der freie Wille ist die reine Form des Willens.

Wie kann man nun aber feststellen, ob der Wille, der hinter einer Maxime steht, in irgendeiner Weise **heteronom bestimmt, also unfrei ist?** Nur so, meint Kant, indem man alles, was empirisch an diesem Willen ist, wegstreicht, sodass am Ende die reine Form des Willens übrig bleibt,

5 anders ausgedrückt: die reine logische Struktur, die nur noch in den reinen Begriffen von Raum und Zeit und den Verstandesbegriffen a priori besteht. Die reine Form kann nun auf ihre logische Konsistenz hin überprüft werden. Das Vorgehen besteht in demselben Schema der vier Denkschritte, wie sie im Kapitel zu Kants Ethik vorgestellt wurden. D. h., die

10 Anwendung des moralischen Gesetzes deckt zugleich das Prinzip der Freiheit auf!

Denkschritte zur Überprüfung einer beabsichtigten Handlung durch Anwendung des kategorischen Imperativs → S. 61 f.

1.	Ich frage mich, ob ich das Begehrte (das, was ich zu tun oder zu erlangen beabsichtige) subjektiv überhaupt wollen kann.	Welt der Erscheinung (= empirisch)
2.	Ich formuliere eine Maxime, die das Begehrte als Bestimmungsgrund hat, d. h., ich drücke mein Wollen als Maxime aus.	
3.	Ich formuliere meine Maxime als ein allgemeines Gesetz.	= Leistung der Vernunft; Tätigkeit der Vernunft ist unabhängig von der empirischen Welt (= formale Überlegung)
4.	Ich prüfe das formulierte Gesetz durch die Vernunft, d. h. durch die reinen Verstandesbegriffe a priori (= Kategorien).	

Kritik der praktischen Vernunft *Immanuel Kant*

[So] muss ein Wille als gänzlich unabhängig von dem Naturgesetz der Erscheinungen, nämlich der Kausalität [...] gedacht werden. Eine solche Unabhängigkeit aber heißt F r e i h e i t im strengsten [...] Verstande. Also ist ein Wille, dem die bloße gesetzgebende Form der Maxime allein zum

5 Gesetz dienen kann, ein freier Wille.

3 Formulieren Sie eine Maxime für das obige Beispiel, in der der Wille, dem bedrängten Freund zu helfen, zum Ausdruck kommt, und führen Sie die vier Denkschritte durch.

4 Wie begründet Kant seine Behauptung, die Denkschritte 3 und 4 seien eine reine Leistung der Vernunft?

5 Wie begründet Kant den Allgemeingültigkeitsanspruch seiner Ethik?

6 Erklären Sie, was Kant – im Unterschied zu den Freiheitskonzeptionen der antiken Philosophie – unter Freiheit versteht.

„Wann ist menschliches Handeln frei? – Freiwilliges und unfreiwilliges Handeln bei Aristoteles" → S. 186 ff.

Die Radikalität der Freiheit

Immanuel Kant *Otfried Höffe*

[…] Nicht wer in letzter Instanz von der Macht der Triebe und Leidenschaften, der Gefühle von Sympathie und Antipathie oder den herrschenden
Gewohnheiten bestimmt wird, auch nicht wer zu vorgegebenen Zielen stets
die besten Mittel sucht, handelt schlechthin rational. Im strengsten, dem
5 moralischen Sinn des Begriffs ist nur der verantwortlich, der Lebensgrund-
sätzen folgt, die dem autonomen, nicht heteronomen Willen entspringen.
Zwar richtet sich der Anspruch der Moralität an ein Wesen, das weder seine
sinnliche Natur noch seine geschichtlich-gesellschaftliche Herkunft able-
gen kann. Der Mensch bleibt immer ein Bedürfnis-, Geschichts- und Gesell-
10 schaftswesen. Deshalb hat die Moralität für ihn grundsätzlich imperativi-
sche Bedeutung; sie ist eine kategorische Aufforderung, deren Befolgung
sich kein Mensch für immer sicher sein kann. Moralität als Autonomie
heißt, sich seine Bedürfnisse und gesellschaftlichen Abhängigkeiten eingestehen, sie sogar bejahen und sie doch nicht als letzten Bestimmungsgrund
15 des Lebens zuzulassen. Autonomie bedeutet, mehr als ein bloßes Bedürfnis-
und Gesellschaftswesen zu sein und in dem Mehr – hier liegt Kants Provo-
kation – zu seinem eigentlichen Selbst zu finden, dem moralischen Wesen,
der reinen praktischen Vernunft. […]

Otfried Höffe (geb. 1943) ist ein deutscher Philosoph und Verfasser zahlreicher Bücher über Kant, Aristoteles, Ethik sowie Rechts-, Staats- und Wirtschaftsphilosophie.

1 *Inwiefern stellt Höffe „Moralität" als Aufgabe dar?*
2 *Worin besteht für Kant das eigentliche Selbst des Menschen?*
3 *Finden Sie Beispiele dafür, was es bedeuten kann, in unserer Gesell-*
   schaft ein „bloßes Bedürfnis- und Gesellschaftswesen" zu sein.

Der Schüler-Lehrer-Konflikt – ein Fallbeispiel (Fortsetzung)

Luise: Ich fand es gut, dass du Erik beim Meister geholfen hast.
20 **Jonas:** Du hast mir aber auch geholfen.
Luise: Weil mir klar war, dass es das Richtige ist.
Max: Ihr könnt euch das auch noch leisten, weil ihr gut in Mathe seid.
Luise: Er hat dann ja mit sich reden lassen. So schlimm war's gar nicht.
Jonas: Eine reinwürgen kann er einem immer. Es ist, glaub ich, einfach
25 wichtig, dass man weiß, was für ein Mensch man sein will.
Max: Aber das ist doch völlig übertrieben, weil du genau weißt, dass du
das niemals immer durchhalten kannst.
Luise: Das ist doch nicht relevant!
Jonas: Genau. Ich weiß jedenfalls, dass ich es schaffe, es zu versuchen.

4 *Geben Sie die verschiedenen Haltungen wieder, die in dem Gespräch*
   deutlich werden. Stellen Sie Ihre eigenen Ansichten dazu dar.
5 *Erklären Sie, weshalb der Einwand von Max nicht relevant ist.*

4. „L' homme est condamné à être libre" – Jean-Paul Sartre und die Freiheit

Jean-Paul Sartre: Philosophie und Engagement

Jean-Paul Sartre: Biografie

Jean-Paul Sartre
(1905–1980)

Jean-Paul Sartre wurde 1905 als Sohn eines Marineoffiziers in Paris geboren. Sein Vater starb früh, bis 1916 lebte er mit seiner Mutter, einer Nichte Albert Schweitzers, bei den Großeltern. Sartre wuchs zunächst in La Rochelle, später dann in Paris auf, wo er das berühmte Lycée „Henri
5 IV" besuchte. 1924 wurde er in eine Elitehochschule, die Ecole Normale Supérieure, aufgenommen. Er studierte Psychologie, Philosophie und Soziologie. Mit einem Abschlussexamen als Bester seines Jahrgangs erreichte er die „Agrégation" (eine Art Lehrerlaubnis für Gymnasien und Hochschule). Seit dieser Zeit lebte er mit Simone de Beauvoir (1908–
10 1986) zusammen.

Sartre unterrichtete an verschiedenen Gymnasien und erhielt 1933 ein Stipendium für das Institut Français in Berlin. Dort beschäftigte er sich mit Nietzsche, Karl Jaspers und Heidegger. Sein 1938 erschienener Roman „Der Ekel" („La nausée") setzt sich mit der Freiheit und Einsamkeit des
15 Individuums auseinander.

1939 leistete Sartre im Zweiten Weltkrieg Kriegsdienst in einer Sanitätstruppe und geriet 1940 in deutsche Kriegsgefangenschaft. Nachdem er der Gefangenschaft entrinnen konnte, unterrichtete er Philosophie in Paris und arbeitete mit Albert Camus in der Résistance[1] gegen die deut-
20 sche Besatzung.

1943 erschienen sein philosophisches Hauptwerk „L' Etre et le Néant" („Das Sein und das Nichts") und das Theaterstück „Les mouches" („Die Fliegen").

Ab 1945 lebte Sartre als freier Schriftsteller in Paris. 1946 veröffentlich-
25 te er seinen berühmt gewordenen Vortrag „L' Existentialisme est un humanisme" („Der Existenzialismus ist ein Humanismus").

Sartre versuchte in der Folge, Existenzphilosophie und Marxismus zu verbinden. Der kommunistischen Partei trat er 1952 bei. In den folgenden Jahren besuchte er Russland, China und Kuba. Aus Protest trat er nach
30 dem blutig niedergeschlagenen Ungarnaufstand[2] allerdings wieder aus dieser Partei aus. Sartre engagierte sich aber weiterhin politisch, so etwa während der Studentenunruhen vom Mai 1968.

Für viele wurde Sartre zur politischen Leitfigur, zum Idol. Er verkörperte modellhaft den Typus des „écrivain engagé", des sich politisch einmi-
35 schenden Schriftstellers und Philosophen. Für sein Werk „Les mots" sollte Sartre 1964 der Nobelpreis verliehen werden. Sartre wollte sich jedoch nicht in eine Institution verwandeln lassen und lehnte in einem Brief an die schwedische Akademie den Preis ab.

1 Résistance: Sammelbegriff für die französische Widerstandsbewegung gegen die deutsche und italienische Besatzungsmacht sowie gegen die mit diesen kollaborierenden Franzosen bzw. französischen Institutionen im Zweiten Weltkrieg.

2 Ungarnaufstand: Mit dem ungarischen Volksaufstand versuchten die Ungarn im Oktober 1956, sich von der sowjetischen Unterdrückung zu befreien. Der Aufstand begann am 23. Oktober 1956 mit einer Großdemonstration in Budapest und endete am 4. November 1956 durch den Einmarsch der Roten Armee (= Bezeichnung der sowjetrussischen Streitkräfte zwischen 1918 und 1946; seit 1946 bis 1991 hieß die Armee der Sowjetunion offiziell „Sowjetarmee").

Sartre starb 1980. Etwa 50.000 Menschen aus allen Schichten folgten
40 am 19. April seinem Sarg auf dem Weg zum Friedhof Montparnasse.

Nicht zuletzt durch die Schriften Sartres kam der Existenzialismus in
den Fünfzigerjahren des 20. Jahrhunderts in ganz Europa als „Lebensstil"
in Mode: Jugendliche hörten Jazzmusik, gingen in Kellerkneipen und
kleideten sich schwarz. Mit Sartres Philosophie hat dies jedoch nur teil-
45 weise etwas zu tun.

1 *Ordnen Sie die Informationen aus dem obigen Lebenslauf den folgenden Themen zu (und ergänzen Sie diese ggf. durch eigene Recherchen).*

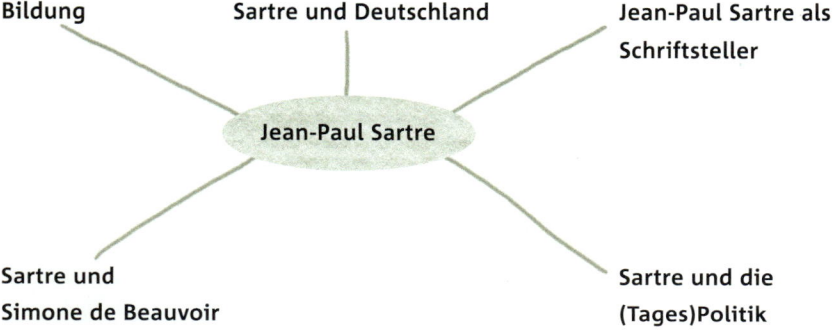

2 *Recherchieren Sie die Hintergründe zu den folgenden Bildern.*

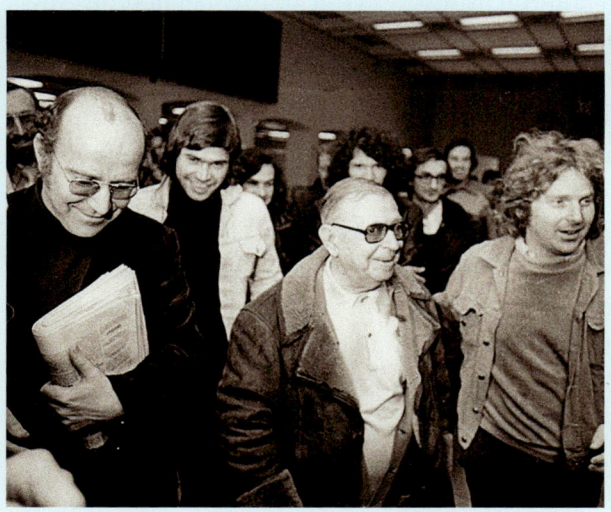

Baader-Anwalt Klaus Croissant (li.), Jean-Paul Sartre und
Daniel Cohn-Bendit in Stuttgart, 4. Dezember 1974

Sartre verteilt „La Cause du peuple"

- Christa Hackenesch: Jean-Paul Sartre. Reinbek bei Hamburg
  2001.
- Jean-Paul Sartre: Der Existenzialismus ist ein Humanismus und
  andere philosophische Essays. Reinbek bei Hamburg 2005.

L' existence précède l' essence – die Existenz geht der Essenz voraus

Der Existenzialismus ist ein Humanismus *Jean-Paul Sartre*

Jean-Paul Sartre ist als konsequenter Denker der menschlichen Freiheit bekannt geworden. Sein Freiheitsbegriff lässt sich aber nicht verstehen, ohne zumindest einen kurzen Blick auf seine Weltsicht zu werfen. Im folgenden Text erklärt er, wie die beiden Schlüsselbegriffe „existence" und „essence" zusammenhängen.

[...] Wenn man einen produzierten Gegenstand betrachtet, zum Beispiel ein Buch oder einen Brieföffner, so wurde dieser Gegenstand von einem Handwerker hergestellt, der sich von einem Begriff hat anregen lassen; er hat sich auf den Begriff Brieföffner bezogen und auch auf ein bereits bestehen-

5 des Herstellungsverfahren, das Teil des Begriffs ist – im Grunde ein Rezept. So ist der Brieföffner zugleich ein Gegenstand, der auf eine bestimmte Weise hergestellt wird und der andererseits einen bestimmten Nutzen hat; man kann sich keinen Menschen vorstellen, der einen Brieföffner herstellte, ohne zu wissen, wozu der Gegenstand dienen wird. Wir sagen also, dass

10 beim Brieföffner die Essenz, das Wesen – das heißt die Gesamtheit der Rezepte und der Eigenschaften, die es gestatten, ihn zu produzieren und zu definieren – der Existenz vorausgeht; in dieser Weise ist die Gegenwart dieses Brieföffners oder jenes Buches hier vor mir determiniert. Wir haben es hier mit einer technischen Betrachtung der Welt zu tun, bei der die Pro-

15 duktion der Existenz vorausgeht.
Wenn wir einen Schöpfer-Gott annehmen, ist dieser Gott meistens einem höheren Handwerker vergleichbar; und welche Doktrin wir auch betrachten, ob eine wie die von Descartes oder die von Leibniz, wir nehmen immer an, dass der Wille mehr oder weniger dem Verstand folgt, oder ihn wenigs-

20 tens begleitet, und dass Gott, wenn er schöpft, genau weiß, was er schöpft. So ist der Begriff des Menschen im Geiste Gottes dem Begriff des Brieföffners im Geiste des Produzenten vergleichbar; und Gott schafft den Menschen entsprechend bestimmter Verfahren und gemäß einem Begriff, genauso wie der Handwerker einen Brieföffner gemäß einer Definition und

25 einem Verfahren herstellt. So verwirklicht der individuelle Mensch einen bestimmten Begriff, der im göttlichen Verstand enthalten ist. Im 18. Jahrhundert wird innerhalb des Atheismus der Philosophen die Vorstellung Gottes beseitigt, nicht jedoch der Gedanke, dass das Wesen der Existenz vorausgeht. [...]

30 Der atheistische Existenzialismus, den ich vertrete, ist kohärenter. Er erklärt: Wenn Gott nicht existiert, so gibt es zumindest ein Wesen, bei dem die Existenz der Essenz vorausgeht, ein Wesen, das existiert, bevor es durch irgendeinen Begriff definiert werden kann, und dieses Wesen ist der Mensch oder, wie Heidegger sagt, das Dasein. Was bedeutet hier, dass

35 die Existenz der Essenz vorausgeht? Es bedeutet, dass der Mensch erst

René Descartes (1596–1650) war ein französischer Philosoph, Mathematiker und Naturwissenschaftler. Von ihm stammt das berühmte Diktum „cogito ergo sum" („ich denke, also bin ich").

Gottfried Wilhelm Leibniz (1646–1716) war ein deutscher Philosoph, Mathematiker, Physiker und Diplomat. Er gilt als der bedeutendste Philosoph des ausgehenden 17. und beginnenden 18. Jahrhunderts.

Martin Heidegger (1889–1976) zählt zu den einflussreichsten Philosophen des 20. Jahrhunderts.

existiert, auf sich trifft, in die Welt eintritt, und sich erst dann definiert.
Der Mensch, wie ihn der Existenzialist versteht, ist nicht definierbar, weil er
zunächst nichts ist. Er wird erst dann, und er wird so sein, wie er sich geschaffen haben wird. Folglich gibt es keine menschliche Natur, da es keinen
40 Gott gibt, sie zu ersinnen. [...]

1 **Erklären Sie die Begriffe „Essenz" und „Existenz" in eigenen Worten.**
2 **Sartre verwendet das Bild des Handwerkers, der einen Brieföffner nach
einem bestimmten Verfahren herstellt, um ein traditionell-religiöses
Weltbild zu illustrieren.**
a) Vervollständigen Sie die Skizze.

Bildhälfte

Sachhälfte

religiöses Weltbild:

?

Handwerker

stellt

her

Plan, Konzept

Begriff des Menschen,
Essenz

Brieföffner

?

**b) Wie müsste die Skizze im Sinne von Sartres „atheistischem Existen-
zialismus" verändert werden?**

Der Mensch ist dazu verurteilt, frei zu sein

Der Existenzialismus ist ein Humanismus *Jean-Paul Sartre*

*Im Folgenden werden die Konsequenzen erläutert, die ein atheistisches Weltbild für den
Menschen hat. Hier stoßen wir auf eine erste Definition des Begriffs „Freiheit" bei Sartre.*

intelligibel
→ S. 54, 66

[...] Der Existenzialist denkt [...]: Es ist sehr unangenehm, dass Gott nicht
existiert, denn mit ihm verschwindet jede Möglichkeit, Werte in einem
intelligiblen Himmel zu finden; es kann kein *a priori* Gutes mehr geben, da
es kein unendliches und vollkommenes Bewusstsein gibt, es zu denken;
5 nirgends steht geschrieben, dass das Gute existiert, dass man ehrlich sein
soll, nicht lügen darf, denn wir befinden uns ja auf einer Ebene, wo es nichts
gibt außer den Menschen. Dostojewski schrieb: „Wenn Gott nicht existiert,
ist alles erlaubt." Das ist der Ausgangspunkt des Existenzialismus. In der
Tat ist alles erlaubt, wenn Gott nicht existiert, und folglich ist der Mensch
10 verlassen, denn er findet weder in sich noch außer sich einen Halt. Zunächst
einmal findet er keine Entschuldigungen. Wenn tatsächlich die Existenz
dem Wesen vorausgeht, ist nichts durch Verweis auf eine gegebene und un-

„Wenn Gott nicht existiert, ist alles erlaubt." – **Fjodor Michailowitsch Dostojewski** (1821–1881) gilt als einer der bedeutendsten russischen Schriftsteller. Sein Einfluss auf die Literatur des 20. Jahrhunderts, insbesondere auf existenzialistische und expressionistische Strömungen war groß; er prägte Autoren wie Friedrich Nietzsche, Albert Camus und Franz Kafka.

wandelbare menschliche Natur erklärbar; anders gesagt, es gibt keinen Determinismus, der Mensch ist frei, der Mensch ist die Freiheit. Wenn zum anderen Gott nicht existiert, haben wir keine Werte oder Anweisungen vor uns, die unser Verhalten rechtfertigen könnten. So finden wir weder hinter noch vor uns im Lichtreich der Werte Rechtfertigungen oder Entschuldigungen. Wir sind allein, ohne Entschuldigungen. Das möchte ich mit den Worten ausdrücken: der Mensch ist dazu verurteilt, frei zu sein. Verurteilt, weil er sich nicht selbst erschaffen hat, und dennoch frei, weil er, einmal in die Welt geworfen, für all das verantwortlich ist, was er tut. Der Existenzialist glaubt nicht an die Macht der Leidenschaft. Er wird nie meinen, eine schöne Leidenschaft sei eine alles mitreißende Flut, die den Menschen schicksalhaft zu bestimmten Taten zwingt und daher eine Entschuldigung ist. Er meint, der Mensch ist für seine Leidenschaft verantwortlich. Der Existenzialist meint genausowenig, der Mensch könne Hilfe finden in einem auf Erden gegebenen Zeichen, das ihm eine Richtung weist; denn er denkt, der Mensch entziffert das Zeichen, wie es ihm gefällt. Er meint also, der Mensch ist in jedem Augenblick, ohne Halt und ohne Hilfe, dazu verurteilt, den Menschen zu erfinden. [...]

1 a) Welche Faktoren der „unwandelbaren menschlichen Natur" (12 f.) könnten menschliches Verhalten erklären?
   b) Definieren Sie den Begriff „Determinismus" im Kontext des Auszugs.
2 Sartre spricht von einer „Verurteilung" zur Freiheit – warum gebraucht er dieses negativ konnotierte Wort?
3 Wie kann man die Aussage verstehen, der Mensch sei „für all das verantwortlich, was er tut" (Z. 21)? Stimmen Sie zu?
4 Erklären Sie den letzten Satz des Textes.
5 Wie beurteilen Sie Sartres Aussage, der Mensch sei „ohne Halt und Hilfe" und müsse den Menschen neu erfinden?

Freiheit und Naturkausalität

Freies Handeln und Determinismus *Ulrich Pothast*

Im vierten Teil von „Das Sein und das Nichts" versucht Sartre, die menschliche Freiheit zu „beweisen". Ulrich Pothast fasst diesen „Freiheitsbeweis" folgendermaßen zusammen:

U. Pothast → S. 196

Die Teile, die aus Sartres Buch „Das Sein und das Nichts" ausgewählt wurden, enthalten einen von drei Freiheitsbeweisen, die Sartre in diesem Werk zu liefern versucht. Es ist derjenige, der seinen Ausgang nimmt von der Intentionalität als Bedingung für Tätigkeit. Weil eine Person nur dann tätig ist, wenn sie etwas mit Absicht tut und weil das Formen einer Absicht (eines Ziels) unter Bedingungen der durchgängigen Naturkausalität nicht gedacht werden kann, sind die Personen frei. [...] Um eine Vorstellung von etwas zu bilden, das nicht ist, muss das Subjekt sich vom Wahrnehmen der Welt und ihrer Tatsachen losmachen und etwas Neues entwerfen. Um ver-

10 neinen zu können, muss man sich von der kausalen Aufeinanderfolge der eigenen Vorstellungen so weit freimachen, dass man eine dieser Vorstellungen für ungültig erklären und sie quasi durchstreichen kann. Das Verneinen kann nicht zustandekommen durch das gesetzmäßige Nacheinander von Vorstellungen, denn das würde immer nur neue positive Vorstellungen er-

15 zeugen. Es setzt eine unabhängige Kraft voraus, die es dem Subjekt erlaubt, in die kausale Kette seiner Vorstellungen einzugreifen und etwas anzufangen, das aus dem, was vorher war, nicht hervorgehen könnte. Diese unabhängige Kraft ist ein Beleg für Freiheit. Das Argument schließt also vom Vorhandensein negativer psychischer Akte auf Freiheit als eine ihrer Bedin-

20 gungen. [...] Für negative Akte gebraucht Sartre häufig das Wort „nichten". So kommt er [...] zu der These, dass das Bilden von Handlungszielen das Nichten des Vorhandenen bedeute (indem man einen vorgefundenen Zustand negativ bewertet und einen nicht existierenden Zustand als erstrebenswert setzt) und dass das Nichten wiederum nur möglich sei durch die

25 Freiheit. [...]

1 Was versteht Sartre unter „Intentionalität" (Z. 4)?
2 Warum kann man nach Sartre die Welt nicht mit einer durchgehenden Kette von Ursache und Wirkung beschreiben?
3 Was bedeutet „nichten" nach Sartre?

„Mich wählend wähle ich den Menschen" – die Verantwortung des Menschen

Der Existenzialismus ist ein Humanismus *Jean-Paul Sartre*

Wer die absolute und prinzipielle Freiheit des Menschen annimmt, wer einen norm- und wertsetzenden Gott leugnet, der muss sich fragen lassen, wie er denn menschliches Handeln in einer Gemeinschaft und für andere begründen will. Von kommunistischer Seite zum Beispiel hatte man Sartre Verantwortungslosigkeit gegenüber der Gesellschaft vorgeworfen. Er stellt klar, dass unbedingte Freiheit nicht absoluten Egoismus oder Subjektivismus bedeutet. Im Gegenteil: Sartre versucht nach dem Zweiten Weltkrieg, marxistische Positionen und Positionen des Existenzialismus zu verbinden.

[...] Wenn jedoch die Existenz wirklich dem Wesen vorausgeht, ist der Mensch für das, was er ist, verantwortlich. So besteht die erste Absicht des Existenzialismus darin, jeden Menschen in den Besitz seiner selbst zu bringen und ihm die totale Verantwortung für seine Existenz aufzubürden. Und

5 wenn wir sagen, der Mensch ist für sich selbst verantwortlich, wollen wir

nicht sagen, er sei verantwortlich für seine strikte Individualität, sondern für alle Menschen. [...] Wenn wir sagen, der Mensch wählt sich, verstehen wir darunter, jeder von uns wählt sich, doch damit wollen wir auch sagen, sich wählend wählt er alle Menschen. In der Tat gibt es für uns keine Hand-

10 lung, die, den Menschen schaffend, der wir sein wollen, nicht auch zugleich ein Bild des Menschen hervorbringt, wie er unserer Ansicht nach sein soll. Wählen, dies oder das zu sein, heißt gleichzeitig, den Wert dessen, was wir wählen, zu bejahen, denn wir können niemals das Schlechte wählen; was wir wählen, ist immer das Gute, und nichts kann gut für uns sein, ohne es

15 für alle zu sein. Wenn andererseits die Existenz dem Wesen vorausgeht und wir zugleich existieren und das Bild von uns gestalten wollen, so gilt dieses Bild für alle und für unsere gesamte Epoche. So ist unsere Verantwortung viel größer, als wir vermuten können, denn sie betrifft die gesamte Mensch-heit. Wenn ich Arbeiter bin und wähle, eher einer christlichen Gewerkschaft

20 beizutreten, als Kommunist zu sein, wenn ich mit diesem Beitritt zeigen will, dass im Grunde Resignation die Lösung ist, die dem Menschen ent-spricht, dass das Reich des Menschen nicht auf Erden ist, betrifft das nicht nur meinen Fall: Ich will für alle resigniert sein, folglich zieht mein Vor-gehen die gesamte Menschheit nach sich. Wenn ich – eine individuellere

25 Angelegenheit – mich verheiraten und Kinder haben will, ziehe ich da-durch, selbst wenn diese Heirat einzig von meiner Situation oder meiner Leidenschaft oder meinem Begehren abhängt, nicht nur mich selbst, son-dern die gesamte Menschheit auf den Weg zur Monogamie. So bin ich für mich selbst und für alle verantwortlich, und ich schaffe ein bestimmtes Bild

30 vom Menschen, den ich wähle; mich wählend wähle ich den Menschen. [...]

1 *Wie begründet Sartre die Auffassung, der Mensch sei verantwortlich „für alle Menschen"?*

2 *Erklären Sie den Ausdruck „mich wählend wähle ich den Menschen".*

3 *Sind Sie einverstanden mit Sartres Aussagen in diesem Text? Was könnte man gegen ein solches Menschenbild kritisch einwenden?*

4 *Vergleichen Sie die Aussagen Sartres mit denen von David Hume.*

5 *Stellen Sie den Freiheitsbegriff Kants dem von Sartre gegenüber.*

D. Hume: „Das Wesen der Kausalität" → S. 191 f.
D. Hume: „Der kausal-bestimmte Wille" → S. 193 f.

„Freiheit als Willensfreiheit – Immanuel Kant" → S. 195 ff.

Basis

Das Prinzip der menschlichen Freiheit

Jean-Paul Sartre hat als Denker der prinzipiellen menschlichen Freiheit und als politisch engagierter Philosoph Berühmtheit erlangt. Da es keine in Gott begründeten Werte und Normen gibt, muss der Einzelne sich stets selbst entwerfen und zu dem machen, der er sein will: **Die Existenz des Menschen geht seiner Essenz (seinem Wesen) voraus.** Innerhalb von Umständen, die ihn beschränken, **trifft** der Mensch **eine Wahl** und trägt dafür die **Verantwortung**. Weil er dieser Freiheit nicht entrinnen kann, ist er **„verurteilt, frei zu sein"**. Indem ein Einzelner eine bestimmte Wahl trifft, ist er dafür verantwortlich, welches Bild die Menschheit als Ganzes abgibt.

5. Die Frage nach der menschlichen Freiheit – neuere philosophische Ansätze

 Wahl

5.1 Bieris Idee der Willensfreiheit – vom Irrtum der Hirnforschung

Unser Wille ist frei – eine Debatte

Im Jahre 2005 diskutierten im „Spiegel" der Neurobiologe Gerhard Roth und der Moraltheologe Eberhard Schockenhoff über die Willensfreiheit des Menschen. Roth vertrat dabei die These, dass menschliche Entscheidungen allein von den Genen und neuronalen Prozessen im Gehirn festgelegt seien.

In einem Essay kritisiert Bieri diese Auffassung und entwickelt anschließend sein Verständnis von der Willensfreiheit. Der erste Teil des Essays (Abschnitt 1–17) wird hier thesenartig zusammengefasst, der zweite (Abschnitt 18–24) als Originaltext abgedruckt.

G. Roth → S. 171

Peter Bieri (geb. 1944 in Bern) studierte in London und Heidelberg Philosophie, Anglistik und Indologie. Seit 1993 lehrt er als Professor an der Freien Universität Berlin am Lehrstuhl für Sprachphilosophie und Analytische Philosophie. Seine Schwerpunkte sind philosophische Psychologie, Erkenntnistheorie, Moralphilosophie. 2001 veröffentlichte er „Handwerk der Freiheit". Unter dem Pseudonym Pascal Mercier schrieb er u. a. den Roman „Nachtzug nach Lissabon" (2004) und die Novelle „Lea" (2007). Für sein literarisches Werk erhielt er 2006 den Marie-Luise-Kaschnitz-Preis, 2007 die Lichtenberg-Medaille.

Zusammenfassung (Abschnitt 1–17)

Nach unserem Selbstverständnis halten wir uns für frei und verantwortlich. Sollte dieses Menschenbild eine Illusion sein, wäre das eine Katastrophe.

5 Die Hirnforschung scheint bewiesen zu haben, dass das menschliche Wollen und Handeln Ausdruck eines neurobiologischen Mechanismus, und dem entsprechend unser Freiheitsgefühl illusionär ist. Diese Behauptung der Hirnforschung von der Nicht-Existenz der Willensfreiheit ist lediglich eine unreflektierte Gedankenspielerei über das Wesen des
10 Menschen.

So ist es beispielsweise möglich, ein Gemälde zu unterschiedlichen Zwecken aus unterschiedlichen Perspektiven zu beschreiben. Es ist jedoch methodisch unsinnig, die Betrachtungsweisen miteinander zu vermischen (z. B. von der ästhetischen Betrachtungsweise auf die ökonomische zu
15 schließen).

Ebenso gibt es unterschiedliche wissenschaftliche Methoden, den Menschen zu betrachten, wie z. B. die physiologisch-neurobiologische oder die psychologische Methode. Mit der Ersteren können bestimmte Verhaltensweisen des Menschen wie Wille und Entscheidung nicht
20 dargestellt werden, weil diese Methode dazu nicht die begrifflichen Mittel hat (z. B. sind „Wille" oder „Freiheit" keine spezifischen neurobiologischen Begriffe). Der Begriff „Freiheit" ist nur sinnvoll einsetzbar, wenn er auf das Personsein des Menschen bezogen wird.

Die psychische Beschaffenheit eines Menschen ist von seiner neuro-
25 biologischen Beschaffenheit abhängig. Deshalb scheint zunächst die Behauptung von der Existenz der Freiheit unsinnig. Dieser Eindruck ergibt sich aber nur aus einem bestimmten Verständnis von Freiheit.

So gibt es z. B. die Vorstellung, die Willensfreiheit sei ohne Bedingungen, d. h. völlig unabhängig. Eine solche Willensfreiheit wäre jedoch

30 nicht mit der jeweiligen Person verbunden und könnte nicht beeinflusst werden.

Auch die mögliche Auffassung, der menschliche Wille sei durch nicht materielle, psychische Bedingungen festgelegt, scheint die Vorstellung von Freiheit zu widerlegen. Aber diese Vorstellung würde die nicht
35 nachvollziehbare Trennung des Physischen und Psychischen voraussetzen. Jedoch gibt es keine psychische Veränderung ohne physische Ursache.

Wenn der Wille, den wir als spontan empfinden, nur Wirkung neurologischer Prozesse ist, stellt sich die Frage, ob unsere Freiheitserfahrung illusionär ist. Jedoch ist aus der Tatsache der physiologischen Bedingtheit
40 unserer Erfahrungen nicht zu schließen, dass ihre Inhalte Illusionen sind.

Nur wer eine dieser falschen Vorstellungen von Freiheit vertritt, kann durch die wenig plausiblen Theorien der Hirnforschung verunsichert werden.

1 *Erarbeiten Sie aus der Zusammenfassung Bieris Kritik an den Aussagen der Hirnforschung und seine Position zu den verschiedenen Freiheitstheorien.*

„Die Steuerung des menschlichen Verhaltens – Ergebnisse der modernen Gehirnforschung" → S. 158 ff.

Unser Wille ist frei *Peter Bieri*

18. Doch was für ein anderes Verständnis von Freiheit hat der Unerschrockene vorzuschlagen? Es ist im Kern dieses: Unser Wille ist frei, wenn er sich unserem Urteil darüber fügt, was zu wollen richtig ist. Und der Wille ist unfrei, wenn Urteil und Wille auseinanderfallen – das ist der Fall beim Un-
5 beherrschten, den seine übermächtigen Wünsche überrennen und zu einer Tat treiben, die er bei klarem Verstand verurteilt; und es ist der Fall beim inneren Zwang, wo wir gegen besseres Wissen einem süchtigen Willen erliegen. Die Unfreiheit zu überwinden und zur Freiheit zurückzufinden, heißt jeweils, Urteilen und Wollen wieder zur Deckung zu bringen und eine
10 Plastizität des Willens zurückzugewinnen, die in dem Gedanken Ausdruck findet: Ich würde etwas anderes wollen und tun, wenn ich anders urteilte. Das nämlich ist die richtig verstandene Offenheit der Zukunft.

19. Keine neurobiologischen Befunde können die in diesem Sinne verstandene Freiheit gefährden. Das Zusammenfallen oder Auseinanderfallen von
15 Urteil und Wollen hat eine neuronale Grundlage. Aber dass es diese Grundlage gibt, heißt nicht, dass es den beschriebenen Unterschied zwischen Freiheit und Unfreiheit nicht gibt. Neurobiologische Entdeckungen können Willensfreiheit nicht als Illusion entlarven. Wenn sie etwas entlarven, dann nur metaphysische Missverständnisse von Freiheit. Und um sie zu ent-
20 larven, brauchen wir die Neurobiologie eigentlich gar nicht. Klares Denken genügt.

20. Aus der bisherigen Geschichte ergibt sich, dass der tausendfach beschworene Konflikt zwischen Determinismus und Freiheit keiner ist. Dieser

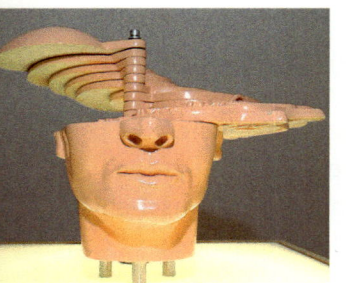

Hölzernes Hirnschnittmodell im Dresdner Hygienemuseum

angebliche Konflikt ist nicht mehr als eine mächtige rhetorische Suggesti-
25 on, die man außer Kraft setzen muss. Der Kontrast zum Determinismus ist
der Indeterminismus. Und der Kontrast zu Freiheit ist nicht Determinismus,
sondern Zwang. Es gibt also nicht den geringsten Grund zu erschrecken,
wenn wir vor den Tomografieaufnahmen unseres Gehirns sitzen und sehen,
wie festgefügte naturgesetzliche Dinge vor sich gehen, wenn wir unsere
30 Freiheit ausüben, indem wir uns entscheiden.

21. Aber zeigen die Bilder nicht, dass in Wirklichkeit gar nicht wir entscheiden, sondern das Gehirn? Das klingt, als wären wir unfreie Marionet-
ten. Doch so kann es nicht sein. Das Gehirn nämlich kann gar nichts entscheiden, die Idee des Entscheidens hat keinen logischen Ort in der Rede
35 übers Gehirn. Entscheidungen im eigentlichen Sinne gibt es nur, wo von
Gründen und Überlegen die Rede sein kann. Es ist ein Fehler, in die Rede
über das Hirn einen Begriff wie „entscheiden" aus der Sprache des Geistes
einzuschmuggeln. Es ist so, als spräche man in der physikalischen Geschichte über ein Gemälde plötzlich von seinem Thema.

40 22. Die neurobiologische Herausforderung trifft uns, weil sie die Idee der
Verantwortung und den Sinn moralischer Empfindungen infrage stellt.
Hätte die Hirnforschung die Willensfreiheit widerlegt, so müssten wir um-
denken: Therapie statt Schuld und Sühne, Mitleid statt Groll und Empörung.
Es wäre eine Revolution in unserem Menschenbild. Ist sie nötig?

45 23. Nein, denn diejenige Freiheit, die durch keine Hirnforschung widerlegt
werden kann, reicht für Verantwortung. Wir knüpfen Verantwortung nicht
an einen unbewegten Beweger oder einen nicht physischen Willen. Wir
prüfen, ob jemand denkend Kontrolle über seinen Willen auszuüben ver-
mochte oder nicht. Im ersten Fall schreiben wir Verantwortung zu, im ande-
50 ren nicht.

24. Man kann Philosophie als den Versuch beschreiben, sich im Denken zu
orientieren. Als Kinder lernen wir Wörter wie „Freiheit" und „Verantwortung". Wir plappern sie nach. Später entdecken wir, dass uns gar nicht klar
ist, was wir sagen; wir merken es, sobald wir uns verstolpern. Dann müssen
55 wir über den logischen Ort dieser Begriffe nachdenken – wie wenn man
sich für eine Stadt, in der man bisher nur herumgeirrt ist, einen Stadtplan
zurechtlegt. Philosophen sind die Kartografen unseres Denkens bei den
allgemeinsten Themen. Und die Karte der Freiheit zeigt: Wir brauchen kein
neues Menschenbild, wir müssen das alte nur richtig verstehen.

*2 Erläutern Sie, was unter Bieris Aussage „Unser Wille ist frei, wenn
er sich unserem Urteil darüber fügt, was zu wollen richtig ist." zu verstehen ist (Abschnitt 18).*

*3 Bieri widerspricht der weitverbreiteten Behauptung vom Gegensatz
zwischen Determinismus und Freiheit (Abschnitt 20). Setzen Sie sich mit
dieser Auffassung auseinander.*

*4   Erläutern Sie mit eigenen Worten, welche Aufgabe Bieri der Philoso-
     phie zuschreibt.*

*Diskutieren Sie im Unterricht, ob er mit seinem Essay diesem
Anspruch gerecht wird.*

*5   Philosophisch könnte man Bieri dem Kompatibilitismus zurechnen, der
     die Vereinbarkeit von Determination und Freiheit vertritt.*

*Stellen Sie in einem Schaubild die gemeinsame Schnittmenge des
Kompatibilitismus (Bieri'scher Richtung) und des Determinismus,
wie Sie ihn etwa aus der Biologie oder klassischen Physik kennen, dar.*

Freiheit und Determination
aus Sicht der Neurobiologen
→ S. 165, 169
das mechanistische Weltbild
der klassischen Physik
→ S. 175

Peter Bieri: die Arbeit am freien Willen

*Der Ansatz Peter Bieris, der von der Freiheit des Menschen ausgeht, findet sich in seiner
Untersuchung „Das Handwerk der Freiheit. Über die Entdeckung des eigenen Willens".
Jedoch ist nach Bieri Willensfreiheit nichts, was ein für alle mal gesichert ist, sie kann
auch verloren gehen. Deshalb muss der Mensch an seinem freien Willen arbeiten
(vgl. den Titel: „Handwerk der Freiheit") und ihn sich auf diese Weise aneignen. Als die
Dimensionen dieser „Aneignung" nennt Bieri die Artikulation, das Verstehen und die
Bewertung des eigenen Wollens.*

1. Artikulation

Mitunter ist der Wille schon in Bezug auf
kurzfristige Entscheidungen nicht eindeutig
und klar. Will ich am Wochenende in die
5 Berge gehen oder zu Hause bleiben, mit
Freunden etwas unternehmen oder für die
Schule arbeiten? Noch schwieriger ist es,
seinen eigenen freien Willen zu finden bei
langfristigen Problemen: Was will ich studie-
10 ren, welchen Beruf ergreifen? Eine Möglichkeit, Klarheit zu gewinnen, ist nach Bieri die
sprachliche Artikulation. Dadurch trägt man
den Gehalt seines Willens nach außen und
gewinnt zu ihm Distanz. Nun kann man ihn
15 überprüfen, korrigieren oder präzisieren und
auf diese Weise dem Willen ein Profil geben.

Eine Aufgabe der Artikulation kann es auch
sein, sich von Selbsttäuschungen zu befreien:
„Manchmal schreiben wir uns einen Willen
20 zu, den wir gar nicht haben, um die Last einer
Situation erträglicher zu machen; oder wir
leben aus einem Willen heraus, den wir vor
uns selbst falsch beschreiben, um ihn für uns

annehmbar zu machen. Selbsttäuschungen
25 sind interessegeleitete Irrtümer über uns
selbst. So kann es sein, dass ich mir altruisti-
sche Wünsche zuschreibe, die ich in Wahrheit
gar nicht habe, um mit der bedrückenden
Tatsache besser zurechtzukommen, dass mein
30 Leben darin besteht, für die anderen da zu
sein. [...] Solche Schönfärbereien, die ich vor
mir selbst inszeniere, können ein Kerker sein.
Denn indem sie die wahren Wünsche vor
mir selbst verbergen, rauben sie mir die Chan-
35 ce, mich damit auseinanderzusetzen und zu
einem realistischen Selbstbild zu gelangen,
wie es für Freiheit Voraussetzung ist."

2. Verstehen

Mitunter haben wir Wünsche, die uns fremd,
40 unverständlich sind und nicht zu unserem
Selbstbild zu passen scheinen. Eine genau
beschreibende Artikulation eines solchen
Wunsches – Wann tritt er auf? Wird er durch
bestimmte Menschen, Dinge oder Situationen
45 ausgelöst? Usw. – kann dazu beitragen, seine

Unverständlichkeit zu verringern oder seine innere Stimmigkeit zu begreifen. Eine genaue Betrachtung kann auch zu der Erkenntnis führen, dass man sich in der eigenen Wunsch-
50 landschaft noch nicht völlig auskennt. Möglicherweise lernte man bislang unbekannte Wünsche kennen, durch die der fremde Wunsch einen Sinn erhält. Ebenso kann man sich über den Gehalt eines einzelnen Willens
55 getäuscht haben oder er speist sich aus Überzeugungen, die einem selbst noch verborgen sind. Bieri: „Wenn es uns gelingt, einem scheinbar ungereimten Willen [...] einen Sinn zu geben und seine verborgene Stimmigkeit
60 aufzudecken, so bedeutet das einen Zuwachs an Willensfreiheit. Das ist im doppelten Sinne so. Zum einen verschwindet der Eindruck, dass ein Riss durch uns hindurchgeht und dass es Wünsche gibt, die als Fremdkörper in uns
65 wuchern. Im Innern von fremd anmutenden Wünschen umstellt zu sein, ist, als ob man innerhalb von Gefängnismauern lebte, und das Verstehen ist das Mittel, sie niederzureißen.“

70 **3. Bewertung**
Für den Aneignungsprozess des eigenen freien Willens sind Artikulation und Verstehen zwar notwendige, aber nicht hinreichende Bedingungen. Hinzukommen muss noch die
75 Bewertung unserer Wünsche, welches inneren Abstand verlangt. Fällt unsere Bewertung positiv aus, können wir uns mit unseren Wünschen identifizieren, denn dann stimmen sie mit unserem Selbstbild überein. Voraus-
80 setzung ist allerdings, dass sich dieses Selbstbild nicht aufgrund äußerer Einflüsse etabliert hat, sondern selbst Ausdruck der eigenen freien Entscheidung ist. Nur so gibt es die Möglichkeit der Entwicklung von Wünschen
85 und Selbstbild. „Es gehört zur Freiheitserfahrung, dass wir Urheber, Subjekt oder Autor nicht nur unseres Tuns, sondern auch unseres Wollens sind. [...] Wenn es uns gelingt, einen Willen zu entwickeln, den wir uns artikulie-
90 rend, verstehend und bewertend zu eigen gemacht haben, so sind wir in einem volleren Sinn sein Urheber und Subjekt, als wenn wir uns nur aufgrund irgendwelcher Überlegungen für ihn entscheiden.“

6 *Fassen Sie die Aussagen Bieris (Zitate) knapp zusammen.*

7 *Zeigen Sie an einem Beispiel (etwa aus Studium / Beruf), inwieweit durch das Verfahren der Artikulation größere Entscheidungsklarheit gewonnen werden kann.*

8 *Formulieren Sie mithilfe des Schlusszitats die Zielsetzung der Arbeit am (freien) Willen und schätzen Sie ein, inwieweit Sie das Bieri-Modell in Ihre Lebensplanung – etwa in Bezug auf Schule / Studium / Beruf, aber auch für Ihr Privatleben – aufnehmen könnten.*

Basis

Die Frage der menschlichen Freiheit bei Bieri
Bieri widerspricht der neurobiologischen Auffassung, menschliches Wollen und Handeln seien Ausdruck eines physiologischen Mechanismus und nicht seiner persönlichen Freiheit. Bieri leugnet nicht den Einfluss physiologischer Faktoren, sieht jedoch keinen Gegensatz zwischen Determinismus und Freiheit. Diese ist für ihn dann gegeben, wenn beim Menschen der Wille rational bestimmt ist.

Die Freiheit des Willens ist nach Bieri kein gesichertes Eigentum, sondern muss immer wieder erarbeitet werden. Verfahrensweisen dieser Aneignung sind für ihn Artikulation, Verstehen und Bewertung.

 Wahl

5.2 Von der Unvorhersagbarkeit menschlichen Verhaltens – der epistemische Indeterminismus

Im Alltag werden wir häufig vor Entscheidungen gestellt, die ein bestimmtes Handeln von uns zu fordern scheinen. Dabei lassen wir uns, wenn möglich, von unserer Erfahrung und unserer Einschätzung der Folgen leiten. Werden wir dann im Nachhinein gefragt, warum wir so und nicht anders gehandelt haben, sagen wir manchmal „ich hatte keine Wahl", „ich konnte nicht anders" oder auch „so bin ich eben".

Neben dem abwehrenden Charakter solcher Sätze – etwa im Sinne von „Ich habe keine Lust, mein Verhalten zu rechtfertigen" – meinen wir mit solchen Aussagen mitunter auch: Durch äußere oder innere Umstände wurde ich zu einem bestimmten Handeln gezwungen und konnte nicht frei handeln. Zu diesen Umständen rechnen wir etwa unser genetisches Programm oder psychische und soziale Faktoren.

„Wie frei ist der Mensch? –
Psychologische Aspekte"
→ S. 128 ff.
„Abhängigkeiten und Frei-
heitschancen – Mensch und
Gesellschaft" → S. 139 ff.
„Freiheit und Determination:
Aspekte der Neurobiologie"
→ S. 158 ff.

1 *Sammeln Sie Situationen aus Ihrer Umgebung oder etwa aus TV-Serien (dort sind derartige Sätze sehr beliebt), in denen Verhaltensweisen mit solchen Sätzen gerechtfertigt werden. Stellen Sie im Unterricht ein Beispiel vor und diskutieren Sie die (angebliche) Alternativlosigkeit der jeweiligen Handlung.*

2 *Zur Wiederholung: Erarbeiten Sie aus den psychologischen, soziologischen und biologischen Theorien, die Sie im Ethikunterricht behandelt haben, Ansätze, welche die Alternativlosigkeit menschlichen Handelns thematisieren.*

3 *Mitunter sind Aussagen über die Alternativlosigkeit menschlichen Handelns Ausdruck einer fatalistischen Grundhaltung. Klären Sie den Begriff „Fatalismus" und zeigen Sie an einem literarischen Beispiel (z. B. bei Georg Büchners „Woyzeck") den Charakter einer solchen Sichtweise.*

Determinismus oder Indeterminismus? *Max Planck*

Die Vorstellung, dass alles in der Welt festgelegt sei und man dementsprechend so handeln müsse, wie man es eben tue, hat eine lange Tradition und wurde in der Neuzeit durch die Theorien der klassischen Naturwissenschaften verstärkt (vgl. den „Laplace'-schen Dämon"). Erst die Quantenmechanik Plancks und die Unschärferelation Heisenbergs erschütterten die deterministische Vorstellung der klassischen Physik, ohne dass bis heute endgültig geklärt ist, welche Bedeutung diese Erkenntnisse für die ethische Frage nach der Freiheit des Menschen haben.

In den Dreißigerjahren versuchte Max Planck in mehreren Vorträgen (z. B. „Vom Wesen der Willensfreiheit", 1936, „Determinismus oder Indeterminismus?", 1938), eine Brücke zwischen der modernen Physik und der Freiheitsphilosophie zu schlagen. Hier formulierte er Überlegungen, die später dem „epistemischen Indeterminismus" zugeordnet wurden.

Laplace'scher Dämon
→ S. 174
Max Planck → S. 176
„‚Und die Natur macht doch Sprünge' –
Quantenmechanik"
→ S. 178 f.
„Die Heisenberg'sche Unschärferelation"
→ S. 179 ff.
M. Planck: „Vom Wesen der Willensfreiheit"
→ S. 176 f.

Ist alles, was in der Welt geschieht, im Voraus bis auf jede Einzelheit festgelegt, determiniert, oder ist es nicht determiniert? Anders gesprochen: Bestehen für den Ablauf der Ereignisse in der Natur und im Geistesleben ganz bestimmte Gesetze, oder herrscht bei ihnen, wenigstens bis zu einem gewissen Grade, Zufall, Willkür, Freiheit, oder wie man das nennen will?
5 Wenn jemand eines Tages vom Blitz getroffen wird, oder wenn jemand das große Los gewinnt, ist das schicksalhafte Vorherbestimmung und daher eherne Notwendigkeit, oder ist es blinder Zufall? Oder wenn jemand sich von einem hohen Turm herabstürzt, wird er da von einem inneren Zwang
10 getrieben, oder handelt er aus selbstständigem freiem Entschluss? [...]
Wenn man sich auf den Standpunkt objektiv wissenschaftlicher Betrachtung stellt, so muss der menschliche Wille als vollkommen determiniert angesehen werden. Denn die Wissenschaft kann mit einem freien Willen nichts anfangen. Der Historiker, der Biograf, der Psychologe, der Psychiater
15 geht stets von der Voraussetzung aus, dass die Willensentscheidungen der von ihm behandelten Persönlichkeiten zurückzuführen sind auf bestimmte Ursachen, Motive, bewusster oder unbewusster Art, die in der geistigen Verfassung der betreffenden Personen ihren Ursprung haben und durch äußere Umstände ausgelöst werden. Eine Berufung auf die Willensfreiheit
20 seines Helden bzw. seiner Versuchsperson oder seines Patienten wäre für ihn gleichbedeutend mit dem Verzicht auf wissenschaftliches Verständnis.
Daher hört man von exakt wissenschaftlich eingestellter Seite her häufig die Behauptung, die Willensfreiheit sei nur eine scheinbare, in Wirklichkeit sei der Wille stets streng determiniert. Hier haben wir wieder die omi-
25 nösen Worte „scheinbar" und „wirklich". Man kann auch hier wieder gerade umgekehrt die Behauptung aufstellen: Das Wirklichste, was es auf der Welt gibt, ist unser Selbstbewusstsein als der Ursprung jeglichen Denkens. Was ist wirklicher als das sichere Gefühl, dass, wenn wir, vor eine wichtige Entscheidung gestellt, alle Gründe, welche für und welche gegen einen
30 bestimmten Entschluss sprechen, auf das Sorgfältigste überlegt und gegeneinander abgewogen haben, im letzten Augenblick immer noch die Möglichkeit besitzen, wenn vielleicht auch nur aus Laune, gerade das Entgegengesetzte zu tun von dem, was wir uns vorher überlegt hatten? Was ist wirklicher als die mit dem Verantwortungsbewusstsein verbundene Qual
35 der Unschlüssigkeit, die eine solche Entscheidung manchmal mit sich bringt? Wenn wir von dieser Auffassung der Wirklichkeit ausgehen, dann

ist die Willensfreiheit gewiss nicht scheinbar, sondern sie ist mit allen ihren Merkmalen wirklich und wahrhaftig vorhanden.

40 Wir erkennen hier also wieder ganz den nämlichen Sachverhalt wie in unseren früheren Beispielen und können auch hier feststellen, dass der Streit darüber, ob der menschliche Wille determiniert oder nicht determiniert ist, in Wahrheit ein Streit um die Betrachtungsweise ist, nämlich um die Voraussetzungen, mit denen man an die Beurteilung einer Willenshandlung herangeht. Diese Voraussetzungen sind, wie ich bei früheren Ge-
45 legenheiten wiederholt und ausführlich darzulegen suchte, wesentlich andere für einen fremden Beobachter als für das eigene Ich. Der fremde Beobachter vermag, wenigstens grundsätzlich, die Motive meiner eigenen Willenshandlungen, auch der mir selber unbewussten, vollständig zu durchschauen. Wie weit er das tatsächlich fertig bringt, ist lediglich eine
50 Frage seiner geistigen Überlegenheit. Dagegen ist es grundsätzlich keinem Menschen, mag er geistig noch so hoch stehen, möglich, die Motive einer von ihm selber zu treffenden Willensentscheidung vorher vollständig zu erkennen, und zwar deshalb, weil die eigenen Willensmotive durch das Nachdenken über sie beeinflusst und verändert werden. Daher bleiben die
55 bei der Willensentscheidung endgültig ausschlaggebenden Motive stets unterhalb der Schwelle des eigenen Bewusstseins und entziehen sich dem abwägenden Verstand.

Lassen wir, um das Ergebnis unserer Betrachtung auch hier unzweideutig zu formulieren, das Wort „wirklich" wieder aus dem Spiel, so können wir
60 sagen: Vom objektiv wissenschaftlichen Standpunkt aus betrachtet ist der menschliche Wille determiniert, dagegen vom subjektiven Standpunkt des Selbstbewusstseins aus betrachtet ist der menschliche Wille frei. In diesen beiden Sätzen steckt weder eine Unklarheit noch ein begrifflicher Widerspruch. Sie stehen sich vollkommen koordiniert gegenüber; man
65 darf keinen von ihnen geringer bewerten als den anderen.

4   *Fassen Sie die Kernaussagen des Textauszuges zusammen und formulieren Sie die Generalthese des Vortrags.*

5   *Versuchen Sie, für sich persönlich die Fragen Max Plancks aus dem ersten Textabschnitt zu beantworten. Klären Sie anschließend durch eine Umfrage im Ethikunterricht (evtl. auch darüber hinaus) das zahlenmäßige Verhältnis von „Determinsten" und „Freiheitsvertretern".*

6   *Im Abschnitt 3 stellt Planck der objektiv-deterministischen Sicht die persönliche freie Entscheidung gegenüber. Zeigen Sie diese Situation an einem Beispiel auf (evtl. aus der Literatur; etwa das Gespräch zwischen Instetten und Wüllersdorf in Fontanes „Effi Briest").*

7 Setzen Sie den Text grafisch um, indem Sie das angedeutete (zwei-
teilige) Schaubild vervollständigen.

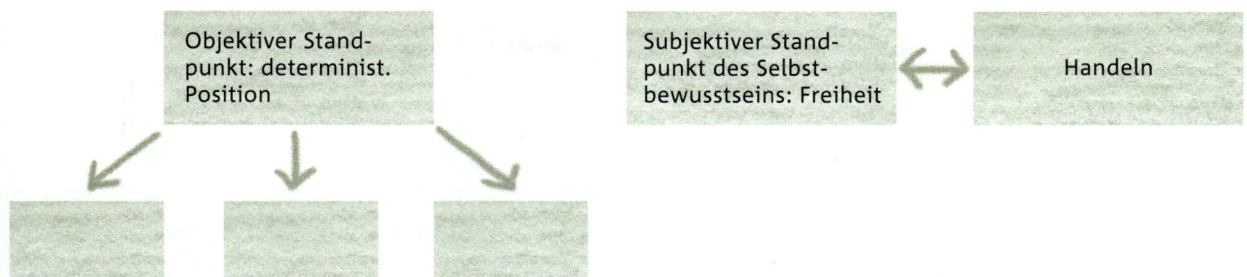

8 Überprüfen Sie, ob sich durch die Kenntnis des Textes Ihre bisherige
Sichtweise (vgl. Aufgabe 1, S. 186) verändert hat. Gehen Sie dabei vor
allem auf die Aussagen Plancks im letzten Abschnitt ein.

Kann der Mensch mit Sicherheit wissen, was er tun wird?

Der Begriff des epistemischen Indeterminismus bezieht sich im ersten Teil
des Begriffs auf das Wissen (griech. *Epistéme* = Einsicht, Wissen, Kenntnis). Der Indeterminismus im Allgemeinen bezieht Position hinsichtlich
des Problems, ob menschliches Wollen und Handeln wie Naturereignisse

5 dem Kausalitätsprinzip unterworfen sind. Im Naturgeschehen folgt –
nach klassischer Auffassung – auf eine bestimmte Ursache eine bestimmte und damit vorhersagbare Wirkung. Dieses Verhältnis kann durch
Naturgesetze beschrieben werden (vgl. das Gravitationsgesetz von Isaac
Newton). Die zentrale Frage ist nun, ob im geistigen Bereich ebenfalls

10 das Kausalitätsprinzip so uneingeschränkt gilt. Das würde bedeuten,
dass in diesen Bereichen auf einen bestimmten Zustand (als Ursache)
zwingend ein bestimmter anderer Zustand (als Wirkung) folgen müsste.
Außerdem könnte man dann die Wirkung durch z. B. psychologische
Gesetze beschreiben und vorhersagen.

15 Der epistemische Indeterminismus bestreitet diesen zwingenden Zu-
sammenhang für körperliche und seelische Ereignisse. Im Gegensatz zum
Determinismus geht er von der menschlichen Willensfreiheit aus. Seine
Grundthese besagt: Es gibt für menschliche Handlungen determinierende
Ursachen. Welche Handlungen aus diesen Ursachen resultieren, können

20 die Betroffenen vor ihren Handlungen nicht wissen (vgl. epistemisch = auf
Wissen bezogen), sie müssen sich also in ihren Willensentscheidungen
als frei verstehen.

Damit behauptet der epistemische Indeterminismus nicht die grundsätzliche Unvorhersagbarkeit menschlicher Handlungen, sondern nur,

25 dass die Menschen ihre eigenen Handlungsentscheidungen, die sich aus
den determinierenden Faktoren ergeben, nicht wissen, und das heißt,
nicht voraussagen können. Denn: „Niemand kann auf einsehbare Weise

Kausalitätsprinzip → S. 174

I. Newton: Grundgesetz der
Mechanik → S. 174

217

als jemand beschrieben werden, der, bevor er seine Entscheidung trifft, weiß, welches sie sein wird, weil die Behauptung, dass man solches
30 Wissen besitze, einen Widerspruch impliziert." (Carl Ginet)

Bekommt z. B. eine Person, die vor der Entscheidung steht, diese oder jene Option zu wählen, einen Rat, wie sie sich entscheiden sollte, könnte sie sagen: „Ich weiß schon selbst, was ich tue" oder „Das muss ich mir noch überlegen." D. h. dass sich diese Person als frei und entscheidungs-
35 autonom versteht. Solche Empfindungen drücken eine persönliche Realität aus und können nicht von vornherein als Illusion abgetan werden.

Während sich der handelnde Mensch in seiner Entscheidung selbst als frei versteht, stellt sich die Situation für den außenstehenden Menschen als Betrachter völlig anders dar: Er kann – zumindest theoretisch – die
40 handlungsbestimmenden Faktoren (z. B. psychologische) einer anderen Person registrieren und auf der Basis dieser Erfassung zu einer Handlungsprognose gelangen. Für den Betrachter wäre die Handlung determiniert. Auch der Mensch, der gehandelt hat, könnte im Nachhinein und aus der Distanz als Betrachter des eigenen Tuns die Ursachen erkennen,
45 die ihn zu diesem Handeln gebracht haben. Aus dieser Perspektive würde er dann sein Handeln für determiniert halten. Aber ebenso könnte er sagen: „Ich hätte so oder so handeln können, habe mich aber dafür (oder dagegen) entschieden."

Ludwig Wittgenstein
(1889–1951)

9 Der Philosoph Wittgenstein schreibt in seinem „Tractatus logico-philosophicus": „Die Willensfreiheit besteht darin, dass zukünftige Handlungen jetzt nicht gewusst werden können." Erläutern Sie diesen Satz und nutzen Sie ihn bei der Zusammenfassung der Aussagen des epistemischen Indeterminismus.

10 Nehmen Sie zur Behauptung des epistemischen Indeterminismus über die Vereinbarkeit von Determination und persönlicher Freiheit Stellung. Berücksichtigen Sie dabei die neueren soziologischen und biologischen Theorien zum Thema „Freiheit und Determination".

„Abhängigkeiten und Freiheitschancen – Mensch und Gesellschaft" → S. 139 ff. „Freiheit und Determination: Aspekte der Neurobiologie" → S. 158 ff.

Basis

Der epistemische Indeterminismus

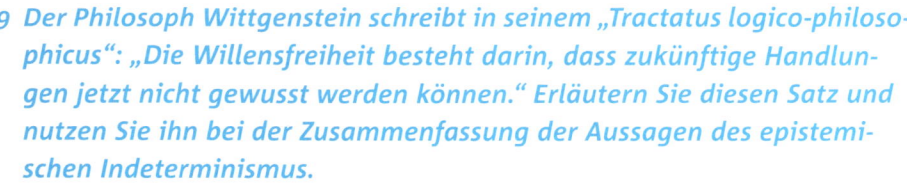

Die Theorie des epistemischen Indeterminismus geht anders als der Determinismus von der Willensfreiheit des Menschen aus, räumt jedoch determinierende Einflüsse auf das menschliche Handeln ein. Allerdings kann der Mensch, bevor er eine Handlungsentscheidung trifft, nicht wissen, wie sie ausfallen wird. Das heißt die Vorhersagbarkeit – ein wichtiges Kriterium des Determinismus – ist grundsätzlich nicht gegeben. Deshalb versteht sich der Mensch als frei in seinen Entscheidungen und Handlungen.

Für Max Planck ist die Frage nach der Willensfreiheit von der Perspektive des (objektiven) Betrachters bzw. des handelnden Ichs abhängig. Ersterer erkennt die Determinanten, die auf den Willen einwirken, Letzterer versteht sich in seinem Handeln als frei.

ethikos-Lexikon: zum Nachschlagen

Begriffe, ethische Grundpositionen und Personen

Angewandte Ethik

→ Bioethik
→ Ethik
→ Medizinethik
→ Umweltethik
→ Wirtschaftsethik

Die angewandte Ethik bezeichnet als Oberbegriff die verschiedenen spezifischen Ethiken wie z. B. Umweltethik, Bioethik, Medizinethik, Wirtschaftsethik. Grundlage ist die allgemeine Ethik mit ihren theoretischen Grundbegriffen und -prinzipien sowie die Erkenntnisse der jeweiligen Fachwissenschaften.

Aristoteles

Kurzbiografie
Aristoteles (384–322 v. Chr.) gilt neben Platon, dessen Schüler er war, als der einflussreichste Philosoph der Antike. Seine Wirkung – etwa in der Logik und der Ethik – reicht bis in die Gegenwart. Anders als die Ideenlehre seines Lehrers ist die Philosophie des Aristoteles stärker auf die empirisch fassbare Realität bezogen.

→ Ethik
→ Freiheitsphilosophie
→ Platon

Tugendethik, Aufbau der Seele und Mesotes-Lehre
Basis für die Ethik des Aristoteles ist sein teleologisches Weltbild, d. h., die gesamte Natur ist auf das Ziel ihrer eigenen Vollendung hin angelegt. Alles und jeder strebt danach, sich diesem Ziel gemäß zu verwirklichen. Als Zoon politikon, d. h. als ein von Natur aus auf Gemeinschaft hin angelegtes Wesen, kann der Mensch sich nur in der Gesellschaft (der Polis) selbst verwirklichen. Um aber vollkommen und somit glücklich zu werden, muss er mithilfe der Philosophie den Weg zur absoluten Weisheit suchen. Ähnlich wie Platon entwickelt Aristoteles seine Tugendlehre aus einem dreistufigen Seelenmodell: Die unterste Stufe ist das vegetative Vermögen. Es sichert die physische Existenz des Menschen. Die Sinnenseele enthält das Wahrnehmungsvermögen, die Gefühle und Triebe. Die Geist- oder Vernunftseele ist die oberste Ebene und umfasst die Fähigkeiten zum Denken, Urteilen und geistigen Erkennen.

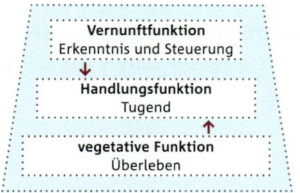

Aufbau der Seele nach Aristoteles

   Die Ethik vermittelt, wie der Mensch die Areté (Vortrefflichkeit, Tugend) erwerben kann. Dazu unterscheidet Aristoteles die verstandesmäßigen (dianoetischen) Fähigkeiten (z. B. Wissen, Einsicht, Klugheit, Weisheit) und die praktischen ethischen Tugenden (z. B. Mäßigung, Tapferkeit, Gerechtigkeit). Diese ethischen Tugenden erwirbt der Mensch, wenn er mithilfe seiner Vernunft die Mitte (vgl. Mesotes als Maß, Mitte) findet.

→ Sozialpsychologie

Autorität

Bieri, Peter

→ Freiheitsphilosophie

Peter Bieri (geb. 1944 in Bern) studierte in London und Heidelberg Philosophie, Anglistik und Indologie. Seit 1993 lehrt er als Professor an der Freien Universität Berlin am Lehrstuhl für Sprachphilosophie und Analytische Philosophie. Seine Schwerpunkte sind philosophische Psychologie, Erkenntnistheorie, Moralphilosophie. 2001 veröffentlichte er „Handwerk der Freiheit". Unter dem Pseudonym Pascal Mercier schrieb er u. a. den Roman „Nachtzug nach Lissabon" (2004) und die Novelle „Lea" (2007). Für sein literarisches Werk erhielt er 2006 den Marie-Luise-Kaschnitz-Preis, 2007 die Lichtenberg-Medaille.

Bioethik

→ Angewandte Ethik
→ Ethik
→ Medizinethik
→ Umweltethik

Die Bioethik ist ein Bereich der **angewandten Ethik** und untersucht den Umgang von Menschen mit der belebten Umwelt, vor allem den Umgang mit dem Leben (anderer Menschen). Die Unterschiede zwischen Bioethik, Umweltethik und Medizinethik sind fließend, teilweise werden sie in Abgrenzung voneinander definiert, teilweise werden Umwelt- und Medizinethik als Teilbereiche der Bioethik betrachtet.

→ Physik / Moderne Physik
und Überwindung des
mechanistischen Weltbildes

Chaostheorie

→ Ethik / Ethische Heran-
gehensweisen

Deontologische Ethik

→ Ethik

Deskriptive Ethik

→ Platon

Dialogtechnik (Platon)

Dilemma

→ **Methoden:** Dilemma-
Diskussion

Bei dem Beispiel handelt es sich um ein Dilemma: Dilemmata sind Konfliktsituationen, bei denen es mindestens auf den ersten Blick, vielleicht sogar überhaupt keine befriedigende Lösung gibt. Im moralischen Bereich handelt es sich um einen ernsten Konflikt möglichst gleichrangiger Werte („tragischer Konflikt") bzw. Interessen. Sie verlangen eine tief greifende Analyse im Hinblick auf Zahl und Interessen der direkt und indirekt Betroffenen, mögliche physische, psychische und sonstige Konsequenzen sowie tangierte Werte, wobei die Situation häufig sehr komplex ist und die Verletzung eines Wertes oder Interesses nicht vermieden werden kann, ohne andere Werte und Interessen zu verletzen; in der Realität wird der Entscheider daher oft „tragische Schuld" auf sich laden müssen.

Diskursethik (Habermas)

→ Ethik
→ Habermas, Jürgen
→ Kategorischer Imperativ
→ Norm

„Diskurs" bedeutet im Sinne Habermas' ein Gespräch, in dem sich die Teilnehmer auf rational-argumentative Weise bemühen, bei umstrittenen Normen eine Übereinstimmung hinsichtlich ihrer Gültigkeit zu erreichen. Damit dies gelingt, müssen verschiedene Grundsätze und Regeln beachtet werden. Die entscheidenden Grundsätze, die Habermas aufstellt, nennt er „D" und „U". „D" formuliert, dass eine moralische Norm nur dann gültig ist, wenn alle von ihr Betroffenen als Teilnehmer eines Diskurses ihr zustimmen. Darüber hinaus wird in Anlehnung an den kategorischen Imperativ Kants mit dem Universalitätsgrundsatz „U" festgelegt, dass die umstrittenen Normen und ihre Auswirkungen für alle Menschen akzeptabel sein müssen. Die konkreten Regeln, die Habermas für das Verfahren des Diskurses aufstellt, gehen von der Wahrhaftigkeit, Chancengleichheit und Gleichberechtigung der Teilnehmer aus. Sie sind die Bedingungen einer angestrebten „idealen Sprechsituation", in welcher der Diskurs nicht durch innere (diskursfeindliche Verhaltensweisen der Teilnehmer) und äußere Störungen (z. B. gesellschaftliche Vorgaben an den Diskurs, etwa Tabus, Sprachregelungen) gefährdet wird.

→ Freiheitsphilsophie / Peter
Bieri: Arbeit am freien Willen

Epistemischer Indeterminismus

Ethik

Die Ethik **als philosophische Disziplin** (von griech. *ethos*: gewohnter Ort des Lebens, Sitte, Charakter) versteht sich als Wissenschaft vom moralischen Handeln und versucht auf methodischem Weg, allgemeingültige Aussagen über das gute und gerechte Handeln zu treffen. Ethik reflektiert über moralische Urteile und untersucht die Geltungsgründe moralischer Normen. „Warum soll ich gut handeln?", „Wann kann eine Handlung als moralisch gut gelten?" sind Fragen, die sich die Ethik stellt.

Deskriptive, normative und Metaethik

In der Ethik werden drei verschiedene Formen ethischer Fragestellungen unterschieden: Die **deskriptive Ethik** beschreibt die vielfältigen Phänomene von Moral und Sitte in verschiedenen Gruppen, Institutionen und Kulturen. Die **normative Ethik** hingegen versucht, moralische Aussagen (auch die der jeweils herrschenden Moral) kritisch zu prüfen und sie zu begründen. Die **Metaethik** analysiert kritisch die sprachlichen Formen und Elemente moralischer Aussagen und entwickelt Methoden zu ihrer Rechtfertigung und Anwendung.

Ethische Herangehensweisen

→ Handlung
→ Norm

In einer **deontologischen Ethik** (oder Prinzipienethik; von griech. *to déon*: das Erforderliche, die Pflicht) gilt eine Handlung als sittlich richtig, wenn sie **Prinzipien** folgt, die in sich gut sind. Die Handlung an sich wird bewertet, nicht die Handlungsfolgen. Die **konsequenzialistische Ethik** (auch „teleologische" Ethik oder „Folgenethik") hingegen beurteilt die moralische Richtigkeit und Falschheit von Handlungen ausschließlich aufgrund der (abzusehenden oder abgesehenen) **Handlungsfolgen**. die **Tugendethik** fragt, welche Haltung und Disposition ein Handelnder haben muss, damit er gut handelt.

Freiheitsphilosophie

In der Philosophie gibt es unterschiedliche Ansätze für die Behandlung der Frage nach der menschlichen Freiheit.

Aristoteles: freiwilliges und unfreiwilliges Handeln

→ Aristoteles

Aristoteles untersucht im 3. Buch der „Nikomachischen Ethik" die Frage, unter welchen Umständen das Handeln des Menschen freiwillig ist. Unfreiwillig ist es, wenn äußere Umstände, auf die er keinen Einfluss hat, ihn zu einem bestimmten Handeln zwingen. Ein Handeln aus Unwissenheit kann je nach der Einstellung des Handelnden als frei oder unfrei bezeichnet werden. Als unfrei gilt es, wenn er seine Tat bedauert, d. h. sie als Wissender nicht vollzogen hätte. Bedauert er sein Handeln nicht, kann man annehmen, dass er sie auch im Zustand des Wissens nicht vermieden hätte. Deshalb nennt Aristoteles ein solches Handeln frei. Als Bedingungen für die Freiwilligkeit nennt Aristoteles die Kenntnis des Handelnden über die Umstände seines Tuns und die Möglichkeit der Selbstverfügung (Autonomie). Im Gegensatz zu modernen Auffassungen tendiert Aristoteles dahin, ein affektorientiertes Handeln als frei zu verstehen.

David Hume: der kausalbestimmte Wille

→ Hume, David

David Hume geht davon aus, dass der Mensch den gleichen Gesetzen unterworfen ist wie die Natur: Nach Hume beruht der kausalbestimmte Wille auf der Annahme eines regelmäßigen, gesetzhaften Zusammenhangs (Vorhersagbarkeit) zwischen Charakter, Wille und Handlung eines Menschen; Erkenntnis wird aber oft durch mangelndes Wissen verhindert bzw. durch den scheinbar typisch menschlichen Zug der Unbeständigkeit erschwert.

Immanuel Kant: Autonomie (Selbstgesetzgebung) gegen Heteronomie (Fremdbestimmung)

→ Kant, Immanuel

Ein **Wille** ist dann **frei, wenn er weder von einer Ursache** (physikalische, biologische oder psychologische Ursache, z. B. ein Trieb verursacht mich, etwas zu tun) **noch von einem empirischen Grund bestimmt ist**: Vergnügen (auch geistiges Vergnügen), Lust (auch die Lust am Lernen), Liebe, Macht, Freude, Geld sind Bestimmungsgründe des Willens, die allesamt in der Erfahrung vorkommen, und infolgedessen sind die Motive oder Gründe, diese zu erstreben, subjektiv, relativ und zufällig. Ein Wille, der von diesen bestimmt ist, heißt bei Kant **Willkür**. Aus diesen Bestimmungsgründen kann kein a priori durch die Vernunft begründetes allgemeines Gesetz formuliert werden. Unsere **Freiheit als Mensch** besteht darin, dass wir uns selbst durch Anwendung der Vernunft über die Kausalitätsabläufe in der Welt erheben und **das Gesetz wählen, dem wir gehorchen** (griech. *auto nómos*, Selbstgesetzgebung). Folgen wir den Regeln der Vernunft, können wir zu keinem anderen als dem **kategorischen Imperativ** kommen.

Jean-Paul Sartre: der Mensch als prinzipiell freies Wesen

→ Sartre, Jean-Paul
→ Verantwortung

Jean-Paul Sartre hat als Denker der prinzipiellen menschlichen Freiheit und als politisch engagierter Philosoph Berühmtheit erlangt. Da es keine in Gott begründeten Werte und Normen gibt, muss der Einzelne sich stets selbst entwerfen und zu dem machen, der er sein will: **Die Existenz des Menschen geht seiner Essenz (seinem Wesen) voraus.** Innerhalb von Umständen, die ihn beschränken, **trifft der Mensch eine Wahl** und trägt dafür die **Verantwortung**. Weil er dieser Freiheit nicht entrinnen kann, ist er „verurteilt, frei zu sein". Indem ein Einzelner eine bestimmte Wahl trifft, ist er dafür verantwortlich, welches Bild die Menschheit als Ganzes abgibt.

Peter Bieri: Arbeit am freien Willen

→ Bieri, Peter
→ Handlung
→ Neurobiologie

Bieri widerspricht der neurobiologischen Auffassung, menschliches Wollen und Handeln seien Ausdruck eines physiologischen Mechanismus und nicht seiner persönlichen Freiheit. Bieri leugnet nicht den Einfluss physiologischer Faktoren, sieht jedoch keinen Gegensatz zwischen Determinismus und Freiheit. Diese ist für ihn dann gegeben, wenn beim Menschen der Wille rational bestimmt ist.

Der epistemische Indeterminismus: Willensfreiheit mit determinierenden Einflüssen

→ Handlung
→ Planck, Max
→ Physik

Die Theorie des epistemischen Indeterminismus geht anders als der Determinismus von der Willensfreiheit des Menschen aus, räumt jedoch determinierende Einflüsse auf das menschliche Handeln ein. Allerdings kann der Mensch, bevor er eine Handlungsentscheidung trifft, nicht wissen, wie sie ausfallen wird. Das heißt die Vorhersagbarkeit – ein wichtiges Kriterium des Determinismus – ist grundsätzlich nicht gegeben. Deshalb versteht sich der Mensch als frei in seinen Entscheidungen und Handlungen. Dieser Richtung lässt sich der Ansatz Max Plancks zuordnen. Für ihn ist die Frage nach der Willensfreiheit von der Perspektive des (objektiven) Betrachters bzw. des handelnden Ichs abhängig. Ersterer erkennt die Determinanten, die auf den Willen einwirken, Letzterer versteht sich in seinem Handeln als frei.

Freud, Sigmund

→ Psychoanalyse (Freud)

Sigmund Freud (1856–1939) gilt als einer der Urväter der modernen Psychologie. Der aus Österreich stammende und wegen seines jüdischen Glaubens während der Nazizeit nach England geflohene Arzt erforschte das menschliche Seelenleben und entwarf mit seiner psychoanalytischen Theorie das erste tiefenpsychologische Persönlichkeitsmodell. „Tiefenpsychologisch" bedeutet: Die Motive und Gründe für menschliches Denken, Fühlen und Handeln sind in tief gelegenen, häufig unbewussten Schichten der Seele zu suchen.

Geist-Gehirn-Problematik

→ Neurobiologie

Traditionell werden Geist und Gehirn als zwei verschiedene Ebenen der menschlichen Existenz gesehen, was sich insbesondere im Vorkommen der Qualia (subjektiver Erlebnisgehalt mentaler Zustände, z. B. die Geschmacksempfindung, die jemand bei der Einwirkung der biochemischen Reize einer Zitrone oder eines Stücks Schokolade wahrnimmt) spiegelt. Daraus ergibt sich ein grundsätzlicher Dualismus zwischen Geist und Materie (Gehirn) mit dem ihm eigenen besonders bei Willkürhandlungen auftretenden Grundproblem, dass nicht materielle Wesenheiten mit physikalischen Strukturen (Neuronen) kausal wechselwirken sollen.

Die Philosophie bietet dazu verschiedenste Lösungsansätze, die sich aus naturwissenschaftlicher Sicht widerlegen lassen. Auch wird für die Beschreibung des menschlichen Handelns eine Unterscheidung zwischen Gründen (sozial vermittelt) und Ursachen (auf dem Kausalitätsprinzip beruhend) hinfällig. Bis auf Weiteres bleibt jedoch eine Erklärungslücke bei dem Vorhaben, Qualia ursächlich auf Umweltreize zurückzuführen. Der Grund ist die sehr hohe Komplexität und der dynamische Charakter der neuronalen Netze, sodass auch menschliches Entscheiden und Handeln prinzipiell nicht vorhergesagt werden können. Dies schließt allerdings nicht aus, dass die dafür verantwortlichen neuronalen Prozesse kausal ablaufen, was für eine grundsätzliche Determiniertheit menschlichen Verhaltens sprechen würde. Gewisse Freiheitsgrade ergäben sich lediglich durch das assoziative Bewusstsein als virtuelles und beratendes Planungszentrum für die Lebensgestaltung. Damit ließe sich auch die dem Menschen eigene Kreativität deuten. Ein neues Menschenbild, das aus diesen Paradigmen abgeleitet werden könnte, hätte geringe Auswirkungen auf den individuellen Lebensvollzug, stärkere jedoch im gesellschaftlich-politischen Bereich, wie etwa auf die Schuldfähigkeit des Menschen.

→ Soziologie

Gruppe

Habermas, Jürgen

→ Diskursethik (Habermas)

Der Soziologe und Philosoph Jürgen Habermas (geb. 1929) studierte u. a. Philosophie, Geschichte und Psychologie. 1961 wurde er Professor für Philosophie in Heidelberg, 1964 übernahm er einen Lehrstuhl für Philosophie und Soziologie in Frankfurt am Main. Von 1971 bis 1981 war er neben Carl Friedrich von Weizsäcker Direktor des Starnberger Max-Planck-Instituts für die Erforschung der Lebensbedingungen der wissenschaftlich-technischen Welt. Neben Karl-Otto Apel (geb. 1922) gilt Habermas als der wichtigste Vertreter der Diskurstheorie und der daraus entwickelten Diskursethik.

→ Freiheitsphilosophie /
Aristoteles: freiwilliges und
unfreiwilliges Handeln

Handeln (freiwilliges / unfreiwilliges)

Handlung

Unter Handlungen versteht man von Personen wissentlich und willentlich hervorgerufene Ereignisse. Nicht alle von Personen ausgehenden Vorgänge sind Handlungen wie z. B. Frieren, Verdauen oder Niesen. Willentliche Unterlassungen müssen ebenfalls als Handlungen gelten.

→ Utilitarismus

Handlungsutilitarismus

→ Utilitarismus

Hedonistisches Prinzip

Hume, David

→ Freiheitsphilosophie /
David Hume: der kausal-
bestimmte Wille

David Hume (1711–1776) galt als einer der bedeutendsten englischen Philosophen. Im Alter von 28 Jahren veröffentlichte er sein Mammutwerk „Traktat über die menschliche Natur", mit dem er Newtons naturwissenschaftliche Methodik auf die Philosophie übertragen und zu einem zweiten Newton werden wollte. Hume war Vertreter des **Skeptizismus**, einer philosophischen Richtung, die die Möglichkeit infrage stellt, Wirklichkeit und Wahrheit zu erkennen.

→ Kant, Immanuel /
Der hypothetische Imperativ

Hypothetischer Imperativ

Jonas, Hans

→ Verantwortungsethik

Hans Jonas (1903–1993) studierte Philosophie, Theologie und Kunstgeschichte unter anderem bei Edmund Husserl, Martin Heidegger und Rudolf Bultmann.

Kant, Immanuel

Kurzbiografie

→ Ethik / Ethische Heran-
gehensweisen
→ Freiheitsphilosophie

Immanuel Kant (1724–1804) war ein deutscher Philosoph der Neuzeit und einer der bedeutendsten Denker im Zeitalter der Aufklärung. Sein Werk „Kritik der reinen Vernunft" kennzeichnet den zentralen Wendepunkt in der Philosophiegeschichte und den Beginn der modernen Philosophie. Nach Kant hat die Philosophie die Aufgabe, vier Fragen zu beantworten: 1. Was können wir wissen? 2. Was sollen wir tun? 3. Was dürfen wir hoffen? 4. Was ist der Mensch?

Kants Pflichtethik (deontologische Ethik)

Zusammenfassend kann man festhalten: Handle ich gut gegenüber einem anderen, möglicherweise, weil ich ihm zugeneigt bin, d. h. ihn mag oder ihn sympathisch finde, und stellt sich dabei ein gutes Gefühl bei mir ein, so mag das geschehen. Das gute Gefühl darf aber bei der Beurteilung des moralischen Wertes der Handlung keine Rolle spielen. Und schon gar nicht darf es eine notwendige Voraussetzung zum guten Handeln bilden, denn dann wäre moralisches Handeln eine Angelegenheit subjektiven Empfindens. Entscheidend ist, dass **die Handlung aus Pflicht (griech. *deon*)** geschieht, und zwar aus Pflicht gegenüber dem „Sittengesetz", das Kant als **kategorischen Imperativ** einführt. Kant hat den kategorischen Imperativ in zwei weiteren Sätzen ergänzt, die sich direkt aus der ersten Formel ableiten und diese konkretisieren. Man hat diese Sätze als die zweite und dritte Formel des kategorischen Imperativs bezeichnet.

In der zweiten Formel verwendet Kant den Begriff des „Zweckes" in Bezug auf den Menschen, wie er ihn an einer vorangehenden Stelle bestimmt: **„Nun sage ich: Der Mensch und überhaupt jedes vernünftige Wesen existiert als Zweck an sich selbst."** Das bedeutet, dass sich Menschen von Sachen darin unterscheiden, dass jene relativ für etwas einen Wert darstellen, Menschen hingegen einen absoluten Wert haben und somit ihr eigener Zweck sind.

Der kategorische Imperativ
Erste Formel

„Handle nur nach derjenigen Maxime, durch die du zugleich wollen kannst, dass sie ein allgemeines Gesetz werde."

Zweite Formel

„Handle so, dass du die Menschheit, sowohl in deiner Person als in der Person eines jeden anderen, jederzeit zugleich als Zweck, niemals bloß als Mittel brauchst."

Dritte Formel

„[E]in jedes vernünftige Wesen [muss[so handeln, als ob es durch seine Maximen jederzeit ein gesetzgebendes Glied im allgemeinen Reich der Zwecke wäre."

Der hypothetische Imperativ

Ein **hypothetischer Imperativ** (relativer Gültigkeitsanspruch) ist nur unter Voraussetzung bestimmter Absichten gültig (z. B. wer reich werden will, muss mehr Geld einnehmen als ausgeben; wer gesund bleiben oder werden möchte, sollte unter bestimmten Bedingungen bestimmte Diätvorschriften einhalten).

Begriff der Maxime

Unter **Maxime** versteht Kant eine subjektive Lebensregel, die sich ein Mensch mit der Absicht setzt, nicht nur einmal danach zu handeln.

→ Kant, Immanuel:
Der kategorische Imperativ

Kategorischer Imperativ

→ Freiheitsphilosophie /
David Hume: der kausal-
bestimmte Wille

Kausalbestimmter Wille

→ Sozialpsychologie

Konformität

→ Ethik / Ethische Heran-
gehensweisen

Konsequenzialistische Ethik

→ Utilitarismus

Konsequenzprinzip

→ Physik

Mechanistisches Weltbild

Medizinethik

→ Angewandte Ethik
→ Bioethik
→ Ethik

Die Medizinethik ist ein Bereich der **angewandten Ethik** und befasst sich mit ethischen Normsetzungen, die für das Gesundheitswesen gelten sollen. Als grundlegende Werte gelten das Wohlergehen des Menschen, das Verbot zu schaden, das Recht auf Selbstbestimmung des Patienten und das Prinzip der Menschenwürde. Mitunter wird die Medizinethik als Teilbereich der Bioethik betrachtet.

→ Aristoteles / Tugendethik,
Aufbau der Seele und
Mesotes-Lehre

Mesotes-Lehre

→ Ethik

Metaethik

Moral

Moral ist ein „gelebtes Regelwerk sittlicher Verhaltensweisen, auf Konventionen und Wertvorstellungen beruhend". (Peter Köck)

Moral (von lat. *mores*: Sitten, Charakter) tritt uns in Normen, Idealen und Wertvorstellungen entgegen. Die Individuen einer Gesellschaft haben Moral meist verinnerlicht. Moralische Überzeugungen und Forderungen sind nämlich oft mit starken moralischen Emotionen wie Schuldgefühlen, einem Gerechtigkeitsgefühl, Empörung und moralischer Hochachtung verbunden.

Naturalistischer Fehlschluss

→ Freiheitsphilosophie /
David Hume: der kausal-
bestimmte Wille

→ Hume, David

David Hume hat bemerkt, dass Ethiker mitunter unversehens von Ist-Sätzen zu Sollenssätzen übergehen. Diese Ableitung einer moralischen Forderung aus einer Tatsachenfeststellung, der **„Sein-Sollen-Fehlschluss"**, ist nach Hume unzulässig. Natürlich gibt es auch Philosophen, die behaupten, man könne allein, wenn man die Welt betrachtet, bereits feststellen, was moralisch geboten ist. Die Vertreter dieser Position glauben, dass das Sollen sich im Sein selbst zeige, wenn man es unvoreingenommen und unverkürzt vernehme: „Weil im Sein das Sollen liegt, nimmt die Vernunft mit dem Sein das Sollen wahr. Geltung gründet in der vernünftigen Einsicht in das mit dem Sein selbst gegebene Sollen." Gegen eine solche „Evidenz" des Moralischen in der Welt hat man eingewendet, deren Verfechter säßen einem **naturalistischen Fehlschluss** auf. Man spricht im Anschluss an den britischen Moralphilosophen **George E. Moore** (1873–1958) von einem **„naturalistischen Fehlschluss"**, wenn in einer Argumentation **normative Aussagen aus rein beschreibenden Aussagen logisch abgeleitet** werden. Das bedeutet, dass das moralisch Gute nicht durch empirische Begriffe definiert werden kann. Aus einem „Sein" kann kein „Sollen" folgen.

Neurobiologie

→ Geist-Gehirn-Proble-
matik

1 Die Libet'schen Versuche zeigten, dass bei der willentlichen Ausführung von Bewegungen (z. B. Bewegen eines Fingers) neuronale Bereitschaftspotentiale dem Empfinden des Willensaktes zeitlich vorausgehen.

2 Repräsentationen: Aktivitätsmuster von Neuronenverbänden, die durch die wiederholte Benutzung entstehen; als solche Repräsentationen wird unser Wissen abgelegt.

3 Qualia: Erlebnisgehalt mentaler Zustände, z. B. bestimmte Geschmacksempfindungen

Die Erkenntnis der Neurobiologie einer grundsätzlichen Determiniertheit bei Willensentscheidungen ergibt sich neben den Libet'schen Versuchen[1] aus einer Vielzahl von Befunden: Das **personale Handlungsgedächtnis** bzw. **emotionale Erfahrungsgedächtnis**, das im unbewusst arbeitenden limbischen System (stammesgeschichtlich alt) des Gehirns angesiedelt ist, hat bei der Entscheidungsfindung und Handlungsgenerierung das „erste" und das „letzte Wort". Im Bewusstsein der Großhirnrinde (stammesgeschichtlich jung), in dem sich das subjektive Erleben eines Willensaktes ereignet, finden untergeordnete Abgleichprozesse statt. Hier werden für den Einzelnen Repräsentationen[2] bzw. Qualia[3] wahrnehmbar, die sprachlich mitteilbar sind und so für das Zusammenleben von Menschen und das Funktionieren einer Gemeinschaft unabdingbar sind.

Norm

Der Begriff „Norm" ist vieldeutig. Er hat sich jedoch zwei Grundbedeutungen:
– Ausgehend vom lateinischen Wortsinn (*norma*: Regel, Muster, Maßstab, Vorschrift, leitender Grundsatz) ist die Norm **eine Art Durchschnittswert** der gemeinsamen Beschaffenheit einer Klasse von Gegenständen, im Blick auf den der einzelne Gegenstand als „normal" oder „anormal" bezeichnet wird.

– Außerdem bezeichnet man **Aussagen der praktischen Notwendigkeit**, die sprachlich zum Beispiel durch „muss", „kann nicht" und „soll" ausgedrückt werden, als Normen. Man unterscheidet **Vernunftregeln**, **Spielregeln** und **soziale Regeln**. Zu den sozialen Regeln zählen **legale Regeln**, **Konventionen** und **moralische Regeln**.

→ Ethik

Normative Ethik

Physik

Klassische Physik und mechanistisches Weltbild

Physik beschreibt die Welt nicht so, wie man sie sinnlich wahrnimmt, sondern bildet bestimmte abstrakte Konzepte darüber. Die Physik schafft so eine neue Welt, nämlich „eine Welt, wie man sich die Welt denken kann", auf einer speziellen „Grammatik" basierend. Das Wirklichkeitsverständnis der klassischen Physik ist von der Vorstellung einer strikten Kausalität geprägt. Diese bezeichnet eine Beziehung zwischen Ursache und Wirkung und damit die Einheit zweier Ereignisse in einer festen zeitlichen Richtung. Den Kernbereich der klassischen Physik bildet die Newton'sche Mechanik. Daraus resultiert ein mechanistisches Weltbild, für das ein umfassender Determinismus und eine hohe Kohärenz kennzeichnend sind.

Moderne Physik und Überwindung des mechanistischen Weltbildes

Die moderne Physik mit ihren Kerndisziplinen Relativitätstheorie, Quantentheorie und Chaostheorie setzt sich fundamental von mechanistischen Betrachtungsweisen ab: Mit der Masse-Energie-Äquivalenz als einer der Hauptaussagen der **Relativitätstheorie** verliert die traditionell strikte Trennung zwischen stofflichen und nicht stofflichen Prinzipien gänzlich ihre Bedeutung. Physikalische Aussagen sind nach diesem Theoriegebäude nur in bestimmten Bezugssystemen gültig.

In der **Quantenmechanik** lassen sich nur noch Wahrscheinlichkeiten für das Verhalten der entsprechenden Objekte angeben und aufgrund der **Heisenberg'schen Unschärferelation**[1] ist die vollständige Kenntnis des Zustandes eines quantenmechanischen Systems prinzipiell unmöglich. Der Bahnbegriff der klassischen Physik (z. B. die Flugbahn eines geworfenen Balles – hier wären Ort und Geschwindigkeit stets gleichzeitig exakt messbar) ergibt dabei keinen Sinn. Die Quantenmechanik als adäquate Theorie für den Mikrokosmos[2] kann nicht zur Deutung neuronaler Phänomene, die dem Mesokosmos[3] angehören, herangezogen werden (Widerspruch zum Energieerhaltungssatz, da Neurone wesentlich höhere Energien als die einzelner Quanten benötigen). Die klassische Physik wird in ihrem stark reduktionistischen und idealisierenden Vorgehen von der **Chaostheorie**[4] abgelöst, die wesentlich adäquatere Beschreibungen (systemisch und multikausal) der meist sehr komplex verlaufenden Naturvorgänge liefert. In der modernen Physik sind Vorhersagbarkeit und Determiniertheit kein durchgängiges Prinzip mehr. Ihr Beitrag zu Fragestellungen im Spannungsfeld Freiheit und Determination des Menschen ist jedoch begrenzt.

Planck, Max

Max Planck (1858–1947) war ein bedeutender deutscher Physiker und Nobelpreisträger. Er gilt als Begründer der Quantenphysik.

→ Freiheitsphilosophie /
Der epistemische Indeterminismus: Willensfreiheit mit determinierenden Einflüssen

1 Unschärferelation: Je genauer man Kenntnis über den Aufenthalt eines Quantenobjekts hat, desto weniger ist sein Impuls und damit seine Geschwindigkeit bekannt, d.h., Ort und Impuls sind nicht gleichzeitig messbar.

2 Mikrokosmos: atomare Dimension der Physik

3 Mesokosmos: physikalisches Geschehen, an welches unser Gehirn angepasst ist (also in einer Größenordnung von einem Meter)

4 Chaostheorie: Untersuchung komplexer Systeme mit Freiheitsgraden, wobei kleinste Abweichungen der Anfangsbedingungen eine Vielfachheit an neuen Möglichkeiten erzeugen (Dynamik unterliegt einerseits physikalischen Gesetzen, ist aber andererseits nicht vorhersagbar)

→ Freiheitsphilosophie /
Der epistemische Indeterminismus: Willensfreiheit mit determinierenden Einflüssen
→ Physik

Platon

→ Aristoteles

Kurzbiografie

Platon (427–347 v. Chr.) war der bedeutendste Schüler des Sokrates; in Athen gründete er 387 v. Chr. die sogenannte Akademie, eine Art Universität; Aristoteles war sein berühmtester Schüler. Platon hat zahlreiche Texte geschrieben, meist in Dialogform.

Der philosophisch-ethische Diskurs

Die sogenannten **„Vorsokratiker"** dachten im Wesentlichen über den Ursprung und die Zusammensetzung der Welt nach (kosmozentrische Philosophie). Platon hingegen richtete – beeinflusst von seinem Lehrer Sokrates – seine Aufmerksamkeit auf den Menschen (anthropozentrische Philosophie). Er untersuchte, wie der Mensch als Einzelperson und in der Gesellschaft zu einem gelungenen Leben kommen könnte. In seinen Dialogen lässt er Sokrates meist ein ethisches Thema abhandeln. Dabei übernimmt Sokrates die Rolle des Nichtwissenden und unermüdlich Fragenden und führt so seine Gesprächspartner zu der irritierenden Erkenntnis, dass ihr Wissen in Wirklichkeit nur ein Scheinwissen ist. Der Verlust des bislang als sicher Angenommenen führt sie zu Ratlosigkeit und Zweifel (Aporie). Damit können sie aber auch offen werden für das wahre Wissen. Die sokratisch-platonische Philosophie geht davon aus, dass die Seele bereits alles Wissen enthält, dieses Wissen aber durch den Eintritt in einen menschlichen Körper vergessen hat. Deshalb muss Sokrates dafür sorgen, dass sich die Seele wieder erinnert. Dabei versteht sich Sokrates gewissermaßen als Geburtshelfer, der das wahre Wissen, die Wahrheit, mithilfe seiner geschickten Gesprächsstrategie ans Tageslicht (Mäeutik, „Hebammentechnik") holt.

Dialogtechnik:
1. Ausgangsfrage Antwort / These (Scheinwissen)
2. Nachfrage / Widerlegung / erneute Antwort
3. mehrfache Widerlegung / Aporie
4. Wiederaufnahme der Fragestellung / Lernbereitschaft
5. Wecken des wirklichen Wissens (Anamnesis) **Erkenntnis der Wahrheit**

Werke

Platons „Gorgias": In dem Dialog **„Gorgias"** geht es um die Frage, ob man eher mithilfe der Rhetorik als Instrument des Machtgewinns oder der Philosophie als Weg zur wahren Erkenntnis und sittlichem Handeln ein gelungenes Leben führen kann. Die Partei der Rhetoriker (Gorgias, Polos und Kallikles) vertritt die Auffassung, dass die Rhetorik das höchste aller Güter sei, denn ihre Anwendung befähige den Menschen, über andere zu herrschen. Wer aber diese Fähigkeit habe, der habe auch (so Kallikles) mehr Rechte als andere Menschen. Sokrates hingegen vertritt ein geradezu entgegengesetztes Lebenskonzept: Für ihn ist die Rhetorik als Instrument des Machterwerbs bedeutungslos. Ihm geht es nicht um Macht, sondern um das Streben nach Gerechtigkeit als Inbegriff des Sittlichen. Nur der tugendhafte Mensch führt ein gutes Leben.

Platons „Politeia": In dem Dialog **„Politeia"** („Der Staat") beschreibt Platon, wie der Mensch durch die Gerechtigkeit zu einem guten Leben gelangen kann. Nach seiner Auffassung ist die menschliche Seele durch das Triebhafte, den Mut und den Verstand hierarchisch gegliedert. Diesem natürlichen Aufbau entspricht auch sein „Staat" mit dem Stand der Bauern und Bürger, der Wächter und schließlich der Philosophen als Herrscher. Gerechtigkeit ist dann verwirklicht, wenn jeder Stand das ihm Gemäße tut: Die Philosophen müssen weise, die Wächter tapfer und die Bauern und Bürger besonnen sein, wie es auch dem Seelenaufbau entspricht.

Praktischer Syllogismus

- Allgemeiner Obersatz („Du sollst Notleidenden helfen!")
- Besonderer / individueller Untersatz („Hier ist jemand in Not!")
- → Schlusssatz (Konklusion) („Du sollst ihm helfen!")

Der praktische Syllogismus ist eine Form der ethischen Argumentation: Aus zwei Prämissen (Voraussetzungen), deren Wahrheit bzw. Richtigkeit nicht zur Debatte steht, wird eine Schlussfolgerung abgeleitet. Eine der beiden Prämissen muss dabei bereits eine Sollensaussage sein. Der Obersatz dient als moralische Begründung des moralischen Urteils im Schlusssatz (siehe Beispiel).

Psychoanalyse (Freud)

→ Freud, Sigmund

Fachbegriffe zu Freuds Psychoanalyse

Die Persönlichkeit ist nach Freud in zweifacher Weise gegliedert: nach dem Grad der Bewusstheit und nach der Aufgabe im Rahmen der Persönlichkeit (sogenannte Instanzen):

- **Bewusstseinsstufen:** bewusst, vorbewusst (willentlich abrufbare Erinnerungen), unbewusst (größter Teil)
- **Instanzenmodell: Es** (Triebe, Lustprinzip, „Ich will"; ältester Teil), **Über-Ich** (Moral und Ich-Ideal, „Du sollst"), **Ich** (Vermittler zwischen Es und Über-Ich bzw. Innen- und Außenwelt, Realitätsprinzip)

Abwehrmechanismen: Hilfsmittel des Ich, wenn Triebwünsche nicht befriedigt werden können; normaler, nicht neurotischer Prozess, der erst problematisch wird, wenn er überhand nimmt; Basisform der Abwehr: Verdrängung; weitere Formen: Projektion, Verschiebung, Rationalisierung usw.

Freiheit und Determination aus Sicht Freuds: nur relative Freiheit (z. B. durch Vermittlungsleistung des Ich oder durch Therapie), im Kern starke Determination durch Trieb- (Es) bzw. Umweltbestimmtheit (Über-Ich) des Menschen; aus Sicht neuerer psychologischer Modelle ist aber Freuds Determinismus nicht mehr haltbar.

→ Utilitarismus

Regelutilitarismus

→ Soziologie

Rolle

Sartre, Jean-Paul

→ Freiheitsphilosophie /
Jean-Paul Sartre: der Mensch
als prinzipiell freies Wesen

Jean-Paul Sartre (1905–1980) war ein französischer Schriftsteller und Philosoph. Er verfasste zahlreiche Romane, Erzählungen, Dramen, Essays sowie philosophische Werke und gilt als Begründer und Hauptvertreter des **Existenzialismus**, einer Strömung der Existenzphilosophie, die sich mit der Existenz des Menschen befasst.

→ Soziologie

Schicht

→ Aristoteles / Tugendethik,
Aufbau der Seele und
Mesotes-Lehre

Seele (Aufbau)

→ Soziologie

Sozialisation

→ Utilitarismus

Sozialprinzip

Sozialpsychologie

Die Sozialpsychologie beschäftigt sich mit den Prozessen innerhalb sozialer Gruppen und den Auswirkungen solcher Prozesse auf das Verhalten des Einzelnen. Sie hat sich auch intensiv mit dem Verhalten von Menschen auseinandergesetzt, die einem Gruppendruck ausgesetzt bzw. mit einer Autorität konfrontiert werden.

Formen der Konformität

Hinsichtlich der Übereinstimmung mit fremden Ansichten lassen sich in der Regel vier Formen unterscheiden:

- **Konformität:** Anpassung an Gruppenmeinungen ohne innere Überzeugung
- **Akzeptanz** („acceptance"): völlige Übereinstimmung ohne innere Vorbehalte; man wird im engeren Wortsinne vom anderen überzeugt.
- **Einwilligung** („compliance"): Übereinstimmung, auch wenn Vorbehalte existieren; Sonderformen sind die „public compliance" (öffentliche Änderung der Einstellung zur Vermeidung negativer Konsequenzen, aber privat wird die ursprüngliche Meinung beibehalten) und die „forced compliance" (erzwungene Einwilligung).
- **Gehorsam:** Spezialfall Unterwerfung unter eine Autorität

Autorität

Eine Person oder Institution verfügt über Autorität, wenn andere Menschen sich in ihrem Denken und Handeln nach ihr richten. So entsteht ein Machtgefälle bzw. Herrschaftsverhältnis. Grundlegende Machtquellen sind die Macht, zu belohnen oder zu bestrafen, Sachkompetenz, persönliche Bindung oder gesellschaftlich anerkannte Werte und Traditionen.

Soziologie

Die Soziologie befasst sich mit Voraussetzungen, Abläufen und Folgen des Zusammenlebens handelnder Menschen.

Fachbegriffe der Soziologie

- **Sozialisation:** Übernahme konkreter Werte, Normen, Verhaltens- und Handlungsmuster im Zuge einer lebenslangen und aktiven Auseinandersetzung mit der Gesellschaft; Sozialisationsagenten als Vermittler: primäre Sozialisation in der Familie, sekundäre durch z. B. Schule, Peer-Group, Medien, tertiäre durch Berufswelt; Ziel: Möglichkeit, an der Gesellschaft teilhaben zu können; Sozialisation determiniert nicht nur, sondern schafft auch Freiheit: z. B. Verhaltenssicherheit und damit Reduktion von Konflikten; Notwendigkeit der Eigenentscheidung bei widersprüchlichen Erwartungen verschiedener Sozialisationsinstanzen bzw. bei gesellschaftlichem Wandel.
- **Soziale Rollen:** Rolle als Bündel von Verhaltenserwartungen der Umwelt an ein Individuum; jeder Mensch als Träger verschiedener sozialer Rollen (Rollenensemble); eine Rolle besteht aus Rollensegmenten, die sich aus den verschiedenen Bezugsgruppen ergeben; Differenzierung der Erwartungen nach Muss-, Soll- und Kann-Erwartungen; Kontrolle und Sanktionierung der Rollenausübung durch die Gesellschaft; durch Ausübung mehrerer Rollen und Rollenwechsel Rollenkonflikte (Inter- und Intra-Rollenkonflikte); Rollen determinieren nicht nur, sondern schaffen auch Freiheit: Reduktion von Konflikten, Sicherheit im gesellschaftlichen Umgang, Möglichkeit der individuellen Rollendefinition in pluralen Gesellschaften (bis hin zur Rollenverweigerung).
- **Status:** gesellschaftliche Stellung, die an vielen Merkmalen ablesbar und messbar ist (Rechte, Pflichten, Lebensstile, Symbole usw.); beeinflusst Menschen im Handeln und Denken stark. Unterscheidungen: Statuskonsistenz (hohe Übereinstimmung der Merkmale) und Statusinkonsistenz (geringe Übereinstimmung der Merkmale). Problem der Statusmessung in einer modernen Gesellschaft: Vielfalt von möglichen Merkmalen, die im Einzelnen oft genug nicht konsistent sind.
- **Schicht:** Teilgruppe einer Gesellschaft nach bestimmten sozialen Merkmalen (Ausbildung, Einkommen, Wohn- und Arbeitsbedingungen, Verfügung über gesellschaftliche Machtmittel usw.); sehr starker Einfluss der Schichtzugehörigkeit auf z. B. Gesundheit oder Bildungschancen. Jede Schicht hat einen gewissen Status.

Der Begriff „Schicht" betont die soziologischen Merkmale, der Begriff „Status" die Bewertung und diejenigen Merkmale, an denen die Bewertung ablesbar ist.
- **Gruppe:** Sozialverband von drei bis ca. zehn Personen mit bestimmten Zielen, Normen und Ritualen, intensiver Kommunikation, starkem Gemeinschaftsgefühl bei gleichzeitiger Abgrenzung nach außen, spezifischer Rollenstruktur; anthropologische Verankerung: Mensch als Mängelwesen, der in einem Sozialverband höhere Überlebenschancen hat.

→ Soziologie

Status

→ Aristoteles
→ Utilitarismus

Teleologische Ethik

→ Aristoteles: Tugendethik, Aufbau der Seele und Mesotes-Lehre
→ Ethik / Ethische Herangehensweisen
→ Kant, Immanuel / Pflichtethik (deontologische Ethik)

Tugendethik

Tugendpflicht

Umweltethik

→ Angewandte Ethik
→ Ethik

Die Umweltethik ist ein Bereich der **angewandten Ethik** und befasst sich mit dem normativ richtigen und moralisch verantwortbaren Umgang mit der nicht menschlichen Natur. Der Begriff „Umweltethik" ist jedoch nicht eindeutig definiert bzw. konkurriert mit anderen Begriffen wie z. B. „ökologische Ethik". Wichtige Bereiche der Umweltethik sind: Tierethik, Naturethik (z. B. Umgang mit Populationen und Arten) und Umweltethik im engeren Sinne (z. B. Umgang mit natürlichen Ressourcen).

→ Psychoanalyse (Freud)

Unbewusstes

→ Physik

Unschärferelation

Urteile

„Im Mittelpunkt der Moral stehen **Urteile**, durch die ein menschliches Handeln positiv oder negativ bewertet, gebilligt oder missbilligt wird. Neben **Urteilen über Handlungen** gehören zur Moral auch **Urteile über moralische Verpflichtungen**, moralische **Urteile über Personen**, **Motive**, **Absichten** und **Verhaltensdispositionen**, moralische Emotionen, moralische Ideale und Utopien und bestimmte normative Menschenbilder." (Dieter Birnbacher) Eine Eigenart moralischer Urteile ist es, dass sie **Allgemeingültigkeit** fordern. Man hat in diesem Zusammenhang von einem „universellen Geltungsanspruch" (Birnbacher) moralischer Urteile gesprochen. Dies bedeutet, dass diese Urteile überall und immer, unabhängig von historischen oder sozialen Bedingungen gelten. Der Satz „Foltern ist schlecht" gilt beispielsweise nicht nur im einundzwanzigsten Jahrhundert, sondern universell.

→ Utilitarismus

Utilitätsprinzip

Utilitarismus

→ Ethik

Der Utilitarismus (lat. *utilitas:* Nutzen) ist eine Form der teleologischen Ethik, die in verschiedenen Varianten auftritt.

Grundmerkmale des Utilitarismus
- **Utilitätsprinzip:** Orientierung am Nützlichen
- **Konsequenzprinzip:** Orientierung an den Folgen, nicht an der Handlung selbst
- **Hedonistisches Prinzip:** Bevorzugung von Handlungen, die Glück verursachen, und Vermeidung solcher, die Leid bringen; nach dem hedonistischen Kalkül kann kurzfristiges Leid für langfristiges Glück in Kauf genommen werden
- **Sozialprinzip:** Orientierung am Gesamtnutzen einer Gruppe bzw. der Mehrheit

Wichtige Utilitaristen: Francis Hutcheson (1694–1746), **Jeremy Bentham** (1748–1832) und **John Stuart Mill** (1806–1873)

Unterschiede zwischen verschiedenen utilitaristischen Richtungen
- Utilitaristen unterscheiden sich dahingehend, ob nur die **Quantität des Glücks** zählt (hedonistischer Utilitarismus, Bentham) oder die **Qualität** entscheidend ist (**ideeller Utilitarismus**, Mill).
- Beim **Präferenzutilitarismus** (Singer) strebt man danach, die Handlungen zu wählen, die die Interessen der Betroffenen optimal erfüllen (Ersatz des Begriffes „Glück" durch „Interesse").
- Beim **Handlungsutilitarismus** trifft man in jeder konkreten Situation eine Entscheidung auf der Basis utilitaristischer Prinzipien. Der Gedanke dabei ist, dass jede Situation hinsichtlich ihrer Folgen letztlich einzigartig ist, man also jedes Mal die Folgen abzuwägen hat.
- Da dieses Verfahren in der Praxis schnell zu einer Überforderung führen kann, wurde der **Regelutilitarismus** entwickelt. Er geht davon aus, dass viele Situationen einander auch hinsichtlich der Folgen sehr ähnlich sind, sodass man getrost auf utilitaristischer Basis Regeln entwerfen bzw. aus der Common-sense-Moral (übliche Moral in bürgerlichen Gesellschaften) übernehmen kann, die sich in der Praxis bewährt haben. Der Regelutilitarismus nähert sich somit ethischen Richtungen an, die mit moralischen Grundprinzipien arbeiten.

Verantwortung / Verantwortungsethik

→ Ethik
→ Jonas, Hans

Der Begriff „Verantwortung" lässt sich durch vier Grundfragen beschreiben: 1. **Wer** ist verantwortlich? 2. **Wofür** ist jemand verantwortlich? 2. **Vor welcher Instanz** muss sich jemand verantworten? 4. **Nach welchen Kriterien** oder Normen wird jemand zur Verantwortung gezogen?

Die **Verantwortungsethik** zielt auf die Verantwortbarkeit der Folgen bzw. der Ergebnisse des Handelns ab. **Hans Jonas** beschäftigte sich in diesem Sinne mit einer Ethik der Verantwortung („Das Prinzip Verantwortung"). Nach **Hans Jonas** haben sich aufgrund der modernen Technologie die Möglichkeiten menschlichen Handelns verändert. Dieser neuen Situation muss eine neue **„Ethik der Verantwortung"** Rechnung tragen. Verantwortung besteht gegenüber den nachfolgenden Generationen bzw. dem Leben überhaupt. Im Gegensatz zur traditionellen Ethik der Nähe fordert Jonas eine räumliche und zeitliche **Fernethik.** „Heuristik der Furcht" bedeutet, dass man sich die Risiken und negativen Folgen einer Technologie vor Augen führt. Diese Vorstellung unwägbarer Handlungsfolgen führt zu einer emotionalen Reaktion und dadurch möglicherweise zur Unterlassung einer Handlung oder aber zu verstärkter Aktivität zum Schutze der Umwelt.

Werte, Wertekonflikt, Wertewandel

Werte sind bewusste und unbewusste Orientierungsstandards, von denen sich Individuen und Gruppen bei ihrer Handlungswahl leiten lassen. Die Werte in einer Gesellschaft ändern sich im Laufe der Zeit („**Wertewandel**"). Wenn sich verschiedene Werte widersprechen, kann es zu einem **„Wertekonflikt"** kommen.

Wirtschaftsethik

→ Angewandte Ethik

Die Wirtschaftethik befasst sich als ein Bereich der angewandten Ethik mit praktisch anwendbaren Lösungsansätzen für moralische Probleme der Wirtschaft.

Methoden

Dilemma-Diskussion

→ **Begriffe, ethische Grundpositionen und Personen** / Dilemma

Die Diskussion eines Dilemmas kann folgendermaßen gestaltet werden:
- **Präsentation des Dilemmas**, Klärung von ggf. auftretenden sachlichen Fragen
- **Treffen einer ersten spontanen Entscheidung**, Dokumentation durch Klebepunkte auf einem Plakat; Plakat soll neben den beiden Alternativen auch eine Kategorie „augenblicklich unentschieden" vorsehen (erhöht Anonymität, reduziert psychischen Druck)
- **Analysephase:** Sammlung von Argumenten (bei kleinen Kursen im Plenum, bei großen in Kleingruppen, die nach dem Zufallsprinzip gebildet werden, um die Gefahr von Einseitigkeiten zu verringern); Orientierungspunkt sind die in der Definition erwähnten Analyseaspekte; Sammlung und Erörterung möglicher Einwände und Gegenargumente; Versuch der Hierarchisierung der Argumente; Dokumentation der Ergebnisse (z. B. auf Plakaten) und – im Falle von Kleingruppenarbeit – Präsentation
- **Treffen einer zweiten Entscheidung** (wiederum Dokumentation durch Klebepunkte)
- **Auswertung der Erfahrungen** während der Diskussion
- **Grundsätze:** Es darf kein Zwang zu einer Entscheidung oder Sichtweise ausgeübt werden. Der Lehrer hält sich zurück, darf aber ergebnisoffen Aspekte einbringen.

Karikaturen interpretieren

Karikaturen stellen eine Person, eine Sache oder ein Geschehen in komisch-übertreibender Weise dar und geben so die Charakterzüge und Haltungen der Person oder auch Haltungen bestimmter gesellschaftlicher Gruppen oder gar der Mehrheit der Gesellschaft der Lächerlichkeit preis und fordern eine kritische Stellungnahme heraus. Oft kommentieren sie aktuelle Ereignisse. Karikaturen erschließen Sie in drei Schritten: **Beschreibung:** Was bzw. welche Personen stellt der Zeichner dar? – Wie sind die einzelnen Dinge / Personen gezeichnet? – Welche Beziehung besteht zwischen Text und Bild? **Interpretation:** Auf welches Thema / welche aktuellen Ereignisse bezieht sich die Karikatur? – Welche Zusatzinformationen / Hintergründe benötigen Sie, um das Thema zu verstehen? – Inwiefern sind Handlungen / Haltungen / Überzeugungen der handelnden Personen widersprüchlich? – Wie lautet die „Gesamtaussage"? **Eigene Meinung:** Ist die vom Karikaturisten vertretene Meinung begründet? – Wie stehen Sie zu der in der Karikatur geäußerten Kritik?

Kritische Textauseinandersetzung

Eine kritische Auseinandersetzung umfasst folgende Schritte:
1. Die **Thesen** und **Argumente** eines Textes müssen präzise identifiziert werden.
2. Als Nächstes sollten Sie genau prüfen, ob die **Argumentation** in sich **schlüssig** ist:
   - Suchen Sie nach Argumentationsfehlern, z. B. fehlende Begründungen und Beweise, Widersprüche, fehlende Definition bzw. unscharfer Gebrauch von Begriffen, fehlerhafte Ableitungen, fehlende Berücksichtigung von Einwänden.
   - Kritisch zu bewerten sind auch argumentative „Tricks": rhetorische Fragen; „100-Prozent-Aussagen" („alle", „immer", „nie" usw.), die fast nie haltbar sind; Auswertung der eigenen bzw. Herabsetzung der gegnerischen Seite; Lächerlichmachen möglicher Einwände; Verschweigen von Widersprüchen / Problemen; Verwendung inhaltsleerer Phrasen; „Totschlagargumente" (z. B. pauschale und unbegündete Ablehnung von Ansichten als unrealisierbar oder unrealistisch) …
3. Erst dann ist es sinnvoll, **Gegenthesen** (mit Belegen!) zu formulieren.

Lernplakate erstellen

Lernplakate als Präsentationsform haben die Aufgabe, „Merk-Würdiges" längerfristig vor Augen zu führen. Man unterscheidet **Lernplakate**, die **im Klassenzimmer** für die gesamte Lerngruppe angebracht sind, und individuelle Lernplakate, die man z. B. **zu Hause** dort anbringt, wo man sie regelmäßig vor Augen hat. Man kann damit die eigenen **Lernprozesse unterstützen** und auch Mitschülern beim Lernen helfen; in diesem Zusammenhang kann die Entwicklung und Vorstellung von **Lernplakaten in Referaten und Präsentationen** eine wichtige Rolle spielen. In der Ethik werden vor allem **grundlegende Fachbegriffe und philosophische Argumentationen Thema von Lernplakaten** sein.

Mindmap erstellen

Eine Mindmap ist eine Methode zur grafischen Darstellung der Zusammenhänge zwischen Begriffen bzw. der Struktur komplexerer Sachverhalte. In der Mitte steht ein Zentralbegriff, von dem Hauptäste abgehen, die sich wiederum in Nebenäste aufgliedern können. Auf jedem Ast stehen nur möglichst wenige Wörter.

gemeinsame Prinzipien — Utilitarismus — Unterschiede

Paraphrasieren

Beim Paraphrasieren erfassen Sie knapp das Ausgesagte in eigenen Worten, um Inhalte für sich und andere leichter verständlich zu machen.

Projektarbeit

Ein Projekt hat immer verschiedene **Phasen**:
1. **Projektinitiative:** Was kann Thema eines Projekts sein? Wer startet die Projektinitiative? Wie installiert sich die Projektgruppe?

2. Projektskizze: Welche Möglichkeiten beinhaltet das Projektthema? Nach welchen Spielregeln trifft die Projektgruppe Entscheidungen?

3. Projektplan: Welche Ideen sind realisierbar? Welche konkreten Betätigungsfelder ergeben sich? Wer übernimmt welche Tätigkeit?

4. Projektdurchführung: In welcher Arbeitsform werden die einzelnen Projektgruppen durchgeführt? Inwieweit können die Pläne umgesetzt werden? Welche äußeren Faktoren beeinflussen die Arbeit? Inwiefern werden durch gemachte Erfahrungen Änderungen im Projektplan oder neue Entscheidungen notwendig?

5. Präsentation: Welche Ergebnisse hat das Projekt? Wem werden die Ergebnisse wie vorgestellt?

6. Evaluation: Konnte die ursprüngliche Planung eingehalten und durchgeführt werden? Wurden die anfangs gesetzten Ziele erreicht? Wie kann das Projekt dokumentiert werden?

Texte (ethische) erschließen

Textausschnitte markieren, Fragen und Beispiele formulieren

Beachten Sie: Um **philosophische Texte** zu erschließen, ist es oft notwendig, die abstrakten Gedankengänge anhand von Beispielen nachzuvollziehen. Meistens führen die Philosophen selbst Beispiele an. Man sollte aber immer versuchen, eine **Überprüfung mit eigenen Beispielen** vorzunehmen. So kann man herausfinden, ob die eigenen Beispiele passen oder die vorgeschlagenen Gedankengebäude in sich schlüssig sind. Aus demselben Grund sollte man **Fragestellungen**, die sich aus den Texten ergeben, **notieren**.

Argumentationen herausarbeiten

Bezugspunkt für die Entfaltung einer Argumentation sind **Thesen** oder Behauptungen, die sich auf eine vorher gestellte **Frage** beziehen. Diese Thesen werden durch **Argumente** gestützt, wobei oft auf bereits vorhandene **Meinungen** oder **Überzeugungen** zurückgegriffen wird, um dem Leser / Hörer den Zugang zur Argumentation zu erleichtern. **Beispiele** veranschaulichen die Argumente. Um Zugang zu einer komplexen Argumentation zu gewinnen, ist es hilfreich, deren Kernthesen herauszustellen.

Thesen zusammenfassen

Die thesenartige Zusammenfassung eines Textes verlangt, dass Sie die wesentlichen Behauptungen eines Textes knapp zusammenfassen. Manche Texte verschlingen Gedankengänge ineinander oder wiederholen Aussagen – all das wird bei der thesenartigen Zusammenfassung gestrichen. Im Unterschied zu einer strukturierten Textzusammenfassung müssen Sie bei der thesenartigen auch die argumentativen Zusammenhänge nicht unbedingt darstellen.

Schluss des Textes „Das Prinzip Verantwortung" (S. 91 f., Aufgaben 2 / 3) *Hans Jonas*

Ein Imperativ, der auf den neuen Typ menschlichen Handelns passt und an den neuen Typ von Handlungssubjekt gerichtet ist, würde etwa so lauten: „Handle so, dass die Wirkungen deiner Handlung verträglich sind mit der Permanenz echten menschlichen Lebens auf Erden"; oder negativ ausgedrückt: „Handle so, dass die Wirkungen deiner Handlung nicht zerstörerisch sind für die künftige Möglichkeit solchen Lebens"; oder einfach: „Gefährde nicht die Bedingungen für den indefiniten Fortbestand der Menschheit auf Erden"; oder, wieder positiv gewendet: „Schließe in deine gegenwärtige Wahl die zukünftige Integrität des Menschen als Mit-Gegenstand deines Wollens ein."

Personenregister

Sachregister

Bildquellenverzeichnis

S. 10: Calvin and Hobbes © 1989 Watterson. Distr. by Universal Press Syndicate. Reprinted with permission. All rights reserved – **S. 13.1:** Ullstein / ddp; **13.2:** picture-alliance / dpa; **13.3:** Dietmar Gust; **13.4:** Peter Wirtz, Dormagen – **S. 15:** Haitzinger / CCC. www.c5.net – **S. 16:** Marie Marcks – **S. 17:** akg-images – **S. 20:** picture-alliance / dpa – **S. 23:** Mester / CCC, www.c5.net – **S. 25.1:** akg-images / E. Lessing; **25.2:** Philipps-Universität, Marburg; **25.3+5:** Ullstein / Granger Coll.; **25.4:** akg-images – **S. 26:** © Foto Scala, Firenze / courtesy of the Ministero Beni e Att. Culturali – **S. 27.2:** Roset / www.roset.ch; **S. 28:** akg-images / E. Lessing – **S. 34:** akg-images – **S. 36:** Erzbischöfliches Ordinariat / Abt. V Kunst und Kultur / Diözesanmuseum – **S. 37:** Ullstein / Trappe – **S. 39:** Bundesmin. f. Familie, Senioren, Frauen und Jugend – **S. 40:** akg-images / E. Lessing – **S. 43.1+3:** A. Pohl / Das Fotoarchiv; **43.2:** Visum / G. Alabiso – **S. 45:** aus: O. Mazel, Der Aristoteles des Herzogs von Atri. Die Nikomachische Ethik in einer Prachthandschrift der Renaissance. Akademische Druck- und Verlagsanstalt, Graz 1988, S. 42 – **S. 51:** Landesamt f. Verfassungsschutz Sachsen / www.in-guter-verfassung.de – **S. 52:** akg-images – **S. 53, 54:** akg-images – **S. 55:** Kipka Komiks – **S. 62:** www.CartoonStock.com – **S. 70, 71:** Ullstein / Granger Coll. – **S. 80:** Peter Wirtz – **S. 82:** Philipps-Universität, Marburg – **S. 84:** Corbis / P. Durant / Arcaid – **S. 85:** Ulrich Metz, Tübingen – **S. 90, 94:** picture-alliance / dpa – **S. 95:** picture-alliance / dpa-Grafik – **S. 96:** Delphi / Cinetext – **S. 98.1:** Argus / F. Dott; **98.2+3:** picture-alliance / dpa-Grafik – **S. 99.1:** picture-alliance / dpa-Grafik; **99.2:** Agenda / J. Boethling – **S. 100:** Alimdi.net / S. Grassegger – **S. 101:** Getty Images / P. Sherrard – **S. 103.1:** CCC, www.c5.net; **103.2:** W. Horsch – **S. 108:** Ullstein / Galuschka – **S. 111:** Visum / B. Grieshaber – **S. 112:** picture-alliance / dpa – **S. 114:** Cinetext – **S. 115.1:** Dt. Hospiz- und Palliativverband e.V.; **115.2:** Joker / I. Bauer – **S. 116:** Laif – **S. 117.1:** Terre des hommes; **117.2:** Welthungerhilfe, Bonn – **S. 119:** aus: E. Waibl, Angewandte Wirtschaftsethik. Facultas Verlag, Wien, 2005, S. 21 – **S. 123:** Visavis Verlagsgesellschaft mbH – **S. 125:** picture-alliance / dpa-Grafik – **S. 128, 131:** Ullstein / Imagno – **S. 134:** Allposters.de – **S. 137:** Ullstein / Galuschka – **S. 140:** Asch Center – **S. 141:** Alexandra Milgram, New York – **S. 144.1:** Mauritius Images / A. Pöhlmann, **144.2:** Bildagentur online; **144.3:** Keystone / V. Schulz; **144.4:** Photothek.net / Th. Köhler; **144.5:** Bildmaschine / © R. Kneschke – **S. 145:** akg-images – **S. 150.1:** Avenue Images; **150.2:** denkou Images / F1 online – **S. 154:** Ullstein / ddp – **S. 155.1:** Blume Bild; **155.2:** Ostkreuz / J. A. Schlösser – **S. 159.1:** Ed Reschke / P. Arnold; **159.2:** Max-Planck-Institut für Biochemistry / Peter Fromherz – **S. 164:** A1Pix / PHN – **S. 168:** akg-images – **S. 171:** Ullstein / Caro / Oberheide – **S. 173, 174, 176, 181:** Dt. Museum, München – **S. 177:** picture-alliance / dpa – **S. 183:** Stock4B / T-Pool – **S. 184:** Schapowalow / Sandner – **S. 186:** Cinetext – **S. 193:** Ullstein / Granger Coll. – **S. 197:** Peter Wirtz – **S. 199:** Ralph Edney / aus: Philosophie: eine Bildergeschichte für Einsteiger von Richard Osborne. München: Fink Verlag, 1996 – **S. 201:** picture-alliance / ZB – **S. 202:** Ullstein – **S. 203.1:** Ullstein / AP; **203.2:** Ullstein – **S. 204:** Ullstein / A. Würth GmbH – **S. 206:** Ullstein / Imagno – **S. 209, 210:** picture-alliance / dpa – **S. 218:** akg-images.

Textquellenverzeichnis

Hier nicht aufgeführte Texte sind Originalbeiträge der Verfasser.

* Die mit Sternchen gekennzeichneten Überschriften wurden von den Verfassern aus didaktischen Gründen hinzugefügt.

S. 11 / 226: (1) Definition „Moral". In: Peter Köck, Handbuch des Ethikunterrichts. Donauwörth: Auer 2002. – (2) Rainer Erlinger: „Die Ethik will erklären ..." In: Lügen haben rote Ohren. Gewissensfragen für große und kleine Menschen. Berlin 2004, S. 41. – **S. 13 f.:** Gudrun Bayer, Warum der Rechtsstaat selbst ein bisschen Folter nicht ertragen kann. In: Nürnberger Nachrichten vom 16. 11. 2004. – **S. 14 / 231:** Definition „Urteile". In: Dieter Birnbacher, Analytische Einführung in die Ethik. Berlin: de Gruyter 2003, S. 12, 30. – **S. 19 / 20 f.:** Ernst Tugendhat, Vorlesung über Ethik. Frankfurt am Main: Suhrkamp 1997, S. 36, 57. – **S. 30 / 31 f. / 32 f.:** Platon, Gorgias oder Über die Beredsamkeit. Übersetzt von Friedrich Schleiermacher. Kurt Hildebrandt (Hrsg.). Stuttgart: Reclam 1989, S. 11, 43–46, 58- 65. – **S. 34 f. / 37 f.:** Platon, Der Staat (Politeia). Übersetzt u. hrsg. von Karl Vretska. Stuttgart: Reclam 2004, S. 232–235, 151–153. – **S. 41 f. / 44 ff. / 47 (Zitat):** Aristoteles, Die Nikomachische Ethik. Übersetzt und mit einer Einführung versehen von Olof Gigon. München: Deutscher Taschenbuch Verlag ³1998, S. 107, 131 f. – **S. 48 f.:** Aristoteles, Die Nikomachische Ethik. Übersetzt und mit einer Einführung versehen von Olof Gigon. München: Deutscher Taschenbuch Verlag ³1998, bearbeitet von Wolfgang Weinkauf. – **S. 50 f.:** Eberhard Tiefensee, Mitte und Extremismus. In: Landesweiter Runder Tisch gegen Gewalt im Freistaat Sachsen / Sächsischer Landtag (Hg.). Foren zu Extremismus. Dresden 2000, S. 7–14. –

S. 52 (Marginalspalte): Immanuel Kant, Zwei Dinge erfüllen das Gemüt … In: Ders., Kritik der praktischen Vernunft, Stuttgart: Reclam 1989, S. 253. – **S. 54:** Immanuel Kant, Jedermann muss sich eingestehen … In: Ders., Grundlegung zur Metaphysik der Sitten. Stuttgart: Reclam 1989, S. 21 f. – **S. 56 / 57 f. / 59:** Immanuel Kant, Übergang von der gemeinen sittlichen Vernunfterkenntnis zur philosophischen. In: Ders., Grundlegung zur Metaphysik der Sitten. Stuttgart: Reclam 1989, S. 28, 29, 34, 35 f. – **S. 61, 64, 225:** Immanuel Kant, Erste, zweite und drittel Formel des kategorischen Imperativs. In: Ders., Kritik der praktischen Vernunft. Stuttgart: Reclam 1989. – **S. 63:** Immanuel Kant, Grundlegung zur Metaphysik der Sitten. In: Ders., Grundlegung zur Metaphysik der Sitten. Stuttgart: Reclam, S. 69 f. – **S. 64 f.:** Ernst Tugendhat, Zum Zusammenhang zwischen den drei Formeln des kategorischen Imperativs. In: Ders., Vorlesungen über Ethik. Frankfurt am Main: Suhrkamp 1993, S. 145 ff. – **S. 66:** Kleines Kant-Lexikon*. In: Georgi Schischkoff (Hrsg.), Philosophisches Wörterbuch. Stuttgart: Kröner 1991, S. 245 f., 326 f., 340, 508, 457, 554, 755 f., 782. – **S. 68 / 69:** Jeremy Bentham, Unter dem Prinzip der Nützlichkeit … / Die Natur hat die Menschheit … Aus: Ders., Jeremy Bentham: Eine Einführung in die Prinzipien der Moral und der Gesetzgebung. In: Otfried Höffe (Hrsg.), Einführung in die utilitaristische Ethik. Übersetzt von Annemarie Piper. Tübingen: Francke ²1992, S. 56. – **S. 70 f.:** John Stuart Mill, Utilitarismus. Übersetzt von Dieter Birnbacher, In: Otfried Höffe (Hrsg.), Einführung in die utilitaristische Ethik. Übersetzt von Annemarie Piper. Tübingen: Francke ²1992, S. 87 ff. – **S. 73 f.:** Rainer Jung, „Ich habe ihn mit Geld gelockt". In: Das Sonntagsblatt, Nr. 44, 3. 11. 1995, S. 3. – **S. 75:** Ergebnisse einer Studie. In: Goyal, M. et al., Economic and health consequences of selling a kidney in India. In: JAMA 288, 2002. Übersetzt nach Roberto Rotondo, S. 1589. Zitiert nach http:// www.transplantation-information.de/ organspende_fragen_antworten_information.html, 23. 7. 2008, 11:26 h. – **S. 76:** Rechte und Pflichten in der Homo-Ehe. In: http:// www.spiegel.de/ politik/deutschland/0, 1518,druck-148088,00.html,17. 9. 2008, 08:42. – **S. 78 f.:** Günther Patzig, Kritische Einwände gegen den Utilitarismus I*. In: Ders., Ethik ohne Metaphysik. Göttingen: Vandenhoeck & Ruprecht 1971. Zitiert nach Arbeitsgruppe Ethik (Hrsg.), Glück. Donauwörth: Auer 1986, S. 108–110. – **S. 79:** (1) Kritische Einwände gegen den Utilitarismus II*. Redaktion für Philosophie des Bibliographischen Instituts unter Leitung von Gerhard Kwiatkowski, Schülerduden. Die Philosophie, Stichwort „Utilitarismus". Mannheim: Duden-Verlag 1985, S. 435 f. – (2) Alois Weimer, Bedingungen für einen ethisch vertretbaren Utilitarismus*. Nach: Ders., Nützliche Rechtfertigungsstrategien und moralische Begründung. In: Ethik & Unterricht 1 / 1993, S. 19–24. – **S. 81:** Zitate nach: Armin Regenbogen / Uwe Meyer (Hg.): Wörterbuch der philosophischen Begriffe, Hamburg: Meiner 2005, Sp. 154 f. – **S. 82 f.:** Jürgen Habermas: Was heißt Diskursethik?* In: Ders., Erläuterungen zur Diskursethik, Frankfurt am Main: Suhrkamp ²1992, S. 11–14. – **S. 84:** Jürgen Habermas, Statt allen anderen eine Maxime … (Zitat) In: Ders., Moralbewusstsein und kommunikatives Handeln, Frankfurt a. M.: Suhrkamp 1983, S. 77. – **S. 85 f.:** Jürgen Habermas, Gibt es eine „ideale" Sprechsituation?* In: Ders., Vorstudien und Ergänzungen zur Theorie des kommunikativen Handelns. Frankfurt am Main: Suhrkamp 1995, S. 179 f. – **S. 89 f. (Zitate) / 90 f. / 91 f. / 92 f. / 235:** Hans Jonas, Das Prinzip Verantwortung. Versuch einer Ethik für technologische Zivilisation. Frankfurt am Main: Suhrkamp 1984, S. 26 ff., 35, 81, 85, 36. – **S. 94 f.:** Al Gore, In zehn Jahren ist alles zu spät. In: Süddeutsche Zeitung, 06. 7. 2007, S. 11, dt. v. Eva Christine Koppold, hier: gekürzt. – **S. 96:** Tag für Tag wird in Wien … In: Unterrichtsmaterialien zum Film „We Feed The World", S. 3, S. 29 u. 15, S. 31 u. 16, leicht adaptiert unter http://www.essen-global.de. – **S. 98 / 99:** Verantwortung und Macht der Konsumenten / Projekt „Regionaler Warenkorb"/ Übergewichtige Kinder und Jugendliche/Daten und Fakten. In: Unterrichtsmaterialien zum Film „We Feed The World", S. 3, 29 u. 15, 31 u. 16, leicht adaptiert unter http://www.essen-global.de. – **S. 100 f.:** Ziele des Bioethikprogramms der UNESCO*. Nach: Michele Boiani (MPI für molekulare Biomedizin): Ziele des Bioethik-Programms, http://www.unesco.de/bioethik_ziele.html, 11. 8. 2008, 11:07. – **S. 101:** Allgemeine Erklärung über das menschliche Genom und Menschenrechte; http:// www.unesco.de/bioethik_erklärung_97.html, 11. 8. 2008, 11:10. – **S. 102:** Die evangelische Kirche Deutschlands (EKD) über Bioethik*. Ethische Fragen im Bereich von Medizin, Biotechnik und Gentechnik; http://www.ekd.de/bioethik/bioethik.html; 11. 8. 2008, 11:12. – **S. 103 ff.:** Volker Stollorz, Skandal oder Fortschritt? Ohne Gen-Check keine Versicherung in England. Ein Gespräch mit Sandy Raeburn. In: DIE ZEIT, Nr. 8, vom 15. 2. 2001, S. 34. – **S. 105 f. / 107 ff. / 111 f.:** Peter Singer / Helga Kuhse, Zwischen Leben entscheiden: Eine Verteidigung. In: Analyse & Kritik 12, Heft 2 / 1990. Zeitschrift für Sozialwissenschaften, Wiesbaden, S. 119–130. – **S. 112 f.:** Robert Spaemann, Wer jemand ist, ist es immer. In: Christian Geyer (Hrsg.) Bioethik. Frankfurt am Main: Suhrkamp 2001, S. 78 f. – **S. 113 ff.:** Das Kinsauer Manifest. Aus: Frensch, Michael u. a. (Hrsg.): Euthanasie. Sind alle Menschen Personen? Schaffhausen: Novalis Verlag, S. 134–145. – **S. 115 (Marginalspalte):** Hospizbewegung. Nach: http://www. hospizbewegung.de (10. 7. 2007) – **S. 116 f. / 118:** Franz Kotteder: Sklavenarbeit für unsere billige Schokolade / Die Macht des Verbrauchers nutzen. In: Ders., Die Billiglüge. Die Tricks und Machenschaften der Discounter. München: Droemer 2005, S. 185–186 (gekürzt), S. 251–253 (gekürzt). – **S. 119 f.:** Elmar Waibl, Wessen Interessen zählen?*. In: Ders., Angewandte Wirtschaftsethik. Wien: WUV Universitätsverlag 2005, S. 21 f. – **S. 120:** (dpa) Rekordgewinn schützt vor Kündigung nicht, http://www.faz.net/, 16. 12. 2005 – **S. 121:** Christian Radler, Volker Thielemann, „Marktzwänge sind keine Naturzwänge", http://www.tagesschau.de/wirtschaft/meldung200334.html, 11. 8. 2008, 11:48 h vom 6. 2. 2005. – **S. 122 f.:** Reimut Vogel, Das Prinzip der Verantwortung – Wolfgang Grupp im Gespräch. In: Baden-Württemberg Magazin – Sonderausgabe Wirtschaft Spezial. 03 / 2007. Zit. nach: http://www.trigema.de/shop/page/BWMagazin_page/detail.jsf, http://www.trigema.de/shop/page/BWMagazin_ page/detail.jsf, Stand: September 2008. – **S. 126:** Jörg Weber, Das Machtspiel mitspielen. In: ders., Zukunftssicher anlegen. Ein Ratgeber für Nachhaltigkeits- und Umweltfonds. München: ökom 2001, S. 22 f., gekürzt. – **S. 128 f.:** Sophia Altenthan, Das Schichtenmodell. In: Sophia Altenhan u. a., Psychologie für FOS, Hrsg. v. Hermann Hobmair. Köln / München: Stam 1994, S. 276–278. – **S. 137 f.:** Ursula Nuber, Resilienz: Immun gegen das Schicksal? / Sieben Wege führen zur Resilienz. In: Psychologie Heute, 9 / 2005, S. 20 f. – **S. 139 f.:** Leon Mann, Beschreibung von Aschs Konformitätsexperimenten. In: Ders., Sozialpsychologie, übersetzt von Wolfgang Kramer. Weinheim / Basel: Beltz 1999, S. 76–78. – **S. 145:** (1) Sozialisation I* In: Sabine Schrader, Compact Spicker. Kleines Lexikon Psychologie, München: Compact Verlag 2005, S. 163 f. – (2) Sozialisation II. In: Redaktion Naturwissenschaft und Medizin das Bibliographischen Instituts unter Leitung von K.-H. Ahlheim (Hrsg.), Schülerduden. Die Psychologie. Mannheim et. al.: Bibliographisches Institut 1981, S. 348 f., Stichwort „Sozialisation". – **S. 146 f.:** Peter Zimmermann, Die Generation der Egotaktiker*. In: Ders., Grundwissen Sozialisation. Oplaten: Leske + Budrich, 2. ²2003, S. 172 f. – **S. 153 f.:** Walter Wüllenweber, Das Märchen von der Chancengleichheit. In: Stern, Meldung vom 16. 7. 2003, Zit. nach: http://www.stern.de/wirtschaft/arbeit-karriere/karriere/:Elite-Das-M%E4rchen-Chancengleichheit/index.html?id=510485&nv=ct_ cb&eib=510508, 11. 8. 2008, 12:13. – **S. 162:** Benjamin Libet, Die Frage nach der Willensfreiheit … In: Ders., Haben wir einen freien Willen? In: Christian Geyer (Hrsg.), Hirnforschung und Willensfreiheit. Zur Deutung der neuesten Experimente. Frankfurt am Main: Suhrkamp 2004, S. 268 f. – **S. 166 f.:** Gerhard Roth, Willensfreiheit und Schuldfähigkeit aus Sicht der Hirnforschung. In: Gerhard Roth / Klaus-Jürgen Grün (Hrsg.), Das Gehirn und seine Freiheit, Beiträge zur neurowissenschaftlichen Grundlegung der Philosophie. Göttingen: Vandenhoeck & Ruprecht 2006, S. 13 f. – **S. 171:** Gerhard Roth, Fühlen, Denken, Handeln. Wie das Gehirn unser Verhalten steuert. Frankfurt am Main: Suhrkamp 2003, S. 254. – **S. 176 f.:** Max Planck, Vom Wesen der Willensfreiheit. In: Ulrich Pothast, Seminar: Freies Handeln und Determinismus, Frankfurt am Main: Suhrkamp 1987, S. 274–286. – **S. 183:** Volkhard Nordmeier, Hans Jürgen Schlichting, Menschliche Rationalität steht natürlicher Selbstorganisation entgegen.* In: Ernst Kircher / Raimund Girwidz / Peter Häußler (Hrsg.), Physikdidaktik. Theorie und Praxis, Berlin / Heidelberg: Springer 2007, S. 521 – **S. 186 f. / 189:** Aristoteles, Die Nikomachische Ethik. Übersetzt und mit einer Einführung versehen von Olof Gigon. München: Deutscher Taschenbuch Verlag: ³1998, S. 149 ff., 153. – **S. 191 f. / 193 f.:** David Hume, Das Wesen der Kausalität*. In: Ders., Abriss eines neuen Buches, betitelt „Ein Traktat über die menschliche Natur". Brief eines Edelmannes an seinen Freund in Edinburgh. Übersetzt und mit einer Einleitung hrsg. v. Jens Kulenkampff. Hamburg: Felix Meiner 1980, S. 19, 21, zit. nach: D. Kopriwa, Freiheit und Determination. München: Bayerischer Schulbuch Verlag 1999, S. 49 f., 51. – **S. 196:** Ulrich Pothast, Freies Handeln und Determinismus. In: Ders. (Hrsg.), Seminar: Freies Handeln und Determinismus, Frankfurt am Main: Suhrkamp 1978, S. 25. – **S. 199 / 200:** Immanuel Kant, Kritik der praktischen Vernunft. Stuttgart: Reclam 1989, S. 37, 50. – **S. 201:** Otfried Höffe: Immanuel Kant. Beck'sche Reihe Denker, hrsg. v. Otfried Höffe, München: C. H. Beck ⁴1996, S. 299. – **S. 204 f. / 205 f. / 207 f.:** Jean-Paul Sartre, Der Existenzialismus ist ein Humanismus. Gesammelte Werke in Einzelausgaben, Bd. 4. Übersetzt von Vincent von Wroblesky. Reinbek bei Hamburg: Rowohlt 2000, S. 148, 154, 150. – **S. 206 f.:** Ulrich Pothast, Freies Handeln und Determinismus. In: Ders., Seminar: Freies Handeln und Determinismus. Frankfurt am Main: Suhrkamp 1978, S. 35. – **S. 210 f.:** Peter Bieri, Unser Wille ist frei. In: DER SPIEGEL, 2 / 2005, S. 124 / 125; zit. n. http://www.spiegel.de/spiegel/0,1518,druck-336006,00.html, Stand: September 2008. – **S. 212 f.:** „Peter Bieri: Die Arbeit am freien Willen" / Zitate. In: Peter Bieri, Das Handwerk der Freiheit. München: C. Hanser 7. Auflage 2001. – **S. 214 ff.:** Max Planck, Determinismus oder Indeterminismus? Leipzig: J. A. Barth 1952, 3. Auflage, S. 4–11.